MERCOSUR y NAFTA: Instituciones y mecanismos de decisión en procesos de integración asimétricos

Susanne Gratius (ed.)

German Institute of Global and Area Studies
Institut für Iberoamerika-Kunde

MERCOSUR y NAFTA:
Instituciones y mecanismos de decisión en procesos de integración asimétricos

Susanne Gratius (ed.)

Iberoamericana · Vervuert · 2008

Bibliographic information published by Die Deutsche Nationalbibliothek.
Die Deutsche Nationalbibliothek lists this publication in the Deutsche Nationalbiografie; detailed bibliographic data are available on the Internet at <http://dnb.ddb.de>

© Iberoamericana, Madrid 2008
Amor de Dios, 1 – E-28014 Madrid
Tel.: +34 91 429 35 22
Fax: +34 91 429 53 97
info@iberoamericanalibros.com
www.ibero-americana.net

© Vervuert, 2008
Elisabethenstr. 3-9 – D-60594 Frankfurt am Main
Tel.: +49 69 597 46 17
Fax: +49 69 597 87 43
info@iberoamericanalibros.com
www.ibero-americana.net

ISBN 978-84-8489-361-5 (Iberoamericana)
ISBN 978-3-86527-381-9 (Vervuert)

Depósito Legal: B. 13.393-2008

Cubierta: Waldo Pérez Cino
Impreso en España por Book Print Digital S.A.
The paper on which this book is printed meets the requirements of ISO 9706

ÍNDICE

PRESENTACIÓN

Susanne Gratius

MERCOSUR en el extremo sur, y NAFTA en el extremo norte son los procesos de integración más importantes de las Américas. Aunque existen numerosos análisis sobre el desarrollo general y sobre los aspectos económicos de estos procesos de integración, existen pocos estudios comparativos (Carranza 2003) o político-institucionales. Siendo la UE el principal objetivo de estudio de los expertos en temas de integración, tampoco se ha prestado mucha atención a la influencia de asimetrías políticas y socio-economómicas.

Este libro tiene como objetivo subsanar este vacío analizando la dimensión político-institucional y las asimetrías de los procesos de integración mediante una comparación sistemática de la evolución del MERCOSUR y del NAFTA. Desde una perspectiva comparativa, intentamos encontrar respuestas a las siguientes cuestiones: ¿Qué tipo de instituciones o mecanismos de coordinación se han creado? ¿Cómo funcionan los órganos comunes en la práctica de la integración? ¿Cuáles son las perspectivas para una profundización institucional y qué factores la determinan? ¿Cómo se solucionan las controversias comerciales y de inversión?

Al mismo tiempo, se analizarán otros dos aspectos relativamente poco estudiados sobre la integración en las Américas: por un lado, la cuestión de las asimetrías políticas y socioeconómicas entre los países integrantes de los dos bloques y su impacto sobre la profundización de la integración y, por otro lado, la evaluación de los ejes bilaterales y de las diferentes alianzas de intereses y su influencia positiva o negativa –¿freno o acelerador?– en ambos procesos de integración.

EE.UU. y Brasil son los respectivos «pesos pesados» en el NAFTA y el MERCOSUR. El papel dominante de ambos países en la integración regional determina, en gran parte, las posibilidades y las limitaciones para un *spill-over* sectorial y/o institucional del MERCOSUR y del

NAFTA. Es por ello que se discute también la relación entre la profundización de la integración y la importancia del liderazgo de Brasil y EE.UU. en ambos bloques. Aunque no pretendemos analizar el caso de la UE, también se tienen en cuenta las lecciones que puede ofrecer el modelo europeo al NAFTA y al MERCOSUR.

Este libro es el resultado de un proyecto bienal de investigación (2001-2004) coordinado por el entonces Instituto de Estudios Iberoamericanos (IIK-GIGA) en Hamburgo y financiado por la Fundación Fritz Thyssen en Colonia. Además de los investigadores adscritos al Instituto (Horacio Coronado y Susanne Gratius), participaron también cuatro autores externos (Roberto Bouzas, Antonio Ortiz Mena, Hernán Soltz y Stéphan Sberro), cuya contribución ha sido fundamental para concluir el proyecto. Al tener un enfoque comparativo, varios autores escriben cada uno de los capítulos del libro. Aunque se han actualizado algunos datos, cabe advertir que, al concluir el proyecto a inicios de 2004, gran parte del libro refleja el estado de la investigación de aquel entonces.

En síntesis, la presente publicación recopila los resultados de una exhaustiva investigación de campo: en los siete países del NAFTA y del MERCOSUR se realizaron unas 170 entrevistas con funcionarios y expertos en temas de integración y se han relevado y evaluado las fuentes primarias y secundarias. Asimismo, se retoman algunos puntos del debate realizado en el marco de un Taller de Trabajo entre los autores del libro y expertos externos, que se realizó en febrero de 2003 en Hamburgo.

Esperamos que esta publicación contribuya a aclarar, desde una perspectiva político-institucional y un enfoque inter-regional latinoamericano y europeo, algunas ideas en el actual debate sobre la (des)integración en las Américas.

Dicho esto, a título personal quisiera expresar mi gratitud a la Fundación Fritz-Thyssen por patrocinar el proyecto, a Klaus Bodemer, ex Director del Instituto de Estudios Iberoamericanos (IIK) de Hamburgo, por su apoyo institucional y su insistencia en concluir el libro, a su sucesor Detlef Nolte, por financiar la publicación, a los autores por su magnífico trabajo y a Laura Tedesco por la edición y sus sumamente útiles sugerencias de contenido.

Introducción

Susanne Gratius

MERCOSUR y NAFTA: dos modelos diferentes de integración

> «MERCOSUR has enough differences with NAFTA to be
> considered a distinct model of regional integration»
> (Carranza 2003: 77).

El MERCOSUR y NAFTA son los mecanismos de integración más importantes en el norte y el sur de las Américas. Ambos surgieron a inicios de los años noventa en el contexto de la globalización y del «regionalismo abierto», el entonces nuevo modelo de integración promulgado por la CEPAL. Por el cambiante entorno regional e internacional y el contenido de ambos acuerdos, tanto el MERCOSUR como el NAFTA pueden ser calificados como procesos de integración de segunda generación. A diferencia de sus predecesores latinoamericanos que podrían calificarse de «regionalismo cerrado» –la Comunidad Andina, la *Caribbean Community* (CARICOM) o el Mercado Común Centroamericano–, el MERCOSUR y el NAFTA son considerados como plataformas para integrarse en la economía internacional o *building blocs* para promover una mayor apertura comercial a nivel global (Carranza 2003: 71).

1.1. Los motivos y objetivos de integración

En el contexto internacional, el MERCOSUR y el NAFTA surgieron como respuesta a la tendencia de regionalización de la economía global después de la Guerra Fría y a la conclusión del proyecto del Mercado Único Europeo en 1993. En este panorama, tanto uno como el otro eran percibidos como una «segunda respuesta integrativa» (Mattli 1999: 152) a las amenazas desde el exterior, principalmente ante el riesgo del surgimiento de una «fortaleza europea». En el caso del MERCOSUR, la «Iniciativa por las Américas», anunciada en 1990 y dominada por EE.UU., fue considerada como una segunda amenaza que constituyó un estímulo adicional para integrarse.

A nivel regional, el MERCOSUR fue el resultado de la exitosa redemocratización y la superación de la tradicional rivalidad entre la Argentina y Brasil, dos factores que abrieron la histórica oportunidad para establecer, por primera vez, una agenda bilateral constructiva. El paulatino acercamiento político entre los dos países más importantes del MERCOSUR facilitó la cooperación sectorial bilateral que se inició en 1985, con la firma del Programa de Integración y Cooperación Argentina/Brasil (PICAB). Este proceso condujo en 1988 a un segundo acuerdo bilateral y, en 1991, a la creación del Mercado Común del Sur (MERCOSUR) junto con Paraguay y Uruguay.

Similar al caso de la UE, el origen de la integración del MERCOSUR fue de índole política, basado en un acuerdo intergubernamental entre la Argentina y Brasil, motivado por la superación de la anterior carrera armamentística y rivalidad política entre los dos países sudamericanos. Tan sólo después de haber logrado un consenso político intergubernamental, se intensificaron los lazos comerciales entre los dos países y los socios pequeños.

La evolución del MERCOSUR contrasta con el origen económico-comercial del NAFTA. Las ganancias económicas fueron el principal móvil de los tres socios (Canadá, EE.UU. y México) para crear el NAFTA. A diferencia del MERCOSUR, donde el nivel de intercambio comercial era muy bajo –en los años ochenta fue inferior al 9% de los flujos totales–, la decisión política de los gobiernos de crear el NAFTA formalizó una integración e interdependencia real entre los tres países participantes que ya en aquel entonces desarrollaban gran parte del comercio y de las inversiones entre sí.

El nacimiento del NAFTA en 1994 –como ampliación o triangulación del acuerdo bilateral de libre comercio entre EE.UU. y Canadá suscrito en 1988– fue motivado por las reformas económicas neoliberales realizadas en México a partir de los años ochenta, así como también por su necesidad de atraer inversiones para pagar el servicio de la deuda externa, sus estrechos lazos comerciales con EE.UU. y la expectativa de mantener una «alianza especial» con el país más poderoso del continente.

Canadá, el lejano socio del norte, no jugó un papel importante en la negociación, puesto que EE.UU. ya había suscrito un acuerdo de libre comercio con aquel país que sirvió de modelo para ampliarlo incluyendo a México.

En EE.UU., aparte de la idea de tener acceso a su principal mercado en el «sur», la creación del NAFTA reflejó también la idea de utilizar a México como plataforma para un futuro Acuerdo de Libre Comercio en las Américas (ALCA). Hasta cierto punto, para EE.UU., el NAFTA fue un «laboratorio» o un *test case* para el proyecto de libre comercio hemisférico. En EE.UU., el hecho de que el NAFTA fuera el segundo tratado de libre comercio firmado por Washington (el primero fue el acuerdo con Canadá) marcó, en aquel momento, el inicio de un cambio de paradigma: del pensamiento de rivalidad en la tradición del realismo de Morgenthau, a la cooperación comercial con otros países, siguiendo la idea (principalmente europea) de la interdependencia entre los Estados. Aunque el paradigma experimentó un nuevo cambio después del los ataques terroristas del 11 de septiembre de 2001, que subordinó la agenda comercial a la de seguridad, ello desaceleró pero no frenó la tendencia de establecer acuerdos de libre comercio.

Pese a las diferentes motivaciones para la integración, los objetivos declarados del NAFTA y del MERCOSUR son ante todo económicos. Si el NAFTA se limita a una zona de libre comercio de segunda generación, el MERCOSUR prevé (como el propio nombre indica) la creación de un mercado común, siguiendo el ejemplo de la UE. No obstante, los ambiciosos objetivos del MERCOSUR contrastan con la realidad, ya que ni siquiera la unión aduanera, creada en 1995, ha sido concluida y tampoco la libre circulación de bienes funciona en todos los países del bloque.

Lo contrario ocurre en el NAFTA. Aunque sus objetivos se limitan al libre comercio, en la práctica, se ha producido un *spillover* a otros sectores. Así, en la realidad, el NAFTA es más que una zona de libre comercio, y el MERCOSUR menos que una unión aduanera. Conforme a sus realidades y objetivos, tanto el MERCOSUR como el NAFTA se basan en una estructura institucional intergubernamental poco burocrática y flexible que, si representa una ventaja para realizar una zona de libre comercio, también constituye un obstáculo para realizar objetivos más ambiciosos de integración.

1.2. *MERCOSUR: integración sur-sur «desde arriba»*

A diferencia del bloque comercial en el norte de las Américas, la superación de la rivalidad militar entre la Argentina y Brasil en el contexto de la redemocratización en ambos países ha sido una condición *sine qua non* y un motivo principal para la posterior integración. El proyecto inicial de integración del futuro MERCOSUR surgió antes del NAFTA, a mitad de los años ochenta, motivado por la creciente cooperación bilateral entre la Argentina y Brasil.

Siguiendo las ideas del funcionalismo de un *spillover* técnico a otras áreas, en sus orígenes, el MERCOSUR ha sido el resultado de una integración sectorial. Según el Tratado de Cooperación Argentina-Brasil (TCAB), suscrito en 1988 por los entonces presidentes José Sarney de Brasil y Raúl Alfonsín de la Argentina, la integración se realizaría paso por paso, sector por sector, y sólo al final del proceso de profundización por áreas podría construirse, en un futuro lejano, un mercado común.

Este enfoque sectorial experimentó un cambio radical en los años noventa, marcados por el auge del modelo económico neoliberal y el entusiasmo por abrir las economías latinoamericanas hacia el exterior reduciendo aranceles. Promovido por el presidente argentino Carlos Menem y su entonces homólogo brasileño, Fernando Collor de Mello, el Tratado de Asunción firmado en 1991 incluye a los dos socios menores de la región, Paraguay y Uruguay, y define metas muy ambiciosas de integración: la creación de un mercado común, pasando por una unión aduanera a partir del año 1995.

El MERCOSUR entró en decadencia después de 1999 y llegó a su punto más crítico por el colapso financiero de la Argentina a finales de 2001 e inicios de 2002. En esta época, algunos ya postularon el fin del MERCOSUR, hablando de una «paz del sepulcro»[1]. La crisis financiera de la Argentina marcó una nueva etapa del MERCOSUR. A partir de entonces, se considera que el modelo neoliberal de integración que inspiró la creación del MERCOSUR en 1991 y durante toda la década de los noventa ha fracasado. De hecho, en la década de los años noventa, el MERCOSUR estimuló –contrario a la idea de la integración complemen-

---

[1] Así lo calificó la economista María Cristini de FIEL en una entrevista.

taria– la competencia entre la Argentina y Brasil en múltiples sectores, entre ellos, el alimenticio, automotriz, calzado o la industria maderera.

Aunque siguen los problemas estructurales y las disputas comerciales del MERCOSUR, varios años después de la crisis, rige nuevamente un cauteloso optimismo debido a la ligera recuperación de los datos macroeconómicos del MERCOSUR, los cambios de gobierno en la Argentina y Brasil y los nuevos proyectos. La recuperación del espíritu de integración ha conducido a una paulatina recuperación de los intercambios comerciales (del declive histórico del 11% en 2002 al 16% en 2003) y ha estimulado algunos avances concretos en el ámbito institucional, tales como la creación de un tribunal de segunda instancia en Asunción, así como la Comisión de Representantes Permanentes y la Secretaría Técnica del MERCOSUR, ambos con sede en Montevideo. Posteriormente, se creó el Fondo para la Convergencia Estructural del MERCOSUR (FOCEM), y en 2007 se abrió un Parlamento del MERCOSUR.

Este último cambio de paradigma, de un modelo de libre mercado a un enfoque más desarrollista siguiendo la tradición de sustitución de importaciones, refleja la evolución pendular del MERCOSUR. Tratándose de un proceso intergubernamental dirigido «desde arriba», las diferentes fases de desarrollo del bloque han sido fuertemente influenciadas por las coyunturas políticas de los respectivos gobiernos de turno.

Ahora bien, cabe distinguir tres períodos principales del MERCOSUR:

1. Una primera «época de oro» de la integración (1991-1998), en la cual predominó la sintonía de intereses entre los Estados miembro y se alcanzaron rápidos logros económicos. En este primer período, el comercio intrarregional aumentó de un 9% en 1985 al 25% en 1998. En el plazo previsto se realizó hasta 1995 la liberalización comercial y una unión aduanera incompleta con aranceles externos comunes para el 85% de las importaciones En esta primera etapa, el MERCOSUR fue considerado un esquema de integración exitoso e innovador.

2. La fase del declive hasta el derrumbe final (1999-2003): este período fue marcado por un desarrollo asincrónico y constantes disputas comerciales entre la Argentina y Brasil, por las diferencias monetarias causadas a raíz de la devaluación del real en 1999. Por momentos, el MERCOSUR estuvo a punto de desaparecer. Cabe recordar que el entonces Ministro de Economía argentino, Domingo Cavallo, propuso en 2001

reducir el bloque a una zona de libre comercio. El colapso financiero de la Argentina, a finales de 2001, culminó la crisis del MERCOSUR, pero inauguró también una nueva fase de cooperación.

3. A partir de las elecciones presidenciales en la Argentina, Brasil y Paraguay, se inició en 2003 un nuevo ciclo marcado por un relativo auge político, social e institucional del MERCOSUR. Se abrió una nueva fase de profundización y revisión del MERCOSUR. La nueva agenda abarcó una serie de reformas institucionales (entre ellos la creación de un tribunal arbitral en Asunción y una Comisión de Representantes Permanentes del MERCOSUR), revisó la incorporación de normas en las legislaciones nacionales y definió nuevos objetivos en los ámbitos migración, coordinación macroeconómica y políticas sociales.

4. En 2006, El anuncio de que Venezuela se integraría plenamente al MERCOSUR cambiaría el carácter y parte de la agenda del MERCOSUR, que «de un club comercial» pasaría a convertirse a una alianza política. Otro indicador fue el surgimiento de nuevas disputas comerciales, particularmente el «conflicto de las papeleras» entre la Argentina y Uruguay, que revelan que el MERCOSUR aún no es ni una zona de libre comercio ni mucho menos una unión aduanera consolidada. El ingreso de Venezuela al MERCOSUR modifica la constelación de poder dentro del bloque y representa un cierto desafío para el liderazgo brasileño del MERCOSUR.

Es importante subrayar que, más allá del ingreso de Venezuela, la fortaleza del MERCOSUR no radica en la (más bien precaria) agenda comercial, sino en su utilidad como instrumento político. Sin duda, el MERCOSUR es una alianza estratégica con una fuerte dimensión política (contiene una cláusula democrática) y militar (por su compromiso como zona de paz). Asimismo, es un importante instrumento de negociación colectivo frente a terceros socios comerciales (UE, México, Sudáfrica, India, etc.), así como en el proceso del ALCA y ante la OMC. Pese a sus deficiencias comerciales, el MERCOSUR también ha creado fuertes impulsos de integración entre sus Estados miembro. Se trata de un proceso de integración multidimensional que, más allá de las fluctuantes agendas gubernamentales, ha impulsado la creación de unos 380 foros de cooperación en diferentes ámbitos, desde la política exterior hacia el medio ambiente, la educación o el intercambio a nivel académico.

A diferencia del NAFTA, el bloque incluye también una dimensión ciudadana de la integración: se ha creado un pasaporte MERCOSUR, en diciembre de 2002 se firmó un acuerdo sobre la libertad de residencia y próximamente se creará un Parlamento del MERCOSUR que será elegido directamente por los ciudadanos. Asimismo, en 2006 se inauguró el Fondo para la Convergencia Estructural (FOCEM) a fin de compensar las asimetrías regionales y de otro tipo entre los países integrantes del bloque. En este sentido, el MERCOSUR es un proyecto mucho más ambicioso y complejo que el NAFTA. A diferencia de éste, abarca todas las facetas de integración: la esfera económica, política, social y cultural.

1.3. NAFTA: *integración norte-sur basada en reglas*

La zona de libre comercio entre EE.UU., Canadá y México en el norte del continente americano es, junto a la UE ampliada, el bloque comercial más importante del mundo: abarca a 400 millones de personas y unos 12.000 billones de dólares en bienes y servicios. Al representar cerca de un tercio del PIB mundial, el NAFTA es la mayor zona de libre comercio del globo. En términos económicos, el NAFTA es una historia de éxito: en la primera década del bloque, los flujos de comercio e inversión entre los tres países se duplicaron.

El núcleo fuerte de la integración *light*[2] fue un acuerdo de libre comercio bilateral entre EE.UU. y Canadá –el primero en la historia de EE.UU.– firmado en 1988, en gran parte como reacción a los progresos en el proceso de integración europea. Lo novedoso del NAFTA, suscrito seis años después del acuerdo bilateral, fue su carácter norte-sur, por la inclusión de México en la alianza comercial de América del Norte.

Los principales incentivos para México de formar parte del NAFTA fueron la perspectiva de atraer inversiones directas adicionales, el aumento del flujo de comercio con EE.UU., una mayor seguridad jurídica en sus relaciones con el gigante del norte y la posibilidad de salir de la crisis del endeudamiento externo de los años ochenta. Asimismo,

---

[2] Las zonas de libre comercio están consideradas como la primera etapa de integración.

empresas de EE.UU. y Canadá ejercieron una doble presión: por un lado, reclamaron una apertura del mercado mexicano, y por el otro, exigieron la subida de los estándares laborales para impedir el *dumping social* (Mattli 1999: 180).

Asimismo, el NAFTA fue el resultado de una fuerte demanda de integración por la creciente interdependencia económica entre EE.UU. y México. En 1992, dos años antes del NAFTA, México representó un 9% del comercio de EE.UU., y este último un 70% en los intercambios mexicanos. El NAFTA ha incrementado la interconexión comercial entre los tres socios: para EE.UU., Canadá y México representan algo menos del 40% de su comercio exterior, a la vez que Canadá y México concentran el 90% de sus importaciones y exportaciones con EE.UU. En cuanto al flujo de inversiones, EE.UU. elevó su IED a México de 1.300 millones de dólares en 1995 a 15.000 millones en 2001. Similar es el flujo estadounidense de IED a Canadá: incrementaron de 2.000 millones a 16.000 millones; y, viceversa, la IED de Canadá a EE.UU. creció más de cuatro veces entre el período entre 1994 y 2000 (Pastor 2004: 109).

El principal impulso para crear el NAFTA no fue un acuerdo político como en el caso del MERCOSUR sino las interdependencias comerciales existentes entre los tres países y la presión por parte de los sectores privados domésticos. Así, los gobiernos de aquel entonces sólo autorizaron o legitimaron políticamente una integración (comercial) de hecho. Es por ello que el diseño del NAFTA contó con una fuerte participación de las empresas transnacionales que optaron por un acuerdo meramente comercial que, a diferencia del MERCOSUR, carece de un diálogo político o una mínima cooperación al desarrollo para equilibrar las enormes disparidades entre los países participantes.

Aun así, para disminuir las resistencias del lobby medioambiental y laboral en EE.UU. y mejorar las posibilidades de ratificación en el Congreso americano, se añadieron dos acuerdos paralelos al NAFTA: uno en el área laboral y otro en el medioambiental. Estos dos *side-agreements* crearon al mismo tiempo una mayor institucionalidad, ya que surgieron dos comisiones permanentes en estos dos ámbitos.

El NAFTA fue el resultado de la ampliación del acuerdo de libre comercio entre EE.UU. y Canadá hacia el sur, siendo la idea inicial la inclusión de otros países latinoamericanos en la iniciativa. Sin embargo, el proceso de ampliación fracasó en el mismo año 1994, cuando surgió el proyecto hemisférico ALCA durante la Cumbre de las Américas en Miami y cuando Chile solicitó por primera vez (en aquel momento el Congreso no renovó el denominado *fast track*[3]) su ingreso en el NAFTA.

Más de diez años después de la firma del tratado de libre comercio, en el ámbito comercial y de inversiones, el NAFTA está plenamente consolidado y no está cuestionado por ninguno de los tres socios. El libre comercio trilateral es un hecho aceptado y hay una creciente dependencia económica entre los tres Estados y, particularmente, de los dos socios menores con EE.UU. Sin embargo, también existen problemas. La entrada en vigor de la liberalización del sector agrícola, a inicios del 2003, ha elevado el nivel de conflictividad social en las zonas rurales mexicanas, ya que los pequeños campesinos no pueden competir con el *agrobusiness* norteamericano, cuyos precios inferiores son, paradójicamente, también el resultado de la contratación de trabajadores ilegales mexicanos.

Otro tema conflictivo, estrechamente vinculado con el problema agrícola, es la inclusión del factor migratorio en el NAFTA y la pendiente definición de un acuerdo bilateral de migración entre México y EE.UU. En este ámbito no se percibe ningún avance, lo cual ha provocado una gran frustración por parte de México. También el hecho de que el NAFTA apenas haya ampliado la agenda de cooperación trilateral y que EE.UU. esté firmando acuerdos de libre comercio con otros socios de la región (Chile, Centroamérica, Colombia, Perú, República Dominicana) rebaja la posición privilegiada de México y Canadá frente a EE.UU.

En la actualidad, el NAFTA no es una alianza trilateral, sino más bien consiste en dos relaciones bilaterales independientes de Canadá y México con EE.UU, un fenómeno que Robert Pastor caracteriza como el «dual bilateralismo» (2002a: 3). El primer paso hacia una alianza de intereses y, quizás en el futuro, una comunidad norteamericana, sería la triangulación del acuerdo y, un segundo paso, su ampliación a otros temas de la agenda común. Por sus características, el NAFTA es un acuerdo mucho más limitado que el MERCOSUR y principalmente un arreglo económico pragmático sin ningún contenido político, social o cultural.

---

[3] Con el fast track, el Congreso de EE.UU. sólo puede aprobar o rechazar un acuerdo comercial, sin entrar en los detalles del acuerdo.

A diferencia del MERCOSUR, en el NAFTA las instituciones y decisiones políticas no juegan un papel clave, sino que se ha optado por un tratado de libre comercio cerrado que define tanto el mecanismo de solución de controversias, como las funciones y competencias de las pocas instituciones de coordinación surgidas en el marco del NAFTA. Asimismo, se han creado procedimientos o reglamentos internos para las secciones nacionales del secretariado del NAFTA que los tres países respetan. Lo que distingue el NAFTA del MERCOSUR y –en menor medida también de la UE– es el predominio de reglas y la preponderancia del derecho primario.

1.4. ¿Reglas o instituciones, hard law o soft law?

Por su índole norte-sur y el liderazgo de EE.UU. frente a los dos socios menores, el NAFTA puede caracterizarse como un proceso de integración hegemónica. Siendo un proyecto de integración sur-sur entre países culturalmente semejantes (aunque distintos en tamaño y poder global), el MERCOSUR, a cambio, corresponde más al modelo de interdependencia asimétrica, pero no hegemónico (Costa Vaz 2002: 63).

Por lo tanto, el NAFTA y el MERCOSUR reflejan dos modelos diferentes de integración:

> *Os processos negociadores que presidiram à concepcao e implementacao desses dois esquemas comerciais, o NAFTA e o Mercosul (e a fortiori a ALCA), pertenecem portanto a dois universos diferentes das experiencias de integracao económica.* (Almeida/Barbosa 2005: 21)

El MERCOSUR y el NAFTA ofrecen, al mismo tiempo, dos maneras de conducir un proceso de integración:

1. Por la implementación de reglas vinculantes, un mecanismo de solución de controversias eficaz, así como la jurisdicción de la integración a través del derecho primario (caso del NAFTA).
2. Por la institucionalización de la cooperación, la realización de negociaciones permanentes entre gobiernos y funcionarios públicos, así como la creación de legislación secundaria (caso del MERCOSUR).

El MERCOSUR y el NAFTA representan dos métodos u opciones políticas para solucionar los problemas y conflictos entre sus Estados miembro. En cuanto a la primera opción, los autores distinguen entre el derecho duro que es vinculante (*hard law*) y, en cuanto a la segunda, hablan de derecho blando (*soft law*) más flexible, pero menos vinculante (Abbot/Snidal 2000: 421). Transferida a los dos casos analizados aquí, las soluciones de *soft law* son características para el MERCOSUR, y los del *hard law* para el NAFTA.

En general, regular la integración a través de contratos vinculantes es uno de los métodos más importantes para que los Estados demuestren su credibilidad internacional. El *hard law* tiene la ventaja de elevar la confiabilidad de los actores involucrados, de reducir costes de transacción y de resolver problemas casi siempre de forma definitiva. Por otro lado, implica el peligro de entregar soberanía nacional, puesto que el derecho internacional prevalece sobre la legislación nacional.

Al contrario, las opciones de *soft law* tienen la ventaja de ser mucho más flexibles y abiertas, pero implican el riesgo de no ser eficaces, puesto que las reglas definidas pueden ser ignoradas por los Estados miembro (este riesgo existe claramente en el MERCOSUR, donde más de la mitad de las decisiones no han sido implementadas). En este tipo de legislación, la pérdida de soberanía nacional es menos probable, a no ser que se creen instituciones mediadoras de integración con estructuras supranacionales para implementar lo acordado.

2. INSTRUMENTOS Y MÉTODOS TEÓRICOS PARA COMPARAR MERCOSUR Y NAFTA

Tanto en el análisis separado de los casos del MERCOSUR y del NAFTA, así como la comparación entre ambos bloques confluyen y se reflejan diversos conceptos y teorías relacionados con procesos de integración.

2.1. El intergubernamentalismo liberal

En el MERCOSUR y en el NAFTA, los gobiernos determinan las decisiones y la creación de instituciones o de órganos coordinadores de integración. En ambos casos se trata de procesos de integración intergubernamentales, basados en la cooperación voluntaria entre Estados, tanto en el campo económico como en otros ámbitos donde existan intereses convergentes. Teniendo en cuenta la importancia del concepto de soberanía nacional en los dos mecanismos de integración, así como, particularmente en el caso del MERCOSUR, la práctica de tomar decisiones mediante negociaciones intergubernamentales, tiene particular relevancia la tesis del intergubernamentalismo liberal sostenida por Andrew Moravcsik (1991 y 1993).

La teoría de integración se concentra en analizar las negociaciones intergubernamentales, el papel de los Estados nacionales en ellas –como reflejo de previos procesos internos de toma de decisión– y sus aspiraciones de poder en el bloque de países. Basándose en la experiencia europea de integración, según Moravcsik, no son las instituciones sino los Estados o los gobiernos los actores principales de la integración. En este sentido, las instituciones supranacionales son sólo instrumentos a disposición de los gobiernos para que éstos realicen mejor sus objetivos nacionales y sus aspiraciones de poder. Por tanto, las instituciones no son «supranacionales» sino subordinadas a los intereses de los gobiernos.

Mientras que el NAFTA se basa en reglas prácticamente inamovibles, definidas en un único y exhaustivo tratado de integración, siguiendo el modelo europeo, el MERCOSUR es un proceso flexible que se fundamenta en la negociación permanente entre gobiernos con una base normativa más bien débil. Es por ello que el método sugerido por Moravcsik de analizar los resultados de las negociaciones intergubernamentales –en este caso las decisiones emitidas por las cumbres semestrales y las reuniones del Grupo Mercado Común del MERCOSUR– es particularmente relevante para evaluar el MERCOSUR.

2.2. Las asimetrías de poder según el realismo y el neorrealismo

La pregunta clave que plantea tanto la construcción del NAFTA como del MERCOSUR es por qué los dos países dominantes, EE.UU. y Brasil, han aceptado el juego de la integración, pese a las enormes asimetrías existentes –en cuanto a tamaño, potencial económico y poder político– frente a los países integrantes más débiles (México en el NAFTA, Paraguay y Uruguay en el MERCOSUR). Una posible hipótesis a comprobar sería que aceptan la integración al precio de no ceder soberanía, de mantener un claro liderazgo y de no permitir avances sectoriales ni institucionales. A diferencia de la UE –en la cual ningún país concentra más del 25% del PIB–, pareciera que las enormes disparidades en el NAFTA y en el MERCOSUR (donde EE.UU. representa el 90%, Brasil el 63% del PIB) son las principales limitaciones para profundizar la integración.

El impacto de las asimetrías es una dimensión poco estudiada en los procesos de integración, ya que todas las teorías se refieren al modelo europeo, en el cual las asimetrías son más relativas, tanto por el mayor número de sus integrantes como por los fondos de cohesión que han contribuido a superar las diferencias norte-sur en la UE[4]. Pese a que las disparidades de desarrollo son mucho mayores entre y dentro de sus países miembros, ni el NAFTA ni (hasta hace poco) el MERCOSUR prevén incluir una dimensión equitativa en sus procesos de integración. Así, cabe constatar dos tipos de asimetrías que limitan ambos procesos de integración: las disparidades de desarrollo que impiden intensificar las interdependencias económicas al disminuir los mercados internos; y las asimetrías de poder que reducen la participación y la influencia de los socios menores o con menos peso en la región.

Los desniveles políticos en ambos bloques se deben, en principio, al liderazgo hegemónico de EE.UU. en el caso del NAFTA (integración hegemónica) y al destacado papel de Brasil como poder regional «benigno» en Sudamérica (Gratius 2004). Tanto el NAFTA como el MERCO-SUR reflejan la importancia de las tesis del realismo y neorrealismo para procesos de integración. Brasil y EE.UU. son los mayores *veto-player* de sus respectivos procesos de integración, pero, paradójicamente, son al mismo tiempo sus promotores más entusiastas, ya que sin su consentimiento no existiría ningún avance hacia una mayor integración.

El resultado de esta contradicción estructural es el predominio de la soberanía y el liderazgo hegemónico en el caso del NAFTA, mientras que en el caso del MERCOSUR, Brasil empieza a ceder soberanía, acercándose al concepto de *pooling sovereignty* (con la Argentina)

---

[4] Todavía no está claro si este modelo de integración equitativa entre los Estados miembro puede mantenerse en el futuro ya que se integraron diez países en vías de desarrollo en la UE y está prevista la integración de otros países de menor nivel económico.

siguiendo el modelo de la Unión Europea (y sobre todo el tradicional eje franco-alemán).

2.3. Funcionalismo y neofuncionalismo, oferta y demanda de instituciones

Aparte del realismo y del neorrealismo, los límites y las posibilidades de una profundización de la integración en el seno del MERCOSUR y del NAFTA pueden explicarse con las ideas vinculadas a las teorías del funcionalismo y del neofuncionalismo (Mitrany 1966; Haas 1958, 1964, 1986; Schmitter 2002, etc). Allí tienen particular relevancia conceptos y categorías como el *spill over* funcional, el *spillover* político, *el spillover* institucional, *el spill-around* y la encapsulación de la integración.

Asimismo, cabe mencionar la hipótesis de Walter Mattli (1999) –que parte del funcionalismo y del neofuncionalismo– de que la profundización de la integración depende de la relación entre la oferta y la demanda de instituciones, siendo más importantes las condiciones de oferta. La demanda de instituciones sería el resultado de un *spillover* funcional, impulsado por una mayor cooperación entre las sociedades civiles de los países y, particularmente, de la presión de la comunidad empresarial (en el caso del NAFTA).

Según esta hipótesis, para implementar las cada vez más complejas reglas de integración, se requeriría una mayor coordinación intergubernamental o la creación de instituciones supranacionales; es decir, los gobiernos crearían la oferta de instituciones. Por tanto, un fuerte limitante para crear la oferta correspondiente a la demanda es la soberanía nacional y/o un proyecto de autonomía perseguido por los gobiernos (Mattli 1999: 51). Mattli identifica dos condiciones imprescindibles para profundizar la integración (1999: 65): en primer lugar, altos beneficios económicos de integración para sus países integrantes, y, en segundo lugar, el liderazgo de un país fuerte que asuma los costes de integración.

En general, los beneficios de integración son considerados más bajos en países con una coyuntura económica favorable. De allí la pregunta de Mattli: «*Why sacrifice national sovereignty if the economy is growing relatively quickly?*» (1999: 13). Tanto EE.UU. como Brasil son los países donde el impacto económico de la integración ha sido si no menos relevante, menos visible que, por ejemplo, en México o la Argentina. Formulada a la inversa, la hipótesis sería: cuanto peor se desarrolle la economía de un país, mayor disposición por integrarse (Mattli 1999: 51). Considerando el caso de Paraguay y Uruguay en el MERCOSUR –que han tenido un papel menor–, parece una tesis algo dudosa que será retomada en el capítulo sobre las alianzas de intereses.

Otro requisito para la oferta de instituciones sería, según Mattli, la presencia de un reconocido líder entre los Estados miembro de un mecanismo de integración. Esta condición está presente tanto en el caso del NAFTA como del MERCOSUR. No obstante, en el NAFTA, EE.UU. constituye más bien un obstáculo a una profundización de la integración, mientras que Brasil está asumiendo mayor responsabilidad para fomentar una integración más avanzada. De este modo, un marcado liderazgo de un país parece a la vez una condición y un obstáculo para la integración. Positivo para la integración ha sido el hecho de que ni en el MERCOSUR ni en el NAFTA existe un segundo polo de poder semejante a Brasil y EE.UU. La rivalidad entre países que disputen por el poder dentro del esquema de la integración ha sido un factor determinante para hacer fracasar el proyecto de integración andina, donde países como Colombia, Venezuela y Perú han reclamado un liderazgo singular sin aceptar el predominio del otro (Mattli 1999: 64).

2.4. Otros factores en la integración: el constructivismo y el «bilateralismo»

Un enfoque teórico diferente, que sirve para explicar por qué los Estados se comprometen a cooperar y por qué un proceso de integración avanza hacia una interdependencia más allá de lo inicialmente planteado, ofrece el constructivismo centrado en la percepción subjetiva y la construcción individual de la realidad. Según este concepto, serían ante todo las visiones e ideas, así como las connotaciones culturales comunes, las que facilitarían la integración entre países. En cierto modo, el constructivismo tiene muchos elementos del idealismo (Krell 2000: 239-261). al asignar a las ideas un valor más alto que a los intereses más tradicionales. También el concepto de la integración es en gran parte el resultado de una «revolución de las ideas» que ha tenido su mayor impacto en Europa.

Sobre todo en el caso de la UE, pero también del MERCOSUR, se considera que la integración es, más que una realidad, una idea o una utopía que requiere ser construida. El NAFTA, en cambio, es ante todo el resultado de una creciente interdependencia de hecho entre países,

que no necesita ser creada pero que requiere ser reglamentada a través
de un acuerdo comercial. Tanto el MERCOSUR como –hasta cierto
punto– la UE, son ejemplos que comprueban la importancia de crear
una identidad común y de nociones culturales similares como un factor
impulsor para construir (artificial o posteriormente) una mayor interdependencia entre los Estados parte de la integración.

Lo contrario parece ocurrir en el NAFTA, donde diferencias culturales y visiones divergentes del mundo tienden a impedir, junto con la
posición hegemónica de EE.UU., una profundización de la integración
más allá de los intereses del líder principal del bloque. Aunque también
con respecto al NAFTA se percibe un enfoque constructivista –reflejado
en el debate sobre la creación de una Comunidad Norteamericana (Pastor 2002)–, que no es una corriente de pensamiento influyente, ya que
en EE.UU. y, en menor medida, también en Canadá, prevalecen las tradicionales visiones del realismo de no ceder soberanía ni poder.

Otro elemento importante que influye en la profundización de la integración –y que apenas es considerado en el debate teórico– es el eje bilateral de cooperación entre dos países que sirve al mismo tiempo como
motor y como freno de la integración. En el caso de la UE, el núcleo bilateral Alemania-Francia ha sido durante décadas la verdadera locomotora
de la integración europea. En el MERCOSUR y en el NAFTA han surgido relaciones bilaterales estrechas, pero también conflictivas: la Argentina y Brasil como los países más grandes del MERCOSUR por un lado;
EE.UU. y México, EE.UU. y Canadá, por el otro.

Un aspecto importante a considerar parece ser las potenciales alianzas bilaterales a favor de una profundización. Las constelaciones varían.
En el caso del MERCOSUR, como principal motor actúan la Argentina
y Brasil que son, al mismo tiempo, los dos países más poderosos. En el
NAFTA podría surgir una alianza entre los dos socios débiles, Canadá y
México. No obstante, debido a las disparidades culturales y socioeconómicas aún no se ha producido un eje bilateral, de modo que el NAFTA
consiste más bien en dos alianzas bilaterales asimétricas e independientes con el socio mayor: el eje EE.UU.-Canadá, por un lado, y la relación
México-EE.UU., por el otro.

En el caso del MERCOSUR parece comprobarse la tesis de que cuando existe una convergencia entre los dos países principales, avanza la integración; y si se producen controversias, retrocede. También en el NAFTA

se percibió un mayor avance de cooperación, cuando México y EE.UU. empujaron por el cumplimiento de la agenda comercial (1994-2001), mientras que el bloque entró en crisis cuando se liberalizó el comercio y los intereses de ambos países empezaron a ser menos compatibles (en materia de migración y control de las fronteras, pero también en temas de la agenda internacional[5]). Tanto para el MERCOSUR como para el NAFTA, teniendo en cuenta el reducido número de países participantes y las desigualdades existentes entre ellos, el bilateralismo ha jugado un papel fundamental en la integración que merece la pena analizar más detalladamente.

3. SOBRE ESTE LIBRO

Siguiendo las ideas e hipótesis mencionadas, el presente libro compara estos dos casos de integración en las Américas desde varios ángulos temáticos. La influencia y el impacto de las instituciones y órganos de integración en el NAFTA y el MERCOSUR será objeto del primer capítulo que analiza la teoría y práctica de las instituciones y mecanismos de decisión en ambos esquemas de integración. El apartado sobre el MERCOSUR, escrito por Roberto Bouzas y Hernán Soltz, pone especial énfasis en la brecha entre decisiones e implementación. El análisis del NAFTA, realizado por Susanne Gratius y Stéphan Sberro, subraya la importancia y desigualdad institucional de los tres secretariados y el germen de supranacionalidad en el caso de las Comisiones de Cooperación Laboral y Medioambiental.

En un ejercicio comparativo, Susanne Gratius llega a la conclusión de que la escasa institucionalidad del NAFTA se limita al ámbito técnico pero es bastante eficaz, mientras que los órganos del MERCOSUR están muy politizados con un grado de institucionalidad leve, poco burocrática, pragmática y preeminentemente de índole intergubernamental. Asimismo, debido al grupo pequeño de países y a la sensible cuestión de la

---

[5] Un claro ejemplo de las divergencias fue el debate sobre la Guerra de Iraq en el año 2003, cuando ni Chile ni México apoyaron la posición estadounidense en el Consejo de Seguridad.

soberanía nacional, las decisiones se toman por consenso. Puesto que este sistema no refleja las asimetrías existentes y el rol dominante que juegan Brasil y EE.UU. en sus procesos de integración, se han creado otros mecanismos paralelos tales como las consultas bilaterales o la influencia directa de Brasil y EE.UU. sobre los demás miembros. Si en el NAFTA apenas se toman decisiones y la integración ha desarrollado una dinámica propia fuera del ámbito políticogubernamental, el MER-COSUR es un proceso de integración en permanente transformación que se basa principalmente en decisiones que se toman al máximo nivel gubernamental (siendo por ello muy dependiente de las respectivas coyunturas políticas).

El segundo capítulo evalúa de forma detallada el funcionamiento y los resultados de los mecanismos de solución de controversias en el caso del MERCOSUR y del NAFTA. Según Roberto Bouzas, Horacio Coronado y Hernán Soltz, las negociaciones intergubernamentales son la principal vía para resolver diputas comerciales en el seno del MERCOSUR que apenas ha institucionalizado este proceso. Su balance del mecanismo de solución de controversias es negativo y ambos autores sugieren introducir reformas al proceso actual. En el caso del NAFTA, el mecanismo de solución de controversias está basado en reglas que forman parte de su amplio tratado fundacional. Salvo algunas controversias de larga duración, Antonio Ortiz Mena sostiene que el mecanismo de resolución de controversias funciona relativamente bien en el caso del NAFTA y es, de hecho, uno de los pocos mecanismos institucionalizados del bloque.

El tercer capítulo analiza, bajo la premisa de las asimetrías existentes, la constelación de poder entre los Estados miembro de ambos procesos de integración. Además de describir los intereses y agendas de los países integrantes del MERCOSUR y del NAFTA, este capítulo, escrito por Horacio Coronado y Susanne Gratius, hace particular hincapié en los ejes bilaterales entre la Argentina y Brasil, por un lado, EE.UU., Canadá y México, por el otro. Concluye diciendo que MERCOSUR y NAFTA representan dos modos diferentes de liderar un proceso de integración: en el primer caso, un liderazgo bilateral compartido (Argentina-Brasil) que sirva de motor de la integración y sea un instrumento para equilibrar la posición dominante del país más poderoso; en el segundo caso, la hegemonía del país más fuerte (EE.UU.) que es aceptado por los demás miembros y determina la velocidad y los límites de la integración.

Un cuarto capítulo, redactado por Susanne Gratius con el apoyo de Horacio Coronado, se dedica a señalar las asimetrías no políticas en ambos procesos de integración, incluyendo tanto las diferencias de desarrollo como el tamaño y el peso económico y demográfico de cada uno de los países miembros del MERCOSUR y del NAFTA. Partiendo de las enormes diferencias de desarrollo que existen tanto dentro como entre los países miembro de ambos bloques, y analizando los posibles mecanismos (Fondo de Compensación y Banco de Desarrollo) y perspectivas para nivelar las brechas socioeconómicas en el MERCOSUR y el NAFTA. Se sostiene que en ambos casos serán soluciones diferentes a los fondos estructurales y de cohesión creados en el seno de la Unión Europea.

Finalmente, el último capítulo incluye una comparación más sistemática y resumida de los rasgos comunes y las diferencias entre el MERCOSUR y el NAFTA. Después de analizar las posibilidades y límites para una profundización de la integración ambos bloques, Susanne Gratius afirma que, pese a estar apenas institucionalizada, ésta es más probable en el caso del NAFTA que en el del MERCOSUR donde predominan arduos problemas estructurales de difícil solución. Aún así, el libro concluye con un incierto pronóstico diciendo que no hay ninguna receta mágica para garantizar el éxito de un proceso de integración, que depende de un sinnúmero de factores, entre ellos del contexto en el que se crea la integración, de la motivación inicial, del número de miembros, de la relación de poder entre sus Estados miembro, así como del tipo de integración y de su alcance final.

I
TEORÍA Y PRÁCTICA DE LAS INSTITUCIONES Y PROCESOS DE DECISIÓN

Roberto Bouzas, Susanne Gratius, Hernán Soltz, Stéphan Sberro

Ni el MERCOSUR ni el NAFTA están coordinados por instituciones propias con autonomía y capacidad de decisión. Ambos mecanismos de integración disponen tan solo de organismos intergubernamentales que coordinan o administran los acuerdos. Por su objetivo más ambicioso de crear un mercado común, la necesidad de crear órganos independientes es más inminente en el MERCOSUR. No obstante, ante la creciente densidad de la agenda de cooperación, también se requiere un mayor nivel de coordinación institucional en el NAFTA.

Pese a no haber creado órganos propios (en el sentido de instituciones supranacionales), tanto el MERCOSUR como el NAFTA cuentan con instituciones permanentes. En el caso del MERCOSUR, el órgano más importante es su Secretaría Administrativa con sede en Montevideo, transformada en 2003 en una Secretaría Técnica con un mandato más amplio. Además, a nivel político se creó la Comisión de Representantes Permanentes (CRPM) en Montevideo y se inauguró un Tribunal de Apelación en Asunción. El NAFTA dispone de dos órganos con competencias cuasi supranacionales: la Comisión Laboral con sede en Washington y la Comisión Medioambiental situada en Montreal. Asimismo, existen tres secretariados nacionales que se encargan de la tramitación del mecanismo de solución de controversias.

Estos foros podrían ser el germen para crear un sistema institucional propio, más allá de los intereses nacionales siguiendo (aunque de forma diferente) el ejemplo de la Unión Europea (UE). Por otra parte, el MERCOSUR y el NAFTA representan esquemas de integración muy diferentes al europeo, basándose en fundamentos y creencias –el realismo y el institucionalismo liberal– que son cuasi adversas a la UE, cuyo sistema institucional tiende a explicarse con las ideas del neofuncionalismo.

1. Algunas reflexiones teóricas sobre integración e instituciones

En general, los órganos del NAFTA divergen profundamente de las instituciones de la Unión Europea. Esta oposición es notable, si se tiene en cuenta que en el resto de América la experiencia europea ha sido siempre y es la referencia obligada, incluso en el MERCOSUR, que tiene su propio esquema institucional. Aunque pueden existir divergencias de matiz sobre las formas de controlar las infracciones a las reglas de libre mercado y las políticas de redistribución de la riqueza, la Unión Europea, el NAFTA y el MERCOSUR están basados en la convicción de que el libre cambio es la base principal del desarrollo económico. No es así en cuanto a las premisas institucionales. Las experiencias europea y norteamericana se fundamentan en ideas claras, pero diferentes.

Fue en EE.UU. que surgió a finales de la Segunda Guerra Mundial la iniciativa de crear el fundamento teórico de las relaciones internacionales. En EE.UU. se utilizó entonces el término de «realismo» para definir la política internacional. El cuadro era sencillo: el estado natural de la sociedad internacional está caracterizado por la anarquía, los Estados son la unidad de base para analizarlo siendo su objetivo prioritario aumentar su seguridad individual. Se trataba de una visión pesimista de las relaciones internacionales, en particular de la posibilidad de crear integración regional, en una época marcada por la experiencia de la Guerra Mundial y del principio de la Guerra Fría. Para enfrentar la anarquía internacional, cada Estado debía de promover su seguridad militar, su autonomía, su influencia y su prestigio.

La oposición entre las dos superpotencias había sido el paradigma y la razón de ser del realismo, que después de la aparición de la interdependencia y la reaserción de sus ideas principales, ante esta nueva corriente representada por K. Waltz, se llamaría «neorrealismo». Esta interpretación de las relaciones internacionales impedía contemplar la integración regional como un fenómeno importante, máxime como una solución a la anarquía. Según el neorrealismo, la cooperación internacional sólo se puede explicar por el deseo de los Estados de ser potencia y como un instrumento de explotación mutua para movilizar y acumular los recursos de los países vecinos con el objetivo de incrementar su propio poder. Las instituciones internacionales tienen el mismo objetivo. Se crean por la voluntad convergente de los gobiernos de instrumentalizarlas para sus fines individuales y se vuelven obsoletas en cuanto estos mismos gobiernos no las encuentran útiles para la consecución de sus objetivos.[1]

Parte de la actitud de EE.UU. ante el NAFTA y sus instituciones deriva de esta visión de la integración como un fenómeno parcial y menor en las relaciones internacionales, que no puede poner en tela de juicio su funcionamiento de base, tal y como está descrito por el realismo. Esta visión también evita reflexionar sobre la «cuestión crítica de las relaciones internacionales, es decir, el destino del Estado nación[2]». Ahora bien, esta reflexión fundamental debe presidir al estudio de la redefinición tanto de Europa como de América del Norte.

La visión teórica mencionada se impuso durante décadas, a pesar de la mayor interdependencia entre las economías y la aparición de nuevos actores importantes al lado de los Estados, en particular las grandes sociedades multilaterales. Los cambios empezaron a arrojar las primeras dudas sobre la capacidad absoluta de las ideas «realistas» para explicar las relaciones internacionales. Apareció así la escuela de la interdependencia, que integraba otros actores al lado de los Estados a la visión fundamentalmente realista de las relaciones internacionales y constató que la economía juega un papel tan importante como la seguridad.

La teoría de la interdependencia representa un progreso al tener en cuenta la integración, pero también sufre de carencias para servir de base a una renovación del pensamiento de EE.UU. en materia de integración. En primer lugar, no abandona las premisas fundamentales del realismo, y por ende los obstáculos que éste interpone a la integración regional. Sus ideas sobre una integración económica son demasiado generales para ser operacionales, mientras que tampoco expone ninguna idea sobre las instituciones, la integración política, cultural, histórica, etc. Considera a la interdependencia no como un fenómeno positivo, sino como una evolución peligrosa (ya que en particular significa la pérdida del poder de decisión de los Estados), pero inevitable.

Ninguno de los autores de la interdependencia recalcó la importancia de las instituciones en los cambios de la sociedad internacional.

---

[1] Según la explicación de un académico estadounidense especialista de las teorías de la integración, Donald J. Puchala (1972: 267-284).

[2] Como lo notaba ya Hoffmann (1966: 862-915).

El papel del Estado seguía siendo central. La teoría de la interdependencia marca el declive del pensamiento realista. Este declive se acentuaría con el fin de la Guerra Fría, que el realismo fue incapaz de prever. Su fin, con el derrumbe de la Unión Soviética, socava al realismo en sus fundamentos. Las recetas del neorrealismo son, por ende, menos útiles para manejar las relaciones internacionales.

Al no poder explicar ni el neorrealismo ni la interdependencia las nuevas relaciones internacionales, se multiplicaron las nuevas corrientes que lo critican o tratan de adaptarlo. Una de estas teorías, el «institucionalismo liberal o neoinstitucionalismo» puede considerar como el sustento teórico del NAFTA. Por primera vez aparecía en EE.UU. una teoría que no sólo defendía la posibilidad de integración, sino también la consolidación de instituciones fuertes. Esto permitió un cambio de paradigma en EE.UU., que hizo posible y fomentó un refuerzo institucional del NAFTA. Retomando las premisas del neorrealismo dominante, los institucionalistas liberales explican que el temor al engaño es el obstáculo principal para la cooperación. Para resolver este problema central, se necesita consolidar las instituciones, pues reducen el riesgo de engaño y aumentan las posibilidades de cooperación.

En primer lugar, las instituciones permiten incrementar el número de acuerdos, evitando el engaño de tres maneras: elevar su costo, crear las posibilidades de una cooperación futura y permitir el ejercicio de sanciones o represalias en caso de engaño. En segundo lugar, las instituciones permiten progresar más rápidamente en el camino de la integración, relacionando ámbitos distintos. Esto dificulta el engaño, por temor a que éste se dé en un área no muy interesante para el Estado pero que implique consecuencias en otros ámbitos que sí le interesan. En tal caso, el costo del engaño aumenta con las posibilidades de represalias. En tercer lugar, las instituciones aumentan la cantidad de información de los socios sobre los objetivos de los demás. Enterarse con anticipación de una posible acción negativa le permite al Estado tomar medidas, limitando los costos del engaño. Por último, las instituciones merman el costo de transacción de cada nuevo acuerdo, evitando que las negociaciones empiecen de cero. Así, la cooperación internacional se vuelve menos costosa y más atractiva.

Esta perspectiva mucho más favorable a la integración suscitó críticas de los partidarios de la política tradicional, que explican, en parte, la política de EE.UU. en la negociación del NAFTA y de sus instituciones. Así, la cooperación sólo se puede dar en sectores donde los posibles costes sean relativamente bajos. Por consiguiente, es más probable en el ámbito económico e improbable en las cuestiones de seguridad, donde un engaño resultaría mucho más costoso. Esta visión manifiesta la percepción tradicional de EE.UU. hacia el resto del mundo, también implica una duda fundamental sobre la causalidad entre instituciones e integración y la posibilidad de pasar de un ámbito a otro (por ejemplo, de lo económico a lo militar).

No obstante, el argumento que impide a los institucionalistas liberales prevalecer ante los planteamientos realistas es el de las ganancias relativas. En todo caso es difícil evaluar las ganancias relativas, antes de firmar un acuerdo y establecer instituciones. Máxime cuando los realistas consideran que no es suficiente ganar con la cooperación, sino que los Estados necesitan ganar más que sus socios para preservar o incrementar su potencia. Desde la perspectiva de los «institucionalistas» es un argumento irracional, puesto que un gobierno y sus electores buscan mejorar su situación, no compararla constantemente con la de sus vecinos. Además, entre aliados de un mismo bloque, las ganancias de uno significan casi automáticamente las ganancias de todos. Esto es evidente en las áreas del medio ambiente, de la educación o de la migración, pero menos obvio en el tema de la seguridad.

Con todas sus debilidades, el institucionalismo liberal representa un cambio importante en el pensamiento estadounidense sobre la integración y sus instituciones. En primer lugar, acaba con la hegemonía del neorrealismo que representaba un obstáculo principal a la integración. En segundo lugar, presenta una visión comprometida (los realistas dirían «idealista») de las relaciones internacionales al reconocer la posibilidad de tomar acciones concretas para cambiar el curso secular de las cosas y luchar contra el pesimismo ante el estado de anarquía que rige las relaciones internacionales. En este proceso, se reconoce por primera vez que las instituciones juegan un papel fundamental. El Estado tradicional, soberano y egoísta daría lugar a un Estado más internacional (Czempiel 2000) El NAFTA es un resultado concreto de este nuevo planteamiento teórico en EE.UU. y podría marcar el inicio de la creación de nuevos lazos con América latina.

El pensamiento internacional en EE.UU. se dirige lentamente hacia una aceptación de la integración regional como forma eficaz de relacionar Estados y resolver sus problemas a través de la cooperación. No obstante, comparado con la UE, este pensamiento aún permanece bastante tímido. En este sentido, el debate institucional está mucho más avanzado en Europa y, al inspirarse en concepciones europeas, también en el MERCOSUR. En 1957, Ernst B. Haas, quien analizó la integración europea desde Stanford, ya había llegado a conclusiones más claras en cuanto al método de la integración. Las ideas que desarrolló bajo el nombre de «neofuncionalismo»[3] ofrecían dos recetas para el éxito de una integración: por un lado, partir de sectores económicos muy concretos y, por el otro, acompañar la integración con instituciones fuertes. Aunque las recetas parecieron no funcionar entre los años setenta y mediados de los ochenta, fueron la base del repunte de la integración europea a partir de 1985. El neofuncionalismo fue entonces rehabilitado y existe en la actualidad como teoría casi oficial de la integración europea.

El neofuncionalismo de índole europeo no está tan alejado de la visión del neoinstitucionalismo inspirado por la experiencia de EE. UU. En efecto, existe en el neofuncionalismo la noción de engranaje que permite de manera casi automática expandir la integración tanto horizontal como verticalmente. Así, la integración se extiende naturalmente a cada vez más sectores económicos (*spillover* en inglés o «desbordamiento» en castellano) y se profundiza en los sectores donde ya existe. Se produce una armonización económica y jurídica que corresponde a una necesidad, puesto que al firmar un acuerdo de integración y crear instituciones comunes, las partes aceptaron desde un principio integrarse más. Esta lógica permitió a Europa pasar de una unión aduanera a un mercado común y ahora a una unión económica y monetaria. El *spillover* también se dio poco a poco del sector económico a los sectores social, político y de la defensa.

No sólo la UE sino también el desarrollo del NAFTA y del MERCOSUR comprueban estas hipótesis. Al producirse a iniciativa de EE.UU. un *spillover* del ámbito exclusivamente comercial a otros sectores, tales como el sector laboral y ambiental, se crearon dos instituciones independientes. De la misma manera que las concepciones teóricas de EE.UU. sobre la integración se incorporaron paulatinamente a las concepciones europeas, podemos también discernir, desde la entrada en

---

[3] En referencia al funcionalismo desarrollado por David Mitrany durante e inmediatamente después de la Segunda Guerra Mundial.

vigor del NAFTA, algunas pautas de evolución que recuerdan las de la integración europea. En el caso del MERCOSUR, se ha producido un *spillover* horizontal y vertical: por un lado, se ampliaron los sectores de integración de lo económico a lo cultural y social; por el otro, se crearon instituciones con más autonomía (la Secretaría Técnica, la Comisión de Representantes Permanentes y el Tribunal de Apelación).

2. INSTITUCIONES Y REGLAS EN EL MERCOSUR

2.1. Introducción

El Mercado Común del Sur (MERCOSUR) fue creado en marzo de 1991 por un breve tratado marco de tan solo veinticinco páginas impresas. En apenas dos docenas de artículos, el Tratado de Asunción definió los objetivos, principios e instrumentos del MERCOSUR; creó su estructura orgánica y estableció la duración del acuerdo y los procedimientos de adhesión y denuncia. Cinco anexos al Tratado establecieron: a) un programa automático, lineal y generalizado de eliminación de aranceles; b) un régimen general de origen, c) un mecanismo transitorio de salvaguardias para el comercio intra-regional, d) un plazo para la implementación de un mecanismo de solución de controversias, y e) diez grupos de trabajo para promover la coordinación de las políticas macroeconómicas y sectoriales. El Tratado también definió que el «período de transición» para implementar la unión aduanera concluiría el 31 de diciembre de 1994. Antes de esa fecha, los Estados parte debían acordar una estructura institucional permanente, definir procedimientos definitivos para la toma de decisiones y establecer las responsabilidades específicas de cada órgano de gobierno.

Pocos meses después, en diciembre de 1991, los Estados parte suscribieron el Protocolo de Brasilia sobre Solución de Controversias (PBSC), que estableció un régimen transitorio para la solución de controversias que contemplaba la intervención de tribunales arbitrales *ad hoc* de jurisdicción obligatoria. Este régimen estaría vigente hasta la adopción de un sistema definitivo antes del fin del «período de transición». No obstante, a mediados de diciembre de 1994 –días antes de la conclusión del «período de transición»– se firmó un Protocolo sobre la Estructura Institucional del MERCOSUR (el Protocolo de Ouro Preto-POP) que pospuso la adopción de un régimen definitivo hasta la implementación plena de un arancel externo común en el año 2006.

El POP, un documento también breve de 53 artículos y un anexo, introdujo innovaciones institucionales modestas: creó nuevos órganos y asignó responsabilidades más precisas a los existentes, otorgó personalidad jurídica internacional al MERCOSUR y estableció un mecanismo para la toma de decisiones y la puesta en vigor de los acuerdos. El POP también definió las fuentes legales del MERCOSUR y refinó el mecanismo de solución de controversias del PBSC, precisando el alcance de las disputas que pueden someterse a su consideración. También creó un mecanismo para formular reclamos ante la nueva Comisión de Comercio del MERCOSUR (CCM).

2.2. Construcción y competencias de las instituciones intergubernamentales

Los tres órganos decisorios del MERCOSUR –el Consejo del Mercado Común (CMC), el Grupo Mercado Común (GMC) y la Comisión de Comercio del MERCOSUR (CCM)– fueron creados como foros estrictamente intergubernamentales. En ellos todo el poder decisorio descansa en manos de funcionarios nacionales. Exceptuando una modesta Secretaría con responsabilidades muy limitadas de carácter logístico, depositario y de reunión y diseminación de información, no había ningún cuerpo burocrático independiente de las administraciones nacionales.

La creación de órganos estrictamente intergubernamentales tuvo como objetivo mantener el control de los gobiernos y evitar el aislamiento de los niveles de toma de decisión con relación a las agencias nacionales responsables de su implementación. El intento de involucrar en el proceso decisorio a las agencias y burocracias nacionales (en especial a los ministerios de economía) y de estimular un proceso de consulta continua con las instancias políticas de cada gobierno fue estimulado por la decepcionante experiencia del pasado, donde «burocracias de integración», desconectadas del resto de los sectores públicos nacionales o diplomáticos con escasa capacidad de asegurar la implementación de las decisiones en sus propias administraciones, asumían compromisos que no eran luego adoptados por los gobiernos nacionales.

El Consejo del Mercado Común (CMC), creado como la máxima autoridad política y de toma de decisiones, fue establecido como el órgano responsable por la implementación del Mercado Común y está integrado por los ministros de Economía y Relaciones Exteriores. A pesar de que las reuniones del CMC son coordinadas por los Ministerios de Relaciones Exteriores, la participación de los ninistros de Economía tuvo como objetivo trascender el ámbito diplomático e involucrar a una agenda clave para el proceso de implementación de los compromisos. El CMC fue dotado de autoridad para crear, modificar o eliminar órganos; para desarrollar reglas e instituciones a medida que fuera necesario; y para negociar y firmar acuerdos con terceros países, grupos de países y organismos internacionales. También tiene la atribución de crear «reuniones de ministros»[4], cuyos acuerdos –para tener vigencia como normas del MERCOSUR– deben ser aprobados por el CMC.

El CMC se reúne al menos cada seis meses y una presidencia rotativa entre los Estados parte (Presidencia Pro-Témpore) coordina sus actividades. Los jefes de Estado participan de las reuniones del CMC al menos una vez al año. Las reuniones semestrales ordinarias del CMC fueron concebidas como eventos de señalización y toma de decisiones al más alto nivel. En el período 1991-2003, el CMC tomó un promedio de 25,5 decisiones por año, con un pico de setenta en el 2000. Los últimos años han sido particularmente activos en materia del número de decisiones adoptadas. Sin embargo, el aumento en la actividad normativa no debe equipararse con la producción de reglas que tengan contenido efectivo y efectos prácticos. De hecho, a lo largo del tiempo la efectividad y credibilidad de las reuniones del CMC disminuyeron, afectadas por una agenda congestionada y una baja prioridad por parte de los gobiernos.[5]

En el marco del CMC también se creó un Foro de Consulta y Concertación Política integrado por altos funcionarios de las cancillerías de los

---

[4] Se crearon «reuniones de ministros» de Economía y Presidentes de Bancos Centrales, Educación, Justicia, Trabajo, Agricultura, Cultura, Salud, Interior, Industria, Minería y Energía, Desarrollo Social y Transporte.

[5] A mediados del año 2002, el CMC puso en marcha la producción de Recomendaciones, que comrprenden orientaciones generales, planes de acción o iniciativas sin carácter vinculante para los Estados parte. El mecanismo ha sido poco usado, sobre todo en temas poco relevantes.

Estados parte con el objetivo de coordinar la agenda política interna y externa del bloque, pero éste ha funcionado sólo de manera esporádica. Asimismo, en octubre de 2003 se decidió crear la Comisión de Representantes Permanentes del MERCOSUR (CRPM) cuyo presidente puede representar al MERCOSUR ante terceros países, grupos de países u organismos internacionales por mandato del CMC. Dicha comisión también absorbe parte de las responsabilidades del CMC con relación a las reuniones de ministros.

El Grupo Mercado Común (GMC) está integrado por cuatro funcionarios nacionales (y cuatro suplentes) de los Ministerios de Relaciones Exteriores, Economía o Banco Central. Como en el caso del CMC, también pueden ser invitados representantes de otros organismos. El GMC funciona como una especie de órgano ejecutivo con capacidad de iniciativa, encargado de implementar las Decisiones del CMC, desarrollar y supervisar el trabajo técnico necesario para promover el proceso de integración, emitir resoluciones en sus ámbitos de competencia y formular recomendaciones al CMC. El GMC también tiene competencia para llevar adelante negociaciones comerciales internacionales por instrucción del CMC y de participar en el mecanismo de solución de controversias y el procedimiento de reclamaciones. Para desarrollar los trabajos técnicos, el Tratado de Asunción estableció diez Subgrupos de Trabajo (SGT) bajo la órbita del GMC. Con el paso del tiempo, los SGT fueron modificándose a través de supresiones, fusiones, creación de nuevos grupos y alteraciones en los mandatos. También se crearon otros foros técnico-negociadores, como las reuniones especializadas, los grupos ad hoc, los grupos, comités y comisiones, configurando un complejo entramado de órganos auxiliares.

La efectividad del GMC para desarrollar negociaciones técnicas, sentar las bases para reuniones sustantivas del CMC e implementar las decisiones del CMC también cambió con el correr del tiempo. En un principio, los SGT fueron concebidos como órganos responsables de llevar adelante el trabajo cotidiano de cooperación necesario para cumplir con los objetivos y los plazos definidos por los órganos superiores.[6] Los SGT

---

[6] En 1992 el «Cronograma de Las Leñas» estableció un plan de acción para cada SGT. A pesar de estos objetivos precisos, los SGT tuvieron un desempeño heterogéneo que se agravó con el paso del tiempo.

también fueron concebidos como los vehículos institucionales para involucrar a las burocracias nacionales en la implementación de las decisiones, vinculando las negociaciones y el trabajo técnico con las agencias nacionales responsables. En tanto el MERCOSUR no disponía de un mecanismo que permitiera incorporar de manera automática los actos normativos, la participación y compromiso de los funcionarios nacionales con capacidad para implementar e impulsar la agenda dentro de las respectivas administraciones nacionales fueron vistos como requisitos necesarios para la efectividad. Los SGT responsables por el desarrollo de trabajos preparatorios se convirtieron así en foros mixtos técnicos y de negociación (Zalduendo 1998).[7]

Inicialmente, las actividades del GMC y de los SGT estimularon el conocimiento mutuo de los funcionarios nacionales y contribuyeron a desarrollar motivación y un espíritu de equipo, alentando el compromiso e involucrando en las negociaciones a las agencias nacionales competentes.[8] Después de mediados de los noventa, la efectividad del GMC se resintió debido al número creciente de temas irresueltos en las instancias superiores (CMC) y la falta de avance en los SGT, integrados por funcionarios sin suficiente autoridad para decidir. Los intercambios informales, que durante los primeros años sentaron las bases para reuniones sustantivas del GMC, también fueron gradualmente reemplazados por encuentros plenarios formales que simplemente reproducían las diferencias (Peña 1999).

Durante el período crítico entre 1998 y 1999 ni siquiera los coordinadores de las «secciones nacionales» del GMC se reunían con regularidad, como había sido la regla hasta ese momento (en general, una vez por mes). Durante el conflictivo año 2001 el GMC se reunió en siete oportunidades (nunca antes lo había hecho con tanta frecuencia), pero

---

[7] A pesar de la participación de funcionarios nacionales, en la práctica esto no se tradujo en una alta efectividad. En teoría, el papel del GMC y de los SGT se puede asimilar al del Comité de Representantes Permanentes (COREPER) del Consejo de la Unión Europea. No obstante, el COREPER es un foro mucho más sistemático y estructurado que se reúne con una frecuencia mucho mayor.

[8] Las negociaciones intergubernamentales también proporcionaron una oportunidad para entrenar recursos humanos en actividades complementarias a sus responsabilidades rutinarias.

sin resultados perceptibles. La falta de lineamientos y objetivos precisos para el trabajo de los SGT fue un factor importante detrás de la decreciente efectividad de estos órganos. De hecho, los SGT siempre enfrentaron el problema de la sobrecarga de responsabilidades por parte de los funcionarios (debido en buena medida a restricciones presupuestarias estructurales), así como de su desvinculación, aún en temas estrechamente vinculados. En este contexto, el estímulo de los miembros de los SGT se deterioró sensiblemente.

Excepto a mediados de la década de los noventa, cuando se firmaron los acuerdos de libre comercio con Chile y Bolivia, la actividad del GMC en las tareas de preparación y negociación de la agenda de relaciones externas del MERCOSUR tuvo resultados modestos. Si bien hasta hace poco el MERCOSUR mantuvo la práctica de «hablar con una sola voz» en las reuniones formales de negociación, la coordinación y el arbitraje entre las distintas posiciones e intereses nacionales fue muy precaria. Esta metodología de funcionamiento y la ausencia de un trabajo técnico que sirviera de base para posiciones comunes dificultaron la identificación de intereses comunes y de *trade-offs* aceptables para las partes. Esto debilitó el desempeño del MERCOSUR en las negociaciones con la Unión Europea y su participación en el proceso del ALCA, en donde enfrenta burocracias experimentadas y relativamente cohesionadas. A mediados de 2001, y ante la evidencia de las dificultades para encarar negociaciones sustantivas con un esquema institucional y organizativo tan precario, el CMC decidió organizar un grupo negociador integrado por un representante de cada país con dedicación integral, a fin de acelerar y dotar de mayor eficiencia a las negociaciones externas del bloque.

Los órganos originalmente creados por el Tratado de Asunción (el CMC y el GMC) fueron complementados en 1994 por la Comisión de Comercio (CCM), la Comisión Parlamentaria Conjunta (CPC) y el Foro Consultivo Económico y Social (FCES). Estos organismos fueron establecidos por el Protocolo de Ouro Preto, que también amplió las responsabilidades de la Secretaría Administrativa y definió con más precisión el rol y las atribuciones de cada órgano. Al igual que el CMC y el GMC todos los órganos tuvieron un carácter colegiado y se reunían periódicamente. Entre los nuevos órganos sólo la CCM tuvo responsabilidades decisorias, manteniendo el carácter intergubernamental de los ya existentes.

La autoridad para la toma de decisiones que le fue conferida a la Comisión de Comercio (CCM) se reflejó en su capacidad para emitir directivas. La CCM está integrada por dos funcionarios de cada Estado parte (un titular y un suplente), cuya responsabilidad es implementar las políticas comerciales comunes, administrar los temas vinculados al comercio intra-regional, conducir el nuevo procedimiento de consultas e intervenir en el mecanismo de reclamaciones contemplado para la solución de conflictos en sus áreas de competencia. Dentro del ámbito de la CCM también se establecieron diez Comités Técnicos (CT) encargados de las negociaciones técnicas y de proveer asesoramiento (sin capacidad decisoria) sobre el diseño y la implementación de los instrumentos de política comercial común, así como de administrar los asuntos comerciales intra-regionales.

La razón para establecer la CCM en 1994 fue la necesidad de administrar las cuestiones vinculadas al comercio intra-regional de carácter rutinario, de implementar y hacer el seguimiento de los instrumentos de política comercial común. Conceptualmente, la CCM habría de ser el *locus* institucional en el cual los funcionarios nacionales vinculados con el comercio exterior se reunirían e interactuarían de manera regular. No obstante, a pesar de que el reglamento interno de la CCM establecía que se reuniría en forma ordinaria al menos una vez al mes, en los hechos esto nunca sucedió. La CCM (al igual que los Comités Técnicos bajo su órbita) sufrieron los mismos problemas que el GMC y los SGT. En particular, si bien los Comités Técnicos combinaban la tarea de desarrollar negociaciones técnicas y administrar ciertas disputas comerciales, en la práctica, las segundas consumieron la mayor parte de la energía[9]. Un indicador de ello es el hecho de que después del pico alcanzado en 1995, el número de directivas emitidas por la CCM mostró una tendencia claramente decreciente. La flexibilidad y el espíritu gradualista del diseño institucional del MERCOSUR se vieron reflejados, entre otras cosas, en una estructura orgánica que se fue constituyendo a través de distintas etapas y que

---

[9] La actividad de los CT (con excepciones menores) sufrió el mismo sesgo que la CCM: sus miembros se involucraron más en los temas de acceso a los mercados que en los de implementación de las políticas comerciales comunes. Las controversias no-arancelarias, reglas de origen y cuestiones sectoriales (como el régimen especial para el sector automotriz) ocuparon el grueso de las energías y la negociación de los CT.

incluyó modificaciones, fusiones, creación y supresión de órganos auxiliares del GMC y la CCM. Esta modalidad de construcción institucional hizo necesario revisar periódicamente la coherencia de la estructura resultante, lo que se hizo en dos oportunidades (en 1995 y en 2000)[10].

En contraste con la CCM, los dos órganos restantes creados por el Protocolo de Ouro Preto –el Foro Consultivo Económico y Social (FCES) y la Comisión Parlamentaria Conjunta (CPC)– tuvieron un carácter exclusivamente consultivo y de asesoramiento. El propósito del FCES fue integrar la representación de actores no-gubernamentales. Su máxima autoridad es un plenario que reúne delegados de las cuatro «secciones nacionales», dos veces al año para elaborar y proponer recomendaciones no vinculantes a los órganos decisorios, sea por iniciativa propia o como resultado de consultas formuladas por el GMC u otros órganos del MERCOSUR[11]. Cada «sección nacional» está compuesta de representantes del sector empresario, los trabajadores y los consumidores, en número de nueve representantes por país[12]. El órganos se pronuncia por recomendaciones no vinculantes ante el GMC; las decisiones se toman por consenso. Temas destacados tratados por el FCES han sido la armonización de las políticas macroeconómicas y la facilitación de la integración fronteriza (asignando un presupuesto a la administración de las fronteras).

La CPC, por su parte, está integrada por dieciseis congresistas de cada Estado parte, elegidos según los procedimientos establecidos por cada Legislatura. Sus atribuciones consisten en analizar cuestiones a solicitud del CMC, formular recomendaciones al GMC y al CMC, supervisar y

---

[10] Por una Decisión del CMC (59/00) se dispuso la reestructuración de los órganos dependientes del GMC y la CCM junto con otras modificaciones. Consecuentemente, la estructura quedó con 14 SGT, 8 reuniones especializadas y 4 grupos *ad hoc*. En la CCM se eliminaron cuatro CT con lo que quedaron seis, además del Comité de Defensa Comercial y Salvaguardias (CDCS). Asimismo, se determinó que los órganos dependientes del GMC y CCM elaboraran programas de trabajo anuales. Según Zalduendo (1997), a fin de deslindar más apropiadamente las diferentes tareas, los CT deberían dedicarse a cooperar con la CCM en la aplicación de los compromisos ya acordados, en tanto que a los SGT les cabría el trabajo técnico de preparar los futuros acuerdos.

[11] En el caso de las consultas se pueden adoptar decisiones por mayoría. En cambio, en los casos de iniciativa propia es necesario el consenso.

[12] En cada sección nacional del FCES participan 9 representantes por país (4 sindicalistas, 4 empresarios y uno del tercer sector).

solicitar informes a otros órganos decisorios del MERCOSUR y facilitar los procedimientos legislativos necesarios para incorporar la normativa MERCOSUR en los ordenamientos jurídicos internos. La CPC se reúne dos veces al año en pleno en diferentes lugares; además hay encuentros de las diferentes comisiones del CPC, en los cuales también participan parlamentarios de Bolivia y de Chile. Las secciones nacionales se estructuran de manera diferente, pero en los cuatro países miembro se han creado comisiones permanentes en el Parlamento (Senado o Congreso). En la Argentina, por ejemplo, la comisión del MERCOSUR está integrada por 8 diputados y 8 senadores y está dirigida por un coordinador permanente. Aparte, en el seno del Senado y del Congreso se han creado comisiones propias del MERCOSUR. Sin embargo, apenas hay coordinación entre los tres órganos nacionales del CPC en la Argentina. Uruguay es el único país donde la sección de la CPCM tiene una oficina propia y representantes permanentes al estar situada en la sede del MERCOSUR en la SAM en Montevideo.

En los comienzos del proceso de integración, la estructura exclusivamente intergubernamental del MERCOSUR le dio flexibilidad y economía. El costo fue un relativo aislamiento gubernamental (especialmente de los Poderes Ejecutivos) que limitó la permeabilidad del proceso de toma de decisiones a la influencia de actores no-gubernamentales y de otras agencias públicas (como los congresos y los gobiernos provinciales y locales). Cuando existió, la participación de estas agencias en las negociaciones fue más formal que sustantiva. La afirmación puede ilustrarse por el hecho de que hasta 1996, cuando comenzó a funcionar el Foro Consultivo Económico y Social (FCES), el único órgano del MERCOSUR que incluía representantes empresarios y sindicales (además de gubernamentales) era el SGT 10. No obstante, y en contraste con la labor de todos los restantes SGT, el SGT 11 fue el único que en ese período no vio ninguna de las propuestas transformadas en una resolución del GMC (Robles 2002).

El establecimiento de un órgano de consulta regional (FCES) en 1995 y su funcionamiento efectivo a partir de 1996 no cerró la brecha. Los actores privados siguieron percibiendo correctamente que su capacidad para influir los resultados se podía ejercer con mayor efectividad operando sobre las autoridades nacionales, que haciéndolo a nivel regional. Aunque existe una buena coordinación entre sindicatos de los cuatro países y entre los empresarios, son dos procesos separados, sin existir un denominador común. El hecho de que el FCES no tuviera presupuesto para financiar sus actividades también conspiró contra la representatividad del organismo, ya que la participación quedó sujeta a la disponibilidad de recursos de los interesados. Así, sólo aquellas organizaciones con capacidad para sostener y financiar una participación continua estuvieron en condiciones de ser miembros activos. El FCES también evidenció problemas de representatividad formal, ya que los criterios para elegir los sectores representados fueron definidos en forma independiente y autónoma por cada «sección nacional» de acuerdo con sus propias peculiaridades. Con la excepción de Uruguay, ha sido escasa la presencia de organizaciones no-gubernamentales (ONGs) en comparación con los empresarios o los sindicatos.

En la práctica, el FCES ha sido más un vehículo de comunicación *ex post* al sector privado que un instrumento de participación *ex ante* en el proceso de toma de decisiones de los órganos del MERCOSUR (Nofal, 1998), En este sentido, la experiencia del FCES contrasta con la experiencia de las negociaciones del ALCA, donde la participación del sector privado está institucionalizada en forma de talleres de trabajo y un foro previo a las reuniones de ministros[13]. La escasa o nula participación de los actores no gubernamentales conlleva un riesgo de «encapsulamiento» que puede generar resistencias frente al proceso de integración[14]. La participación del sector privado en instancias de toma de decisiones –lo que

---

[13] No obstante, el modelo del ALCA al que hace referencia Nofal (1998) se limita a la participación de los empresarios, que fueron influyentes, por ejemplo, en la identificación de las acciones de «facilitación de negocios» adoptadas en 2001. Como en el caso del MERCOSUR, el proceso del ALCA también ha encontrado dificultades para integrar a las organizaciones no-gubernamentales e, incluso, al sector sindical.

Para un análisis del «déficit democrático y social» del MERCOSUR, véase Grandi (1998).

[14] En 1997 el Congreso argentino aprobó una ley que excluyó el azúcar de los compromisos del libre comercio hasta tanto el gobierno de Brasil no eliminara los subsidios que se concedían a la industria del azúcar y el alcohol. La ley fue vetada por el Poder Ejecutivo, pero el Congreso insistió en su aprobación con una nueva votación. No obstante, la ley podría ser tachada de anticonstitucional por cuanto el Artículo 75, inciso 22 de la Constitución argentina establece que los tratados internacionales tienen jerarquía superior a las leyes.

Mattli (1999) denomina «dimensión horizontal de las instituciones»– puede ser una alternativa para encarar el tratamiento de cierto tipo de medidas regulatorias, como las normas técnicas.

En cualquier caso, han existido diferencias en el grado de participación de los distintos actores sociales en la estructura orgánica y de toma de decisiones del MERCOSUR. Un factor explicativo ha sido su ubicación dentro de la jerarquía institucional. En este sentido, Von Bulow y Da Fonseca (2000) distinguen entre actores con participación orgánica dentro de la institucionalidad del proceso de integración y aquellos que no la tienen. Un caso típico del primer grupo es el SGT encargado de los asuntos laborales en el marco del GMC. Se trata de un caso de participación orgánica directa y tripartita en la que están representados funcionarios gubernamentales, sindicatos y empresarios. Esta estructura de representación ha hecho que en la práctica haya predominado un principio tripartito de toma de decisiones. También se registró una participación esporádica de representantes sindicales y empresarios en otros SGT que tratan temas vinculados a la industria, la salud o el medio ambiente. No obstante, ninguno de los acuerdos a los que se llega en estos SGT tiene el carácter de una norma regional si no se convierte en una resolución o en una decisión del GMC o el CMC, respectivamente. Además, existe un conjunto heterogéneo de actores (gubernamentales y no-gubernamentales) que no participa en la estructura orgánica del MERCOSUR y ha ido creando distintos foros para intentar influir sobre la marcha del proceso o aprovechar las sinergias creadas por éste (es el caso del Foro de Mujeres, «Mercociudades» y las universidades).

El desempeño del órgano legislativo de consulta ha sido también modesto: la Comisión Parlamentaria Conjunta (CPC) no ha tenido éxito en desempeñar un papel propositivo ni de asesoramiento de los órganos técnicos, negociadores o decisorios. Más aún, la CPC no ha conseguido bloquear (o incluso reaccionar) frente a medidas adoptadas de manera unilateral por los parlamentos nacionales, como fue el caso de la legislación argentina que excluyó el azúcar de los compromisos del libre comercio[15]. La CPC tampoco tuvo demasiado éxito en acelerar o facilitar las tareas de

---

[15] A diferencia de la unanimidad, el consenso supone la ausencia de objeciones sin necesidad de una votación expresa por parte de los miembros.

internalización de la normativa MERCOSUR o de vencer la última línea de resistencia de intereses particulares afectados por decisiones vinculadas al proceso de integración. Después de un largo proceso de reflexión que se inició en 1995, la CPC fue sustituida en 2007 por el Parlamento del MERCOSUR con sede en Montevideo, Uruguay. Además de los cuatro Estados miembro originales se ha integrado Venezuela a este nuevo foro.

Finalmente, el Protocolo de Ouro Preto también amplió el rol de la Secretaría Administrativa (SAM) respecto de las muy limitadas funciones que le había reservado el Tratado de Asunción. La Secretaría Administrativa debe proporcionar apoyo operacional a todos los órganos del MERCOSUR (y no exclusivamente al GMC como lo establecía, en principio, el Artículo 15 de Tratado de Asunción) y asistir con la logística en todas las reuniones de los órganos del MERCOSUR. La SAM también es depositaria de toda la documentación y está a cargo de la publicación y diseminación de la normativa. Es además el único órgano del MERCOSUR que cuenta con un pequeño presupuesto (al que contribuyen los Estados parte) y un *staff full-time* de unas 30 personas. No obstante, las actividades de la Secretaría Administrativa se han mantenido en niveles mínimos.

A mediados de 2002, el CMC decidió iniciar un proceso de transformación de la SAM en una «Secretaría Técnica». A tal efecto, y como parte de ese proceso, a fines de ese año se decidió establecer un Sector de Asesoría Técnica integrado por cuatro consultores (uno por cada Estado parte). La misión de dicho sector es «prestar asesoramiento y apoyo técnico a los demás órganos del MERCOSUR con el objetivo de contribuir para la conformación de un espacio de reflexión común sobre el desarrollo y consolidación del proceso de integración». Los consultores técnicos fueron designados en 2004 mediante un procedimiento de concurso.

2.3. Actos legales «incompletos»: la brecha entre decisiones e implementación

Lo más notable en el MERCOSUR es la enorme brecha entre decisiones e implementación. El Tratado de Asunción estableció como único mecanismo de toma de decisiones el principio del consenso (con la presencia de todos los Estados parte)[16]. El Protocolo de Ouro Preto definió las

---

[16] Usaremos indistintamente los términos «incorporación», «transposición» e «internalización».

fuentes legales del MERCOSUR e hizo algunos progresos modestos hacia una mayor precisión en torno al proceso de creación de reglas, en especial, en materia de implementación de las decisiones, resoluciones y directivas. En materia de implementación, los artículos 38 y 42 del Protocolo de Ouro Preto comprometieron a los Estados parte a «adoptar todas las medidas necesarias para asegurar» la aplicación doméstica de las decisiones, resoluciones y directivas incluyendo, cuando fuera necesario, su «incorporación» mediante los procedimientos previstos por cada legislación nacional[17]. El Protocolo también estableció que la normativa MERCOSUR sería «obligatoria» y, a través de su Artículo 40, creó un procedimiento para asegurar la implementación simultánea de las normas en todos los Estados parte a través de un mecanismo de notificación regulado por la Secretaría. Finalmente, en el Artículo 41 se estipuló que las fuentes legales del MERCOSUR eran:

a) el Tratado de Asunción, sus protocolos e instrumentos relacionados,

b) los acuerdos alcanzados en el contexto del Tratado de Asunción y otros instrumentos vinculados y

c) las decisiones, resoluciones y directivas emanadas de los órganos competentes.

A pesar de que todos los actos emanados de los órganos decisorios del MERCOSUR son «obligatorios», no tienen «aplicación inmediata»

---

[17] Los principios de «aplicación inmediata» y «efecto directo» son mas fáciles de citar que de definir. El Tribunal de Justicia Europeo los ha usado con frecuencia como términos intercambiables. El principio de «aplicación inmediata» es más «formal» e implica que las normas producidas a nivel internacional no requieren ser «incorporadas» a través de actos domésticos para que se «apliquen plenamente» a los individuos. Por esta cualidad, las normas aprobadas entran en vigor en forma inmediata, uniforme y simultánea. Las reglamentaciones de aplicación directa pueden requerir actos nacionales posteriores debido a que puede ser necesario adoptar medidas complementarias para su adecuada ejecución o bien para ordenar el marco normativo interno (Van den Bossche 1996). El principio de «efecto directo», en cambio, es más «material», ya que otorga a las personas jurídicas el derecho de invocar en la jurisdicción doméstica (o comunitaria) las normas producidas a nivel internacional aún si esas normas requieren ser transpuestas para desarrollar *completamente* todos sus efectos. Con las reservas del caso debemos a Ramón Torrent estas clarificaciones.

ni «efectos directos».[18]/[19] En este sentido dichos actos pueden concebir-se como actos legales «incompletos», asimilables (aunque no idénticos) a un acuerdo internacional firmado, pero aún no ratificado[20]. Esto significa que la normativa MERCOSUR no tiene la naturaleza del derecho comunitario, sino que constituyen normas típicas del derecho internacional público. En efecto, en el MERCOSUR la mayoría de las normas debe ser transpuesta a través de actos legislativos o administrativos domésticos y de acuerdo con los mecanismos y procedimientos establecidos por la legislación local[21].

Hasta 1998, la aplicación práctica de la obligación de internalizar se veía relativizada por la inexistencia de plazos definidos. En efecto, los mecanismos relativamente laxos establecidos por el Protocolo de Ouro Preto para mejorar las disciplinas de internalización fueron seguidos por una serie de medidas de carácter esencialmente exhortativo. En julio de 1998 el GMC dispuso «desarrollar los mayores esfuerzos posibles» para internalizar reglas que requerían sólo actos administrativos y exhortó a la Comisión Parlamentaria Conjunta a facilitar el tratamiento legislativo de las decisiones que requerían cambios legales[22]. El CMC, a su vez, pidió a la CPC que acelerara los procedimientos legislativos en aquellos casos en los cuales la internalización requería la participación del Congreso[23]. También se estableció que los grupos técnico-negocia-

---

[18] Para un análisis exhaustivo de los temas vinculados a la recepción, aplicación, efecto y primacía de los acuerdos internacionales firmados por el MERCOSUR, véase Cienfuegos (2001).

[19] Con la imprecisión propia de quienes no somos juristas, usamos el término de normas «incompletas» para subrayar la idea de que, aun cuando la norma se origine y se complete con los actos legales de los órganos del MERCOSUR, requiere de otro acto legal o administrativo nacional para que sea internamente aplicable.

[20] En sentido estricto no todas las normas requieren ser internalizadas. Tal sería el caso, por ejemplo, de un estándar técnico idéntico al que se aplica internamente o de la normativa que regula el funcionamiento interno de los órganos del MERCOSUR. En el primer caso, subsiste el problema de que la norma nacional no sea idéntica a la aprobada por el MERCOSUR, de ahí la necesidad de remitir igualmente la norma nacional a los efectos de que la SAM o quien corresponda certifique la equivalencia.

[21] Resolución 22/98.

[22] Decisión 3/99.

[23] Resolución 23/98.

dores (SGT y CT) informaran a las «secciones nacionales» de cualquier decisión, resolución o directiva en consideración a fin de facilitar la identificación de potenciales obstáculos legales o administrativos para su internalización. Por último, se dispuso que todas las normas cuya internalización requiriera sólo de actos administrativos domésticos incluyeran un plazo explícito para completar el proceso y que, cuando fuera posible, se identificaran las agencias responsables y los pasos necesarios[24].

Debido a su carácter esencialmente exhortativo e indicativo, los resultados de estas iniciativas fueron muy modestos. Los precarios mecanismos de internalización derivaron en un proceso lento, desigual y vulnerable a la buena voluntad, las presiones sectoriales y los obstáculos (legales o administrativos) enfrentados por cada gobierno. Las demoras se agravaron por el hecho de que los órganos decisorios del MERCOSUR no tomaban en cuenta las dificultades administrativas, legales o constitucionales que enfrentaba cada gobierno en el proceso para implementar una decisión, resolución o directiva[25]. El resultado fue un proceso de creación de normas con pocas probabilidades de ser implementadas con rapidez. Las demoras en la aplicación se agravaron debido a que, para adquirir plena vigencia, aquéllas debían ser internalizadas por todos los Estados parte, lo que normalmente ocurría a un ritmo desigual. La implementación también sufrió postergaciones debido a las demoras en informar a la Secretaría Administrativa e, incluso, debido a la internalización de normas que constituían versiones modificadas de la original[26]. Otra de las dificultades que existen con relación a la internalización de la normativa se refiere a la falta de claridad del artículo 40 del

---

[24] Los problemas con la internalización no son exclusivos del MERCOSUR. El fenómeno también ocurre en la UE, aunque en forma menos acentuada. Según los informes de control de la aplicación de derecho comunitario elaborados por la Comisión Europea, en febrero de 2002, casi el 6% de las directivas estaban pendientes de internalización.

[25] También hay problemas de redacción de las disposiciones. Otras veces la negociación da como resultado normas poco claras o formulaciones que parecen contradictorias. También hay casos de normas cuya vigencia se supedita a la adopción de otras que todavía no fueron acordadas (Zalduendo 1998).

[26] Para más detalles, véase Bouzas, Da Motta Veiga y Torrent (2003).

POP en relación con la creación de obligaciones para los Estados y para los particulares[27].

En el caso particular de Brasil se agregó un factor adicional derivado de los procedimientos que rigen allí para internalizar la normativa MERCOSUR (que requiera cambios legislativos) o cualquier tratado internacional. En efecto, el procedimiento se inicia con la aprobación parlamentaria y es seguido por la ratificación presidencial, la promulgación por decreto presidencial y, por último, la publicación oficial. La normativa no tiene vigencia interna de no cumplirse con todos los pasos anteriores. Es decir, entre el momento de inicio de la vigencia internacional (comienzo de la responsabilidad internacional para Brasil) y el inicio de su vigencia interna (a partir de la publicación de la promulgación presidencial) transcurre un período indefinido durante el cual los demás Estados parte, y en su caso los particulares, están en condiciones –desde el punto de vista del derecho internacional– de exigir el cumplimiento de una norma que el gobierno brasileño no podrá aplicar al no estar aún perfeccionada su incorporación al ordenamiento interno (Carmona 1999)[28].

Como resultado de la acumulación de demoras en el proceso de internalización y a fin de contar con un mecanismo para hacer un seguimiento de este proceso, en 1998 se requirió de la Secretaría Administrativa la preparación de informes regulares identificando el estado de cada norma

---

[27] En el caso de la Argentina y el Paraguay, las constituciones establecen la primacía del tratado internacional sobre la ley nacional. Carmona (1999) ha sugerido que para contornar las dificultades que el proceso de internalización enfrenta en el caso de Brasil (y también Uruguay) podría adoptarse una enmienda constitucional que excluya a los tratados y normativa del MERCOSUR de estos requisitos de incorporación. Torrent ha señalado que un procedimiento similar al *fast track* podría resolver dichos problemas sin requerir de cambios constitucionales. En el caso de Brasil, la jurisprudencia privilegia claramente la legislación interna frente a los tratados del MERCOSUR. Otro rasgo del ordenamiento jurídico en el caso de Brasil es la explícita sumisión de los tratados internacionales al control de constitucionalidad, lo cual dificulta la vigencia de un ordenamiento jurídico supranacional.

[28] Desde principios de 2002, el sitio oficial de la SAM permite el acceso público a un listado donde consta la normativa MERCOSUR que ha sido internalizada por los cuatro países parte, especificando la norma nacional por la cual se cumplimentó. Esto representa una mejora en la transparencia del proceso de internalización, aunque el estado del resto de la normativa (la que no fue internalizada por ninguno o algunos de los Estados parte) continúa siendo de acceso limitado.

aprobada. No obstante, los informes fueron inicialmente confidenciales, por lo que no contribuyeron demasiado a la transparencia y, a través de esa vía, a crear presiones indirectas para mejorar el récord de cumplimiento[29].

En 2000 se realizó un nuevo intento para cerrar la brecha «acuerdo-implementación» al aprobarse la Decisión 23, por la cual se dispuso la obligación de señalar de manera explícita cuando una norma no requiere de incorporación (ya sea porque se refiere a materias de funcionamiento interno o porque ya existe una norma nacional idéntica). La Decisión 23/2000 también estableció de manera taxativa el carácter obligatorio de los plazos fijados para la incorporación (cuando ese plazo se incluya por consenso en la aprobación de la norma). Este principio fue ratificado por el cuarto laudo arbitral del MERCOSUR donde se dictaminó que, pese a que las normas no sean de aplicación inmediata, el hecho de que sean obligatorias no deja de tener contenido porque genera la obligación de incorporación. La no incorporación, por consiguiente, puede dar lugar a una controversia por incumplimiento (Zalduendo 2001). Dicho laudo también contiene interpretaciones relevantes en materia del derecho aplicable en caso de ausencia de normativa común vigente, y concluyen en que esa eventualidad no implica que la materia sea ajena al cuadro normativo del MERCOSUR. Por el contrario, establece que la situación debe analizarse considerando «los objetivos finalistas» o el «espíritu de la integración» establecidos en el Tratado de Asunción, siguiendo un razonamiento ya utilizado en fallos anteriores.

De las 1128 normas emanadas de los órganos decisorios del MERCOSUR entre 1991 y 2000, 741 requerían internalización (es decir, cerca de 2/3 del total). Sin embargo, hasta fines de 2000 sólo se había internalizado plenamente (por los cuatro países) un 34% (254 normas), con una notable concentración en la culminación de los trámites en los años 1997 y 1998[30]. En su mayor parte, corresponden a normas internalizadas por vía ejecutiva o administrativa (Pérez Antón 2001).

---

[29] Un análisis más desagregado revela que la Argentina es el país que más normas incorporó (416) a su ordenamiento jurídico interno, seguida por Paraguay (408), Uruguay (406) y Brasil (360) (Pérez Antón 2001).

[30] Un ejemplo claro es el carácter confidencial en que se mantuvieron por mucho tiempo los informes de la Secretaría Administrativa sobre los avances registrados en el proceso de internalización.

Los escasos resultados obtenidos con las innovaciones antes mencionadas llevaron a que, a fines de 2002, se aprobara una nueva decisión del CMC (20/02) que introdujo nuevos cambios a los procedimientos para la internalización de la normativa MERCOSUR. Por un lado, se establece un mecanismo de consulta interna con el objeto de evaluar la conveniencia técnica y jurídica, así como también los procedimientos y plazos para su incorporación en los ordenamientos jurídicos nacionales. En adelante la normativa aprobada deberá precisar los órganos internos de los Estados parte que tienen competencia en la materia regulada y los procedimientos y plazos para asegurar su incorporación. Los proyectos de norma podrán ser adoptados formalmente después que los cuatro Estados comuniquen que están en condiciones de proceder a la incorporación por vía administrativa o de enviarla para la aprobación parlamentaria. De esta manera, se procura que los negociadores tengan en cuenta las restricciones para la internalización con anterioridad a la aprobación de la normativa. Asimismo, se estableció que las normas emanadas de los órganos decisorios del MERCOSUR, aprobadas a partir de 30/06/2003, deberán ser incorporadas a los ordenamientos jurídicos de los Estados parte en su texto integral. La Decisión 20/02 también incluye disposiciones para los casos de normativa nacional que contempla en idénticos términos la normativa MERCOSUR, para cuando un Estado parte considera que no se requiere acto formal para su incorporación, o entendimientos cuando se considere que por su naturaleza o contenido deba ser incorporada solo por determinados Estados.

Más recientemente, en una reunión del CMC de mediados de 2003, se aprobó la decisión por la cual se instruyó al SGT 2 del GMC que evalúe la posibilidad de la aplicación directa en los ordenamientos jurídicos nacionales de la normativa MERCOSUR que no requiera tratamiento legislativo en los Estados parte. Pese a algunas medidas para resolver este problema fundamental del MERCOSUR que socava su legitimidad y credibilidad, sigue existiendo la brecha entre decisiones e implementación, puesto que de los 254 normas y reglas, apenas la mitad se ha incoporado a las legislaciones nacionales de los Estados parte del MERCOSUR.

2.4. Conclusiones

Los principales rasgos institucionales del MERCOSUR son órganos con un fuerte sesgo intergubernamental, actos normativos «incompletos» y la inexistencia de un orden legal «autónomo», lo que supone la ausencia de un órgano jurisdiccional para resolver las controversias. Estos rasgos han sido parte de un modelo institucional que enfatiza la negociación, la flexibilidad y la adaptabilidad.

En contraste con el énfasis en las disposiciones detalladas y en las reglas precisas que caracterizan el NAFTA (un documento de más de mil páginas con 300 artículos distribuidos en 22 capítulos, además de diversos anexos), los instrumentos fundacionales del MERCOSUR son un marco general de carácter amplio y flexible. Estos instrumentos también difieren del Tratado de Roma que dio origen a la Comunidad Económica Europea, en el detalle de los compromisos adoptados, la naturaleza de los órganos de gobierno, el papel de un orden legal «autónomo» y los procedimientos para la toma de decisiones. A diferencia de la ausencia de órganos con funciones normativas y el énfasis en las reglas que caracterizan al NAFTA y de la institucionalidad «densa» que distingue a la CE, el MERCOSUR adoptó formas institucionales híbridas cuyos principales rasgos pueden resumirse en:

a) el carácter intergubernamental de sus órganos de toma de decisiones,
b) la naturaleza «incompleta» de sus actos legales y
c) la ausencia de un órgano jurisdiccional autónomo.

El hecho de que las instituciones establecidas en el MERCOSUR no se correspondan con los modelos adoptados por el NAFTA o la CE no es en sí mismo una fuente de problemas: no hay ninguna razón por la cual ambos modelos sean los únicos deseables. En efecto, el criterio relevante para evaluar la eficacia de un arreglo institucional no es su comparación con modelos históricamente establecidos, sino la eficacia con que dichas instituciones dan respuesta a las demandas de toma de decisiones y gestión del proceso de integración. La experimentación, el aprendizaje y la adaptación son mecanismos a través de los cuales distintas formas institucionales pueden ajustarse para enfrentar demandas cambiantes y adaptarse a las peculiaridades de la situación en la que operan.

El diseño institucional originalmente adoptado por el MERCOSUR dio a los gobiernos nacionales un alto grado de control sobre la toma e implementación de decisiones, permitiendo el gradualismo y la flexibilidad. El enfoque fue efectivo en los primeros años del proceso de integración, cuando la interdependencia económica era muy baja, la agenda de negociación era relativamente sencilla (eliminación de aranceles) y el compromiso político se hallaba en un máximo. No obstante, con el paso del tiempo empezó a experimentar rendimientos decrecientes. Durante la segunda mitad de los noventa quedó en claro que la precariedad de las instituciones y del proceso de creación e implementación de reglas del MERCOSUR eran inadecuados para lidiar con los problemas planteados por la creciente complejidad del proceso de integración. La flexibilidad, el casuismo y la discrecionalidad se tornaron procedimientos cada vez más frecuentes y la «diplomacia presidencial» dejó de ser un mecanismo de señalización del compromiso para convertirse en un instrumento para administrar conflictos puntuales. Si bien el desempeño del MERCOSUR no puede explicarse sobre la base de sus formas institucionales y hay alguna evidencia de aprendizaje y adaptación, la imagen que predomina es la de instituciones poco creíbles y eficaces. Su persistencia se explica por las características estructurales del proceso de integración (interdependencia modesta y muy asimétrica) y por la precariedad de las propias tradiciones institucionales domésticas.

Dadas las asimetrías estructurales y la baja interdependencia que caracterizan el proceso de integración, en un comienzo este enfoque fue efectivo para aumentar los vínculos económicos en un contexto volátil y en el que las demandas «funcionales» para la integración eran bajas. Durante los años iniciales del MERCOSUR, las instituciones se adaptaron rápida y fácilmente a los cambios en el contexto, lo que les otorgó resistencia y durabilidad. En un contexto de asimetrías y falta de coordinación, la flexibilidad institucional y reglamentaria permitió la adaptación y el acomodamiento: un sistema estrictamente legal de protección de intereses privados (que procure la garantía de transparencia, estabilidad y reducción del riesgo empresario) podría haber introducido rigideces y eventualmente frenar el proceso de integración (Lavagna 1997). No obstante, con el correr del tiempo los arreglos institucionales comenzaron a exhibir rendimientos decrecientes. Así, desde mediados de los noventa se acumuló una «brecha de implementación» creciente, a la par que se desarrolló progresivamente una crisis de credibilidad en los mecanismos institucionales, en los procesos de creación de reglas y en la marcha misma del propio proceso de integración.

Las instituciones regionales pueden adoptar distintas formas, sin que exista *a priori* la presunción de superioridad de un arreglo institucional determinado. Los modelos institucionales que reproducen las características de los Estados nacionales (es decir, que enfatizan las reglas explícitas y la capacidad de aplicar sanciones) no necesariamente son la forma institucional más eficiente en todos los contextos (Khaler 1995). Así, instituciones descentralizadas e informales pueden ser muy efectivas cuando la información es escasa y costosa y, por consiguiente, se requiere un trabajo importante de recolección de información antes de proceder a la construcción de instituciones más formales o cuando, por el contrario, la información sobre las preferencias y la reputación de las partes es tan abundante y barata que sistemas basados en la reputación pueden ser suficientes para asegurar el cumplimiento de los compromisos. Por otra parte, en un proceso de cooperación la formación de reglas puede asumir diversas modalidades. Cuando se establecen obligaciones irrevocables y universales, en la práctica se anula la posibilidad de la experimentación y la competencia, lo que en determinadas circunstancias puede no resultar la mejor opción. Algún grado de flexibilidad y una convergencia «leve» (*soft*) pueden ser preferibles mientras los miembros de un proceso de integración examinan el campo posible de convergencias «profundas» y el potencial para desarrollar preferencias convergentes (Cremona 2001). No obstante, existe un umbral de credibilidad para los procedimientos y la aplicación de normas cuya vulneración coloca en cuestión la viabilidad misma del proceso de integración.

Las débiles presiones de «demanda» por instituciones regionales al comienzo del MERCOSUR ayudan a entender el diseño institucional originalmente adoptado. Pero esto no impidió que los Estados parte tomaran e implementaran decisiones importantes, como el Programa de Liberalización Comercial y, luego, la adopción de un arancel externo común. Estos episodios pueden explicarse por un alto nivel de compromiso político, difícil de sostener con el transcurso del tiempo. Sin embargo, el rápido aumento en la interdependencia que se produjo durante esta primera fase no alteró una característica básica del MERCOSUR, a saber: las relaciones de interdependencia estructuralmente asimétricas. Estas características estructurales, combinadas con una deficiencia de liderazgo del lado de la «oferta», contribuyen a explicar el *impasse* que en la actualidad experimenta el MERCOSUR en materia de desarrollo institucional.

También las «condiciones de oferta» han sido muy débiles. Durante su primera década de existencia la interacción reiterada, la vinculación de temas y las consideraciones de reputación fueron los mecanismos más utilizados para estimular la cooperación y limitar las posibilidades de defección. A lo largo de este período, los mecanismos no transparentes y de «autoayuda» se mantuvieron como los más empleados, en la medida que los Estados parte (y en especial Brasil) se resistían a avanzar hacia regímenes más transparentes y formales que aumentaran el costo de los incumplimientos[31]. Puede argumentarse que en el caso de Brasil esta actitud fue estimulada por la creencia de que las asimetrías de tamaño generarían por sí solas fuerzas centrípetas irresistibles para que los miembros menores convergieran hacia las preferencias o el tipo de liderazgo implementado por el socio mayor. Sin embargo, esta premisa «realista» probablemente sobrestimó la intensidad de esas fuerzas.

En efecto, aun cuando el incremento en la interdependencia económica aumentó, el costo de defección para los socios menores, en las condiciones prevalecientes de inestabilidad macroeconómica, incertidumbre en el acceso a los mercados y competencia regulatoria, la relación costo-beneficio del mantenimiento del compromiso probablemente siguió teñida de ambigüedad. Excepto algunos episodios de respuestas *ad-hoc* a problemas comerciales surgidos en la primera mitad de los noventa[32], las cuestiones distributivas han sido esencialmente administradas a partir de una perspectiva de base nacional y con muy poca consideración de las necesidades «colectivas». El avance casi inexistente en materia de políticas de coordinación o armonización también sugiere que los Estados parte se han inclinado por el mantenimiento de la autonomía y la flexibilidad.

Las precarias condiciones de «oferta» para la provisión de instituciones regionales más sólidas ayudan a entender el carácter de las «institu-

---

[31] Estas respuestas *ad-hoc* pueden interpretarse como la aceptación de que un derecho no se ejerza a cambio del derecho de recibir el mismo trato en algún momento en el futuro.

[32] Debe tenerse en cuenta que para la entrada en vigor de la normativa en el caso de Brasil existe una etapa posterior a la de aprobación parlamentaria que involucra al Poder Ejecutivo. Una vía para mejorar la eficacia podría ser una enmienda constitucional que simplifique los mecanismos de internalización de la normativa MERCOSUR, sin restarle poder al Parlamento. Para una discusión más detallada, véase Carmona (1999).

ciones de compromiso» que estableció el MERCOSUR. En particular, explican la fragilidad de los mecanismos de supervisión centralizada y de solución de controversias, caracterizados por la debilidad y la falta de credibilidad. Estas condiciones de «oferta» también explican la ausencia de iniciativas eficaces de coordinación a nivel regional. Ya sea en el plano sectorial, macroeconómico, cambiario o de incentivos a la inversión. Después de transcurrido un decenio del inicio del proceso de integración, la flexibilidad y la discrecionalidad continúan siendo las opciones de política preferidas por sus miembros mayores, y particularmente por Brasil. Las características estructurales del proceso de integración permiten anticipar que todo avance hacia formas institucionales más densas será, en el mejor de los casos, muy gradual.

Existen tres áreas en las que es posible realizar progresos graduales con el objetivo de avanzar hacia un marco más sólido, creíble y accesible de reglas e instituciones regionales. Estos pasos discretos suponen la decisión política de consolidar el proceso de integración regional e introducir ajustes para responder a las deficiencias percibidas en el contexto de un proceso de aprendizaje y mantenimiento del compromiso (Torrent 2000):

1) Cambios en la naturaleza de los órganos y del proceso de toma de decisiones. En este campo, la discusión en general se plantea a partir de una dicotomía artificial entre enfoques de naturaleza «intergubernamental» y «supranacional». No obstante, la simplificación distorsiona lo que es en verdad importa para un proceso de producción de reglas, a saber: cuán establecidos y creíbles son los procedimientos para su creación e implementación. Si bien las competencias exclusivas de la Comisión Europea y el papel del Tribunal de Justicia Europeo son ejemplos de «supranacionalidad» a los que se recurre con frecuencia para explicar el éxito del proceso de integración europeo, en la práctica el proceso de formación de políticas y adopción de normas en la Unión Europea ha estado dominado por los gobiernos nacionales. En efecto, los progresos registrados en el proceso de integración europeo sólo pueden entenderse de manera apropiada como el resultado de decisiones políticas nacionales de cumplir normas producidas bajo determinados procedimientos (en los cuales las instancias intergubernamentales, como el Consejo Europeo, también han tenido una participación fundamental).

De hecho, el propio TJE no tuvo sino hasta muy recientemente y aún de manera embrionaria ningún instrumento de coerción propio de una autoridad jurisdiccional nacional. Por otra parte, el proceso de integración europeo (convencionalmente caracterizado como «supranacional») convivió y se profundizó en un contexto de normas constitucionales nacionales en conflicto con el proceso establecido de creación de reglas comunitarias. Por consiguiente, enfatizar en la necesidad de crear mecanismos «supranacionales» para la toma e implementación de decisiones no parece una vía útil para resolver los problemas de eficacia, por cuanto las razones de estos últimos no residen primariamente en la naturaleza de los procedimientos, sino en los fundamentos del compromiso que asumen los Estados nacionales participantes.

De hecho, en las condiciones actuales la recomendación de establecer órganos «supranacionales» para mejorar la eficacia en el caso del MERCOSUR sería probablemente irrelevante. Eventualmente, conduciría a la creación de una burocracia aislada, sin legitimidad y con poco impacto sobre el proceso nacional de formación de políticas. El principal desafío reside en establecer mecanismos para definir y poner en práctica reglas que aseguren la credibilidad y la eficacia del proceso de integración. Esto necesariamente remite a la creación de condiciones internas para que sea posible.

Las iniciativas deberían complementarse con medidas que mejoren la calidad y el apoyo técnico de que gozan los órganos intergubernamentales de toma de decisiones. La fragilidad de la base técnica y de los fundamentos con que en la actualidad se toman las decisiones en el MERCOSUR y con que se encaran las negociaciones con terceros, así como la «captura» de las opciones alternativas de política por visiones estrictamente nacionales, reducen la efectividad del proceso de formación de políticas. Una instancia técnica más independiente no resolvería los problemas del proceso decisorio, pero podría contribuir con propuestas e iniciativas de facilitación, a arbitrar intereses nacionales diferentes y a identificar intereses comunes que resultan obvios sólo una vez que son explicitados. Por otra parte, si la producción de estudios técnicos independientes cumple además el papel de aumentar la transparencia y hacer explícitos los costos y beneficios de opciones alternativas de política, podría hacer un aporte significativo al proceso de integración. El proceso de transformación de la SAM en una secretaría técnica es un primer paso en esta dirección, aunque su efectividad aún está por verse. La casi inmediata creación del Comité de Representantes Permanentes invita a pensar que en ocasiones se privilegia el establecimiento de instancias administrativas o burocráticas al aumento en la efectividad de las existentes.

La necesidad de mejorar los procedimientos para la toma de decisiones ha llevado a algunos analistas a proponer el abandono del principio del consenso para ciertos temas seleccionados (Redrado 2000). En efecto, inspirándose en la experiencia europea se ha propuesto que ciertas decisiones puedan tomarse por mayoría (en lugar de por consenso). La implementación de esta sugerencia implicaría adoptar implícitamente algún grado de supranacionalidad, puesto que la norma debería ser acatada por todos los miembros aun cuando se haya votado en su contra. Sin embargo, resta resolver los problemas planteados por las asimetrías de tamaño y el reducido número de miembros del MERCOSUR. Por otra parte, un abandono del sistema de consenso requeriría la definición de reglas sobre *quorum*, mayorías calificadas y abstenciones. El sistema del consenso ha dado en la práctica «poder de veto» a los socios menores, aunque no ha eliminado la asimetría que permite que los socios mayores adopten medidas unilaterales con un efecto proporcionalmente mayor sobre los primeros. Un sistema de decisión mayoritaria que no refleje las asimetrías de tamaño sería inviable dado la improbabilidad de que fuera aceptable para Brasil. Según Baptista (1998), la adopción de mecanismos de decisión por mayoría para ciertos órganos conjuntos de carácter administrativo (como, por ejemplo, en materia de defensa de la competencia) podría ser más viable que en materia normativa.

2) Instrumentos para la internalización de normas. Cabe recordar que los problemas de internalización en el MERCOSUR son muy importantes, y las diferentes innovaciones institucionales que se implementaron en este campo en general no han tenido los resultados esperados. Con el paso del tiempo la acumulación de retrasos crecientes en la internalización ha afectado de un modo negativo la credibilidad y ha reducido el costo de nuevos incumplimientos, vaciando de contenido sustantivo y transformando en un ejercicio formal y retórico el papel de los órganos y del proceso de producción de normas. Torrent (2000) ha sugerido la adopción de un mecanismo instrumental similar a la «vía rápida» que el Congreso norteamericano otorga al Ejecutivo para que éste desarrolle negociaciones comerciales, adaptado a las características y circunstancias del órgano que lo confiere en cada caso nacional. Un mecanismo de esta naturaleza no vulneraría la potestad de las autoridades nacionales competentes de aprobar o rechazar normas o acuerdos comerciales (como no lo hace con el Congreso norteamericano respecto de los acuerdos comerciales), pero introduciría limitaciones a su ejercicio (por ejemplo, eliminando la posibilidad de enmiendas y estableciendo plazos expeditos para su tratamiento). Por consiguiente, un mecanismo de esta naturaleza podría ser un instrumento que, sin alterar los procedimientos de toma de decisiones, los haría más transparentes y eventualmente más efectivos. En tanto esta solución no vulnerable a ningún principio constitucional establecido deja en evidencia que el problema de la ineficacia en la formación e implementación de reglas no es tanto el de un conflicto entre principios jurídicos sino el de la elección entre opciones políticas (para las cuales siempre podrán encontrarse las soluciones jurídicas adecuadas) (Torrent 1997:).

La participación en el proceso de elaboración de la normativa de los funcionarios encargados de su aplicación y ejecución no aseguró un proceso de incorporación más acelerado. No obstante, el hecho de que gran parte de la internalización pendiente requiera aprobación parlamentaria sugiere la conveniencia de mejorar los mecanismos de coordinación entre los órganos decisorios y la CPC o las legislaturas nacionales. Del mismo modo, la participación con fines consultivos de otros actores no gubernamentales en el proceso de negociación podría contribuir a reducir los problemas de internalización. De hecho, la experiencia indica que cuando estos grupos no pueden ejercer su influencia sobre la elaboración de nuevas normas, pueden poner en peligro su cumplimiento al presionar más adelante, ya sea para frenar la internalización o la aplicación de las normas incorporadas (Van den Bossche 1996). El aumento de la transparencia del proceso de internalización también podría contribuir a mejorar el desempeño, haciendo efectiva la obligación de notificar periódicamente el estado de situación de los trámites administrativos y parlamentarios, según corresponda, así como la adopción de cualquier medida o aprobación de nueva legislación que pueda afectar el libre comercio intrazona y/o la efectividad de la política comercial común.

3) *Mecanismo de solución de controversias*. Sin desarrollar una instancia de tipo jurisdiccional como la que se estableció en la CE –lo que enfrentaría fuertes resistencias por parte de algunos Estados parte– y manteniendo un mecanismo arbitral, los procedimientos existentes, mejorados por los introducidos por el Protocolo de Olivos, podrían complementarse con la adopción de mecanismos que mejoren la aplicación (*enforcement*) de los laudos arbitrales. El sistema vigente contempla la posibilidad de aplicar medidas compensatorias en caso de que el Estado parte demandado no cumpla con lo dispuesto en el laudo arbitral. Sin embargo, este mecanismo de «ley del Talión» juega en desventaja de los países pequeños. Una alternativa podría ser la aplicación de multas en caso de incumplimiento del fallo, la generalización de las medidas de sanción a todos los Estados parte y la imposibilidad de desistir de una acción una vez que se activó el MSC, a menos que la causa subyacente haya sido removida.

Finalmente, si bien la creación de un tribunal de apelación permanente implicó un avance para lograr una interpretación uniforme de la normativa, podrían aumentarse sus competencias para que emita declaraciones que interpreten las fuentes legales del MERCOSUR con carácter vinculante, limitando el ejercicio de esta potestad para evitar que el tribunal supla carencias institucionales o modifique la visión colectiva (el temido «gobierno de los jueces»).

3. LAS INSTITUCIONES DEL NAFTA

La posición dominante de EE.UU., la preocupación ante la creación de nuevas instituciones, así como la renuencia en financiarlas explican el escaso desarrollo institucional del NAFTA comparado con los procesos de integración en la UE y el MERCOSUR. Los recelos ante instituciones supranacionales fueron alimentados por la experiencia europea de una burocracia con más de 18.000 funcionarios que fue considerada pesada, costosa, no muy transparente, poco eficaz y a menudo calificada de «monstruosa».

3.1. La estructura institucional del NAFTA

En el caso del NAFTA se ha creado una estructura intergubernamental de coordinación y administración del acuerdo que se divide en los siguientes órganos:

ORGANIGRAMA DEL NAFTA

ÓRGANOS DE COORDINACIÓN DEL NAFTA

Comisión de Libre Comercio (CLC): La Comisión de Libre Comercio, integrada por los ministros de Comercio y/o sus suplentes es el órgano superior del NAFTA que supervisa el tratado y la labor de los comités y grupos de trabajo. La CLC se reúne al menos una vez al año. Sus decisiones se toman por consenso. De esta comisión dependen los siguientes foros:

Grupos de Trabajo (8):
• Grupo de Trabajo sobre Reglas de Origen (Subgrupo de Aduanas)
• Grupo de Trabajo de Subsidios Agropecuarios
• Grupo de Trabajo en Materia de Comercio y Competencia
• Grupo de Trabajo sobre Entrada Temporal
• Grupo de Trabajo para Inversiones y Servicios
• Grupo de Trabajo para Compras Públicas
• Grupo de Trabajo sobre Agricultura y Comercialización
• Grupo de Trabajo sobre Cuotas y Tarifas

Comités (9) y Subcomités (5):
• Comité de Comercio de Bienes
• Comité de Comercio de Ropa Usada
• Comité de Acero
• Comité de Comercio Agropecuario (Comité Asesor en Materia de Controversias Comerciales Privadas sobre Productos Agropecuarios)
• Comité de Medidas Sanitarias y Fitosanitarias (con diversos grupos técnicos de trabajo)
• Comité de Medidas Relativas a Normalización
• Subcomité de Normas sobre Transporte Terrestre
• Subcomité de Normas sobre Telecomunicaciones
• Consejo de Normas Automotrices
• Subcomité de Etiquetado de Productos Textiles y del Vestido
• Comité de la Micro y Pequeña Empresa
• Comité de Servicios Financieros
• Comité Consultivo de Controversias Comerciales Privadas

El Grupo de Trabajo Norteamericano de Energía fue creado en la Cumbre del NAFTA, en 2001, a fin de definir una agenda en cuanto al fomento del intercambio energético en el NAFTA, la construcción común de pipelines de petróleo, generadores eléctricos y otros proyectos de cooperación en este ámbito.

Secretariado del NAFTA: se encarga de ejecutar y administrar el sistema de solución de controversias, y está conformado por tres secciones nacionales en México, Ottawa y Washington. Las tres oficinas disponen de un director y varios colaboradores permanentes.

INSTITUCIONES PARALELAS AL NAFTA

Comisión Laboral (acuerdo laboral paralelo al NAFTA): La sede principal de este órgano semi-supranacional está en Washington DC. Las secciones nacionales se componen de oficinas administrativas nacionales en los respectivos Ministerios de Trabajo. La Comisión Laboral tiene una estructura institucional propia: el Consejo Ministerial, el Secretariado, el Comité Asesor Nacional (*National Advisory Committee*) y el Comité Asesor Gubernamental (*Governmental Advisory Committee*).

Comisión Medioambiental (acuerdo medioambiental paralelo al NAFTA): su sede permanente se encuentra en Montreal, Canadá. Similar a la Comisión Laboral está integrado por el secretariado, un comité asesor público, un comité nacional y otro gubernamental.

FOROS E INSTITUCIONES BILATERALES

EE.UU.- México:
Banco Norteamericano de Desarrollo (*North American Development Bank, NADBank*); *Border Enviroment Cooperation Commission* (**BECC**); Grupo de Alto Nivel; Conferencia Inter-Parlamentaria EE.UU.-México (desde 1960); reuniones regulares de gobernadores en la frontera EE. UU.-México

EE.UU.- Canadá:
Asociación Canadá- EE.UU. (desde octubre de 1999); Grupo Inter-Parlamentario EE.UU.-Canadá (desde 1960); Asociación binacional de Gobernadores y Jefes de Gobierno de Canadá y EE.UU.

Comparado con el MERCOSUR, la estructura institucional del NAFTA es débil y difusa. El bloque carece de órganos trilaterales y prácticamente todas las instancias (también los Secretariados del NAFTA) son de índole nacional. Sólo por los acuerdos paralelos, diseñados a iniciativa de la sociedad civil en EE.UU., y que formalmente no están incluidos en el NAFTA, se han creado instituciones trilaterales permanentes: la Comisión de Cooperación Laboral en Washington DC y la Comisión de Cooperación Medioambiental en Montreal. Al inicio del NAFTA y, de nuevo en 1997, surgió un debate sobre la creación de un secretariado permanente del NAFTA con sede en México. Esta idea luego fracasó, debido a las resistencias en EE.UU. y, en parte, en Canadá.

Además, la estructura institucional del NAFTA es decentralizada: la Comisión Laboral tiene su sede en Washington, la Comisión Laboral en Montreal, los Secretariados del NAFTA están ubicados en las tres capitales de los Estados miembro y el Nadbank está situado en San Antonio, Texas. Llama la atención que ninguno de los foros esté situado en México, lo cual, en parte, puede explicarse por la fragilidad de las instituciones democráticas en un país gobernado durante 71 años por un solo partido. Otra posible explicación es el hecho de que México es el país menos desarrollado y por tanto el socio más débil de los tres.

A nivel intra-administrativo, los tres países conceden al tema del NAFTA espacios diferentes siendo la estructura organizativa muy variable en EE.UU., México y Canadá:

Estructura de la sección nacional del Secretariado del NAFTA en EE.UU.: El tratado del NAFTA es administrado y supervisado por *el United States Trade Representative (USTR)* que ha nombrado un director para México y asuntos del NAFTA. No obstante, el Secretariado del NAFTA –que se encarga de administrar los litigios– depende del *US Department of Commerce*, cuya principal actividad consiste en fomentar las exportaciones a terceros países. Al igual que en el USTR, también en el *Department of Commerce* se ha creado una modesta oficina para los asuntos del NAFTA y las relaciones interamericanas. La dependencia formal del Secretariado del NAFTA de otro órgano administrativo que el USTR crea problemas de coordinación inter-agencias y contribuye a disminuir el peso de la sección estadounidense del Secretariado. Conforme al enfoque mercantil con el cual el NAFTA es percibido en EE.UU., no se ha creado ninguna oficina del NAFTA en el *State Department* (Ministerio de Relaciones Exteriores), sino que las responsabilidades se han dividido por país y por región. Al igual que en los demás países, EE.UU. asigna además funcionarios de distintos ministerios a las reuniones en el marco de los diferentes Grupos de Trabajo creados por la Comisión de Libre Comercio. En general, la coordinación inter-agencia es deficiente y las competencias de los distintos ministerios no están claramente separadas.

Estructura de la sección nacional del Secretariado del NAFTA en México: está integrada en la Secretaría de Economía, que, aunque está situada en el mismo edificio, es una entidad propia con una oficina independiente. La estructura organizativa intra-ministerial es deficiente: ni la Secretaría de Economía ni el Ministerio de Relaciones Exteriores disponen de un departamento propio a cargo del NAFTA. No obstante, al menos en el Ministerio de Economía –el principal órgano nacional responsable de administrar el tratado– existe un departamento de «Asuntos Norteamericanos» que incluye Canadá y EE.UU. En general, la administración mexicana prefiere distribuir el trabajo según las respectivas competencias sectoriales en vez de crear divisiones regionales por áreas geográficas. Llama la atención que en el Ministerio de Relaciones Exteriores no existe una oficina para el NAFTA, pero se ha creado un departamento del ALCA. Similar a EE. UU., tampoco México otorga una alta prioridad al tema NAFTA dentro de sus agencias estatales.

Estructura del NAFTA en Canadá: en general, los asuntos relacionados con el NAFTA recaen en la competencia del Ministerio de Relaciones Exteriores, denominado *Department for Foreign Affairs and International Trade (DFAIT)* con sede en Ottawa. Similar a la situación en México, no se ha creado ningún departamento específico para el NAFTA. Igual que en EE.UU., en el DFAIT existe un departamento de América latina y las áreas de trabajo están divididos por países. De este modo, México y EE.UU. son tratados por diferentes departamentos de forma individual, lo cual refleja una vez más el «bilateralismo dual» sin conexión ninguna. No obstante, como resultado de la creciente vinculación, cabe mencionar que el Departamento de México del DFAIT ha integrado temporariamente a un funcionario mexicano. Además, en el marco del Grupo de Política Comercial del DFAIT existe un *North American Bureau*.

Este cuadro institucional señala que el NAFTA carece de una identidad norteamericana o instituciones propias similares al MERCOSUR. Ni siquiera en las dos instituciones trilaterales (la Comisión Laboral y Medioambiental) ha surgido una estructura trilateral armónica. No obstante, fuera de los cauces oficiales existe una estrecha coordinación informal en el marco del NAFTA. Esta institucionalización *sui generis* se percibe sobre todo a nivel de los ministerios (Comercio Exterior, Relaciones Exteriores, Agricultura, Hacienda) entre los funcionarios responsables de los respectivos temas relacionados con el NAFTA. 15 Subcomités se reúnen por lo menos una vez al año y en total se celebran entre 15 y 20 reuniones anuales del NAFTA.

3.2. *Una aparente limitación institucional: la Comisión de Libre Comercio*

El órgano principal de decisión del NAFTA es la Comisión de Libre Comercio, compuesta por los tres ministros (secretarios) de comercio de cada uno de los Estados parte que, en general, se reúnen una vez al año. Según el capítulo XX (artículo 2001) del tratado, sus funciones principales son: la supervisión del tratado y de su desempeño según lo acordado y establecido, la solución de controversias surgidas en el marco del tratado del NAFTA, el control del Secretariado del NAFTA y de todos los comités y grupos de trabajo. Entre las competencias de la Comisión de Libre Comercio figura también la creación o disolución de comités y grupos de Trabajo sobre temas considerados de interés común por la Comisión de Libre Comercio. Además, puede nombrar expertos externos para que realicen estudios vinculados con el NAFTA y, tras previo acuerdo de las tres Estados parte, asumir cualquier otra función. La Comisión de Libre Comercio decide por consenso y, al igual que en el MERCOSUR, rige el principio «un país, un voto».

No obstante, la Comisión de Libre Comercio tiene poco que decidir. Las últimas declaraciones conjuntas de la comisión (de 2001 a 2003) se leen como un manual de instrucciones técnicas que describe cómo se podría fomentar el intercambio económico entre los países. Dichos documentos se caracterizan por la completa ausencia de cualquier tipo de contenido político y/o social. Al carecer de contenido más allá de cuestiones técnicas que deberían mejor delegarse a los respectivos funcionarios responsables, cabe plantearse si en realidad es útil convocar reuniones anuales de la Comisión de Libre Comercio.

Por todo ello, difícilmente puede calificarse a esta comisión como una institución del NAFTA, máxime cuando no tiene ni sede (la decisión de establecerla en la ciudad de México se había tomado, pero quedó en el papel), ni periodicidad fija para sus reuniones. Antes de crear nuevos órganos sería recomendable reactivar e institucionalizar la Comisión de Libre Comercio asignándole nuevas funciones e iniciando un proceso de reflexión sobre el futuro de la integración. En la actualidad, sus reuniones son irregulares y, por lo general, no se llevan a cabo en aras de dar un impulso a la integración, sino de evitar conflictos. Las decisiones finales sobre el funcionamiento del NAFTA están, por ende, en manos de los ministros, y no existe ningún mecanismo trilateral propiamente dicho. Los representantes gubernamentales ni siquiera disponen de la autoridad para hacer propuestas. Por ello, ni siquiera se puede hablar de toma de decisiones intergubernamentales en un marco institucional. Mucho menos puede hablarse de supranacionalidad, cuya sugerencia es un tabú. Parecería que los inventores del andamiaje institucional del NAFTA escogieron adoptar la posición exactamente inversa a la de los europeos, evitando cualquier institucionalidad.

Sin embargo, el NAFTA posee instituciones. Existen numerosos grupos de trabajo y comités de índole técnica (no existe una distinción clara entre ambas denominaciones), con un papel determinado y una periodicidad fija en sus reuniones, constituyendo en su conjunto un sistema institucional. Cada uno de los veinte capítulos del acuerdo permite la creación de los grupos y comités. Se limitan, sin embargo, a temas muy especializados, tales como la compatibilidad de las normas industriales, la seguridad de los vehículos terrestres, las normas sanitarias alimentarías, la agilización del despacho aduanero, la facilitación del comercio agrícola, el textil, las telecomunicaciones, la producción automotriz, los procedimientos financieros o el apoyo a la resolución de disputas privadas. Aunque, al parecer son órganos técnicos, en algunos de ellos (agricultura, textiles, aduana) se tratan temas que muchas veces implican una controversia política (en la mayoría de los casos de los socios menores con EE.UU.).

3.2.1. Los Comités y Grupos de Trabajo

El tratado del NAFTA, suscrito en 1994, nombró ocho comités y seis grupos de trabajo que fueron ampliados, según las necesidades del momento, por la Comisión de Comercio. En la actualidad existen más de veinte grupos, subgrupos, comités y subcomités de trabajo, basados en respectivas cláusulas del Tratado, que funcionan gracias a la cooperación de los ministerios involucrados en los tres gobiernos. En el transcurso de la instrumentación del Tratado se han creado cuatro grupos de trabajo adicionales; para compras de gobierno, *antidumping* e impuestos compensatorios, inversión y servicios, y acciones de emergencia. Además, se ha creado un foro común en el sector del acero. Las responsabilidades y funciones de todos estos órganos varían según el área al que estén abocados.

Los foros se reúnen de forma irregular, pero con bastante frecuencia. Puesto que la Comisión de Libre Comercio se reúne sólo una vez al año, son los comités y grupos de trabajo los que garantizan la implementación del acuerdo de libre comercio. Con frecuencia, posibles conflictos se resuelven de manera informal por llamadas entre los funcionarios responsables de los respectivos países afectados. Es por ello que el mecanismo de solución de controversias del NAFTA se ha usado relativamente poco.

Los comités y grupos de trabajo funcionan para mejorar la comunicación para la cooperación técnica, pero adquirieron rápidamente poderes más importantes. En primer lugar, actúan de primer foro para desactivar disputas y evitar que remonten hasta mecanismos más formales. En este papel tienen un poder comparable al de la mayor autoridad del NAFTA, que al nivel de los ministros de comercio intenta hacer lo mismo. Más importante aún es que contribuyen a mejorar continuamente la reglamentación trazada por el Tratado. En este caso, gozan de un verdadero poder de decisión y crean una lógica de integración fomentada desde las instituciones propias al método europeo (siguiendo las tesis del neofuncionalismo descrito antes). Existen varios ejemplos de modificación del Tratado, no por las instancias políticas representadas en la Comisión sino por algún comité. Así, el Grupo de Trabajo sobre las Reglas de Origen modificó varios anexos y el Comité de Medidas Relativas a la Normalización ha resuelto problemas de etiquetado y certificación de neumáticos, para lo cual se creó un entendimiento específico conocido como Acuerdo de Llantas.

El buen funcionamiento de los comités es una de las razones por las cuales se decidió no crear un Secretariado de Libre Comercio tal y como estaba previsto en el Tratado. Si bien debilita la estructura institucional, refuerza los comités y comisiones especializadas que pueden seguir sus trabajos con una lógica corporativista sin que obedezca directamente a los intereses gubernamentales en su conjunto. Sin embargo, ello hace que el NAFTA disponga de una tecnocracia menos transparente que en el caso europeo tan despreciado. Aunque cumplen una función importante al supervisar el cumplimiento de las normas y reglas impuestas por el tratado, los comités y grupos de trabajo son creados por la Comisión de Libre Comercio sobre una base *ad-hoc*, y (diferente al MERCOSUR) no constituyen foros permanentes. Es por ello que de allí no puede surgir una identidad común o un germen para una futura supranacionalidad. En el caso del NAFTA, difícilmente se puede hablar de simplicidad o de transparencia institucional o democrática. Sólo los sectores económicos directamente implicados conocen la existencia y el funcionamiento de estos órganos. El déficit de transparencia y democracia se hace aún más notable porque las nominaciones de los integrantes se reclutan directamente en las dependencias gubernamentales. Para aumentar la complejidad y confusión en el sistema, existen también cuerpos auxiliares del NAFTA, a veces sólo bilaterales, para cuestiones como el financiamiento ambiental y la infraestructura.

3.3. Los Secretariados del NAFTA

Tampoco el secretariado del NAFTA es una institución propiamente dicha. En vez de un Secretariado de Libre Comercio, inicialmente propuesto por México, se ha creado el Secretariado del NAFTA, integrado por tres oficinas nacionales. Las tres secciones nacionales juntas forman el «Secretariado del NAFTA», lo cual es un tanto confuso al tratarse de tres oficinas nacionales independientes con diferentes recursos humanos y márgenes financieros muy dispares. El Secretariado del NAFTA no es un órgano autónomo, sino que depende, al menos formalmente, de la Comisión de Libre Comercio de la cual (al igual que los comités y grupos de trabajo) recibe sus instrucciones. Tanto el estatus presupuestario como administrativo de las oficinas nacionales del Secretariado depende de la decisiones gubernamentales en cada país miembro. A diferencia de las instituciones del MERCOSUR, el Secretariado del NAFTA no dispone de un reglamento interno común. Los tres Secretarios nacionales del NAFTA son nombrados por sus respectivos gobiernos, lo cual refleja una vez más la escasa transparencia institucional en el NAFTA.

3.3.1. Funciones y competencias

Pese a sus déficit, el Secretariado es la única «institución» permanente del NAFTA. El estatus administrativo, los recursos humanos y financieros, así como las competencias de las secciones nacionales de los Secretariados varían, según la importancia que les concede cada país. Su única función es organizar los paneles en el caso de disputas comerciales entre las partes. Su tarea principal es la preparación y organización de los paneles en los casos conflictivos a los cuales remiten los capítulos 19 y 20 del Tratado del NAFTA, mientras que el capítulo 11 –el más controvertido[33]– recae en la responsabilidad del Banco Mundial[34].

Los secretariados presentan a la Comisión de Libre Comercio un informe anual sobre los casos de controversia, organizan los paneles, contratan a los expertos, controlan su independencia y administran los documentos y posiciones. También son responsables de la traducción de los respectivos textos legales a los tres idiomas oficiales del NAFTA (inglés, francés y español). No obstante, la mayoría de los casos de disputa no llega ni siquiera a convertirse en una controversia formal, sino que muchos conflictos son resueltos por un acuerdo entre los respectivos funcionarios, a nivel técnico. En general, se intenta resolver conflictos relacionados con el NAFTA «al mínimo nivel posible». De 22 controversias entre los tres países en el año 2002, tan solo cuatro han sido administradas por el Secretariado del NAFTA como última instancia de resolución[35].

Las controversias comerciales más importantes del NAFTA gestionadas por el Secretariado del NAFTA han sido: el transporte terrestre

---

[33] Según una entrevista realizada por Susanne Gratius a López Córdoba, economista en el Departamento de Integración del Banco Interamericano de Desarrollo, Washington DC.

[34] Las controversias relacionadas con el capítulo 11 (inversores privados) son tratados en el *International Center for Settlement of Investment Disputes* del Banco.

[35] Según el entonces Secretario canadiense Francois Raynault.

(camiones) entre México y EE.UU., azúcar y maíz entre EE.UU. y México, así como madera blanca (*soft wood lumber*) entre EE.UU. y Canadá. En 2002, había tres paneles pendientes en México, cinco en Canadá y 25 casos abiertos en EE.UU. En cuanto a los conflictos aún abiertos, la mayoría de ellos son contra EE.UU., mientras que entre Canadá y México no han surgido disputas comerciales mayores. Los productos más disputados en la actualidad son el acero, magnesio, carbón, cemento, madera blanda, cereales y bienes alimenticios. La mayoría de las controversias se refieren al capítulo 19 (*anti-dumping y countervailing*) y muy pocos al capítulo 20 (Tratado del NAFTA).

Cada sección nacional administra los casos reclamados contra su respectivo país. En un plazo máximo de 315 días (casi un año) tiene que haber una sentencia. Teóricamente existe la posibilidad de retrasar los paneles (reclamando el «derecho de acción») hasta un máximo de cinco años. EE.UU.es el único país que ha hecho uso de esta cláusula originalmente prevista para casos excepcionales. La mayoría de las controversias son administradas por la sección estadounidense del Secretariado del NAFTA que, desde su creación en 1994, ha organizado unas 85 controversias, la mayoría de ellas, casos complicados y de larga duración. En comparación, el número de casos administrados en Canadá (dos en 20002) y México (tres en 2002) es mucho menor.

En principio, los secretariados no tienen ningún perfil político (aunque forman parte de la administración pública nacional y son integrados en Ministerios) y realizan meras funciones técnicas. Les corresponde a los Estados parte organizar las secciones nacionales del Secretariado y asignarles un prespuesto. No existe un reglamento común para definir su estructura (número de personal, presupuesto, lugar en la administración/gobierno), de modo que cada uno de los tres socios dispone de un órgano con características por completo diferentes. Aunque las secciones nacionales funcionan siguiendo la idea del espejo y la coordinación entre ellas parece ser bastante eficiente, sus competencias, recursos financieros y humanos varían considerablemente.

3.3.2. Las particularidades nacionales del «Secretariado del NAFTA»

Aunque la mayoría de los conflictos surgen contra EE.UU., la sección estadounidense del Secretariado del NAFTA es la que peor funciona al disponer del presupuesto más modesto y de muy escasos recursos humanos. El Secretariado consiste en una oficina minúscula con una infraestructura sumamente rudimentaria. Detrás de ello se esconde la intención del Gobierno (o de los respectivos ministerios) de socavar el foro bloqueando fondos y recursos personales más adecuados. Si la sección canadiense del Secretariado se ha constituido como una agencia independiente, la parte estadounidense del Secretariado está situado en el *U.S. Department of Commerce* en vez de depender del *US Trade Representative (USTR)*, su real contraparte al ser responsable de la ejecución del NAFTA.

De este modo, existe en el ámbito de la solución de controversias del NAFTA una división de trabajo inadecuada entre el *US Trade Representative (USTR)*, por un lado, y la sección estadounidense del Secretariado del NAFTA, por el otro. Los contactos entre ambas instancias son más bien esporádicas y a solicitud del Secretariado del NAFTA. Si el USTR asume dos funciones en el NAFTA –la negociación y la solución de controversias–, por razones políticas, la competencia del Secretariado se reduce a funciones meramente organizativas y administrativas (a diferencia de las demás secciones nacionales ni siquiera selecciona a los panelistas ni verifica los veredictos finales). La recopilación de los documentos y la organización de los numerosos paneles (85 en total), todo ello con un presupuesto insuficiente, significa una constante sobrecarga de trabajo del Secretariado estadounidense.

Contrarrestando la idea de garantizar una cierta neutralidad a través del Secretariado del NAFTA, en EE.UU. es directamente el USTR que determina la agenda de los paneles y nombra a los panelistas. El Secretariado sólo se encarga de la parte administrativa: contrata a los panelistas, organiza los *hearings*, y copia los documentos y posiciones para todos los implicados en la controversia (a veces más de 50 personas). Pese al alto número de casos trabajan tan solo cuatro personas en la sección de EE.UU. del Secretariado, dos de ellas a tiempo completo. El presupuesto del mismo es negociado al inicio de cada año con el USTR sin conocer el número de casos de disputa. En comparación con los otros dos secretariados, los recursos son muy limitados. Con la constante sobrecarga de trabajo administrativo se impide que el Secretariado se entrometa en las controversias. A pesar de varias solicitudes, el Secretariado no participa en «la parte política» de las disputas y está excluido del contenido de las mismas. Particularmente problemático resulta la escasa coordinación entre el Secretariado, el USTR y el Ministerio de Comercio que funcionan como «reinos feudales» con casi inexistente relación inter-agencia. El resultado de estos déficit estructurales (en parte intencionados) es el enorme retraso de los paneles que, por razones políticas, son desplazados hasta varios años.

El Secretariado mexicano del NAFTA está situado en la Unidad de Prácticas Comerciales Internacionales de la Secretaría (Ministerio) de Economía. Dentro del ministerio tiene cierta independencia y consiste en una oficina relativamente grande que cuenta con 15 colaboradores permanentes. Con cerca de nueve millones de dólares, su prespupuesto anual es mucho mayor al de la sección estadounidense del Secretariado del NAFTA. También existe un cierto problema de independencia, puesto que igual que en EE.UU., los panelistas no son seleccionados por el Secretariado sino nombrados por el Ministerio de Economía. No obstante, el Secretariado influye en el proceso de selección y supervisa el trabajo de los panelistas. Ante el bajo número de casos, la sección mexicana del Secretariado se involucra también en el contenido de las controversias y realiza una labor jurídica y de monitoreo importante. No obstante, podría disponer de una mayor independencia del Ministerio de Economía. Así, la situación del Secretariado de Canadá fue calificado de «ideal» por la parte mexicana, por su estatus independiente del Executivo y el menor riesgo de manipulaciones a través de otras instancias más altas (en el caso de México el Ministerio de Economía).

La sección canadiense del Secretariado del NAFTA cuenta con 12 colaboradores permanentes y un director nombrado por cinco años. A diferencia de las otras dos secciones, el Secretariado canadiense del NAFTA depende del Parlamento (en vez de un Ministerio) y recibe su presupuesto anual del Ministerio de Hacienda. Con ello, dispone de la mayor autonomía institucional que sus dos contrapartes. Administra los recursos de forma independiente y se ha perfilado como una agencia autónoma que, a diferencia de las secciones en EE.UU. y en México, está situado en un edificio propio, lejos de los Ministerios. En 2002, el Secretariado de Canadá administró siete controversias, todos ellos contra EE.UU. y ninguno contra México. También en Canadá, los panelistas no son nombrados por el Secretariado, sino elegidos por el Ministerio de Relaciones Exteriores (DFAIT). Según el reglamento nacional, la sección canadiense tiene que administrar las controversias dentro de seis meses (mientras que en EE.UU. no hay ninguna fecha límite).

3.3.3. Evaluación del Secretariado del NAFTA

Pese a los déficit institucionales y estructurales mencionados –ante todo de la sección nacional de EE.UU.–, el mecanismo de solución de controversias del NAFTA parece haber funcionado relativamente bien[36]. Los tres Secretarios se reúnen al menos una vez al año y cooperan de manera regular y –si se llega a convocar un panel– eficiente. Si surgen conflictos institucionales, no suelen occurrir entre las tres secciones nacionales, sino a nivel nacional, entre los secretariados y los propios ministerios correspondientes.

Según los tres secretarios del NAFTA, se han creado estrechos vínculos entre las tres oficinas, hasta el punto de que las secciones de Canadá y México están apoyando al secretariado peor dotado en EE.UU. De este modo, el Secretariado del NAFTA ha desarrollado una cierta autodinámica no intencionada, fomentando de hecho una cooperación trilateral a nivel cuasi supranacional. Por otra parte, las competencias del Secretariado son demasiado limitadas como para ejercer una influencia real sobre el proceso del NAFTA.

Aunque el sistema institucional parece funcionar bien, algunos entrevistados (sobre todo en México) se pronunciaron a favor de unificar las tres secciones nacionales para crear un secretariado trilateral del NAFTA con un presupuesto común y colaboradores de los tres países, siguiendo el ejemplo de las Comisiones Laborales y Medioambientales. En cuanto a los tres secretarios del NAFTA, optaron en principio a favor de mantener la estructura actual y las tres oficinas nacionales. Con la excepción del secretario mexicano (más dispuesto a aceptar un Secretariado trilateral), rechazaron soluciones supranacionales debido al riesgo de crear una burocracia exagerada y elevar los costes.

La mayoría de las críticas se dirigieron, por ejemplo, a la sección de EE.UU. del Secretariado que tiene que administrar numerosos casos con escasos medios y se enfrenta, además, a obstáculos interpuestos por

---

[36] Véase en detalle el capítulo III.

el USTR (que retrasa, por ejemplo, el nombramiento de los panelistas, a veces durante años y no suele pasar gran cantidad información al Secretariado). Así, EE.UU. sólo ha organizado 8 de los 25 paneles pendientes, lo cual fue considerada una táctica para no tener que aceptar sentencias politicamente inoportunas. En el caso de México, esta práctica de retraso ha sido particularmente visible en los sectores de azúcar y de transporte (los camiones) y en el caso de Canadá en cuanto a la madera blanda (*soft wood lumber*).

Por todo ello, sería imprescindible incrementar los recursos y el personal del Secretariado nacional de EE.UU., puesto que tiene que organizar la mayoría de los paneles de controversia que surgen en el contexto del NAFTA. Una condición imprescindible para ello sería la aceptación de las reglas de juego por parte de EE.UU. y un mayor compromiso político a favor de la transparencia y la equidad jurídica entre los socios. En general, habría que concederes a los secretariados una mayor autonomía de los respectivos poderes ejecutivo y legislativos nacionales. A tal fin, del lado mexicano se sugirió crear una unidad independiente de coordinación del Secretariado a nivel trilateral, a fin de elevar la seguridad jurídica y el control de los paneles, independientemente de los interereses nacionales.

3.4. «Desbordamiento» (spillover) *hacia los sectores laboral y ambiental*

Paradójicamente, el desbordamiento del NAFTA a áreas no económicas fue por fin impuesto por el socio más reacio a esta idea: EE.UU., a través de los mayores opositores del acuerdo: los sectores ambientales y sindicales. Fue también EE.UU.–el país más opuesto a una visión política del libre cambio y a un intervencionismo estatal– el que obligó a introducir en el NAFTA consideraciones implícitas sobre el desarrollo sustentable basado en los ejes ambiental y ambiental.

El acuerdo laboral, por ejemplo, se propone a «crear nuevas oportunidades de empleo, de mejorar las condiciones de trabajo y los estándares de vida en sus respetivos territorios, y proteger y fortalecer los derechos básicos de los trabajadores». Los defensores de la Carta Social Europea tardaron años antes de integrar objetivos similares a los Tratados Europeos, aun cuando las cuestiones sociales están mencionadas ya en el Tratado de Roma.

Los objetivos estadounidenses ni siquiera estaban relacionados a determinados intereses políticos sectoriales (sindicatos o grupos ecologistas), sino que obedecían a necesidades políticas más globales; darle al acuerdo una mayor legitimidad ante algunos sectores de la sociedad civil y los representantes del Congreso. En la UE (pero no en EE.UU.) se habría hablado de legitimidad democrática, una consideración eminentemente política.

La otra parte de la paradoja fue que los otros dos socios, en general más favorables a una cierta dosis de supranacionalidad, se resistieron y limitaron exitosamente el alcance de los acuerdos paralelos. A resumidas cuentas y en las palabras de un observador mexicano, los acuerdos han sido «un hijo no deseado».

3.4.1. Las Comisiones de Cooperación Laboral y Medioambiental

La insistencia de EE.UU. suscitó la creación de dos comisiones adicionales, que son finalmente las únicas del NAFTA en ser fijas y tener una sede permanente; la Comisión para la Cooperación Ambiental (CCA), con sede en Montreal y la Comisión para la Cooperación Laboral (CCL) con sede en Washington DC. La estructura institucional de ambas comisiones es mucho más compleja que la de la Comisión de Libre Comercio.

La Comisión para la Cooperación Ambiental (CCA) está compuesta de tres órganos interrelacionados. El Consejo Gobernante, integrado por los ministros de cuestiones ambientales de los tres países, toma las decisiones y supervisa la Comisión. Un Secretariado permanente, encabezado por un director ejecutivo, realiza el trabajo diario. Por último, existe un Comité Consultivo Público Conjunto (CCPC) compuesto de cinco consejeros no gubernamentales de cada país.

El equipo de la CCA es interdisciplinario, trilingüe y proviene de los tres países del NAFTA. Con 50 colaboradores, es tres veces más grande que la CCL. En los últimos años, su personal se incrementó en un tercio. Al igual que en la CCL, cada tres años se nombra un nuevo director que proviene, de forma rotativa, cada vez de otro Estado miembro del NAFTA. La CCA dispone de un presupuesto anual de 9 millones de dólares, al cual cada país contribuye con tres millones. Depende formalmente de los respectivos ministerios de medio ambiente y les presenta informes anuales, pues los ministros de Medio Ambiente se reúnen. Al igual que la CCL, la CCA prácticamente no tiene competencias para sancionar a los países en el caso de que violan una legislación o norma medioambiental.

A diferencia de la Comisión Laboral, el trabajo de la Comisión de Medio Ambiente fue evaluado de forma positiva por todos los entrevistados. Su creación ha contribuido a elevar los estándares medioambientales en los tres países y su monitoreo. Al mismo tiempo, se han implementado programas conjuntos para la protección de especies o en el ámbito de la protección de las aguas. Las actividades de la CCA son apoyadas por la comisión bilateral fronteriza México-EE.UU. y algunos proyectos cuentan con el financiamiento del NADbank. Sobre todo en México, el acuerdo paralelo y las actividades del CCA han contribuido a mejorar la conciencia medioambiental en México, a plantear nuevas iniciativas legislativas en esta área y a disminuir el nivel de contaminación de México D.F. En general, el país prioritario de la CCA es México.

La estructura institucional del CCA es similar a la de la CCL y también de índole trilateral. El Consejo es el órgano supremo, compuesto de funcionarios gubernamentales. No obstante, según el entonces director interino de la CCA, la influencia de los gobiernos sobre el trabajo de la CCA es limitada. Organiza su trabajo en torno a seis programas: 1) contaminación del aire y salud, 2) biodiversidad, 3) política y derecho medioambiental, 4) medio ambiente, economía y comercio, 5) quejas de ciudadanos, 6) fondo medioambiental NAFEC (cerca de 500.000 dólares). Otro ámbito laboral de la CCA es la armonización de las legislaciones medioambientales en los tres países y la creación de un «eco-label NAFTA». La CCA promueve también proyectos de desarrollo de medio ambiente que suelen ser ejecutados por ONGs. Además, organiza cada año entre 20 y 30 talleres de trabajo sobre diferentes temas ambientales, de modo que la CCA realiza una labor mucho más de dedicada al público y los ciudadanos que la CCL. Al igual que la CCL, la CCA administra las quejas de ciudadanos, pero no organiza los paneles públicos.

La Comisión de Cooperación Laboral (CCL) cuenta, igual que la CCA, de tres órganos, aunque ligeramente distintas a las de la primera. Posee un Consejo de Ministro –integrado por los ministros de Trabajo de los tres países– un Secretariado y Oficinas Administrativas Nacionales. El Consejo se reúne una vez al año e impulsa la cooperación nacional y supervisa los trabajos de las dos otras instituciones. El Secretariado en Washington tiene un director ejecutivo (un representante del departamento de asuntos laborales de uno de los tres países)[37], y 15 funcionarios provenientes de los tres países. Pese a competencias poco definidas, la CCL dispone de recursos humanos mucho mayores que la sección nacional del Secretariado del NAFTA en EE.UU.

Hasta el 2000, la sede de la CCL estuvo situada en Dallas, Texas, pero por razones prácticas (falta de infraestructura, de centros académicos y de vinculación al NAFTA), ha sido traslada a Washington DC. A iniciativa de México, la idea inicial fue la de establecer la sede de la CCL lejos de los intereses del Gobierno de EE.UU.y evitar de este modo una posible influencia política. Entre las funciones de la CCL destaca el apoyo administrativo a las quejas laborales, la organización de paneles, la investigación, la elaboración de estadísticas, el intercambio de información y análisis comparativos en el ámbito laboral por encargo de los Ministerios de Trabajo.

Aún en el periodo entre 1993 y1994, EE.UU. esperó la llegada de cerca de mil quejas laborales anuales, una hipótesis que estaba lejos de la realidad. Desde 1994, surgieron sólo 25 demandas, con tendencia a disminuir (2001 sólo se presentó un caso y en 2002 ninguno). Midiéndola en su sentido inicial, la creación de una Comisión de Cooperación Laboral no ha tenido ningún efecto práctico. Hasta 2002, no surgió ningún caso de queja laboral que no haya sido resuelto a nivel inter-ministerial sin convocar un panel (en teoría la responsabilidad de la CCL). La CCL apenas está involucrada en las demandas laborales que suelen ser presentadas por ONGs o personas individuales ante los respectivos Ministerios de Trabajo. Las competencias de la CCA no son claramente definidas; un perfil regional o incluso supranacional no es deseado por los ministerios de Trabajo, de modo que la CCL se mueve en un cierto vacío jurídico.

Pese a estos obstáculos estructurales, hasta 2000 el Secretariado se ha podido consolidar como una institución que, a través del diálogo, construye una visión común de los asuntos laborales en América del Norte. Los informes del Secretariado tienen una alta calidad académica y la

---

[37] El director ejecutivo y los funcionarios tienen un mandato de tres años prorrogable por una vez.

CCL ha realizado investigaciones en los ámbitos derecho laboral, mercados de trabajo, productividad y perfiles de ingreso. Así, la CCL ha jugado un papel que va más allá del de correa de transmisión y red de comunicación para las autoridades laborales de los tres países. El entonces representante de México, Carlos Abscal, destacó en agosto de 2003 que las relaciones laborales entre los tres países «han sido positivas»[38]. Ganó una cierta legitimidad y alcanzó a tener una dinámica propia, con la creación, a iniciativa de su anterior director ejecutivo, de un Comité Académico con un especialista de cada país.

Aunque la CCL cumple alguna función de seguimiento de la legislación laboral en los tres países y ha fomentado la cooperación sindical, no ha probado ser una instancia de valor en la gestión de conflictos laborales del NAFTA. Por tanto, la Comisión Laboral carece de funciones y –al igual que la CCA– por sus limitadas competencias de control no ha podido perfilarse como un organismo fuerte e influyente en el NAFTA. En las palabras del entonces Director (de nacionalidad mexicana), la CCL hasta «podría desaparecer mañana y nadie se daría cuenta».

3.4.2. La función de los acuerdos paralelos: ¿embrión de supranacionalidad?

Aunque al carecer de mecanismos de sanción, se trata de «acuerdos sin dientes»[39], con los dos acuerdos paralelos aparece un embrión de «función pública del NAFTA» como las funciones públicas (funcionarios de carrera) nacionales o a nivel europeo. De hecho hay funcionarios que trabajan sólo para las instituciones del NAFTA. Sin embargo, les faltan dos condiciones esenciales para que se pueda hablar de una función pública del NAFTA: un objetivo común y bien definido, y unos recursos propios que no dependan exclusivamente de los tres gobiernos miembro. Si finalmente se consolidara la idea de administración común, habría nacido no en relación con el libre comercio establecido en el propio NAFTA, sino como resultado de los acuerdos paralelos que fomentaron un trabajo de especialistas reconocidos a favor de la integración regional.

---

[38] Entrevista en BBC Monitoring, Londres, 18 de agosto de 2003.
[39] Según Jorge Calderón, representante del PRD mexicano, en una entrevista realizada por Susanne Gratius.

Paradójicamente otra vez, a pesar de que el propósito de estos acuerdos paralelos era restringir el desarrollo del NAFTA, lo transformaron en acuerdo de punta en materia comercial. Así, el NAFTA rebasó a la OMC, que ahora se está inspirando en esta experiencia. De este modo (no deseado), los acuerdos paralelos provocaron una mayor institucionalización del NAFTA. Sin embargo, el desempeño de las dos Comisiones de Cooperación sigue siendo intergubernamental y es también criticado por su ineficacia. Precisamente sus iniciadores –sindicatos, grupos ambientales y políticos– critican la ausencia de un compromiso real. Organizaciones no gubernamentales de primer orden, tales como la *National Wildlife Federation*, el *National Resources Defense Council* y el *World Wildlife Fund* se han transformado así en partidarias de una mayor institucionalización y de la aplicación del método supranacional.

En realidad, la supranacionalidad se aplica parcialmente en el sistema de resolución de disputas de los dos acuerdos paralelos. En el acuerdo ambiental existen tres mecanismos que permiten a los socios del NAFTA ejercer una influencia directa sobre la política ambiental de uno de ellos. En primer lugar, existe la posibilidad de elaborar informes sobre cualquier asunto en el ámbito del programa de cooperación de la Comisión para la Cooperación Ambiental (Art. 13); se espera así que un Estado se sienta obligado a actuar. En segundo lugar, los ciudadanos pueden presentar peticiones sobre la aplicación efectiva de la legislación ambiental (Art. 14 y 15) y ejercer una «presión moral» interna (también por parte de los ciudadanos de otro país del NAFTA). También se trata de obtener la participación de la sociedad civil, ya que este mecanismo sólo puede ser activado por ciudadanos, organizaciones no gubernamentales o empresas[40]. Además, el Capítulo 5 del Acuerdo prevé un mecanismo de solución de disputas ambientales entre gobiernos. En este caso, se pueden aplicar (en teoría) algunas sanciones comerciales. También investigaciones trinacionales –como por ejemplo la investigación sobre el muelle para barcos crucero en la isla de Cozumel o los obstáculos a la sindicalización en la maquiladora *Sony* en la frontera con

---

[40] Con algunas condiciones limitantes: haber agotado los recursos nacionales, no hostigar una industria en particular, sino perseguir la aplicación de la ley y tener una demanda bien documentada, precisando las leyes que no son respetadas.

EE.UU. o *Sprint* en California– son brechas evidentes al principio de soberanía y hacen más borrosa la frontera entre compromiso económico y compromiso político.

Para el acuerdo laboral también existe un mecanismo de solución de disputas, pero sólo en un campo reducido a tres áreas técnicas; la seguridad e higiene en el trabajo, el salario mínimo y el trabajo de menores. En caso de omisiones persistentes de una de las Partes en una de estas áreas, se puede reunir un panel de cinco miembros seleccionados de una lista trinacional. Existe la posibilidad de sanciones que van hasta 20 millones de dólares y en caso de no-pago, de suspensión de los beneficios comerciales del NAFTA equivalente a la multa. No obstante, los mecanismos de sanciones son tan extensos y complejos que nunca han sido aplicados. Pero su mera existencia como posibilidad dan al NAFTA una dimensión institucional nueva.

La institucionalización y politización relacionadas por el NAFTA van más allá de la creación de estas dos comisiones. Se crearon además dos foros bilaterales que merecen la pena ser mencionados: la Comisión para la Cooperación Ambiental Fronteriza (CCAF) con sede en Juárez, México y el Banco Norteamericano de Desarrollo (NADBank) con sede en San Antonio,Texas. La CCAF tiene como objetivo la certificación de las obras de mejora ambiental para hacerlas elegibles a financiamientos de la NADBank, que funciona gracias a las primas de emisiones de los dos gobiernos. Así existe un examen y una certificación común de algunas normas ambientales, un paso más hacia una visión común, aunque las funciones de estos dos organismos son aún más limitadas que las de la CCA y la CCL[41].

3.5. Evaluación de la institucionalidad del NAFTA

Pese a sus carencias y modestia estructurales, el sistema institucional NAFTA funciona satisfactoriamente, y no hubo ninguna crisis mayor a pesar de algunas tensiones en el sector del transportes por carretera o del azúcar, por ejemplo. Las instituciones del acuerdo, por básicas que sean, cumplieron con su objetivo de ordenar y apaciguar las relaciones

---

[41] Véase capítulo IV.

comerciales entre los tres socios de América del Norte. En este sentido constituyen un éxito innegable. Sus bajos costos de funcionamiento han sido otra ventaja comparativa.

No obstante, la débil institucionalización del NAFTA no es sinónimo de eficacia. La abundancia de comités y subcomités sin jerarquías claras, cuyo funcionamiento y decisiones dependen en última instancia de decisiones burocráticas estrechamente relacionadas con intereses nacionales, ha sido una señal de la falta de transparencia y de eficacia. El sistema tampoco es tan sencillo en términos de resolución de disputas. En realidad, existen tres mecanismos distintos –sin contar las cláusulas separadas– para resolver las disputas relacionadas con servicios financieros, inversiones, medioambiente y fijación de normas; sin contar tampoco el fomento al arbitraje para las disputas comerciales privadas y el posible recurso ante las instancias de la OMC. Por último, el NAFTA tiene dos acuerdos paralelos en materia laboral y medioambiental, con su propio mecanismo de solución de disputas.

Visto desde Europa y América del Sur, este andamiaje institucional, contrariamente a la voluntad de sus impulsores, no se puede calificar como inexistente, sencillo, o transparente. Su ventaja sobre el sistema europeo es su costo mínimo. Habría que matizar esta ventaja. Si bien es cierto que el costo es mínimo en términos institucionales, no es así en términos económicos. El rechazar o frenar cualquier decisión que no responda a los intereses económicos de los tres gobiernos a la vez resulta costoso en términos de eficacia económica.

Por ejemplo, vimos en México como en el Subcomité de Normas de Transportes por Tierra, el representante de EE.UU. logró en el último momento impedir la penetración de camiones mexicanos en EE.UU., alegando normas de seguridad. El costo para los transportistas mexicanos y las víctimas de eventuales represalias en EE.UU. seguro rebasarían los ahorros obtenidos en el funcionamiento intergubernamental de este Subcomité.

La posibilidad de resolver las controversias de forma bilateral también fomenta arreglos no compatibles con el espíritu y la letra del Tratado. Otro ejemplo para ello son también las insuficiencias institucionales y los obstáculos políticos impuestos a la sección nacional del Secretariado del NAFTA en EE.UU. El hecho de que el mecanismo de solución de disputas, formal e informal, sea exclusivamente intergubernamental hace que cualquier disputa comercial se vuelva automáticamente política y remonte hasta las más altas instancias políticas, como se pudo constatar en las disputas sobre el atún o el azúcar. En este sentido, la tendencia hacia la solución de controversias bilaterales al máximo nivel político es una característica común del NAFTA y del MERCOSUR.

La justificación del sistema se tiene que buscar en otra parte. Es cierto que tal como está constituido evita cualquier alejamiento del modo de decisión intergubernamental de un sistema común trilateral o la definición paulatina de un interés político que no sea sólo individual sino común, por no hablar de la remota posibilidad de supranacionalidad. Y, sin embargo, a pesar de todas estas barreras, el sistema trilateral y el desbordamiento de los intereses económicos a intereses políticos se está desarrollando poco a poco. El ejemplo más claro es, sin lugar a dudas, el de los acuerdos complementarios en materia de medio ambiente y asuntos laborales.

No obstante, fuera del ámbito gubernamental, hay voces críticas que recomiendan crear una mayor institucionalidad del NAFTA, a fin de profundizar la integración incluyendo otras áreas de cooperación. Así, el analista estadounidense Robert Pastor recomendó en un discurso ante el Parlamento canadiense elegir un camino intermedio entre el NAFTA y la UE: «If Europe built too many institutions, NAFTA made the opposite mistake. It lacks institutions to anticipate or respond to crisis or take advantage of opportunities».[42]

A diferencia de la UE y del MERCOSUR, el NAFTA no funciona a través de instituciones, sino por la eficacia del tratado mismo y su monitoreo por funcionarios técnicos. Instituciones de integración, en el sentido de órganos autónomos e independientes, no se han creado. Las escasas entidades técnicas, definidas en el Capítulo 20 del NAFTA son exclusivamente de índole intergubernamental y no tienen ni una sede ni personal permanente.

Pese a que, como se verá en los capítulos siguientes, las áreas de cooperación trilaterales se han multiplicado, no existe una sede permanente

---

[42] Invited Testimony of Robert A. Pastor before the standing committee on foreign affairs and international trade, House of commons, government of Canada, Ottawa, 7.2.2002.

ni un portavoz del NAFTA. La única institución permanente son las tres secciones nacionales del Secretariado del NAFTA, cuya competencia se limita a administrar y hacer funcionar el sistema de solución de controversias. La Comisión de Libre Comercio apenas ha ejercido las funciones que le han sido asignadas, y no ha resultado ser un motor de integración. En resumen, el NAFTA carece de instituciones u órganos propios que podrían servir como impulsores de una integración mayor ni tampoco parece existir un consenso a favor de una profundización institucional. Este enfoque limita también las posibilidades de crear una Comunidad Norteamericana entre EE.UU., Canadá y México.

4. Comparación de las instituciones y mecanismos de decisión en el Merosur y el NAFTA

4.1. Déficit institucionales

El MERCOSUR y el NAFTA son procesos intergubernamentales sin instituciones autónomas con capacidad de desición propia. No obstante, existe una diferencia fundamental: el MERCOSUR está dirigido por la máxima instancia política de los presidentes, mientras que el NAFTA es un proceso de integración exclusivamente administrado por funcionarios técnicos. Así, las Cumbres presidenciales –celebradas cada seis meses– son la instancia suprema del MERCOSUR, y en el caso del NAFTA, las Cumbres se convocan esporádicamente sin tener relevancia alguna para la conducción del NAFTA.

Tanto en el MERCOSUR como en el NAFTA, el proceso de coordinación intergubernamental no es transparente, y con frecuencia existen conflictos de competencias dentro de los ministerios nacionales vinculados al proceso de integración. Sin embargo, en el NAFTA se ha creado una «diplomacia informal» que funciona bastante bien por los lazos establecidos durante mucho tiempo (aún antes de existir NAFTA). Al incluir una agenda más amplia, en el MERCOSUR prevalecen el estancamiento y una cierta confusión en cuanto a las competencias de las entidades y funcionarios participantes. Este problema tiene especial relevancia para la implementación del «derecho secundario» del MERCOSUR: en general, los políticos aprueban una normativa en una Cumbre del MERCOSUR sin consultar a todos los sectores competentes en el área, lo cual crea problemas posteriores a la hora de incorporarla en la legislación de los Estados parte.

En la práctica, la integración es coordinada por funcionarios en los diversos ministerios de los Estados partes que se reúnen en comisiones, grupos y subgrupos de trabajo. Esta estructura organizativa del MER-COSUR y del NAFTA ha conducido a una «inflación de reuniones» anuales; un procedimiento que finalmente resulta bastante complicado y puede ser más costoso y burocrático que la creación de órganos permanentes con un presupuesto común. Otro problema adicional que surge en ambos bloques es el hecho de que los funcionarios involucrados no están autorizados a tomar decisiones por su cuenta, por lo cual tienen que recurrir a las instancias mayores en sus respectivos ministerios, lo cual retrasa las decisiones y aumenta los gastos burocráticos. En ambos procesos de integración sería deseable concentrar y reordenar los foros existentes, ya que algunos grupos y subgrupos de trabajo sólo existen en el papel y no producen resultados.

4.1.1. Mecanismo de toma de decisiones: equitativo en la teoría, desigual en la práctica

Siguiendo el modelo «un país, un voto», las decisiones en el MERCO-SUR y en el NAFTA se toman por unanimidad entre los gobiernos de todos los países participantes. No obstante, en ambos bloques existe una diplomacia informal paralela que funciona a través de presión y/o convicción. Los dos países más grandes del MERCOSUR y del NAFTA, Brasil y EE.UU., tienen un peso especial en la toma de decisiones de integración. Ambos demuestran una cierta inclinación hacia el unilateralismo y la manipulación de los socios menores, aunque la tendencia es particularmente marcada en el caso de EE.UU.

En el MERCOSUR se ha observado el creciente uso de la «diplomacia presidencial bilateral» entre la Argentina y Brasil. A veces, los dos presidentes toman decisiones en claro detrimento de los intereses de los dos socios pequeños y sin consultarles. El NAFTA integra a dos relaciones bilaterales (EE.UU.-Canadá, EE.UU.-México) con agendas muy diferentes, sin que los países pequeños hayan llegado a definir una agenda común. Por falta de intereses convergentes, apenas se toman decisiones trilaterales, y las esporádicas Cumbres del NAFTA (al margen de las Cumbres de las Américas) raras veces producen resultados significativos. En el NAFTA apenas surge la necesidad de tomar decisiones a nivel gubernamental. El sistema de voto sólo adquiriría una cierta relevancia cuando los tres países decidieran avanzar su proceso de integración incluyendo áreas más políticas, como la cuestión de la migración o la adopción de una moneda común. De momento, un paso previo a la modificación del sistema de toma de decisiones sería incrementar el nivel de cooperación entre los tres Estados parte. Puesto que ni la profundización ni la ampliación del NAFTA son (de momento) opciones realistas, y teniendo en cuenta el reducido número de sus integrantes, es altamente improbable que se modifique el mecanismo (teórico) de «un país, un voto».

Más que en el caso del NAFTA, la creación MERCOSUR ha contribuido a incrementar la confianza mutua entre sus cuatro (ahora cinco) Estados miembro y sus países asociados (Bolivia, Chile, Perú). Ello es, en parte, el resultado del sistema de decisiones, un país, un voto. Así, tampoco en el MERCOSUR, se discute la cuestión de definir una mayoría cualitativa o de crear un sistema de representación proporcional para la toma de decisiones. Al igual que en el NAFTA, no se modificará la fórmula actual de decidir por consenso ni tampoco tendría mucho sentido en la constelación de cuatro países miembro. Tampoco es de esperar que la plena integración de Venezuela al MERCOSUR modifique su estructura original.

Pero cuanto más países incorpore el MERCOSUR, tanto más difícil será llegar a un consenso entre todos los Estados parte. Dependiendo del número de miembros y de los temas a tratar, podría plantearse la idea de decidir, en algunos ámbitos, por mayoría cualitativa, teniendo en cuenta la población y el territorio de los respectivos países. Un segundo motivo para iniciar un debate sobre el mecanismo de toma de decisiones sería la creación de un parlamento del MERCOSUR directamente votado por los ciudadanos. Es dudoso por qué un país como Brasil, con 185 millones de habitantes, debería tener el mismo número de diputados que Paraguay, Uruguay o Venezuela que deberían tener un peso mucho menor en un futuro parlamento (Gratius/Nolte 2004).

No obstante, en la actualidad no hay ningún país (ni siquiera Brasil) que reclame un voto ponderado, ya que este procedimiento daría una clara ventaja a Brasil como país más grande del bloque. En ninguno de los dos mecanismos analizados se discute seriamente una toma de decisiones por mayoría cualitativa o proporcional. La resistencia a cambiar el sistema actual se explica por la oposición de los socios medianos y pequeños y el reducido número de participantes en el MERCOSUR y en el NAFTA. Partiendo de la situación actual de integración, es muy probable que se mantenga el actual sistema de toma de decisiones basado en la equidad formal entre los socios.

4.1.2. Limitando la supranacionalidad

Aunque México ha intentado lanzar un debate sobre el futuro de la integración, en el NAFTA no se discute la creación de órganos autónomos con independencia de los gobiernos, puesto que esta fórmula sería vetada por EE.UU. No obstante, la supranacionalidad (o soberanía compartida) podría ser una opción para el MERCOSUR, puesto que el bloque no se basa ni en un amplio tratado ni en una fuerte estructura institucional que podrían servir como «motor de integración». Mientras que nadie habla de un «nuevo tratado del MERCOSUR», sí se ha iniciado un debate sobre la profundización institucional. Las condiciones para ello son más favorables que en el NAFTA: Brasil no es un actor tan dominante como EE.UU. ni tampoco se han creado lazos comerciales tan estrechos con los demás socios como en el caso de EE.UU. con Canadá y México que permitieran una autodinámica de la integración basada en los intereses económicos de los Estados parte. En este sentido, el MERCOSUR es un bloque un tanto artificial, creado «desde arriba» que necesita un fuerte empuje político-institucional.

Hasta ahora, la institucionalidad del MERCOSUR ha sido mucho más frágil que la de la UE:

> The weakness of supranational institutions makes the South American case very different from European integration, and still MERCOSUR fits nicely in the neorealist logics of geoeconomics: economic regionalism as a defensive strategy in an increasingly competitive post-Cold War, neomercantilist environment (Carranza 2003: 75).

Esta lógica neomercantilista preeminente hasta 2002 ha sido, en parte, abandonado tras el cambio de gobierno en la Argentina y Brasil. Sobre todo el Gobierno brasileño se ha pronunciado a favor de un nuevo modelo de integración mercosureña basado en una institucionalidad más fuerte y una cooperación sectorial más estrecha entre los países miembros. Este cambio de paradigma en Brasil podría favorecer la creación de órganos con competencias y personal más allá de intereses nacionales.

El germen para órganos permanentes con capacidad decisoria propia sería la Secretaría del MERCOSUR con sede en Montevideo. Esta institución original del MERCOSUR ha sido transformada –según la decisión tomada en la Cumbre de Brasilia en diciembre de 2002– en un órgano con ampliadas funciones técnicas. La Secretaría reformada del MERCOSUR, integrada por una Sección de cuatro Consultores Técnicos (uno por país), se inauguró en 2003 bajo la dirección del brasileño Reginaldo Braga Arcuri (elegido por dos años). El núcleo técnico se encargará de apoyar, a través de informes y análisis puntuales, a los demás órganos del bloque; controlar la incorporación de normas del MERCOSUR; evaluar el proceso de integración y formular ideas prospectivas[43]. Aparte, pueden ser encargados estudios a consultores externos. De allí podría desarrollarse un núcleo institucional con una dinámica y lógica propia que sirva de motor de la integración, pero desde el trasfondo. El rostro político visible de las iniciativas «técnicas» de la Secretaría podría ser la nueva Comisión de Representantes Permanentes del MERCOSUR presidida por Eduardo Duhalde.

Otro foro permanente y «supranacional» –integrado por jueces de los cuatro países–, recientemente inaugurado en Asunción, es el Tribunal Permanente de Revisión, creado por el Protocolo de Olivos firmado en febrero de 2002 y ratificado a finales del 2003. El Tribunal garantizará una cierta seguridad jurídica del MERCOSUR y servirá como un interlocutor más visible para resolver conflictos comerciales. Una tercera iniciativa, promovida por el Presidente de Brasil, sería la creación de un Parlamento del MERCOSUR para ampliar la dimensión ciudadana y democrática del proyecto. Es deseable que un futuro parlamento transnacional sería integrado por diputados elegidos directamente por los ciudadanos y que el foro tenga competencias de iniciativa y control legislativas al menos en algunas áreas (en vez de servir como puerto seguro

---

[43] *Capítulo I. Teoría y Práctica de las Instituciones y Procesos de Decisión*

de inmunidad como el Parlacen o con un alto de grado de ineficiencia como el Parlamento Andino).

Aunque apenas han sido consideradas, también en el NAFTA existen algunas instituciones permanentes. Por los dos acuerdos paralelos se establecieron la Comisión para la Cooperación Laboral en Washington DC y la Comisión para la Cooperación Medioambiental en Montreal. Ambas oficinas tienen una estructura tripartita y cuentan con personal permanente procedente de forma equitativa de los tres países. También los tres Secretariados del NAFTA, creados en el marco del acuerdo para administrar la solución de controversias, son oficinas permanentes con funcionarios de dedicación exclusiva. Estas instituciones fijas han desarrollado un cierto dinamismo propio fomentando una mayor coordinación entre los tres países, aun cuando las áreas que cubren no tienen mucha relevancia en el proceso de integración. De estas instancias y de los contactos existentes entre las comunidades empresariales ya ha surgido una cierta «identidad norteamericana». No obstante, y a diferencia del MERCOSUR, el primer paso hacia una mayor institucionalización del NAFTA no sería la creación de órganos supranacionales, sino el establecimiento de foros trilaterales.

4.2. CONCLUSIONES

Cabe resumir que el MERCOSUR y el NAFTA han optado por el camino de una institucionalidad leve, poco burocrática, pragmática y preeminentemente de índole intergubernamental. Asimismo, debido al grupo bastante pequeño de países y a la sensible cuestión de la soberanía nacional, las decisiones se toman por consenso. Puesto que este sistema no refleja las asimetrías existentes y el rol dominante que juegan Brasil y EE.UU. en sus procesos de integración, se han creado otros mecanismos paralelos tales como las consultas bilaterales o la influencia directa de Brasil y EE.UU. sobre los demás miembros. Si en el NAFTA apenas se toman decisiones y la integración ha desarrollado una dinámica propia fuera del ámbito político-gubernamental, el MERCOSUR es un proceso de integración en continua transformación que se basa principalmente en decisiones que se toman al máximo nivel gubernamental (siendo por ello muy dependiente de las respectivas coyunturas políticas).

Por sus características institucionales y los diferentes procedimientos de integración (reglas versus negociación), la creación de órganos supranacionales es más probable en el MERCOSUR, máxime teniendo en cuenta que Brasil no ejerce (ni aún está en condiciones de hacerlo) una hegemonía regional. Como señala la reciente reforma institucional y el debate sobre un parlamento del MERCOSUR, Brasil no sólo está dispuesto a ceder en la cuestión de la soberanía nacional, sino incluso presiona hacia una mayor institucionalidad del MERCOSUR. Aunque todavía no se puede hablar de un cambio de paradigma, puesto que Brasil todavía tiende a imponer sus intereses a los demás miembros, el comportamiento del gobierno de Lula en el marco del MERCOSUR indica un actitud más abierta hacia una cooperación equilibrada con sus vecinos y particularmente con la Argentina.

En el caso del NAFTA, por la resistencia de EE.UU. pero también la escasa disponibilidad de Canadá, la creación de instituciones supranacionales no es un tema en la agenda común. A diferencia del MERCOSUR, el primer previo en el camino hacia una mayor institucionalidad sería la transformación del «bilateralismo dual» (Pastor 2004: 110) en una *liason a trois*. Así, primero habría que crear mecanismos de coordinación comunes con sedes permanentes y un grupo de «funcionarios NAFTA» con cierta autonomía de los gobiernos. Es probable que, por la enorme dependencia de México y Canadá de EE.UU., no sea posible desarrollar una mayor institucionalidad del NAFTA. Robert Pastor describe el déficit institucional del NAFTA así:

> Si bien se impulsó el tren de la integración continental, no proporcionó maquinistas que lo guíen…. Mientras la UE había creado demasiadas instituciones para interferir en las operaciones, América del Norte cometió el error opuesto: no creó casi ninguna (Pastor 2004: 107).

Aunque el actual sistema de coordinación más o menos informal del NAFTA tiene bastantes defectos, no se cuestionan los procedimientos a nivel técnico e intergubernamental. Precisamente por los vínculos creados entre México y EE.UU., por un lado, Canadá y EE.UU., por el otro, a lo largo de varias décadas de crecientes interdependencias han surgido numerosos canales y contactos entre los países, aptos a sustituir estructuras más formales. Por otra parte, la experiencia institucional surgida por los dos acuerdos paralelos que inauguraron la Comisión de Cooperación Laboral y la de Cooperación Medioambiental es un claro ejemplo para una incipiente supranacionalid e identidad común. No obstante, la experiencia de los acuerdos paralelos no ha sido evaluada en estos términos y oficialmente tampoco forman parte del *acquis* del NAFTA.

El caso del MERCOSUR es diferente: los lazos entre los países se intensificaron recién en los años ochenta, por lo cual el proceso de integración requirió un mayor grado de voluntad política, así como más instituciones e instancias formales de coordinación. Partiendo del bajo nivel de interdependencia inicial –cerca del 9% de comercio intrarregional a finales de los años ochenta– el balance del MERCOSUR es positivo: la integración ha contribuido considerablemente a crear una identidad común y a intensificar el diálogo entre los países, tanto a nivel político como técnico.

Si el NAFTA se enfrenta al problema de que no se toman decisiones más allá de problemas técnicos, el principal déficit institucional del MERCOSUR consiste en lo contrario: existe una «hiperinflación de decisiones y reuniones» a nivel político y un escaso grado de aplicación del «derecho mercosureño». Las normas del MERCOSUR cuentan con una escasa internalización a las legislaciones nacionales: sólo la mitad de las 254 decisiones han sido implementadas. Cabe constatar, además, una gran dispersión de reuniones sin conexión alguna. Sería necesario ordenar, sistematizar e implementar las decisiones tomadas, y reagrupar los diferentes reuniones y grupos de trabajo bajo la tutela de un organismo de coordinación con carácter permanente. La continuación de las agendas paralelas a nivel ministerial y subministerial, a veces sin ningún vínculo con los órganos principales del MERCOSUR, no contribuye a profundizar la integración, sino a crear más confusión y dispersión del proceso de integración.

II
LA EFICACIA DE LOS MECANISMOS DE SOLUCIÓN DE CONTROVERSIAS

Roberto Bouzas, Horacio Coronado, Antonio Ortiz Mena, Hernán Soltz

1. SOLUCIÓN DE CONTROVERSIAS EN EL MERCOSUR: UN MECANISMO DE SOLUCIÓN DE CONTROVERSIAS SESGADO A LA NEGOCIACIÓN

Jackson (1997) señala que los mecanismos de solución de controversias (MSC) pueden estar más orientados a procurar una solución diplomática o negociada, o una solución basada en reglas y principios jurídicos. El MSC del MERCOSUR comparte rasgos de ambos, pero en la práctica se ha inclinado hacia las soluciones del primer tipo. Los procedimientos para resolver disputas en el MERCOSUR fueron establecidos por el Protocolo de Brasilia para la Solución de Controversias (PBSC) en diciembre de 1991, menos de un año después de la firma del Tratado de Asunción. El PBSC fue concebido como un acuerdo transitorio que regiría durante el «período de transición» y al fin del cual deberían existir instituciones y procedimientos de solución de disputas definitivos. Sin embargo, el Protocolo de Ouro Preto extendió los procedimientos del PBSC y pospuso la implementación de un mecanismo permanente hasta la convergencia plena al arancel externo común, prevista para el año 2006. El Protocolo de Ouro Preto también definió procedimientos para formular reclamaciones ante la Comisión de Comercio del MERCOSUR.

En febrero de 2002 se suscribió el Protocolo de Olivos sobre el Sistema de Solución de Controversias en el MERCOSUR, producto de las tareas desarrolladas por el Grupo *Ad Hoc* de Asuntos Institucionales en cumplimiento del mandato establecido por la Agenda de Relanzamiento en junio de 2000. Este protocolo –que reemplaza al de Brasilia– dispuso un conjunto de innovaciones, pero mantuvo el compromiso de los Estados parte de efectuar una revisión del actual sistema con vistas a la adopción de un mecanismo permanente antes de 2006. Dicho protocolo entró en vigencia el 2 de enero de 2004.

1.1. Los procedimientos del Protocolo de Brasilia

En términos generales, el mecanismo de solución de controversias del MERCOSUR incluye tres procedimientos alternativos que van desde mecanismos de «auto-ayuda» (consultas y reclamaciones) hasta la adjudicación no compulsiva por una tercera parte (el PBSC). Las consultas ofrecen un mecanismo para resolver disputas a través de negociaciones directas sujetas a procedimientos y términos predeterminados. Este mecanismo permite que los Estados parte intercambien información a través del pedido de explicaciones y clarificaciones, y que se administren fricciones comerciales que en principio no justifican una reclamación o el inicio de un procedimiento «judicial»[1]. Las consultas pueden iniciarse por los Estados parte en representación de las administraciones centrales, locales o el sector privado.

El segundo mecanismo de resolución de controversias son las reclamaciones, que constituyen un recurso de tipo pre-judicial[2]. Las reclamaciones pueden realizarse a título de los Estados parte o de personas legales o físicas, pero deben ser iniciadas por una «sección nacional» y referirse a cuestiones comerciales que caigan bajo la autoridad de la Comisión de Comercio del MERCOSUR. Si una reclamación no es resuelta en el plenario de la CCM, debe girarse a un comité técnico integrado por funcionarios gubernamentales (por lo menos, un experto por cada Estado parte) que debe alcanzar una conclusión en un plazo de treinta días. El informe del comité no es vinculante y puede incluir más de una recomendación. Si la CCM no alcanza el consenso, la reclamación puede elevarse al GMC, que tiene un plazo adicional de treinta días para resolver la controversia. Si esto no ocurriera, el Estado parte reclamante podrá activar directamente el mecanismo arbitral del PBSC.

---

[1] La presentación de una consulta no impide al Estado parte recurrir en cualquier momento al procedimiento de reclamaciones o al del PBSC.

[2] El procedimiento para formular reclamaciones se estableció por un anexo del Protocolo de Ouro Preto. No obstante, su aplicación se reglamentó recién a mediados de 2002. Cabe aclarar que no es una primera instancia del mecanismo de solución de controversias. El inicio de una reclamación o de una controversia queda a exclusivo criterio de los Estados parte.

Por último, el PBSC estableció un tercer procedimiento de carácter secuencial que incluye disposiciones diferentes cuando se trata de controversias entre Estados parte, o entre un Estado parte y un agente privado. En este tercer procedimiento predomina el principio del consenso y de la cooperación diplomática, salvo en la instancia arbitral (en cuyo caso la decisión es de cumplimiento obligatorio). Los Estados parte pueden iniciar una disputa sobre temas de interpretación, implementación o violación de las reglas establecidas por el Tratado de Asunción o cualquier otro instrumento legal (como los protocolos, acuerdos, decisiones, resoluciones y directivas). Los procedimientos formales contemplan tres etapas: las negociaciones directas, la intervención por el GMC y un mecanismo arbitral, cada uno sujeto a plazos relativamente flexibles. Todas las disputas deben pasar necesariamente por las dos primeras etapas (negociaciones directas e intervención del GMC) antes de que pueda activarse el procedimiento judicial (excepto cuando el tema ya fue objeto de una reclamación). El procedimiento judicial se verifica ante un «tribunal *ad hoc*» integrado por tres miembros que formula «determinaciones obligatorias y definitivas»[3].

El sector privado no puede accionar directamente el mecanismo de solución de controversias. Los particulares sólo pueden cuestionar medidas legales o administrativas adoptadas por un Estado parte en violación de la normativa MERCOSUR, siempre que se demuestre que esto le genera un perjuicio. Es decir, los particulares no pueden reclamar contra normas emanadas de los órganos de toma de decisiones que consideren violatorias del Tratado de Asunción y/o otras fuentes jurídicas[4]. Todas las controversias deben primero someterse a la consideración de la «sección nacional» del GMC, que a su vez podrá someterla al plenario del GMC (previo intento de negociación con la «sección nacional» del Estado

---

[3] Cada parte en la controversia designa un miembro del Tribunal *ad-hoc*. El tercer miembro no puede ser un nacional de ninguna de las partes involucradas. Cada tribunal define sus propios procedimientos. A diferencia del resto de los casos, las decisiones se toman por mayoría. El tribunal puede fundar su decisión en las fuentes legales del MERCOSUR o sobre la base *ex aequo et bono*. Si existen presunciones fundamentadas y a solicitud del demandante, el tribunal arbitral podrá disponer medidas provisorias.

[4] En el caso del Tribunal de Justicia Europeo, los particulares pueden accionar un recurso de nulidad para una norma comunitaria, pero no tienen derecho al recurso por incumplimiento de un Estado miembro.

reclamado). Si el GMC no rechaza la queja (lo que debe hacer por consenso), debe convocar un comité de expertos de tres miembros para decidir sobre su procedencia. El comité (seleccionado de listas nacionales previamente acordadas) debe llegar a una conclusión por unanimidad y en un plazo determinado. Si la queja resulta improcedente o el comité no alcanza un acuerdo por unanimidad, el Estado reclamante puede iniciar los procedimientos de solución de controversias establecidos por el Protocolo de Brasilia. En cambio, si la queja tiene fundamento y la parte reclamada no aplica medidas apropiadas para resolverla, el Estado reclamante puede activar el procedimiento arbitral del mecanismo de solución de controversias entre Estados.

El mecanismo arbitral del MERCOSUR se basa en la adjudicación por una tercera parte y deja a la retorsión como la única respuesta frente a la posibilidad de incumplimiento[5]. Este mecanismo le otorga flexibilidad a las partes y estimula el cumplimiento sobre la base de los beneficios que pueden derivarse de una relación estable y predecible. No obstante, su mayor debilidad es la limitada capacidad para poner fin a las disputas y, por consiguiente, el mantenimiento de una tasa relativamente alta de disputas sin resolver. Ruiz Díaz Labrano (1996) ha señalado que uno de los problemas del énfasis en las negociaciones directas implícito en el MSC del MERCOSUR es que los Estados parte pueden llegar a soluciones de compromiso que impliquen tolerar prácticas contrarias a la normativa vigente o la persistencia de actos no acordes con las fuentes legales del MERCOSUR[6].

---

[5] Yarbrough/Yarbrough (1997) clasifican los mecanismos de solución de controversias (MSC) en cuatro categorías estilizadas, a saber: a) MSC-I (una tercera parte proporciona y disemina información sobre violaciones, el único castigo admitido es la retorsión); b) MSC-II (una tercera parte realiza determinaciones no compulsivas, permitiendo como única sanción la retorsión); c) MSC-III (una tercera parte hace una determinación de carácter compulsivo sujeta a un procedimiento de apelación); y d) MSC-IV (una tercera parte realiza la determinación y asegura su cumplimiento de manera similar a como.ocurre en los sistemas legales domésticos, a la par que se elimina el derecho de retorsión). Según esta taxonomía el MSC del MERCOSUR se asemeja al MSC-II. Por su parte, el MSC de la OMC y el Tribunal de Justicia Europeo pueden asimilarse, respectivamente, a versiones «débiles» y «fuertes» del MSC-III.

[6] El Artículo 42 del Reglamento que regula el PBSC establece que en cualquier etapa del procedimiento quien presentó la controversia o reclamo puede desistir o las partes llegar a una transacción, en cuyo caso concluirá el proceso.

1.2. El funcionamiento del Protocolo de Brasilia en la práctica

La evaluación del desempeño normativo e institucional del MERCO-SUR sugiere que el pragmatismo, la flexibilidad y el gradualismo fueron elementos que dieron resultados positivos durante un tiempo en un contexto de baja interdependencia y fuerte compromiso político. No obstante, con el avance del proceso, dichos procedimientos demostraron estar sometidos a rendimientos decrecientes. En esta sección se presenta un análisis de las razones que explican el diseño y el desempeño institucional del MERCOSUR, adoptando una perspectiva ecléctica basada en una revisión de las condiciones de demanda y oferta que constituyen la base de la creación de instituciones.

La decreciente efectividad de las instituciones y del proceso de creación de reglas del MERCOSUR, así como el sesgo a la negociación del mecanismo de solución de controversias, llevó a un ejercicio muy activo de la llamada «diplomacia presidencial». Las cumbres presidenciales, que comenzaron como episodios de señalización en la etapa de máximo compromiso político, fueron transformándose gradualmente en mecanismos de intervención selectiva dirigida a resolver conflictos o tensiones puntuales de manera *ad hoc*. En efecto, la intervención regular de los jefes de Estado para resolver disputas comerciales y de política sirvió en momentos críticos para destrabar negociaciones estancadas, limitar el conflicto o reducir la tensión. No obstante, el método expuso excesivamente a los líderes políticos máximos y, cuando la implementación y el seguimiento de las decisiones fueron insatisfactorios –como ocurrió con frecuencia–, la credibilidad de las máximas autoridades resultó afectada. Por otra parte, el recurso a la «diplomacia presidencial» fue cada vez menos un recurso colectivo del MERCOSUR, para transformarse en un método para resolver diferencias entre los dos mayores socios (la Argentina y Brasil), eventualmente sujeto a la ratificación de los miembros menores.

En línea con esta inclinación a la negociación continua, los Estados parte han hecho un uso intensivo de las consultas como un primer paso antes de iniciar una reclamación o activar el mecanismo de solución de controversias establecido por el Protocolo de Brasilia. No obstante, después de la reglamentación del PBSC (diciembre de 1998), éstos pasaron a activar el procedimiento de solución de controversias de manera directa, ya que el mecanismo de reclamaciones implicaba extender los plazos para llegar a una solución. De hecho, la mitad de las controversias se iniciaron durante el año 2001. A lo largo de este período, muchas diferencias tratadas a través de los procedimientos previstos culminaron en una negociación diplomática abierta o en la participación directa de las máximas autoridades políticas (la «diplomacia presidencial»). Un ejemplo de ello fue el conflicto desencadenado en 1997 cuando el gobierno brasileño anunció varias modificaciones al régimen automotor. Si bien el conflicto se intentó solucionar en el marco de los órganos decisorios del MERCOSUR (CMC, GMC y CCM), finalmente fue resuelto en una cumbre presidencial.

La posibilidad de realizar consultas en la CCM se planteó en 1995 y los procedimientos para iniciarlas, llevarlas a cabo y concluirlas se establecieron un año más tarde[7]. En un esfuerzo para evitar consultas muy prolongadas, a fines de 1999 se emitió una directiva estableciendo nuevos procedimientos dirigidos a acelerar el proceso[8]. Las consultas se utilizaron en forma activa como un mecanismo para intercambiar información y promover el ajuste, en general, en temas no fundamentales vinculados con el comercio[9]. La mayor parte de las consultas presentadas han estado referidas a productos agroalimentarios. Cuando se las clasifica según el tipo de barrera involucrada, casi la mitad aparece vinculada a la aplicación de barreras técnicas, discriminación fiscal, preferencias arancelarias y licencias de importación (Vaillant 2001).

Durante los primeros años este mecanismo fue utilizado de manera intensiva. Sin embargo, el número de consultas cayó en gran medida después de 1998, alcanzando su mínimo histórico en el año 2002. Es probable que el uso menos frecuente de las consultas se explique por la crisis de legitimidad y eficacia de los mecanismos institucionales de auto-ayuda durante el período de multiplicación de controversias de fines de los noventa. Este patrón de comportamiento se replicó en el caso del uso de otros instrumentos, como las reclamaciones:

---

[7] Directiva 6/96.
[8] Directiva 17/99. Ambas partes pueden decidir por consenso no concluir las consultas.
[9] El gobierno argentino es el que más consultas ha presentado, mientras que el de Brasil ha sido el más consultado.

en efecto, entre 1999 y 2001 se iniciaron sólo dos reclamaciones (mientras que en el trienio anterior se habían registrado diez). Esta caída resulta sorprendente precisamente en un contexto en donde se produjo un visible aumento en el número y la intensidad de los conflictos comerciales.

Los nuevos procedimientos implementados a fines de 1999 tuvieron éxito en disminuir el número de consultas pendientes de resolución. En efecto, casi el 80% de las consultas pendientes a fines de 1999 correspondía a las iniciadas en años anteriores, mientras que en los años posteriores, no llegaban a representar el 10% del total de consultas pendientes (con la excepción del año 2002 cuando quedaron pendientes algo menos de un cuarto del total). El nivel bajo de consultas pendientes ha sido tomado como un indicador de efectividad. No obstante, es importante tener en consideración que la conclusión de una consulta no es equivalente a la resolución efectiva de la disputa subyacente[10].

Al igual que con la internalización de la normativa, el mecanismo de consultas ha sido cuestionado por su falta de transparencia, ya que no es posible acceder públicamente a la información técnica ampliatoria sobre ellas (en las actas públicas de la CCM sólo consta el estado de situación, pero no se incluyen detalles sobre el asunto). Además, no existe un patrón de registro de la información que permita conocer en forma clara y precisa los datos básicos de cada consulta (por ejemplo, la posición arancelaria del o los productos involucrados). Esta falta de transparencia es vista por algunos autores como la modalidad de negociación (Vaillant 2001). Tussie, Labaqui y Quiliconi (2001) han criticado el mecanismo de participación del sector privado en el procedimiento de consultas, argumentando que su rol está limitado a la presentación del reclamo ante sus representantes gubernamentales. Para superar esta deficiencia recomiendan que se habilite su participación en la instancia de consulta, para así mejorar la defensa de sus intereses y crear más presiones para

---

[10] Una consulta puede terminar satisfactoriamente a pesar de que el problema que le dio origen no haya sido resuelto (por ejemplo, cuando una solicitud de información a un Estado parte respecto de una medida restrictiva es respondida en forma satisfactoria, aunque la medida subyacente no sea modificada.). Muchas disputas administradas a través del mecanismo de reclamaciones o a través de procedimientos judiciales comenzaron como consultas.

que los Estados parte debatan con mayor seriedad las consultas en el ámbito de la CCM.

El Protocolo de Ouro Preto también estableció un Procedimiento General para formular Reclamaciones ante la CCM dirigido a acelerar las quejas sobre materias comerciales del sector privado o de los Estados parte. Entre 1995 y 2003 el mecanismo fue utilizado en quince ocasiones. La Argentina fue el Estado parte que más recurrió al uso de este procedimiento (en ocho oportunidades), seguido por Brasil y Uruguay (con tres cada uno) y Paraguay (en una ocasión). Las reclamaciones presentadas tratan de medidas de restricción de acceso a los mercados, discriminación impositiva, subsidios e incumplimientos en la incorporación de normativa MERCOSUR. Ninguna de las reclamaciones fue resuelta en el ámbito de la CCM, por lo que todas fueron elevadas al GMC. Este organismo, a su vez, en todos los casos dio por concluida su intervención ante la falta de consenso. En algunos casos, la reclamación original derivó en la utilización del mecanismo de solución de controversias establecido por el Protocolo de Brasilia[11].

Para que el mecanismo de las reclamaciones conduzca a un arreglo de la disputa, las partes deben alcanzar el consenso, ya sea en la instancia de la CCM o del GMC. El carácter de «auto-ayuda» del procedimiento se refuerza por el hecho de que los comités técnicos no desempeñan el papel de una tercera parte, en la medida que están integrados por funcionarios nacionales. El mecanismo de las reclamaciones también ha sido más lento de lo que se esperaba.

En diciembre de 1998, después de dos años de negociaciones, los Estados parte finalmente acordaron un código para regular la implementación del Protocolo de Brasilia. El código definió términos clave, procedimientos de notificación y confidencialidad, precisiones con respecto a los plazos, calificaciones requeridas para los jueces y los expertos y las condiciones que debían satisfacerse para que el sector privado hiciera presentaciones. Los Estados parte comenzaron a implementar el mecanismo de solución de controversias poco después de que el código fuera promulgado: en un período de cuatro años el mecanismo ha concluido nueve casos de disputa (cuatro iniciados por la Argentina, dos

---

[11] Tres de las cuatro reclamaciones iniciadas por la Argentina contra Brasil terminaron en laudos arbitrales.

por Brasil y Uruguay, y uno por Paraguay)[12]. Hubo, además, once controversias que no llegaron a la instancia arbitral.

La operación del PBSC ha enfrentado numerosos problemas. Uno ha sido la posibilidad de negociaciones prolongadas: si los Estados parte así lo deciden, pueden extender el plazo obligatorio de quince días para desarrollar negociaciones bilaterales en el marco del GMC de manera casi indefinida. En la práctica, esto significa que el inicio del procedimiento de adjudicación por una tercera parte puede postergarse, reemplazándoselo por la negociación política y diplomática. A pesar de que es deseable que un MSC ofrezca la posibilidad de efectuar negociaciones directas, la posibilidad de que existan largas demoras antes de iniciar el procedimiento de adjudicación puede crear incertidumbre para el sector privado[13]. Por otra parte, la exigencia de consenso en la instancia del GMC dificultaba la resolución de las controversias una vez concluida la fase de negociaciones bilaterales.

Una segunda fuente de problemas ha sido el carácter *ad-hoc* de los tribunales establecidos por el PBSC, lo que ha conspirado contra el desarrollo de un «cuerpo de interpretación común». A pesar de que no hay nada parecido a la «jurisprudencia» dentro del arsenal legal del MERCOSUR, un tribunal permanente (en contraste con tribunales *ad hoc*) habría facilitado el desarrollo de una relación de compromiso con determinaciones anteriores[14]. El mecanismo del PBSC tampoco contemplaba

---

[12] En un inicio los Estados parte recurrieron al mecanismo de reclamaciones, pero una vez que se reglamentó el PBSC, pasaron a usar de manera más directa el mecanismo de controversias, ya que el de reclamaciones suponía un alargamiento de los plazos.

[13] El sector privado no puede iniciar de manera directa el procedimiento de solución de controversias. Si existe una queja del sector privado, primero debe ser asumida por un Estado parte. No obstante, como hemos señalado, en la práctica las partes pueden posponer la instancia propiamente arbitral extendiendo las negociaciones indefinidamente. Es en este sentido que algunos analistas sostienen que el mecanismo contemplado para los particulares implica una real imposibilidad de acceso a las instancias jurisdiccionales del MERCOSUR (De la Balze 2000). Por otra parte, de acuerdo con el PBSC, el sector privado no puede cuestionar una norma derivada como contraria al Tratado de Asunción o a cualquier otro acuerdo. Todo lo que el sector privado puede hacer es cuestionar las medidas adoptadas por los Estados parte en violación del Tratado de Asunción.

[14] Los veredictos de los tribunales no se consideran parte de las fuentes legales del MERCOSUR. No obstante, en la práctica los laudos arbitrales emitidos han invocado fundamentos, razonamientos y opiniones de los anteriores.

una instancia de apelación, salvo la posibilidad de solicitar aclaraciones del fallo o una interpretación sobre la forma en que éste debería cumplirse. También se ha señalado como una debilidad que el mecanismo arbitral no dispone de competencias en materia de control de legalidad, dado que sólo se limita a la resolución de las controversias presentadas[15].

Por último, merece destacarse el tema de la implementación de los dictámenes. A pesar de que éstos son formalmente finales (hasta la aprobación del Protocolo de Olivos no estaban sujetos a un procedimiento de apelación) y obligatorios, el significado práctico de esto último en cada Estado parte difiere según el marco constitucional interno. En tanto que estos veredictos no tienen una «supremacía» equivalente con respecto a la legislación doméstica en todos los Estados parte, de hecho la aplicabilidad está sujeta a diferentes prácticas legales nacionales[16]. El carácter efectivo de la «obligatoriedad» también se ha visto condicionado por el contenido de los dictámenes que en ocasiones (por ejemplo, el primer laudo arbitral sobre licencias de importación de Brasil) ha tenido contenidos poco operativos.

Propio de la naturaleza del mecanismo adoptado para el MERCOSUR (MSC-II, según la clasificación de Yarbrough/ Yarbrough 1997), la represalia en la forma de medidas compensatorias constituye el único camino que tienen los Estados parte afectados ante el incumplimiento de lo dispuesto en el fallo arbitral[17]. Esta alternativa –la «ley del Talión»–

---

[15] Van den Bossche (1996) señala que en el caso de la CE hubo apenas dos controversias entre Estados. La experiencia europea sugiere que los Estados son renuentes a denunciar incumplimientos de otros Estados y prefieren que sea la Comisión quien asuma la responsabilidad (discretamente incentivada por la parte afectada).

[16] Normalmente se sostiene que el conflicto deriva de la oposición entre sistemas legales «monistas», en los que las obligaciones adquiridas bajo la ley internacional se transforman automáticamente en parte de la legislación doméstica (como en el caso de la Argentina y Paraguay) y los sistemas «dualistas», donde las obligaciones que emanan de los compromisos internacionales no tienen fuerza doméstica hasta que no han sido internalizadas a través de los procedimientos que correspondan (como en el caso de Brasil). No obstante, en la Unión Europea se han implementado procedimientos comunes, aun cuando algunos de sus Estados miembro son «monistas» y otros «dualistas» (como el Reino Unido). Esto sugiere que el tema es de naturaleza política, más que jurídica.

[17] Ni el Tratado de Asunción ni el Protocolo de Ouro Preto contienen una cláusula de exclusión como forma de sanción, medida que según Baptista (1998) es común en otros acuerdos internacionales.

puede ser particularmente desventajosa para los países de menor tamaño (Sabsay 1999), además de que no asegura que cese el incumplimiento de las medidas cuestionadas en el laudo arbitral. Por tal motivo, se ha propuesto como alternativa facultar a todos los Estados miembro –sean o no parte de la controversia– a adoptar medidas compensatorias de manera de fortalecer la actividad jurisdiccional. Otra sugerencia ha sido la incorporación dentro de las atribuciones del tribunal de la imposición de multas en caso de incumplimiento del laudo arbitral (Redrado 2000).

1.3. Las reformas introducidas por el Protocolo de Olivos

En la reunión extraordinaria del CMC realizada en febrero de 2002 se suscribió el denominado «Protocolo de Olivos sobre el Sistema de Solución de Controversias en el MERCOSUR». Allí se dispone un conjunto de innovaciones entre las que destaca: la elección de foro para dirimir la controversia, el establecimiento de un mecanismo expeditivo para asuntos técnicos, el acortamiento del plazo para iniciar la fase arbitral, la creación de un tribunal permanente de revisión jurídica y la posibilidad de emitir opiniones consultivas[18]. En diciembre de 2003 el CMC aprobó la reglamentación de dicho protocolo (Decisión 37/03).

Para aquellas controversias comprendidas en el ámbito de aplicación del Protocolo de Olivos (PO) que puedan ser también sometidas al sistema de solución de controversias de la OMC (o de otros esquemas preferenciales de comercio de los que formen parte los países del MERCOSUR), se podrá escoger el foro de común acuerdo entre los involucrados o bien por elección del Estado parte demandante. Una vez iniciado uno de los procedimientos, las partes se comprometen a no recurrir a los demás foros. Por otra parte, cuando se considere necesario, se podrán establecer mecanismos expeditivos para resolver controversias sobre aspectos técnicos regulados en instrumentos de política comercial común[19].

Terminada sin éxito la etapa de negociaciones directas, a partir de la vigencia del Protocolo de Olivos, cualquiera de los Estados parte en

---

[18] Las controversias en trámite iniciadas bajo el PBSC continuarán rigiéndose por él hasta su finalización.

[19] Las reglas de funcionamiento, el alcance de los mecanismos y la naturaleza de los pronunciamientos serán definidos por una Decisión del CMC.

la controversia podrá iniciar directamente el procedimiento arbitral, saltando la intervención del GMC (tal como lo requería el PBSC). Si deciden de común acuerdo someter la controversia a consideración del GMC, este último evaluará la situación y, si considera necesario, solicitará el asesoramiento de un grupo de expertos (seleccionados de una lista predeterminada). La controversia también podrá ser elevada al GMC si cualquier otro Estado parte no involucrado en ella solicita justificadamente que así se haga, aunque no será interrumpido el procedimiento arbitral (salvo acuerdo entre las partes).

Cualquiera de las partes en la controversia podrá presentar un recurso de apelación ante el tribunal permanente de revisión (con sede en la ciudad de Asunción), que únicamente podrá considerar las cuestiones de derecho (y las interpretaciones jurídicas) contenidas en el laudo del tribunal arbitral *ad hoc*.[20]/[21]. El carácter permanente del tribunal de revisión apunta a lograr una interpretación uniforme del derecho.

El tribunal permanente podrá confirmar, modificar o revocar los fundamentos jurídicos, siendo su laudo de carácter definitivo, obligatorio, inapelable y prevaleciente sobre el emitido por el tribunal *ad hoc*. Incluso los Estados parte en la controversia podrán –de común acuerdo– someter directamente la controversia al tribunal permanente como única instancia, en cuyo caso los laudos serán obligatorios y sin posibilidad de recurso de revisión. El PO habilitó al CMC para que pueda establecer mecanismos para la solicitud de opiniones consultivas al tribunal permanente de revisión, los cuales fueron definidos por la reciente reglamentación. Tanto los Estados parte del MERCOSUR (actuando de manera conjunta) como los órganos con capacidad decisoria y los tribunales

---

[20] El tribunal permanente de revisión estará integrado por cinco miembros, uno por cada país (por dos años renovable por dos períodos consecutivos) y un quinto (por tres años no renovables) elegido por unanimidad de los Estados parte (o por sorteo en caso de desacuerdo). Todos los árbitros deberán ser nacionales de los Estados parte, aunque podrán definir de común acuerdo otros criterios para la designación del quinto miembro. Si la controversia involucra a dos Estados parte, el tribunal de revisión estará integrado por tres miembros (uno de cada país y un tercero por sorteo, que no sea nacional de ninguna de las partes). Intervendrán los cinco árbitros en caso que la controversia involucre a más de dos Estados parte. Los laudos serán adoptados por mayoría.

[21] No serán susceptibles de revisión los laudos emitidos sobre la base del principio *ex aequo et bono*.

superiores de los Estados parte con jurisdicción nacional, podrán solicitar opiniones consultivas al Tribunal Permanente de Revisión. Las opiniones consultivas no serán vinculantes ni obligatorias.

El Protocolo de Olivos también contempla procedimientos en caso de divergencias respecto del cumplimiento de los laudos y la adopción de medidas compensatorias. Con relación a esto último se especificó que, en primer lugar, el Estado parte deberá procurar suspender concesiones (u obligaciones equivalentes) en el mismo sector afectado, y recién en caso de considerarlo impracticable o ineficaz hacerlo en otro sector, con los fundamentos correspondientes[22]. También se redujo la discrecionalidad del mecanismo de controversias para los particulares ya que en el PO se establece que los Estados parte «deberán» (y no «podrán» como decía el PBSC) entablar consultas con la otra parte y, llegado el caso, elevar el reclamo sin más trámite al GMC.

Los cambios introducidos en el mecanismo de solución de controversias con la aprobación del PO constituyen un progreso en las instituciones de solución de controversias del MERCOSUR. La creación de un tribunal permanente de revisión –y la posibilidad de que en el futuro pueda emitir opiniones consultivas– contribuirá a construir una jurisprudencia *de facto* y a garantizar una interpretación, aplicación y cumplimiento más uniforme de la normativa vigente. Aun cuando podían entenderse las resistencias de algunos Estados parte del MERCOSUR a la adopción de un régimen jurisdiccional como el de la Unión Europea, resultaba más difícil explicar por qué sus miembros tenían un mecanismo de solución de controversias menos potente que el que se habían comprometido a respetar en la OMC (o aun que el propio mecanismo de paneles para tratar conflictos en materia de derechos *antidumping* y compensatorios que existe en el TLCAN).

Las disposiciones respecto de la elección del foro también llenaron un vacío que existía en el PBSC. Este vacío legal fue utilizado cuando Brasil recurrió paralelamente al mecanismo de solución de controversias

---

[22] El tribunal *ad hoc* (o el permanente) podrá pronunciarse sobre las medidas compensatorias adoptadas, considerando su fundamento, si fueron aplicadas en un sector diferente al afectado o su proporcionalidad al daño causado. El PO no incluye la posibilidad de reclamar un pago de compensación económica cuando alguna de las partes considere inconveniente o imposible adoptar medidas compensatorias temporarias, aunque esta alternativa fue discutida durante las negociaciones.

del MERCOSUR y a los procedimientos contemplados en el Acuerdo sobre Textiles y Vestido (OMC) en ocasión de la controversia sobre la aplicación de salvaguardias textiles por parte del gobierno argentino en julio de 1999. Además de establecer un mecanismo expeditivo para resolver controversias de tipo técnico, los Estados parte crearon una vía más rápida para llegar a la instancia arbitral –evitando un paso (intervención del GMC) donde la necesidad de consenso dificultaba la resolución de la controversia–, incluso abriendo la posibilidad de pasar por alto la primera instancia y elevar directamente la controversia ante el tribunal permanente de revisión. No obstante, todavía subsisten problemas relacionados con las primeras etapas del procedimiento (negociaciones directas e intervención del GMC) y con las modalidades para asegurar el cumplimiento de los laudos arbitrales.

2. Procedimientos de los MSC en el NAFTA

El Tratado de Libre Comercio de América del Norte (TLCAN) es atípico, pues tiene tres mecanismos distintos de solución de controversias cuando la gran mayoría de los acuerdos de integración tienen sólo uno (Ortiz Mena 2001). La solución de controversias fue uno de los temas centrales de la negociación entre Canadá y EE.UU. para establecer una zona de libre comercio (Hart 1997), y el tema mantuvo una primordial relevancia durante las negociaciones trilaterales encaminadas a la firma del TLCAN (Cameron/Tomlin 2000, Ortiz Mena 2001).

Han transcurrido más de doce años desde la entrada en vigor del TLCAN en enero de 1994, y se cuenta ya con varias evaluaciones del desempeño de los mecanismos de solución de controversias (MSC) del Tratado[23]. No obstante, el mecanismo general es el que ha recibido menos atención al respecto, y es por ello que se dará prioridad a su evaluación, mediante el análisis de un caso particular, y al abordar el tema de las posibles reformas al marco institucional del TLCAN.

---

[23] Algunos trabajos recientes en español que evalúan estos mecanismos son Leycegui/Fernández de Castro (2000), y Vega (2002). El autor del presente trabajo hace lo propio (en inglés) en Ortiz Mena 2002, pero sin tratar un caso particular, ni tomar en cuenta el mecanismo de la Organización Mundial del Comercio, como es el caso del presente trabajo.

El trabajo está organizado de la siguiente manera: en la segunda sección se describen los tres MSC del TLCAN, así como el mecanismo de la Organización Mundial de Comercio (OMC), en la tercera sección se hace una somera evaluación de los MSC del TLCAN, en la cuarta sección se aborda el caso de la controversia entre EE.UU. y México en materia de transporte terrestre, y en la quinta sección se presentan las conclusiones y recomendaciones[24].

2.1. Los mecanismos de solución de controversias del TLCAN y la OMC

Son tres los principales mecanismos de solución de controversias del TLCAN[25]: el mecanismo para solución de controversias entre una parte y un inversionista de otra parte (sección B del Capítulo XI), el mecanismo para la solución de controversias en materia de *dumping* y subsidios (Capítulo XIX), y el mecanismo general de solución de controversias (Capítulo XX)[26].

2.1.1. El Capítulo XI sobre inversiones

Este mecanismo se estableció a petición expresa de EE.UU., quien esperaba ser el principal inversionista en territorio mexicano y deseaba evitar los costos potenciales de virajes repentinos en materia de políticas de

---

[24] Dada la limitada extensión de este capítulo, no es posible presentar un análisis detallado de los aspectos legales de los MSC y de su desempeño. Por ello, he decidido brindar un esbozo de ambos aspectos y ofrecer referencias bibliográficas para aquellos que deseen abundar sobre el tema.

[25] El texto del TLCAN se tomó de http://www.sice.oas.org/trade/nafta_s/indice1.asp.

[26] Existen, además, el mecanismo de solución de controversias del Acuerdo de Cooperación Ambiental, y el mecanismo de solución de controversias del Acuerdo de Cooperación Laboral. Hay quienes consideran como MSC adicionales al Artículo 1805 en materia de revisión e impugnación de acciones administrativas definitivas relacionadas con los asuntos del TLCAN, por parte de tribunales internos en cada país, al mecanismo del Capítulo XX cuando se aplica a los servicios financieros (mediante una lista separada de árbitros), y a la Sección C del Capítulo XX (Procedimientos internos y soluciones comerciales privadas). Asimismo, los Capítulos VIII (Medidas de Emergencia), X (Compras de Gobierno), y XVII (Propiedad Intelectual) contienen disposiciones que obligan a las partes a tener mecanismos nacionales para resolver las controversias y asegurar el debido cumplimiento de los compromisos derivados del TLCAN en estas materias.

inversión por parte del gobierno de ese país. Canadá no mostró mucho interés al respecto, y de hecho en el Tratado de Libre Comercio Canadá-EE.UU. (TLCCEU) no se estableció un mecanismo para esos fines[27].

En un inicio México se opuso a la incorporación de un MSC en materia de inversión dentro del TLCAN, argumentando que constituiría una violación a la Cláusula Calvo[28]. Al final aceptó su incorporación por concesiones de EE.UU. en otras materias del Tratado y al considerar que el mecanismo sería un instrumento muy útil para atraer inversión estadounidense y canadiense a México (Ortiz Mena 2001). Desde entonces, México ha incorporado un mecanismo de solución de controversias en materia de inversión en muchos de los tratados de libre comercio que ha negociado, y ha también suscrito varios Acuerdos de Promoción y Protección Recíproca de la Inversión (APPRIs) (Minushkin y Ortiz Mena 2001). No obstante, este mecanismo es fiel reflejo de las preferencias de EE.UU.

El MSC está contenido en la Sección B del Capítulo XI (Inversión). Es un mecanismo similar a los APPRIs de nueva generación[29]. Mediante el MSC se otorga a los inversionistas de las partes la posibilidad de solicitar el establecimiento de un panel arbitral, el cual resolverá la controversia de conformidad con las reglas del Centro Internacional de Arreglo de Diferencias Relativas a Inversiones (CIADI) o de la Comisión de las Naciones Unidas para el Derecho Mercantil Internacional (CNUDMI), y emitirá un laudo definitivo[30]. Los tribunales locales deben reconocer

---

[27] De hecho, de los cerca de dos mil Acuerdos de Promoción y Protección Recíproca de la Inversión (APPRIs o BITs en inglés) que se han suscrito, el MSC del Capítulo XI es el único entre dos países desarrollados. La gran mayoría de los APPRIs los han suscrito países desarrollados (los cuales típicamente son exportadores de capital) con países en vías de desarrollo (los cuales típicamente son importadores de capital).

[28] Es decir, al requisito legal de trato igualitario para inversionistas nacionales y extranjeros, a la renuncia de los inversionistas extranjeros a la protección diplomática del gobierno de su país de origen para lo referente a controversias en materia de inversión, y a la jurisdicción exclusiva de los tribunales nacionales para las controversias en materia de inversión.

[29] Robert/Wetter (1999) presentan los elementos principales de las discusiones que se están dando en torno al diseño de APPRIS de nueva generación.

[30] El CIADI es el Centro Internacional de Arreglo de Diferencias Relativas a Inversiones, del Banco Mundial, y el CNUDMI es la Comisión de las Naciones Unidas para el Derecho Mercantil Internacional.

dicho laudo, lo cual convierte a este mecanismo en el más «legalista» de todos los del TLCAN[31].

2.1.2. El Capítulo XIX sobre cuotas *antidumping* y compensatorias

En materia de *dumping* y subsidios, contenido en el Capítulo XIX del TLCCEU y el TLCAN, el MSC constituyó la preocupación esencial de los canadienses durante la negociación bilateral con EE.UU. (Hart 1997), y también fue una de las principales solicitudes mexicanas durante la negociación del TLCAN (Ortiz Mena 2001).

La intención de los canadienses era utilizar la política en materia de competencia en lugar de las políticas *antidumping*, y llegar a un acuerdo bilateral en materia de subsidios. EE.UU. rechazó ambas opciones, por lo cual este MSC fue un resultado de compromiso: fue lo máximo que EE.UU. estuvo dispuesto a ofrecer, y lo mínimo que Canadá, y después México (durante las negociaciones trilaterales) pudieron aceptar.

El MSC del Capítulo XIX permite el establecimiento de un panel, el cual revisa si las resoluciones definitivas sobre las cuotas *antidumping* y compensatorias emitidas por las autoridades competentes de una parte se hicieron conforme a derecho y estuvieron bien realizadas en forma y fondo. También revisa cambios a las leyes nacionales de conformidad con lo establecido en el Artículo 1902 (compatibilidad con GATT/OMC y los objetivos generales del TLCAN). Es decir, no existe una regulación común en el marco del TLCAN en materia de prácticas comerciales desleales; cada parte mantiene su propia legislación al respecto y los paneles determinan si cada una de las legislaciones se está aplicando en forma correcta.

El sistema es muy novedoso. Formalmente, se trata de un MSC interestatal, pero en realidad es un híbrido entre mecanismo interestatal y mecanismo para particulares. Las partes contenciosas son generalmente importadoras y exportadoras, junto con las autoridades competentes de la parte demandada, aunque las ambas partes tienen que autorizar el establecimiento del panel (mientras que en el MSC del Capítulo XI un

---

[31] Abbott, Keohane, Moravcsik, Slaughter y Snidal (2002) desarrollan una tipología sobre la «legalización» de las relaciones internacionales.

inversionista puede iniciar directamente dichos procedimientos contra otra parte).

Las disposiciones del TLCAN derogan a las del TLCCEU en la materia. Los Artículos 1903, 1904, y 1905 constituyen los elementos esenciales de este MSC. El Artículo 1903 autoriza a las partes a solicitar el establecimiento de un panel binacional para que emita una opinión declarativa sobre una reforma a la ley en materia de *antidumping* o cuotas compensatorias de otra parte, para verificar si la reforma se hizo conforme a las disposiciones del GATT (ahora OMC) y del TLCAN en la materia.

El Artículo 1904 autoriza a las partes a solicitar el establecimiento de un panel binacional para revisar resoluciones definitivas sobre cuotas *antidumping* y compensatorias. El fallo final se debe emitir dentro de un periodo de 315 días contados a partir de la fecha de solicitud de establecimiento del panel, y se especifican también fechas perentorias para el proceso durante este periodo máximo de duración. El fallo del panel es de carácter vinculante. En este artículo también se establece un procedimiento de impugnación extraordinaria, en caso de que una parte implicada sostenga que un miembro del panel o el panel en su conjunto se ha apartado de una norma fundamental de procedimiento o excedido en sus facultades. En este caso, el asunto se somete a un comité de jueces quienes pueden confirmar el fallo original, anularlo, o devolverlo al panel para que se adopte una medida conforme a lo establecido por el comité de jueces.

El Artículo 1905 brinda una salvaguardia adicional para el correcto funcionamiento del sistema de panel, para atender situaciones en las cuales las leyes de una parte impidan que se integre un panel, que se dicte un fallo definitivo o que se ejecute el fallo[32]. Por último, el Artículo 1907(2) establece la posibilidad de modificar este MSC, mediante el establecimiento de un sistema sustituto de reglas sobre prácticas desleales de comercio.

2.1.3. El Capítulo XX sobre la interpretación y aplicación del TLCAN

El MSC general del TLCAN está contenido en el Capítulo XX y se utiliza para resolver las controversias en torno a la aplicación e interpreta-

---

[32] Este artículo se incluyó debido a la existencia del juicio de amparo en la legislación mexicana.

ción del Tratado. La Comisión de Libre Comercio del TLCAN, integrada por representantes de cada parte a nivel de Secretaría de Estado (ministros), la cual funciona bajo la regla de consenso, desempeña un papel clave en los procedimientos del Capítulo XX.

Durante las negociaciones del TLCCEU este mecanismo no estuvo en el centro de las discusiones[33]. En un inicio Canadá insistió en incorporar un mecanismo general que otorgara la posibilidad de que un panel binacional emitiera laudos vinculantes, pero en la medida en que se decidió tratar al tema de solución de controversias en materia de prácticas comerciales desleales por separado del mecanismo general, éste pasó a un segundo plano.

Durante las negociaciones trilaterales, Canadá no intentó incluir cambios fundamentales en esta materia, mientras que México buscó de manera insistente que los paneles establecidos bajo este Capítulo tuvieran la facultad de emitir laudos vinculantes. EE.UU. se opuso y México acató la postura estadounidense, contentándose con los logros obtenidos en otras materias cubiertas por el TLCAN (Ortiz Mena 2001).

El mecanismo está diseñado para evitar, en la medida de lo posible, que las controversias lleguen a la instancia de un panel. Así, el MSC contiene disposiciones detalladas sobre consultas, buenos oficios, conciliación y mediación, para lo cual la Comisión puede recurrir a este tipo de procedimientos.

En la primera etapa de solución de controversias, una parte puede solicitar consultas (Artículo 2006). Si la controversia no se resuelve 30 días después de la entrega de dicha solicitud (15 días en el caso de bienes agropecuarios perecederos), o 45 días después de la entrega de dicha solicitud si otra de las partes ha solicitado consultas subsecuentemente, cualquier parte puede solicitar que se reúna la Comisión (Artículo 2007). Si el asunto no se resuelve mediante buenos oficios, conciliación, o mediación dentro de los 30 días posteriores a la reunión de la Comisión, una parte puede solicitar por escrito que se establezca un panel arbitral (Artículo 2008).

El panel está constituido por cinco miembros, dos de cada parte (por selección cruzada, mediante la cual cada parte selecciona a dos panelistas

---

[33] En el TLCC, EU se trata del mecanismo que queda establecido en el Capítulo XVIII.

que son ciudadanos de la otra parte contendiente), y a un presidente de común acuerdo (Artículo 2011)[34].

El Artículo 2016 establece que el panel debe emitir un Informe Preliminar dentro de los 90 días siguientes al nombramiento del último panelista. El Informe debe contener las conclusiones de hecho, la determinación sobre si la medida en cuestión es o puede ser incompatible con las obligaciones derivadas del TLCAN o causa anulación y menoscabo de conformidad con lo establecido en el Anexo 2004, así como sus recomendaciones. Los panelistas pueden formular votos particulares en cuestiones donde no hay acuerdo unánime, y las partes pueden hacer observaciones por escrito al panel dentro de los 14 días siguientes a la presentación del Informe Preliminar. Por su parte, el panel puede solicitar observaciones y reconsiderar su informe.

El Artículo 2017 establece que el panel debe presentar un Informe Final, y los votos particulares en caso de que no haya unanimidad (sin indicar la identidad de los panelistas que estén en la mayoría o minoría), en un plazo de 30 días a partir de la presentación del Informe Preliminar, a menos que las partes acuerden otra cosa. Las partes deben comunicar confidencialmente a la Comisión el Informe Final del panel dentro de un plazo «razonable» (Artículo 2017[3]), que se debe publicar 15 días después de su comunicación a la Comisión, salvo que ésta decida otra cosa.

Por lo que se refiere al cumplimiento del Informe Final, el Artículo 2018 señala que las partes contendientes «por lo regular» se deberán ajustar a las determinaciones y recomendaciones del panel y, siempre que sea posible, la resolución debe consistir en la no ejecución o derogación de la medida disconforme con el TLCAN o causa de anulación o menoscabo. Si no hay resolución, se puede otorgar una compensación.

Si el Informe Final del panel favorece a la parte reclamante y ésta no llega a una solución mutuamente satisfactoria con la demandada de conformidad con el Artículo 2018, la parte reclamante puede suspender beneficios de efecto equivalente a la demandada, hasta que se llegue a un acuerdo sobre la resolución. Se debe procurar que la suspensión de beneficios se dé dentro del mismo sector afectado por la controversia, pero se pueden suspender beneficios en otros sectores si la reclamante

---

[34] El mecanismo de selección se adecua, siguiendo los principios básicos recién señalados, para los casos en que haya más de dos partes contendientes.

considera que no es viable la suspensión en el mismo sector. La Comisión, a petición de cualquiera de las partes contendientes, puede instalar un panel que determine si la suspensión de beneficios es manifiestamente excesiva. Dicho panel presenta su informe dentro de los 60 días siguientes a la elección del último panelista. El tiempo aproximado previsto por el Capítulo XX para que lleguen a su fin los procedimientos es de 250 días.

2.2. Desempeño de los mecanismos de solución de controversias del TLCAN

El modo de evaluar los MSC es, en sí, algo controvertido. Se pueden utilizar distintos parámetros, los cuales a su vez arrojarían distintos resultados. Una primera aproximación es la que se refiere al número de casos presentados, y al desempeño del mecanismo de conformidad con sus propios criterios: si se cumple con los procedimientos, y plazos establecidos, y si se acata la decisión. Un complemento a este enfoque es si hay quejas por parte de los involucrados, o si todos acatan las reglas durante el proceso así como el resultado.

Una segunda aproximación tiene que ver no con el proceso y resultados, sino con los efectos del mecanismo: es decir, si los flujos de comercio e inversión han continuado a pesar de las controversias, lo que significa que los mecanismos han brindado certeza a los actores económicos, estén o no estos involucrados en las controversias. En este caso no es necesario examinar el número de casos, sino estadísticas agregadas sobre flujos de comercio e inversión.

Cabe destacar que la mejor situación sería una en donde los flujos de comercio e inversión correspondieran a lo esperado como resultado de la eliminación de barreras arancelarias y no arancelarias, pero no se presentara ningún caso ante los MSC[35]. Esto no significa que los MSC no funcionen o se estén ignorando, sino que las partes tienen información perfecta y completa de lo que resultaría de un proceso de solución de controversias, por lo cual anticipan el resultado y ajustan su comportamiento a ello,

---

[35] El parámetro sería, por supuesto, los flujos esperados, dada la ecuación de gravedad, que toma en cuenta como elementos mínimos el tamaño de las economías y la distancia que las separa, además de la eliminación de barreras al comercio y la inversión. Frankel (1997) hace uso magistral de la ecuación de gravedad utilizando técnicas econométricas.

sin necesidad de recurrir al mecanismo. El uso de los mecanismos puede verse, entonces, como instancias en donde la información de que disponen las partes es incompleta e imperfecta[36].

• Capítulo XI

Como se señaló al inicio de este documento, el Capítulo XI es excepcional por tratarse de un acuerdo de protección de inversión suscrito por dos países desarrollados. Esto a su vez ha producido una situación inesperada: EE.UU. y, en segundo término Canadá, pensaban que serían los que utilizarían este recurso legal en contra de acciones del gobierno mexicano. Esto en efecto ha sucedido, pues de los 24 casos, 10 fueron iniciados por un inversionista estadounidense en contra del gobierno mexicano. Lo que resulta más notable es que 14 de los 24 casos que se han presentado en el Capítulo XI han sido entre Canadá y EE.UU.

El desempeño de ese mecanismo ha sido satisfactorio, si se toma en cuenta que las inversiones han fluido de manera notable entre los miembros del TLCAN desde 1994, y que ningún inversionista se ha quejado de su funcionamiento. Desde antes de su entrada en vigor, Hufbauer y Schott (1993) señalaron que este mecanismo está tan bien diseñado que debería servir como base para un futuro acuerdo multilateral de inversiones.

En efecto, la inversión extranjera directa (IED) recibida por México de 1994 a 2000 fue de 466.000 millones de dólares; esto representa un ingreso promedio de 7.800 millones de dólares, mientras que los flujos anuales promedio de 1989 a 1993 fueron de sólo 2.800 millones de dólares anuales. La participación de la inversión estadounidense aumentó de manera significativa durante el periodo 1994 a 2000, pasando del 59% al 64% del total, mientras que la inversión europea disminuyó de 27% al 20% durante el mismo periodo (Ortiz Mena 2002).

La perspectiva es distinta desde la óptica de otros grupos, como los ambientalistas, algunos de los cuales han criticado al mecanismo argumentado que es un instrumento utilizado por las empresas multinacionales para evadir sus responsabilidades en cuestiones ambientales y maniatar a los gobiernos cuando éstos tratan de poner en marcha medi-

---

[36] Esta noción se deriva de la teoría de juegos, y se refiere al concepto de solución vía inducción en reversa (*backwards induction*). Una explicación sencilla está en Dixit y Skeath (1999).

das para proteger la salud humana, animal y vegetal, y proteger al medio ambiente. También hay inquietudes acerca del carácter secreto de los procedimientos, y de que los gobiernos (especialmente el mexicano) no han realizado un esfuerzo serio para difundir los laudos (Ortiz Mena L.N. 2002, Instituto Internacional para el Desarrollo Sustentable-Fondo Mundial Para la Naturaleza 2001, Vega 2002). Por su parte, el gobierno canadiense mostró preocupación por el laudo del panel que revisó el caso Metalclad, pues considera que se podría interpretar como una importante limitante a las amplias facultades que ostentan las provincias canadienses.

Las posiciones encontradas entre inversionistas y ambientalistas representan un importante reto para el futuro funcionamiento de este mecanismo. En la sección de conclusiones y recomendaciones se brindan algunas sugerencias para hacer frente a esta problemática, pero en todo caso queda claro que lo más riesgoso es suponer que todo está bien y no tomar medidas para aminorar las consecuencias de los conflictos entre estos grupos.

• Capítulo XIX
El mecanismo de este Capítulo es, con mucho, el más utilizado del TLCAN. Si se toman en cuenta sólo los casos que han llegado a instancia de panel de los Capítulos XI, XIX y XX, tenemos que de un total de 108 casos, el 22% corresponde al Capítulo XI, y sólo el 5% corresponde al Capítulo XX; el restante 73% de los casos se han dado dentro del Capítulo XIX.

Como en el caso del Capítulo XI, es difícil atribuir la causalidad del importante aumento en los flujos comerciales a este capítulo, y separar los efectos de los que pudiera tener el Capítulo XX, así como las disposiciones de apertura sectorial, liberalización arancelaria y reglas de origen del TLCAN, entre otros factores. No obstante, el incremento de los flujos comerciales ha sido notable.

Entre 1993 y 2000, el comercio entre EE.UU. y México se incrementó en un 209%, pasando de 85.000 millones de dólares a 263.000 millones de dólares, con lo cual México pasó a ser el segundo socio comercial de EE.UU., superado sólo por Canadá, y se convirtió asimismo en su segundo mercado de exportación, de nuevo superado por Canadá. Canadá y EE.UU. son recíprocamente principales socios comerciales, si bien la relación es mucho más importante para Canadá que para EE.UU. como proporción de sus respectivos PIB.

Durante el mismo periodo, el comercio entre México y Canadá aumentó en 199%, pasando de 4.000 millones de dólares en 1993 a 12.000 millones de dólares en 2000. Sin embargo, a pesar del notable crecimiento del comercio bilateral, los flujos son poco significativos si se los compara con los que tienen con los EE.UU. En el caso de México, en el año 2000 el 95% de su comercio con América del Norte era con EE.UU., y sólo el 5% con Canadá.[37]

Además tenemos que constatar, como pudiera esperarse, las autoridades estadounidenses han sido demandadas ante paneles con mayor frecuencia que las autoridades canadienses y mexicanas. Esto se debe a que EE.UU. es, con mucho, el mayor mercado de América del Norte, y las relaciones comerciales de la región no son en verdad trilaterales, sino se trata de dos relaciones bilaterales sumamente intensas: de Canadá con EE.UU. y de México con EE.UU. Cada una de las partes ha iniciado un número similar de reclamos.

Por lo que se refiere al tipo de casos, destacan los relativos a *dumping*, que son cerca de tres cuartas partes del total de casos, y 82% de estos casos de *dumping* son en contra de agencias estadounidenses. Los casos referentes a impuestos compensatorios son sólo el 10% del total de casos, por lo que podemos concluir que la temática más difícil dentro de las prácticas desleales de comercio es el *dumping*.

Aproximadamente el 90% de los casos se han decidido en forma unánime, y si bien no siempre se ha cumplido con los plazos de tiempo establecidos, las demoras no han sido muy significativas y tampoco han generado quejas por parte de los involucrados en las controversias.

Las decisiones del panel han sido cumplidas de manera oportuna por parte de las autoridades competentes, y sólo en una ocasión se ha recurrido al Comité de Impugnaciones Extraordinarias[38].

---

[37] Cifras tomadas de la presentación en PowerPoint «TLCAN y México» (septiembre de 2001), disponible en la página de Internet de la Secretaría de Economía (antes SECOFI): http: www.economia.gob.mx

[38] El 23 de marzo de 2000 EE.UU. solicitó el inicio del Procedimiento de Impugnaciones Extraordinarias para revisar el caso de cemento Pórtland gris y clinker de cemento provenientes de México (ECC-2000-1904-01 USA).

Las quejas que se han presentado acerca de su funcionamiento se refieren a cuestiones puntuales y sumamente técnicas, y no ha generado la animadversión de grupos ambientalistas o aquellos que están en contra del libre comercio, como ha sido el caso del mecanismo del Capítulo XI, por lo que puede concluirse que el desempeño de este mecanismo ha sido muy bueno[39].

• Capítulo XX

Como se menciona párrafos arriba, el mecanismo del Capítulo XX ha sido utilizado relativamente poco, si se toman en cuenta sólo las controversias que han llegado a instancia de panel. Si se contasen todas las controversias que se han iniciado de conformidad con el Capítulo XX (es decir, incluidas las consultas, mediación y conciliación), en lugar del 5% del total de controversias dentro del TLCAN éstas representarían el 12% del total, aun muy por debajo de las que se han presentado bajo el Capítulo XIX.

Más de la mitad de los casos que se han iniciado bajo el Capítulo XX se han resuelto (o desechado) sin llegar a la instancia de panel[40]. Dado que una de las intenciones del diseño de este mecanismo es buscar medidas de conciliación y evitar que se llegue a instancia de panel, esto representa un desempeño exitoso.

Sin embargo, si vemos lo que sucedió en algunos casos específicos, podría decirse que más que mecanismo de resolución de controversias, ha representado una manera de «meter algunos asuntos bajo la alfombra». De los 8 casos, 3 se resolvieron de manera satisfactoria, mientras que en 5 de ellos no. En el *Federal Acquisition Streamlining Act*, aranceles a tomates, y limón las consultas se suspendieron. En el caso de salvaguardas a tomates, la Cámara de Representantes rechazó a la propuesta mexicana, y en el caso de normas de empaque y entrega, en 1998 México todavía no había publicado dichas normas, a pesar de que las consultas se iniciaron en mayo de 1995.

---

[39] Vega (2001 y 2002) concluye que el desempeño ha sido muy bueno. Gagné (2000) tiene una posición más crítica.

[40] En total son 13 casos, 8 que se han quedado en instancias pre-panel, y 5 que han pasado a instancia de panel.

La no resolución de controversias, y la tardanza extrema en llegar a una resolución se hace más patente si se incluyen los casos que iniciaron en consultas y pasaron a instancia de panel. Sin embargo, antes de analizar los casos ante paneles, cabe destacar el tipo de conflictos que se han suscitado en instancias pre-panel.

En principio, se destaca el hecho de que 6 de los 8 casos involucran a bienes agrícolas, y que en 5 de ellos el problema se refiere a tomates. En segundo término, vemos que en 7 de los 8 casos EE.UU. es la parte demandada, y que en 7 de los 8 casos México es la parte reclamante. Por ello, podemos concluir que en las instancias pre-panel han predominado de manera preponderante las quejas de México en contra de EE.UU. en torno a exportaciones agrícolas. Quizá los problemas bilaterales más complicados entre Canadá y EE.UU. se resolvieron durante los primeros años de vigencia del TLCCEU, y ahora se está dando algo similar en la relación bilateral EE.UU.-México. Si esto no se trata de costos iniciales de ajuste, sino de problemas sistemáticos entre EE.UU. y México en materia de exportaciones agrícolas, sería conveniente llegar a acuerdos que eviten un desgaste de este mecanismo.

Nuevamente los casos reflejan los problemas entre dos relaciones bilaterales más que los de una relación trilateral: no hay casos entre Canadá y México, y EE.UU. es la parte demandada en 4 de los 5 casos. También se destacan los problemas bilaterales entre EE.UU. y México, pues 4 de los 5 casos involucran a esos dos países. Al igual que en la instancia pre-panel, es México quien suele iniciar los casos en contra de EE.UU.: en la instancia ante panel todas las controversias bilaterales han sido iniciadas por México.

Una diferencia importante con los casos que se han presentado en las instancias pre-panel es que los casos ante panel son muy diversos: involucran el comercio de bienes agrícolas, bienes no agrícolas (escobas de mijo), servicios, e inversión[41].

Los tiempos establecidos para la resolución de casos nunca han sido acatados, y se han excedido de manera ostensible; el tiempo excedido va de un mínimo de 131 días para el caso de escobas de mijo hasta 618 días para el de transporte terrestre de carga.

---

[41] El caso de inversión se refiere al de transporte terrestre.

Esta situación resulta aun más desfavorable si se toma en cuenta que la fecha de entrega del Informe Final no siempre representa la resolución del caso. Por ejemplo, en el caso de escobas de mijo, el panel emitió su Informe Final a favor de México en enero de 1998, y no fue sino hasta diciembre de ese año que EE.UU. dejó de aplicar las salvaguardas. Esta situación también se presentó en el caso de transporte de carga, como se verá en la siguiente sección.

Si bien en el caso de escobas de mijo México no llegó a la retorsión autorizada y prefirió esperar a que EE.UU. acatara la decisión, el retraso sistemático en el proceso de solución de controversias y el cumplimiento de los informes de paneles puede deslegitimar al mecanismo y derivar en el uso de retorsión no autorizada. Esto debe evitarse, y en la sección final se presentan algunas sugerencias en torno a este tema[42].

2.2.1. Capítulo XX: la controversia en materia de transporte terrestre

La controversia entre EE.UU. y México en materia de transporte es de suma importancia, pues entre el 75% y 80% del comercio bilateral se realiza por vía terrestre, y éste aumentó de 85.000 millones de dólares en 1993 a 263.000 millones de dólares en 2000. Asimismo, es un caso difícil pues involucraba originalmente a tres rubros (transporte terrestre de carga, transporte terrestre de pasajeros, e inversión), y a pesar de que los gobiernos se comprometieron a una liberalización, ambos enfrentaban fuertes presiones internas para no cumplir con lo acordado.

Los pormenores de la controversia entre México y EE.UU. en materia de transporte terrestre de carga y de pasajeros, y de inversión extranjera en ese sector, son los siguientes:

2.2.2. Las disposiciones del TLCAN en materia de inversión y comercio transfronterizo de servicios de transporte

De conformidad con el Anexo I del TLCAN, se permitiría el acceso de transporte transfronterizo de carga terrestre en los estados fronterizos

---

[42] No es posible examinar el desempeño del mecanismo de la OMC en lo referente a casos entre países de América del Norte en este trabajo. Un análisis reciente lo hace Reif (2002).

de México y EE.UU. tres años a partir de la firma del TLCAN (el 18 de diciembre de 1995), y se permitiría el libre tránsito en todo el territorio seis años después de la entrada en vigor del Tratado (el 1 de enero de 2000). Canadá y EE.UU. abrieron sus respectivos territorios para el libre tránsito de transporte de carga desde 1982.

El Anexo I también especifica que EE.UU. y México eliminarían las restricciones al servicio de transporte de pasajeros de itinerario fijo a partir del tercer año de entrada en vigor del TLCAN (el 1 de enero de 1997).

Asimismo, se acordó que se permitiría inversión de mexicanos en EE.UU. para proveer servicios transfronterizos de carga, a partir del tercer año después de la firma del Tratado (el 18 de septiembre de 1995), y que siete años a partir de la entrada en vigor del Tratado se permitiría inversión para proveer servicios transfronterizos de transporte de pasajeros (el 1 de enero de 2001).

México sostiene que EE.UU. violó varias disposiciones del TLCAN, al no eliminar restricciones al comercio transfronterizo de transporte de carga, e impedir la inversión mexicana en el sector de transporte de carga en EE.UU., y que además ello constituye un trato discriminatorio, pues las restricciones no se aplican a Canadá. Argumenta que la postura estadounidense no se debe a consideraciones de seguridad, sino a presiones ejercidas por sindicatos estadounidenses que se oponen a la entrada de camiones mexicanos a su territorio. Admite que las disposiciones mexicanas en la materia no son equivalentes a las de EE.UU., pero señala que nunca se acordó que se adoptaría un régimen común, sólo que habría cooperación en la materia. Por todo ello, sostiene que EE.UU. viola las disposiciones de trato nacional y nación más favorecida contenidas respectivamente en los Artículos 1202 y 1203 del Capítulo XII del TLCAN (Comercio Transfronterizo de Servicios), y los Artículos 1102 y 1103 de Capítulo XI del Tratado (Inversión).

Por su parte, EE.UU. sostiene que el Artículo 1202 establece que el trato nacional se otorgará «en circunstancias similares» y que dado que el marco regulatorio estadounidense es más riguroso que el mexicano, no se está violando este Artículo. Asimismo, sostiene que tampoco viola el Artículo 1203, dado que ahí también se señala que el trato de nación más favorecida se otorgará «en circunstancias similares,» y el marco regulatorio canadiense es equivalente al estadounidense. También niega que haya motivaciones políticas detrás de su negativa de procesar las solicitudes mexicanas para acceso a transportistas de carga, y señala que en todo caso varios paneles de la OMC han establecido de manera clara que la intención de la parte acusada de violar alguna disposición es irrelevante, y sólo se debe determinar si hubo o no una violación, y considera que ese mismo principio se debe aplicar a los casos del Capítulo XX.

Canadá solicitó participar de conformidad con lo establecido en el Artículo 2013 (Participación de la tercera parte). Sostiene que para interpretar el Artículo 1202 se debe comparar el trato que recibe un transportista de carga extranjero (en este caso mexicano) en EE.UU., con el trato que recibe un transportista de carga estadounidense en EE.UU., y que la negativa general de EE.UU. a procesar solicitudes mexicanas para tal efecto constituye una violación al principio de trato nacional. Sostiene además que también está violando las disposiciones del Capítulo IX (Medidas Relativas a Normalización), toda vez que los niveles de protección establecidos de conformidad con ese capítulo deben de respetar el principio de trato nacional establecido en el Artículo 1202.

2.3. Consideraciones en torno al caso

El caso de Transporte de Carga ha estado muy politizado en ambos lados de la frontera. Es una situación un tanto paradójica, en tanto que no se trata de un caso en el cual un gobierno defiende los intereses de empresas establecidas en su país, en contra de barreras impuestas por el gobierno de otro país, por motu propio o como resultado de presiones ejercidas por empresas establecidas en ese otro país. Se trata de un acuerdo entre dos países que decidieron liberalizar la inversión y los servicios de transporte terrestre de carga (y pasajeros), dada la importancia del transporte terrestre en el comercio de bienes en la región, al cual importantes grupos en ambos países se oponen. Esto, sin duda, ha contribuido a que el caso haya tardado tanto tiempo en resolverse.

Por lo que se refiere a EE.UU., la oposición más fuerte a la apertura de servicios de carga de transporte terrestre provino de los transportistas afiliados al *Transportation Trades Department* de la AFL-CIO, quienes llevaron a cabo una campaña publicitaria en contra de la apertura, argumentando cuestiones de seguridad tales como el supuesto hecho de que el Ministerio de Trabajo (*Department of Labor*) de EE.UU. no tiene programas para asegurar que las empresas mexicanas y sus trabajadores cumplirán con las normas laborales y de seguridad en EE.UU., que la infraestructura fronteriza es inadecuada para atender un mayor flujo de camiones en la frontera y que México no tiene requisitos adecuados para verificar que los choferes no estén usando alcohol y drogas.

En un comunicado del 11 de febrero de 2001, es decir, 5 días después de la entrega del Informe Final del Panel, los sindicalistas resolvieron que el Informe representaba una afrenta a la democracia y que presionarían a Bush y al Congreso para que hicieran caso omiso de las recomendaciones del panel, aun si esto significara que México impondría restricciones comerciales a EE.UU. como represalia[43].

Public Citizen, una ONG que se dedica a defender los derechos de los consumidores, también ha sido crítica ostensible de la apertura a los servicios terrestres de transporte de carga, aduciendo razones muy similares a las expresadas por la AFL-CIO. Public Citizen también ha destacado el carácter secreto de los procedimientos del panel, y argumentado que acuerdos comerciales como el TLCAN tienen fallas fundamentales, pues representan una amenaza a la normatividad sobre salud y seguridad de los países[44].

De las pocas voces favorables a la apertura que se han escuchado en EE.UU. son las de representantes de cámaras de comercio, las cuales reconociendo inquietudes legítimas sobre cuestiones de seguridad, señalan la vital importancia que tiene el transporte terrestre para aumentar los flujos comerciales, y que una negativa del gobierno estadounidense no sólo afectaría al comercio sino a las relaciones bilaterales México-EE.UU. y la credibilidad internacional de los compromisos asumidos por EE.UU. La posición del USTR es muy similar a la de las cámaras de comercio[45].

Por su parte, las autoridades mexicanas sostienen que la negativa de la AFL-CIO para apoyar la apertura no tiene nada que ver con consideraciones de seguridad, sino que temen la competencia de los choferes

---

[43] Resolución No. W01-05 del 11 de febrero de 2001 (www.ttd.org/resolutions/021101no.5.htm)

[44] www.citizen.org/publications/print_release.cfm?ID=6839.

[45] Pronunciamientos de Peter Allgeier, Vice-Director de USTR, y de Thomas J. Donohue, representante de varias cámaras de comercio, ante el Comité de Comercio, Ciencias y Transporte del Senado y el Comité de Transporte e Infraestructura de la Cámara de Representantes, 18 de julio de 2001.

mexicanos (trabajando para empresas mexicanas o estadounidenses), los cuales trabajarían por salarios menores a los que perciben los choferes estadounidenses, y que la negativa del gobierno estadounidense se debe a presiones políticas ejercidas por los sindicatos, y no a consideraciones legítimas sobre seguridad[46].

En México hay intereses encontrados y varios grupos de interés se han opuesto a la apertura. El principal de ellos es la CANACAR[47], agrupación de las principales empresas de transporte de carga en México. La oposición se debe a que temen la competencia de empresas estadounidenses; sostienen que si bien los salarios de los choferes mexicanos son inferiores a los de los estadounidenses, la flotilla estadounidenses es mucho mayor, tienen acceso a financiamiento más barato y a sistemas logísticos avanzados, lo cual les da una gran ventaja sobre las empresas mexicanas.

La CANATRAM[48], que agrupa a los pequeños transportistas mexicanos, tiene la misma posición que CANACAR y temen aun más la competencia, pues tiene flotillas más pequeñas que la de los asociados a la CANACAR.

La única agrupación que ha favorecido la apertura es la ANTP[49], que representa a las empresas que tienen sus propias flotillas nuevas y sofisticados sistemas de logística, como la Coca-Cola, CEMEX, Nestlé y Sabritas. Además, no contratan a terceros para realizar la carga, no temiendo competencia al no haberla.

Por lo que se refiere al transporte de pasajeros, el sector está representado por la CANAPAT[50]. Ellos favorecen la apertura, pero son básicamente indiferentes al respecto en caso de que no se logre. No le temen a la competencia estadounidense, pues durante los últimos años la flotilla de autobuses de pasajeros en México se ha modernizado y en la actualidad un importante número de las unidades son modernos autobuses de

---

[46] Estas consideraciones aparecen en el Informe Final del Panel, y fueron confirmadas a través de una entrevista con Carlos López Bravo, Coordinador de Asesores de la Subsecretaría de Transportes de la Secretaría de Comunicaciones y Transportes de México, realizada el 15 de abril de 2002.
[47] Cámara Nacional de Autotransporte de Carga.
[48] Confederación Nacional de Transportistas Mexicanos.
[49] Asociación Nacional de Transporte Privado.
[50] Cámara Nacional del Autotransporte de Pasaje y Turismo.

lujo, muy superiores a los que tienen los estadounidenses. Por otra parte, no les interesa el mercado estadounidense; sostienen que hay todavía muchas oportunidades en el mercado mexicano y que en EE.UU. el mercado es en realidad bastante pequeño, ya que la gente usa automóvil para viajes cortos, y transporte aéreo para viajes largos[51].

A pesar de la oposición en ambos lados de la frontera, fue el gobierno mexicano el que decidió dar el primer paso para buscar el cumplimiento de los compromisos asumidos en la materia, solicitando consultas desde el mismo día en que se debió haber abierto la frontera, en diciembre de 1995.

A pesar de ello, han transcurrido cerca de 7 años desde que se iniciaron las primeras consultas y la controversia aún no se resuelve. El caso hace patentes algunas de las debilidades del mecanismo en las tres instancias: pre-panel, panel, y cumplimiento de las recomendaciones del Informe Final.

Destacan dos debilidades básicas en el caso de transporte: la gran cantidad de tiempo que tuvo que transcurrir desde las consultas hasta que el panel presentó su Informe Final, y el hecho de que han habido serios problemas en el cumplimiento del Informe.

Se presentaron algunos retrasos innecesarios durante la fase pre-panel. Por ejemplo, cuando México solicitó consultas, EE.UU. rehusó iniciarlas, lo que suscitó la necesidad de volver a pedirla. Asimismo, transcurrieron aproximadamente dos años y medio entre el fin de las consultas y la Reunión de la Comisión de Libre Comercio del TLCAN. El procedimiento ante la Comisión parece ser ágil, pues dentro del plazo establecido se determinó que no era posible resolver la controversia en esa instancia. A pesar de que ya se había agotado la instancia pre-panel, en diciembre de 1999, EE.UU. solicitó consultas, supuestamente para tratar la negativa mexicana de otorgar acceso a transportistas estadounidenses. Esto puede verse como tácticas de dilación, ya que a las partes les quedaba claro que el problema residía en la negativa estadounidense y México simplemente actuaba en reciprocidad.

El tiempo que transcurre entre la solicitud de establecimiento del panel y su establecimiento es inaceptablemente largo, pues se trata de

---

[51] La información sobre posiciones de las agrupaciones del sector se obtuvo a través de una entrevista con Carlos López Bravo, realizada el 15 de abril de 2002.

casi un año y cuatro meses. Es decir, desde el inicio de consultas hasta el establecimiento del panel transcurren más de cuatro años. Leycegui (2000: 564) considera que el problema más importante en torno a la operación de este MSC, por lo menos hasta 1998, había sido el retraso en la integración de los paneles, y atribuía esto a la ausencia de una nómina de árbitros, la cual debía estar lista desde enero de 1994. Sin embargo, vemos que los retrasos son sistemáticos y el referente a la constitución del panel es sólo uno de sus elementos.

Por lo que se refiere al proceso ante el panel también hay retrasos: el Informe Preliminar debería estar listo dentro de los 90 días después de la selección del último panelista, pero tarda 10 meses, aunque el Informe Final sí se entrega a tiempo, si se cuenta sólo el lapso transcurrido a partir del Informe Preliminar. Puede decirse, entonces, que por lo que se refiere a los periodos pre-panel y panel, los retrasos más serios se presentan en la situación anterior.

Como se ha señalado, las debilidades de este MSC no sólo se refieren a retrasos sistemáticos desde el inicio de consultas hasta la emisión de un Informe Final, sino también a las dificultades en lograr el acato de las recomendaciones del Informe.

En este caso, habrá transcurrido un año y medio desde el Informe Final hasta que entre en vigor el reglamento del Departamento de Transporte (DOT) que permitiría el acceso a los camiones mexicanos, quedando abierta la posibilidad de que, aun llegada esta fecha, el gobierno mexicano se muestre insatisfecho con el reglamento, lo que significa que se tendría que iniciar otro procedimiento de solución de controversias para tratar el reglamento del DOT.

El gobierno mexicano piensa que este retraso se debe a dificultades derivadas del Informe Final, y a conflictos entre el Ejecutivo y el Congreso de EE.UU. Por lo que se refiere al Informe, lo considera sumamente politizado y una suerte de decisión salomónica en donde se trató de complacer a ambas partes para evitar la exacerbación de conflictos políticos, lo cual no resolvió el asunto de fondo. La queja principal es que si bien el panel decidió en forma unánime a favor de México y recomendó que EE.UU. quitara las trabas para la inversión y el ingreso de camiones, también estableció que EE.UU. no podía tener normas específicas para camiones mexicanos que operan en EE.UU., pero sí procedimientos más rigurosos que los aplicados a camiones canadienses y estadounidenses para asegurar el cumplimiento de las normas. Desde su perspectiva, esto es una violación a los principios de trato nacional y trato de nación más favorecida, aunque el Panel sostenga lo contrario.

Asimismo, considera que el presidente Bush y el DOT han actuado de buena fe y de manera oportuna, dentro de lo posible, pero que el Congreso ha impuesto trabas, solicitando que las agencias involucradas (Departamento de Transporte y Departamento de Trabajo) sigan ciertos lineamientos, cuyo cumplimiento, a su vez, requiere de fondos que sólo el Congreso puede autorizar. La última estimación que tienen es que, aunque entren en vigor las reglas del DOT en junio y México no se oponga a ellas tendrán que transcurrir varios meses antes de que se verifique el cumplimiento de todos los requisitos impuestos por el Congreso. Bajo este escenario optimista, la frontera se abriría a partir de principios de 2003, es decir 7 años después de lo acordado (y del inicio de consultas), y 2 años después de la entrega del Informe Final[52].

El gobierno mexicano ha carecido de instrumentos para acelerar el proceso político interno en EE.UU. que ha sido necesario para acatar las recomendaciones del Panel, y en caso de que esté inconforme con las acciones tomadas por EE.UU. tampoco puede hacer demasiado al respecto.

Es en esta situación en donde se ve cómo las disposiciones para cumplimiento del Capítulo XX están sesgadas a favor de los países económicamente más poderosos (en el caso del TLCAN, evidentemente se trata de EE.UU.). La solución preferida por México es que EE.UU. acate la resolución del Panel en buena fe, y abra la frontera (y permita la inversión) cuanto antes, y que no imponga procedimientos onerosos especiales para México en lo referente a la verificación del cumplimiento con normas estadounidenses.

En la práctica, poco puede hacer para asegurarse de que así sea. Si México se muestra inconforme con las reglas emitidas en marzo, y con el desempeño del DOT una vez que comience a procesar las solicitudes mexicanas, tendría que recurrir de nuevo a un procedimiento de solución de controversias bajo el Capítulo XX, lo cual significaría que probablemente pasarían más años sin una resolución real del problema.

---

[52] La información sobre posturas de grupos de interés en México, y del gobierno mexicano se obtuvo a través de una entrevista con Carlos López Bravo, realizada el 15 de abril de 2002.

Es probable, en su caso, que se queje de las reglas y actuación del DOT y trate de encontrar salidas negociadas a los casos que se vayan presentando. Una opción podría ser solicitar a EE.UU. alguna compensación, pero ello significaría, por una parte, que estaría aceptando el incumplimiento de una recondenación del Panel, lo cual sentaría un muy mal precedente y, por la otra, la frontera seguiría cerrada para los transportistas mexicanos. Además, si EE.UU. se negara a otorgar una compensación, o si la otorgara y ésta se considerara inadecuada por parte de México, se tendría que iniciar un procedimiento bajo el Capítulo XX para dilucidar el asunto de las compensaciones.

En un caso más extremo EE.UU. se podría negar a otorgar una compensación o pudiera no llegar a un acuerdo en la materia, en cuyo caso México tendría como último recurso la posibilidad de retirar concesiones a EE.UU. Esto no es deseable desde varias perspectivas: no significaría que los transportistas mexicanos finalmente accedieran al mercado estadounidense, México tampoco habría obtenido concesiones y el retiro de concesiones también afectaría negativamente a México. Ello se debe a que dicho retiro significaría que bienes finales para consumidores mexicanos o bienes intermedios para productores mexicanos se encarecerían, con lo cual no sólo no se resuelve la controversia sino que intereses mexicanos además de los transportistas se verían afectados de manera adversa, y esos efectos son más onerosos si un país pequeño retira concesiones a uno grande.

En suma, la controversia en materia de transporte muestra varias debilidades del mecanismo del Capítulo XX. Sin duda, es indeseable intentar adecuar los MSC para responder a situaciones específicas que quizá no volverán a presentarse, pero se estima que los problemas en su desempeño vistos a través de este caso son sintomáticos y no una anomalía. En la siguiente sección se ofrecen algunas sugerencias para subsanar algunas de las deficiencias, sobre todo el excesivo tiempo que se lleva para resolver las controversias, y la dificultad en lograr el cumplimiento pleno y oportuno de las recomendaciones de los paneles. De no llevarse a cabo algunas mejoras, este MSC podría perder legitimidad, con lo cual las partes estarían tentadas a recurrir a la solución política de los conflictos económicos, negando los beneficios de la institucionalización de las relaciones económicas en América del Norte.

2.4. Conclusiones y recomendaciones

El propósito del presente trabajo ha sido presentar una visión general sobre el desempeño de los mecanismos de solución de controversias del TLCAN, con énfasis en el Capítulo XX, y ofrecer algunas sugerencias para su mejora.

Se brindaron estadísticas sobre los casos que se han presentado hasta ahora, así como un recuento de la controversia en materia de transporte terrestre. Estos materiales podrán contribuir a que los lectores se formen sus propias conclusiones respecto del desempeño y reformas necesarias de los MSC. En lo que sigue, se presentan sugerencias para la mejora en el desempeño de estos mecanismos, que por cuestiones de espacio no es posible detallar con mayor profundidad. Además de los planteamientos generales sobre las mejoras a los MSC, se aborda su relación con el MSC de la OMC, y las negociaciones en curso para establecer el Área de Libre Comercio de las Américas (ALCA).

• Capítulo XI
Este mecanismo recibe presiones fuertes y crecientes por partes de grupos que se encuentran insatisfechos con su desempeño. Se trata no sólo de ONGs ambientalistas, sino del propio gobierno de Canadá. Dada esta situación, es conveniente poner en marcha una serie de medidas encaminadas a aclarar la relación entre protección al medio ambiente y este MSC, y a brindar la mayor cantidad de información respecto de los laudos, con el fin de evitar que se presente una exacerbación de tensiones entre distintos grupos con respecto al funcionamiento de este mecanismo (Ortiz Mena 2002).

Los problemas deben verse y tratarse por separado. Por lo que se refiere a la disponibilidad de información, el gobierno que se encuentra más rezagado es el mexicano. EE.UU., a través del Departamento de Estado, y Canadá, a través del Ministerio de Relaciones Exteriores y Comercio Internacional, reportan los casos en los que están involucrados el gobierno o sus nacionales[53]. Para obtener acceso a los casos mexicanos

---

[53] Las páginas de Internet de los gobiernos de EE.UU. y Canadá que contienen esta información son, respectivamente: http://www.state.gov/s/l/c3439.htm y http://www.dfait-maeci.gc.ca/tna-nac/NAFTA-e.asp.

(gobierno o nacionales) es necesario acceder a instancias canadienses y estadounidenses, y a sitios de Internet no oficiales.

Este MSC no es administrado por el Secretariado del TLCAN, como es el caso del Capítulo XIX y Capítulo XX. Sin embargo, el Secretariado podría reunir la información que ya está disponible en un afán por mostrar la disposición que hay en torno a lograr una mejor difusión de información, señalando que los casos del Capítulo XI se resuelven en otras instancias (CIADI y CNUDMI). El gobierno mexicano debería hacer lo propio en la página de Internet de la Secretaría de Economía.

La transparencia del proceso se puede aumentar, pero sólo de manera limitada. De hecho, la confidencialidad de los procesos es un elemento esencial del funcionamiento de este mecanismo. Una manera de brindar mayor transparencia es permitiendo que exista una instancia de apelación, lo que es posible bajo las reglas del CIADI. Canadá y México aún no son miembros del CIADI, por lo que deberían ingresar, y –de esta manera– todas las controversias en materia de inversión se podrían resolver bajo sus reglas[54].

Las quejas sobre transparencia del proceso están también relacionadas con inquietudes sobre el alcance de las disposiciones de este mecanismo. Tres temas centrales son las facultades de las entidades sub-federales, el concepto de expropiación y la relación entre inversión y medio ambiente.

El caso Metalclad, entre el gobierno mexicano y una empresa estadounidense, sacó a relucir las tensiones que se pueden generar al interior de un país entre autoridades federales y sub-federales (en el caso de México se trata de autoridades estatales), en cuanto a controversias en materia de inversión. El caso tuvo como sede a la provincia canadiense de British Columbia, y el laudo del Panel suscitó inquietudes por parte de autoridades provinciales, las cuales temen perder facultades bajo laudos de paneles del Capítulo XI. El gobierno canadiense solicitó al Tribunal Supremo de British Columbia que revisara el caso de Metalclad para aclarar su impacto sobre la relación federación-provincias. El Tribunal

---

[54] Un listado de los Estados contratantes del CIADI aparece en: http://www.world bank.org/icsid/constate/c-states-sp.htm.

señaló que el Panel se había excedido en ese aspecto, pero el tema parece no haberse agotado[55].

Las inquietudes sobre expropiación se refieren a la supuesta falta de claridad sobre lo que constituye una expropiación. El debate se ha centrado en torno la regulación, y qué medidas regulatorias constituyen o no una expropiación.

Otro tema relacionado que ha suscitado protestas es el de inversión y medio ambiente. A mi modo de ver, se le pide demasiado al Capítulo XI al respecto. Ciertamente existen deficiencias tanto en la normatividad ambiental como en su aplicación. Lo que debiera hacerse en este caso es fortalecer a las instituciones nacionales (sobre todo las mexicanas) encargadas de vigilar el cumplimiento de la normatividad ambiental, así como las instancias regionales que se han creado al respecto. El Acuerdo de Cooperación Ambiental del TLCAN tiene un alcance muy limitado, sobre todo por lo que se refiere a su MSC, y debiera fortalecerse en vez de dejar que todas las presiones recaigan sobre el Capítulo XI. Asimismo, el Banco Norteamericano de Desarrollo (NADBank) sólo funciona de manera bilateral entre EE.UU. y México y con recursos muy limitados. El trilateralizar esa institución e inyectarle más recursos destinados a proyectos ambientales también ayudaría a quitar presiones al mecanismo del Capítulo XI.

A mediados de 2001, la Comisión de Libre Comercio del TLCAN emitió una nota aclaratoria sobre el alcance del Capítulo XI para tratar de hacer frente a las críticas recibidas, pero esta medida ha resultado a todas luces insuficiente[56]. Se requiere de acciones concretas como las señaladas líneas arriba para evitar una exacerbación de tensiones y conflictos en torno a controversias en materia de inversión.

En su caso, las críticas que ha recibido este mecanismo también deben reconocerse y enfrentarse en las negociaciones del ALCA, y las partes del TLCAN podrían determinar que el MSC en materia de inversión, que regirá al continente americano (en caso de darse), será en adelante utilizado entre los miembros del TLCAN.

---

[55] El gobierno canadiense brinda información con respecto al Capítulo XI y las provincias en: http://www.dfait-maeci.gc.ca/tna-nac/NAFTA-Interpr-e.asp, sobre la revisión del Tribunal de British Columbia en el caso Metalclad en: http://www.dfait-maeci.gc.ca/tna-nac/Mun-metalclad-e.asp.

[56] La nota se encuentra en: http://www.dfait-maeci.gc.ca/tna-nac/NAFTA-Interpr-e.asp.

• Capítulo XIX

De los tres mecanismos examinados, el del Capítulo XIX es el que ha tenido un mejor desempeño, y podría continuar operando en su estado actual. Sin embargo, también puede mejorarse. El enfoque podría ser el que Canadá y México tuvieron al momento de negociar con EE.UU.

La situación ideal sería una en donde EE.UU. aceptara utilizar a la política de competencia en lugar de medidas *antidumping*, tal y como lo han hecho Canadá y Chile en su Tratado de Libre Comercio. Esto se antoja difícil por cuestiones de política interna en EE.UU.

Una segunda alternativa sería mantener al sistema sin alteración en cuanto a sus procedimientos, pero modificando su ámbito de aplicación. En esencia se trataría de excluir a algunos sectores de impuestos *antidumping* y tratarlos exclusivamente vía política de competencia. Por ejemplo, a inicios de 2002 EE.UU. decidió proteger a su industria siderúrgica mediante aranceles, pero excluyó a Canadá y México de su aplicación. Un paso más sería excluir permanentemente a ese sector de la aplicación de impuestos *antidumping*, eliminando de esa manera una materia frecuente de controversias. El Grupo de Trabajo sobre Comercio y Competencia establecido en el Artículo 1504 podría abordar el asunto. En este sentido, las propias disposiciones del Capítulo XIX prevén su posible modificación[57].

Dado el frecuente uso de este mecanismo, otro tema que podría abordarse es el de la jurisprudencia, toda vez que las decisiones posteriores contradictorias minarían la efectividad y legitimidad del mismo.

Finalmente, no hay olvidar que en muchos casos la parte reclamante sabe bien que no está siendo objeto de prácticas desleales de comercio, sino simplemente buscando un respiro ante un entorno económico difícil al erigir barreras no arancelarias en la forma de impuestos *antidumping* y compensatorios. Sería más sano llamar las cosas por su nombre, y buscar algún tipo de alivio si es posible, evitando abusar del sistema de paneles. Al respecto, también es de suma importancia que se dé una efectiva cooperación en política macroeconómica y sobre todo en lo referente a política cambiaria para evitar movimientos abruptos en los

---

[57] Una excelente discusión sobre posibles reformas de la legislación *antidumping* en América del Norte está en Hart 1997.

tipos de cambio de las monedas de los tres países de América del Norte, toda vez que la incidencia de controversias en el Capítulo XIX está correlacionada con movimientos en los tipos de cambio.

• Capítulo XX

El mecanismo del Capítulo XX no ha funcionado en forma adecuada. El tiempo que se ha llevado para resolver las controversias siempre ha excedido al estipulado y en ocasiones por mucho. El cumplimiento oportuno de las recomendaciones también ha sido un problema. De continuar esta situación, se podría caer en la tentación de tomar medidas unilaterales, que es precisamente lo que trata de evitar este mecanismo. La gran flexibilidad del mecanismo se ha convertido en un lastre más que una fortaleza, por lo que propongo varias modificaciones que se podrían abordar ya sea en el ámbito del TLCAN o en las negociaciones del ALCA.

En primer lugar, cabe destacar que la información disponible es muy pobre. El Secretariado sólo reporta los casos que han llegado a instancia de panel y cuentan con un Informe Final. No hay información oficial fácilmente disponible sobre casos resueltos en instancias previas, o los que se encuentran en instancia de panel pero no han finalizado[58]. Esta información no está disponible ni en la página de Internet del Secretariado, ni en los informes que periódicamente emite la Sección Mexicana del Secretariado[59]. Esta situación se puede remediar fácilmente, mediante una mejora de la página de Internet del Secretariado y la inclusión de casos resueltos sin intervención de panel, y los que se encuentran vigentes, y contribuiría a mitigar críticas sobre falta de transparencia e información sobre la operación del TLCAN en general.

En segundo término está el tema de las instancias pre-panel. Según la información disponible, algunos casos han quedado en el «limbo» en estas instancias, sin resolverse ni pasar a instancia de panel. Esto pudiera entenderse como un intento por buscar flexibilidad en la implementación del TLCAN durante sus primeros años de vigencia, pero tiene más de 8 años de estar en vigor y la mayor parte de la apertura ya se ha dado.

---

[58] Los casos de azúcar y transporte de pasajeros se encuentran formalmente en instancia de panel, pero no hay información al respecto.

[59] http://www.nafta-sec-alena.org/spanish/index.htm y Sección Mexicana del Secretariado de los Tratados de Libre Comercio 2002.

Es posible hacer a un lado temas difíciles, pero sólo por un tiempo. Si no se atienden, no pueden sino exacerbarse los problemas. Por ejemplo, la controversia en materia de exportaciones de azúcar mexicana a EE.UU. se intentó resolver mediante negociaciones durante varios años y ahora se encuentra ante un panel, sin haberse podido resolver.

La sugerencia es que haya una automaticidad en el establecimiento del panel, una vez que se hayan agotado las instancias previas. Se trataría de tener plazos verdaderamente perentorios en las instancias previas al panel, las cuales una vez cumplidas, y en caso de que no se haya resuelto la controversia, darían paso a la instancia de panel sin esperar que una de las partes lo solicite. Esto evitaría dilaciones innecesarias entre la primera y segunda etapa del mecanismo, y también generaría incentivos para que las partes resolvieran la controversia antes de llegar a instancia de panel.

En tercer término, y por lo que se refiere al proceso ante el panel, los tiempos se han excedido pero no de manera inaceptable, y esta etapa del proceso parece funcionar aceptablemente bien. Los problemas consisten más bien en que sólo se pueden emitir recomendaciones, y en la gama de alternativas que existen para cumplir con ellas.

Durante las negociaciones Canadá y México buscaron que las decisiones fueran vinculantes, pero EE.UU. se opuso. De hecho, tanto en el Capítulo XIX como en el XX la solución fue la de «mínimo común denominador» de conformidad con las preferencias estadounidenses. EE.UU. luego aceptó un mecanismo similar pero con la posibilidad de emitir decisiones vinculantes en el ámbito de la OMC, por lo cual es difícil que sostenga una actitud intransigente al respecto en el TLCAN.

Las decisiones vinculantes deben acompañarse de dos medidas: otorgar la posibilidad de apelación, y eliminar la opción de suspender concesiones. El mecanismo de la OMC parece haber encontrado el equilibrio justo entre obligatoriedad y flexibilidad: existen decisiones vinculantes, pero a la vez se abre la opción de apelar la decisión del panel. Lo mismo se debiera hacer en al caso del Capítulo XX, siguiendo muy de cerca el esquema de la OMC.

Sin embargo, el talón de Aquiles del sistema, sobre todo en procesos de integración asimétricos, es mantener la posibilidad de retirar concesiones en lugar de cumplir con lo establecido por los paneles. Al institucionalizar las relaciones económicas, lo que se busca es alejarse de relaciones de poder en donde las ventajas las lleva el país más grande, brindado certidumbre a todos los agentes económicos y arrojando beneficios en el largo plazo tanto para el país chico como el grande.

Por ello, debe buscarse el cumplimiento de las obligaciones derivadas del TLCAN en lugar de caer en incumplimiento mutuo, pues a ello se reduce un incumplimiento enfrentado con retiro de concesiones. Empero, también existe la necesidad de otorgar cierta flexibilidad para el cumplimiento, pues, de lo contrario, se podría caer en un rechazo general hacia el Tratado. Se puede lograr mediante la emisión de decisiones vinculantes por parte de los paneles, buscando siempre el cumplimiento con dichas decisiones y, en caso de no poder hacerlo, mediante el otorgamiento de compensaciones. El retiro de concesiones debe eliminarse como alternativa legítima.

El otorgamiento de compensaciones serviría como una suerte de válvula de escape en caso de que la parte demandada tenga que cumplir con una decisión del panel y no pueda o no quiera hacerlo. Debe asegurarse, por cierto, que el panel pueda intervenir de manera decisiva al autorizar las concesiones que se deben otorgar, pues de lo contrario sólo se reiniciaría otro proceso de solución de controversias en torno a ellas.

Sin duda, los cambios que se proponen son ambiciosos, y muy difíciles de lograr tanto técnica como políticamente. Por lo que se refiere a la cuestión técnica, no es deseable reabrir al TLCAN para renegociarlo, pues lo que busca es brindar certidumbre a todos los agentes económicos, y si se renegocia, habrá fracasado en uno de sus objetivos primordiales. Asimismo, existe el riesgo de que logros en unas materias se vean afectados por complicaciones nuevas en otras, y que las partes reciban presiones de otros países con los cuales también tienen acuerdos comerciales, buscando renegociarlos.

En el ámbito político, los principales obstáculos están en EE.UU., pero si éste está decidido a impulsar el ALCA, tendrá que dar muestras fehacientes de estar dispuesto a establecer instituciones que no sólo se alejen del *status quo* en las Américas, sino también de lo que se ha logrado y se vislumbra en el ámbito multilateral. Para que tenga sentido el ALCA, debe de ir más allá de lo que se logró en las negociaciones en el seno de la OMC lanzadas en Qatar a finales de 2001.

Una primera aproximación a estas modificaciones se podría hacer en el seno de la Comisión de Libre Comercio, y una segunda aproximación (no excluyente con la primera) sería en las negociaciones del ALCA. Dentro del ALCA se podría tener un acuerdo general con elementos voluntarios representando compromisos de mayor envergadura. El modelo podría ser el del GATT antes del establecimiento de la OMC, mediante el cual los países se adherían al GATT y adquirían una serie de derechos y obligaciones básicos, pero no estaban obligados a suscribir los diversos códigos. Los miembros del TLCAN podrían constituir un grupo de países de América cuya integración iría más allá de la del resto de los países del continente, en una suerte de América «a varias velocidades,» tal como se ha vislumbrado para la inminente expansión de la membresía de la Unión Europea.

3. COMPARACIÓN DE LOS MSC DEL NAFTA Y DEL MERCOSUR

Tanto el NAFTA como el MERCOSUR han establecido distintos mecanismos para solucionar las posibles controversias que se sucedan entre sus Estados parte. La forma en cómo éstos han establecido sus MSC es, sin embargo, diferente y al mismo tiempo característico de sus modelos de integración. Mientras que el NAFTA fijó sus principales mecanismos por única vez en su Tratado fundacional, los cuales han sido utilizados hasta el día de la fecha sin cambios en su estructura, el MERCOSUR ha ido reformando y complementando su MSC con el avance del proceso de integración sin haber establecido aún un mecanismo definitivo y permanente para su proceso de integración.

Como se señaló en la sección anterior, los principales MSC del NAFTA son los procedimientos contenidos en los Capítulos XIX para controversias en materia de *antidumping* y medidas compensatorias, Capítulo XI para controversias entre inversores y Estados parte, y el Capítulo XX para controversias sobre la aplicación e interpretación del NAFTA[60]. Todos estos mecanismos fueron creados antes de la entrada en vigor del NAFTA

---

[60] Como sostiene Ortiz Mena, existen también los MSC de los acuerdos paralelos, del Acuerdo de Cooperación Ambiental de América del Norte (ACAAN) y del Acuerdo de Cooperación Laboral de América del Norte, (ACLAN), que son en mayor parte idénticos. Hay quienes consideran como MSC adicionales los contenidos en al Artículo 1805 en materia de revisión e impugnación de acciones administrativas definitivas relacionadas con los asuntos del NAFTA, por parte de tribunales internos en cada país, al mecanismo del Capítulo XX cuando se aplica a los servicios financieros, y a la Sección C del Capítulo XX (Procedimientos internos y soluciones comerciales privadas).

en enero de 1994. El MSC del MERCOSUR, por su parte, está conformado por el Protocolo de Brasilia para la Solución de Controversias (PBSC) y los procedimientos de Consultas y Reclamaciones ante la Comisión de Comercio. Pero a diferencia del NAFTA, el establecimiento de estos procedimientos no se dio de una sola vez. Por el contrario, los Estados parte habían ingresado en su tratado fundacional[61] de marzo de 1991 un sistema de solución de controversias sin mayor precisión[62]. Este sistema debía ser reemplazado por una reglamentación posterior que sobrevino en el Protocolo de Brasilia firmado en diciembre de 1991, el cual también tenía un carácter provisorio para regir sólo hasta finalizar el período de transición (31 de diciembre de 1994), para que los socios establezcan a partir de aquí un sistema permanente de solución de controversias. Sin embargo, el Protocolo de Ouro Preto de diciembre de 1994 mantuvo el mecanismo del Protocolo de Brasilia, el cual fue complementado con un nuevo sistema de consultas y reclamaciones ante la Comisión de Comercio del MERCOSUR (CCM), posponiendo el establecimiento de un sistema permanente hasta el año 2006, donde finaliza el período de convergencia hacia la unión aduanera. Ante la fuerte demanda por un perfeccionamiento del MSC, los socios firmaron en febrero de 2002 el Protocolo de Olivos[63] (PO), que establece un nuevo MSC más amplio y perfeccionado que reemplazará al mecanismo del Protocolo de Brasilia cuando entre en vigor. Este último también es provisorio, pues queda por negociar aún entre los socios hasta el año 2006 un sistema de solución de controversias permanente y definitivo.

Cabe destacar que a través del Protocolo de Colonia firmado en 1994[64], los países del MERCOSUR también establecieron un mecanismo para solucionar conflictos en materia de inversiones, el cual posibilita, como el Capítulo XI del NAFTA, que los inversores puedan recurrir a la Comisión de las Naciones Unidas para Derecho Mercantil Internacional (CNUDMI) o al Centro Internacional de Arreglo de Disputas relativas a Inversiones del Banco Mundial (CIADI) para solucionar una disputa con

---

[61] Anexo III del Tratado de Asunción.
[62] Véase Ruíz Díaz Labrano (1996: 533)
[63] Protocolo de Olivos, 18 de febrero de 2002.
[64] Protocolo de Colonia para la Promoción y Protección Recíproca de inversiones en el MERCOSUR, 17 de enero de 1994.

un Estado parte[65]. El problema de la incorporación del Derecho MERCOSUR se ve reflejado nuevamente aquí también, ya que a nueve años de haber sido firmado, el Protocolo de Colonia no ha sido utilizado aún al no haber entrado en vigor.

Los principales mecanismos del NAFTA y del MERCOSUR son entonces:

Cuadro 1. MSC del NAFTA y del MERCOSUR

NAFTA	MERCOSUR
MSC del Capítulo XX NAFTA sobre la interpretación y aplicación del Tratado;	**CMSC del Protocolo de Brasilia y su reglamento**[66], para la interpretación, implementación o violación de la normativa MERCOSUR / o para cuestionar medidas legales o administrativas de un Estado contra la normativa MERCOSUR (p/particulares). Será reemplazado por el MSC del Protocolo de Olivos a partir de su entrada en vigor;
MSC del Capítulo XIX NAFTA sobre cuotas antidumping y compensatorias;	
MSC del Capítulo XI NAFTA (Sección B) para solucionar disputas entre inversores y Estados parte;	**Sistema de reclamaciones** ante la CCM[67] del Anexo del Protocolo de Ouro Preto y su reglamento, para cuestiones comerciales que caigan bajo la autoridad de la CCM
	Sistema de Consultas ante la CCM, Directiva 17/99 CCM[68]

[65] Sin embargo, mientras que el Capítulo XI permite solucionar la controversia sólo a través de estos organismos, el mecanismo del Protocolo de Colonia deja elegir a los Estados parte entre estas organizaciones, el mecanismo del PBSC o los tribunales nacionales para solucionar la controversia.

[66] Protocolo de Brasilia para la Solución de Controversias (PBSC) de diciembre de 1991, y su reglamento de diciembre de 1998 a través de la Decisión 17/98 Consejo Mercado Común (CMC).

[67] Procedimiento General para Reclamaciones ante la Comisión de Comercio del MERCOSUR del Anexo del Protocolo de Ouro Preto (APOP) del 17 de diciembre de 1994, y su reglamento a través de la Decisión 18/02 Consejo Mercado Común (CMC).

[68] El sistema de Consultas ante la CCM fue establecido originariamente por la Directiva 13/95 de la CCM, reemplazada por la DIR 5/96 CCM, y luego nuevamente por la DIR 17/99 CCM.

Distintos factores motivaron estas dos formas diferentes de establecer los MSC en el MERCOSUR y en el NAFTA. En el caso del NAFTA, los principales factores fueron los siguientes:

- Ya existía una interdependencia económica alta previa a la firma del tratado, por lo que había un mayor interés por parte del sector privado (*desde abajo*) en pos de disponer reglas claras y transparentes para regular sus relaciones comerciales y asegurarlas a través de MSC efectivos.

- Al no disponer las instituciones del NAFTA la facultad de adoptar legislación secundaria, era importante delimitar reglas precisas que dejaran un campo de interpretación y aplicación lo más claro posible para la posterior implementación del acuerdo y la solución de los posibles conflictos económicos que pudieran sucederse. Ello se vio traducido en el extensivo tratado de más de mil páginas que firmaron los Estados parte.

- La experiencia de los MSC establecidos anteriormente por el TLC Canadá-EE.UU. (TLCCEU) sirvieron asimismo de base para constituir y afinar los mecanismos del NAFTA, los cuales fueron reanalizados o extendidos a otras áreas (Inversiones, laboral y ambiental) de acuerdo con las nuevas preferencias e intereses de los tres Estados parte, facilitando la información necesaria para la negociación anterior a la firma del acuerdo. En este sentido, a pesar de que las negociaciones comenzaron formalmente entre EE.UU. y México y luego se unió Canadá, el acuerdo del NAFTA en cuanto a MSC significó en realidad la ampliación de los MSC del Tratado Canadá-EEUU al nuevo Estado parte México. Con única excepción del Capítulo XI sobre inversiones que se ingresó como nuevo mecanismo por especial interés estadounidense, los Capítulos XIX y XVIII del TLCCEU se ven reproducidos con algunos cambios en los Capítulos XIX para *dumping* y Capítulo XX para aplicación e interpretación en el Tratado del NAFTA.

En el MERCOSUR los factores más importantes fueron los siguientes:

- La interdependencia económica era menor entre los países (grandes) al comienzo del proceso de integración, por lo que no existían aún intereses definidos o una presión fuerte (*desde abajo*) por parte del sector privado (de los socios grandes). El interés estaba definido por la gran voluntad de la clase política (*desde arriba*) en crear la integración.

- La existencia de un rechazo de los Estados parte por perseguir el modelo tradicional de integración latinoamericana de alta institucionalización y legalización sin efectividad en los resultados finales fue el principal motivo para que los socios determinaran crear un MSC con un bajo grado de institucionalización y legalización en un comienzo, pero sí definirlo y desarrollarlo a medida que avanzara el proceso de integración.

- Como proceso flexible, gradual y equilibrado, las instituciones y MSC se irían adaptando en función del progreso de la integración y no al revés. Ello explica también en parte el carácter provisorio que tiene el mecanismo del MERCOSUR hasta ahora. Por más que los socios pequeños Paraguay y Uruguay disponían ya de una alta dependencia comercial en 1991 y estaban interesados en establecer mecanismos más estructurados para protegerse de los socios grandes, también prevalecía en éstos el rechazo por seguir la tradición latinoamericana de integración altamente institucionalizada.

- Además, a diferencia del NAFTA, los órganos del MERCOSUR sí están capacitados para efectuar legislación secundaria, por lo que esta posibilidad facilitaría la creación posterior de reglas más precisas que llenarían los «huecos normativos» que hagan falta para avanzar con el proceso de integración y facilitaría el establecimiento de las posteriores reformas o complementaciones de los MSC. La posibilidad de renegociación posterior a través de los órganos del MERCOSUR y la igualdad de voto en las decisiones de éstos contentaron en un principio a los países pequeños[69].

Un factor común en los dos bloques para la definición de los MSC es que en ambos la asimetría de poder y tamaño entre los socios y la existencia de un líder hegemónico dejó el mayor poder de negociación para la elección del MSC a utilizar y grado de institucionalización que tendrían los mecanismos en justamente las manos de los socios grandes de cada bloque. La preferencia de EE.UU. y Brasil consistía lógicamente en man-

---

[69] Véase Bizzozeron/Abreu (2000: 55).

tener un bajo grado de institucionalización de la integración y fueron estos dos países los que definieron los límites institucionales que tendrían los MSC. En forma *ex ante* a la firma del NAFTA, EE.UU. definió los límites de legalización e institucionalización de los MSC, en forma *ex post* al acuerdo, Brasil limitó el avancé para un MSC permanente y definitivo.

3.1. Afinidades y diferencias de los procedimientos de los MSC del MERCOSUR y del NAFTA

En ambos bloques los mecanismos se extienden desde procedimientos diplomáticos o de auto-ayuda –como negociaciones directas, consultas, reclamaciones o la intervención de órganos de la integración como mediadores u conciliadores– hasta procedimientos judiciales a través del establecimiento de paneles arbitrales *ad-hoc*. Sin embargo, como se mencionó antes, mientras que el NAFTA dispone de tres diferentes mecanismos principales, el MERCOSUR por el contrario dispone de un solo mecanismo establecido a través del PBSC complementado por un sistema de consultas y de reclamaciones ante la Comisión de Comercio del MERCOSUR.

De esta forma, mientras que el NAFTA ha creado dos mecanismos específicos para la solución de controversias en materia *antidumping* y para inversiones –y uno general para la interpretación y aplicación del tratado–, el MERCOSUR ha creado sólo uno para todas las áreas del acuerdo. Si bien ello no implica que un mecanismo pueda ser más efectivo que el otro, como los análisis de los MSC efectuados en el anterior punto del libro muestran, pueden incidir ciertamente sobre su efectividad si las características con las que han sido dotados son diferentes. Y de hecho, las características con las que han sido dotados cada uno de los MSC del NAFTA y del MERCOSUR son de por sí diferentes como se describirá más adelante.

Antes de analizar las diferentes características, cabe realizar otra diferencia entre los MSC del NAFTA y del MERCOSUR en cuanto a la administración de los procedimientos. En el NAFTA las controversias de los Capítulos XX y XIX son administradas por tres Secretariados Nacionales del NAFTA ubicados en cada Estado parte, los cuales conforman conjuntamente el Secretariado del NAFTA. Cada Secretariado se ocupa de la propia administración de las controversias que le competen, teniendo asimismo distintas formas de administración, personal y presupuesto propio establecido por su Estado parte. En total se dispone de un personal 35 personas, pero distribuidos de manera distinta, 15 personas en Canadá, 15 en México y sólo 5 en EE.UU. El escaso personal disponible para el Secretariado estadounidense es sorprendente si se tiene en cuenta que es el que más controversias ha tenido que administrar en comparación con los otros dos secretariados (92 casos desde el inicio del NAFTA).

A diferencia del NAFTA, el MERCOSUR administra todas sus controversias a través de la Secretaría Administrativa del MERCOSUR (SAM), única institución cuatripartita permanente del MERCOSUR. La SAM es financiada por los cuatro Estados parte en iguales proporciones, y dispone de un personal de 27 personas[70]. La diferencia en la administración de los casos en el MERCOSUR y en el NAFTA es importante en cuanto a la transparencia del proceso para los MSC. La concentración administrativa de los casos del MERCOSUR en un solo órgano le confiere al mecanismo un carácter más transparente y de más fácil acceso a la información. A pesar de que los Estados parte están hasta ahora conformes con el desenvolvimiento de los Secretariados Nacionales en el NAFTA, desde la perspectiva mexicana se ha presentado la propuesta de crear un secretariado de coordinación de las tres secciones del NAFTA para lograr una mejor coordinación y transparencia.

Volviendo ahora a las características de los MSC de ambos bloques, si bien éstos son parecidos al utilizar procedimientos de auto-ayuda y judiciales a través de tribunales *ad-hoc*, existen algunas variaciones en sus características que los hacen diferentes. Como no se pueden explicar todos los procedimientos de cada uno de los mecanismos de ambos bloques por la limitación de espacio, utilizaré la tipología desarrollada por el Dr. Ortiz Mena en el capítulo anterior para analizar las características diferentes que poseen los MSC del MERCOSUR y del NAFTA[71]. En el caso del MERCOSUR se describirán asimismo, las características del nuevo MSC establecido por el Protocolo de Olivos aún no vigente. Ortiz MENA utiliza siete criterios de clasificación de las características de los distintos mecanismos del NAFTA y del MERCOSUR se detalla en el siguiente cuadro:

---

[70] Según datos suministrados por Manuel Olarreaga, jefe del Sector Normativa de la SAM, en entrevista realizada el 03 de octubre de 2002.

[71] Véase en el Anexo: Gráficos de los procedimientos de los MSC del NAFTA y del MERCOSUR.

Esquema Comparativo de los MSC del NAFTA, del MERCOSUR y la OMC

Características del MSC	Opción	NAFTA			OMC	MERCOSUR	
		Cap. XI	Cap. XIX	Cap. XX	OMC	PBSC	Protocolo de Olivos
1. ¿Existe un MSC?	Sí/No	Sí	Sí	Sí	Sí	Sí	Sí
2. ¿Participa un tercero?	Sí/No	Sí	Sí	Sí	Sí	Sí	Sí
3. ¿Tienen acceso los actores no estatales?	Sí/No	Sí	Sí	No	No	No	No
4. ¿Las decisiones son vinculantes?	Sí/No	Sí	Sí	No	Sí	Sí	Sí
5. ¿Cómo se asegura el cumplimiento de las decisiones?	A. Retorsión unilateral B. Retorsión autorizada C. Tribunales nacionales	C	B	B	B	B	B

CONTINUACIÓN. Esquema Comparativo de los MSC del NAFTA, del MERCOSUR y la OMC

Características del MSC	Opción	NAFTA			OMC	MERCOSUR	
		Cap. XI	Cap. XIX	Cap. XX	OMC	PBSC	Protocolo de Olivos
6. ¿Existe un órgano permanente?	Sí/No	No	No	No	No	No	Sí
7. ¿Existe posibilidad de apelación?	Sí/No	No explícita.	Sí	No explícita.	Sí	No	Sí

1. El primer criterio es si existe un MSC. Como se señaló anteriormente, ambos bloques disponen de MSC –los mecanismos de los Capítulos XI, XIX, XX en el NAFTA y el Protocolo de Brasilia en el MERCOSUR que será reemplazado por el mecanismo del Protocolo de Olivos–, cuestión que se puede señalar como positiva, ya que como sostiene Ortiz Mena, no todos los acuerdos de integración regional disponen de mecanismos para solucionar disputas. Una diferencia aquí radica en la posibilidad que permite el mecanismo del NAFTA de solucionar disputas a través de otras organizaciones internacionales. En el MSC del Capítulo XI sobre Inversiones, las partes involucradas en la disputa pueden recurrir ya sea al CNUDMI o al CIADI para solucionar la controversia[72]. Asimismo el mecanismo del NAFTA permite, a diferencia del MERCOSUR, la elección del foro (Capítulo XX NAFTA). Los Estados parte pueden elegir dirimir la disputa, ya sea a través del Capítulo XX NAFTA o a través del MSC de la OMC.

Esta posibilidad no está dada en el mecanismo del Protocolo de Brasilia del MERCOSUR, lo cual trajo problemas al presentar Brasil una controversia ante la OMC que ya había sido decidida por un tribunal *ad-hoc* del MERCOSUR[73]. Es por ello que a partir del Protocolo de Olivos se abre la posibilidad de que los Estados parte puedan elegir el foro (Tribunal del MERCOSUR, OMC, u otros en los que los Estados dispongan de acuerdos bilaterales). Una vez elegido el foro, como en el NAFTA, los Estados no pueden recurrir luego a ningún otro foro para solucionar la controversia en cuestión.

2. El segundo criterio es la participación o no de un tercero para solucionar la controversia, refiriéndose ello a si el MSC, además de sistemas de consultas y negociación, dispone de instancias de mediación, conciliación y arbitraje. En efecto, los mecanismos de ambos esquemas de integración disponen de instancias de mediación, conciliación y arbitraje. En el Capí-

---

[72] Como ya se señaló, el Protocolo de Colonia de 1994 estableció un mecanismo similar en materia de inversiones para el MERCOSUR, pero a nueve años aún no ha sido ratificado.

[73] Cuarto Laudo Arbitral del MERCOSUR del 21 de mayo de 2001 sobre la controversia entre Brasil (parte Reclamante) y la Argentina por la aplicación de medidas *antidumping* contra la exportación de pollos enteros, provenientes de Brasil.

tulo XX del NAFTA las disputas en las etapas de auto-ayuda o diplomáticas tratan de solucionarse a través de la Comisión de Libre Comercio (CLC) que ejerce un carácter de mediadora y conciliadora entre las partes. La CLC puede solicitar la ayuda de asesores técnicos o solicitar la opinión a un Grupo de Trabajo o Expertos. De no solucionarse la controversia, el mecanismo permite el establecimiento de un panel arbitral *ad-hoc*. Los Capítulos XIX y XI no disponen de la intervención de un órgano del NAFTA como mediador para solucionar la disputa; luego de un proceso de consultas (y negociaciones directas en el procedimiento del Capítulo XI), una parte puede solicitar directamente el establecimiento de un panel arbitral *ad-hoc*. Estos dos últimos mecanismos son más bien jurídicos, y dejan poco espacio para una negociación diplomática de la disputa.

En el mecanismo del MERCOSUR, la Comisión de Comercio del MERCOSUR (para el sistema de consultas y reclamaciones) y el Grupo Mercado Común intervienen como órganos mediadores en las etapas de auto-ayuda para tratar de solucionar las disputas entre las partes. AL igual que la Comisión de Libre Comercio del Capítulo XX del NAFTA, la Comisión del MERCOSUR y el Grupo del Mercado Común pueden solicitar a un Comité Técnico o Grupo de Expertos respectivamente que emitan un dictamen sobre la controversia. De no solucionarse la disputa, el mecanismo permite el establecimiento de paneles *ad-hoc* para dirimir la disputa.

El procedimiento del Protocolo de Olivos ha abierto la oportunidad a las partes de elegir saltar la etapa de intervención del Grupo Mercado Común[74] y dirigirse directamente a la etapa arbitral, pudiendo el mecanismo adoptar así un carácter más jurídico que de negociación diplomática[75]. A su vez, con la nueva creación del Tribunal Permanente, los Estados parte pueden elegir dirimir la controversia a través del panel arbitral *ad-hoc* o a través del Tribunal Permanente como primera y única instancia.

La intervención de terceros en los procedimientos del NAFTA y del MERCOSUR se puede ver en el siguiente cuadro:

---

[74] Salvo que no haya acuerdo entre las partes, o que un Estado parte no interviniente en la disputa solicite la intervención del GMC.

[75] El sistema de reclamaciones y consultas ante la CCM quedan como mecanismos complementarios de auto-ayuda anteriores al procedimiento del Protocolo de Brasilia u de Olivos cuando este último entre en vigor.

Participación de Terceros en los MSC del NAFTA y del MERCOSUR

NAFTA			MERCOSUR	
Capítulo XI	**Capítulo XIX**	**Capítulo XX**	**PBSC**	**PO**
Consultas y negociaciones directas	Consultas anuales	Consultas	(Consultas, Reclamaciones ante la CCM) Consultas, negociaciones directas	(Consultas, Reclamaciones ante la CCM) Consultas, negociaciones directas
←	←	←	←	←
		Intervención de la Comisión de Libre Comercio (CLC)	Intervención del GMC	Intervención optativa del GMC
		←	←	←
Panel Arbitral *Ad-hoc*	**Panel Arbitral** *Ad-hoc*	**Panel Arbitral** Ad-hoc	**Panel Arbitral** *ad-hoc*	**Panel Arbitral** *Ad-hoc* o Tribunal Permanente
←	←	←	←	←

Con respecto a la intervención de los órganos en los MSC del MER-COSUR y del NAFTA, cabe efectuar otra diferenciación adicional. En el caso del NAFTA, por la gran importancia que se les dio a los MSC, prácticamente todas las instituciones o las únicas que se crearon –especialmente la Comisión de Libre Comercio del NAFTA y sus Secretariados– tienen funciones que en su mayor parte se asocian con los MSC. En el MERCOSUR, el Grupo Mercado Común, la Comisión de Comercio del MERCOSUR y la Secretaría Administrativa del MERCOSUR (SAM) son las que participan en los MSC, pero no es su única función, pues tiene una agenda muy amplia de temas internacionales, regionales y nacionales que administrar. El GMC y la CCM son además órganos con capacidad decisoria con una agenda amplia y de negociación permanente.

3. El tercer criterio es si los actores no-estatales tienen acceso o no al MSC. Mientras algunos mecanismos del NAFTA permiten esta posibilidad, el mecanismo del MERCOSUR no permite la participación de particulares. En el NAFTA, los mecanismos del Capítulo XI y XIX permiten la participación de actores no-estatales. En el Capítulo XI son los propios inversionistas los que pueden demandar directamente a un Estado parte extranjero. Si bien el mecanismo del Capítulo XIX es formalmente interestatal, los particulares (exportadores e importadores) pueden participar legalmente en el procedimiento. El Capítulo XX es el único que no permite la participación de actores-no estatales, manteniendo un carácter estrictamente interestatal. El MSC del MERCOSUR solo permite a los particulares presentar una reclamación ante la Sección Nacional del Grupo Mercado Común[76]. A partir de aquí, el reclamo queda en manos de la representación estatal, por lo que los particulares no tienen ningún acceso ni representación en el procedimiento. El Protocolo de Olivos ha mantenido esta inaccesibilidad de los particulares al procedimiento.

---

[76] El reclamo del particular puede ser incluso rechazado por la Sección Nacional o luego por el GMC, si éstos consideran que no es procedente. En los sistemas complementarios de consultas y reclamaciones ante la Comisión de Comercio, ocurre lo mismo. Únicamente los Estados parte pueden presentar consultas ante la CCM con respecto a otros Estados parte (Art. 1 DIR 17/99 CCM). En el sistema de reclamaciones, sólo las Secciones Nacionales de la CCM pueden presentar reclamaciones originadas por particulares, siendo sólo las Estados parte los únicos representantes en el procedimiento (Art. 1 y 2 APOP; Art. 1 Reglamento del APOP-DEC 18/02 CMC).

4. El cuarto criterio es si las decisiones de la Tercera parte son vinculantes. La solución de las controversias en las etapas de auto-ayuda no son vinculantes para las partes en ninguno de los mecanismos de los dos bloques. En las fases arbitrales, el Capítulo XX del NAFTA es el único MSC en ambos bloques, donde la decisión del panel arbitral no tiene carácter vinculante, sino sólo la facultad de emitir determinaciones o recomendaciones a las partes involucradas en la disputa[77]. En todos los demás mecanismos del NAFTA y del MERCOSUR, las decisiones son vinculantes para los Estados parte.

5. La quinta característica es sobre cuáles son los medios utilizados para asegurar el cumplimiento de la decisión, ya sea a través de la retorsión unilateral, la retorsión autorizada por la tercera parte, o el cumplimiento a través de tribunales nacionales. Ante el incumplimiento de la decisión arbitral, el mecanismo del MERCOSUR y los Capítulos XX y XIX del NAFTA dejan a la retorsión autorizada como única opción para asegurar su cumplimiento. Una diferencia, sin embargo, entre el Capítulo XIX del NAFTA y el mecanismo del MERCOSUR es que en el Capítulo XIX la retorsión autorizada permite inclusive que el Estado reclamante pueda suspender todos los beneficios del NAFTA a la parte incumplidora[78]. En el MERCOSUR, la retorsión autorizada sólo es temporal y específicamente sectorial.

---

[77] El panel provee determinaciones y recomendaciones en su Informe Final. El Informe retorna luego a los gobiernos en disputa, los cuales tienen que acordar la resolución de la disputa, la cual *normalmente debe ser conforme* a las determinaciones y recomendaciones del panel. Esto le da finalmente la libertad a los gobiernos de alejarse del Informe Final del panel.

[78] Como sostiene Perotti (2001: 142), esta alternativa, también aplicada en el MSC de la Comunidad Andina, ha sido al mismo tiempo criticada por la doctrina andina «debido a que las consecuencias que ella acarrea para el proceso de integración en su conjunto son más perjudiciales que el desacato que se intenta subsanar. En efecto, a través de estas medidas lo que se logra en el fondo es retroceder en el programa de liberalización comercial, pues se deja fuera del sistema al país remiso, y por consecuencia, en vez de profundizarse en la liberalización de los intercambios intrabloque (…) se retrocede hacia la partición del mercado ampliado. Con estas medidas, la integración ocasiona menos integración».

El Protocolo de Olivos realizó avances para asegurar un mayor cumplimiento de la decisión arbitral. El Estado culpable debe informar a la otro Estado parte y al GMC sobre las medidas a adoptar para el cumplimiento del laudo. Asimismo, como en el NAFTA, introdujo la posibilidad de que el Estado parte demandado pudiera reestablecer el panel arbitral para verificar si la suspensión de beneficios (retorsión autorizada) ha sido excesiva.

El Capítulo XI NAFTA es el más legalizado de todos, al estar el cumplimiento de la decisión arbitral asegurado por el reconocimiento automático del laudo por parte de los tribunales nacionales. En el caso del MERCOSUR, por más que ya ha habido casos en donde tribunales nacionales han reconocido los laudos de los paneles arbitrales del MERCOSUR, el cumplimiento no está asegurado y explicitado de la misma forma como en el caso del Capítulo XI del NAFTA. Además, como sostuvieron Bouzas y Soltz en el anterior apartado, aún hay un conflicto jurídico-constitucional para el reconocimiento de los laudos. A pesar de que los laudos son formalmente finales y obligatorios, no tienen una «supremacía» equivalente con respecto a la legislación doméstica en todos los Estados parte dado que su aplicabilidad está sujeta a diferentes prácticas legales nacionales. El caso límite es la Argentina, donde los acuerdos internacionales tienen supremacía sobre la legislación nacional y sus efectos pueden ser exigidos por los particulares ante los jueces locales.

6. El sexto criterio se refiere a si el tercero está constituido en un órgano permanente o tiene un carácter *ad-hoc* o temporal. Todos los paneles del NAFTA y del MERCOSUR tienen un carácter *ad-hoc* y los árbitros se eligen mediante listas conformadas de común acuerdo entre las partes. La decisión de estos paneles *ad-hoc* sólo se dirige a esa controversia en particular y sólo obliga a las partes implicadas en la controversia. A través del Protocolo de Olivos, el MSC del MERCOSUR pasará a disponer de un Tribunal Permanente con árbitros permanentes, cuya sede se establecerá en la ciudad de Asunción, Paraguay.

7. El séptimo criterio es si existe posibilidad de apelación contra las decisiones de los paneles arbitrales. Esta posibilidad no está dada en el caso del MERCOSUR al ser los laudos obligatorios, definitivos e

inapelables para los Estados parte. Los países sólo pueden solicitar una aclaración o interpretación del laudo y cómo debe ser cumplido. En el Capítulo XX del NAFTA no está explícitamente definida la posibilidad de apelación de la decisión arbitral. El Capítulo XI permite la posibilidad si la controversia se realizó a través del CIADI, pero no si se realizó a través del CNUDMI. En el Capítulo XIX del NAFTA, los Estados parte pueden solicitar el establecimiento del Comité de Impugnación Extraordinaria en el caso de que haya habido un procedimiento incorrecto o graves errores por parte de los árbitros, fungiendo este comité de hecho como un órgano de Segunda Instancia. Con el Protocolo de Olivos, el Tribunal Permanente adquiere la función también de órgano de apelación o revisión de la decisión arbitral para verificar las cuestiones de derecho de las decisiones de los tribunales *ad-hoc*, pudiendo éste anular, modificar o confirmar su decisión[79].

3.2. Diferentes grados de legalización de los MSC del NAFTA y del MERCOSUR

Como ha señalado Ortiz Mena, la respuesta positiva o negativa (o ascendente de la letra *a*. a la letra *c*. [característica n°.5]), en cada una de las características de cada MSC desarrollado en la tipología descrita arriba, dice al mismo tiempo sobre el grado legalización e institucionalización que posee cada mecanismo[80]. La clasificación es, en cierta medida, subjetiva y el hecho de que un mecanismo sea más legalizado que el otro no significa que uno sea mejor que el otro, simplemente se trata de diferentes características que hacen a distintos grados de legalización de los MSC. Sin embargo, luego de analizar las distintas características de los MSC hasta ahora utilizados por el MERCOSUR y por el NAFTA, se puede apreciar, que algunos de los mecanismos del NAFTA disponen de características de las que el actual mecanismo del MERCOSUR a través del Protocolo de Brasilia no dispone. En este sentido, si se tiene en cuenta el objetivo de integración propuesto por cada uno de los bloques

---

[79] Sólo si el Tribunal Permanente no actuó como panel de primera instancia, donde el laudo es obligatorio y definitivo para las partes involucradas en la disputa.

[80] Véase Abott/Sindal (2000) y Abott/Keohane/Moravcsik/Sindal (2002) para una explicación del concepto «legalización» de las relaciones internacionales.

–zona de libre comercio en el NAFTA y mercado común en el MER-COSUR–, y el grado de legalización de los MSCs establecidos por cada uno, se puede afirmar que el NAFTA posee algunos MSCs con mayor nivel de legalización que el MERCOSUR que, por sus objetivos, debería disponer de un mecanismo más institucionalizado y legalizado. Como ha sostenido la teoría jurídica de la integración económica, cuanto mayor es el grado de integración, mayor es la probabilidad de que la cantidad y la complejidad de los conflictos entre los integrantes del acuerdo aumenten[81].

El mayor grado de legalización del NAFTA está dado en los MSC del Capítulo XIX para *antidumping* y el Capítulo XI para inversiones. Los factores que determinan esta afirmación en el Capítulo XI según el cuadro de la tipología son:

a) Participación directa de los particulares en el MSC, en este caso de los inversores en contra de algún Estado parte. Esta participación no se da en ningún caso en el MERCOSUR. Los particulares solo tienen el derecho de iniciar el proceso.

b) *El cumplimiento de la decisión arbitral* esta asegurada por el reconocimiento automático del laudo por parte de los tribunales nacionales. En el caso del MERCOSUR, esto no se explicita de esta forma, sino que se deja a la retorsión autorizada para asegurar el cumplimiento del laudo, además del conflicto jurídico-constitucional que se ha presentado para el reconocimiento de los laudos.

c) El Capítulo XI permite además *la posibilidad de apelar contra el fallo* si el caso fue llevado a cabo por el CIADI. El Protocolo de Brasilia del MERCOSUR no contempla esta posibilidad de apelación.

Respecto del Capítulo XIX, los factores que determinan la afirmación son:

a) *Participación de los particulares* (importadores y exportadores) en el proceso legal, a pesar de que formalmente son los Estados los representantes de las partes.

---

[81] Véase Lipovetzky/Lipovetzky (1994: 243) y Wehner (1999: 98).

b) *Posibilidad de una cuasi apelación a través del Comité de Impugnación Extraordinaria* en el caso de un grave error del panel arbitral binacional. Asimismo, el mecanismo permite la posibilidad de establecer un Comité Especial en el caso de que una parte impida el procedimiento. Como se señaló antes, en el Protocolo de Brasilia no hay posibilidad de apelación.

c) *Alto grado de especificidad del procedimiento.* Los jueces del panel arbitral deben aplicar el derecho nacional de la parte importadora, y analizar la reforma legislativa o la resolución definitiva de la misma forma que lo realizaría un tribunal nacional. El MSC del MERCOSUR, repetimos, es un mecanismo de aplicación general para todo el acuerdo y no tiene el mismo grado de especificidad que posee el Capítulo XIX, el cual fue únicamente creado para solucionar controversias en esa materia[82].

Tanto el Capítulo XIX como el Capítulo XI son además procedimientos más jurídicos que diplomáticos, al no tener ninguna intervención por parte de algún órgano del NAFTA como mediador. Se pasa directamente del proceso de consultas (y negociaciones directas para el Capítulo XI) al procedimiento arbitral. En este sentido, el MSC del MERCOSUR dispone de mayores instrumentos de auto-ayuda o diplomáticos (Consultas, reclamaciones, intervención de la CCM y del GMC).

Hasta el día de la fecha se puede afirmar, por consiguiente, que el MERCOSUR dispone a través del Protocolo de Brasilia de un MSC menos legalizado que el NAFTA. Asimismo, como se pudo extraer de las características del MSC de la Organización Mundial de Comercio (OMC) descritas por Ortiz Mena en la sección anterior, si se las compara con las del MERCOSUR, se constata que el MSC mercosureño es también menos legalizado que el de la OMC. Esta última dispone de la

---

[82] Ello pudo verse especialmente en el caso del cuarto laudo del panel arbitral del MERCOSUR sobre *antidumping*, donde se diferenció el procedimiento llevado a cabo por los árbitros del MERCOSUR y el procedimiento del NAFTA. Los árbitros se limitaron a establecer una investigación general y no específica de la medida de *antidumping* adoptada por la Argentina. Este carácter general de verificación no sería apto en el caso del panel del NAFTA, el cual debe ejercer su función de la misma forma como lo haría un juez nacional. El cuarto laudo arbitral del MERCOSUR puede ser extraído de la página de Internet de la Secretaría Administrativa del MERCOSUR bajo la siguiente dirección: http://www.mercosur.org.uy.

posibilidad de apelación, que el Protocolo de Brasilia del MERCOSUR no dispone. La afirmación es sorprendente si se tiene en cuenta que el MERCOSUR, a diferencia del NAFTA, dispone además de un proceso complejo de creación constante de normas, que ha aumentado el marco normativo y con ello también las obligaciones de sus Estados participantes con respecto al proceso de integración. Con el aumento de compromisos a cumplir, también aumenta el campo de aplicación que tiene que ejercer un MSC al poder aparecer nuevas controversias que se derivan de estas nuevas obligaciones. Teniendo en cuenta esta metodología de integración más compleja, se podría esperar la utilización de un MSC más legalizado e institucionalizado, afín e idóneo para el nivel de integración deseado.

Cabe destacar, sin embargo, y al mismo tiempo, que el Capítulo XX para la interpretación y aplicación del tratado del NAFTA –el mecanismo en realidad más importante para el cumplimiento de los objetivos del proceso de integración– es el menos legalizado de los MSC de ambos bloques al no tener carácter vinculante las decisiones del panel arbitral. En este sentido, el mecanismo del MERCOSUR adquiere más importancia, porque en cuanto a la aplicación e interpretación del acuerdo sí es más legalizado al ser sus decisiones vinculantes para las partes.

No obstante, a partir de la entrada en vigor del nuevo Protocolo de Olivos, que ha perfeccionado el MSC del Protocolo de Brasilia, como se pudo apreciar, el menor grado de legalización del mecanismo del MERCOSUR cambiaría. Los Estados parte del MERCOSUR tuvieron presente en los últimos años las carencias del MSC del MERCOSUR. Las reformas fueron fuertemente demandadas, en especial por los países pequeños Paraguay y Uruguay, y por la Argentina.

Los factores determinantes que elevarían su grado de legalización son los siguientes: a) Establece un Tribunal de convocatoria permanente con sede en la ciudad de Asunción con miembros permanentes. El NAFTA no dispone de un MSC permanente; b) Permite la posibilidad de apelación a través del Tribunal Permanente de Revisión; c) Permite saltar la etapa de intervención del GMC y dirigirse directamente al procedimiento arbitral, en cuyo caso el procedimiento adquiere un carácter más judicial que de negociación diplomática; d) Elección del foro para dirimir la controversia como en el NAFTA (Capítulo XX), permitiéndoseles a los Estados elegir entre el MSC del MERCOSUR o de la

OMC; e) Produjo avances para un mejor cumplimiento de los laudos. El Estado culpable debe informar al otro u otros Estados parte y al GMC sobre las medidas que va a adoptar para el cumplimiento del laudo. En el caso de que el Estado reclamante deba imponer medidas compensatorias al Estado incumplidor del laudo, se le otorga a este último la posibilidad de que el tribunal verifique si éstas han sido excesivas. Asimismo, otros puntos importantes del nuevo mecanismo son la posibilidad, si es necesario, de *establecer mecanismos expeditivos* para solucionar conflictos sobre aspectos técnicos regulados en instrumentos de política comercial común.

Lo único que se mantiene igual a través del Protocolo de Olivos es la inaccesibilidad de los particulares en el mecanismo. El Protocolo sólo obligó a la Sección Nacional del GMC de entablar directamente consultas con la Sección Nacional del otro Estado parte. Con ello se mantendría una debilidad del mecanismo, que es contraria al verdadero papel de los particulares dentro del mercado, si se considera que su actividad, a través de los intercambios comerciales, constituye en gran medida el motor de la integración en el bloque. En el actual mecanismo del MERCOSUR asimismo, nada se prevé para los casos en donde un particular se vea afectado por su propio Estado parte. La protección para el particular quedaría en manos de los tribunales nacionales. Según Samtleben[83], la limitada participación de los particulares al mecanismo no es tan relevante porque también en la Unión Europea los particulares tienen un acceso limitado al MSC. Éstos sólo pueden accionar un recurso de nulidad para una norma comunitaria, pero no tienen derecho para acceder al recurso por incumplimiento de un Estado miembro. Los que en verdad garantizan la aplicación de los derechos individuales que los Tratados y el Derecho derivado europeo han conferido a los particulares son los jueces nacionales a través del sistema pre-judicial. Cualquier ciudadano europeo puede hacer valer sus derechos ante los tribunales nacionales y contribuir a que se precisen las normas comunitarias que lo afectan. Así, en los asuntos en que se pone en tela de juicio el Derecho comunitario, los jueces nacionales, en caso de duda sobre la interpreta-

---

[83] Comentarios realizados en el panel «Ventajas y desventajas de los mecanismos de solución de controversias del MERCOSUR y del NAFTA», workshop efectuado para el proyecto de investigación el 10 y 11 de febrero de 2003.

ción o la validez de este derecho, pueden, y a veces deben, dirigirse al Tribunal de Justicia para solicitarle su interpretación, la cual deberá ser aplicada obligatoriamente por el tribunal nacional[84]. A través de este sistema pre-judicial, los órganos jurisdiccionales nacionales no sólo son igualmente garantes del Derecho comunitario, sino que también garantizan una interpretación uniforme y una aplicación homogénea del Derecho comunitario en el conjunto de la comunidad.

En este sentido, el Protocolo de Olivos le ha conferido al tribunal permanente la función de poder efectuar opiniones consultivas, si bien no ha definido nada respecto de quiénes serán los que puedan solicitar estas opiniones al Tribunal[85]. Pero en el caso de que sean los tribunales nacionales los que puedan efectuarlas, ello convertiría a esta función en un sistema similar de función pre-judicial de la Unión Europea. Si es que este sistema se implanta, podría convertirse en el procedimiento más utilizado del nuevo MSC del MERCOSUR en el futuro, porque como lo ha demostrado la práctica en la UE, es el más utilizado por el Tribunal de Justicia de las Comunidades Europeas[86]. El Tribunal como órgano jurídico de interpretación de Derecho del MERCOSUR aportaría a la aplicación uniforme del derecho mercosureño, a la credibilidad de la integración, a la seguridad jurídica de sus participantes. Los tribunales nacionales podrían convertirse asimismo en los verdaderos garantes de la aplicación del Derecho MERCOSUR.

A partir de la entrada en vigor de este Protocolo, el MSC del MERCOSUR se podría convertir así en un mecanismo más legalizado que el del NAFTA. Además de las nuevas innovaciones del MSC, el factor determinante aquí es el establecimiento de una institución permanente a través del Tribunal Permanente. Aplicando el continuo desarrollado por Ortiz Mena, los grados de legalización de los distintos MSCs de ambos bloques y de la OMC estarían representados de la siguiente manera:

---

[84] Jürgen Samtleben ha recomendado la implantación de una función pre-judicial en el MSC del MERCOSUR. Véase Samtleben (2000: 801).

[85] «El Consejo del Mercado Común podrá establecer mecanismos relativos a la solicitud de opiniones consultivas al Tribunal Permanente de Revisión definiendo su alcance y sus procedimientos», Capítulo III, Art. 3 del Protocolo de Olivos.

[86] Lo mismo ha ocurrido en la Comunidad Andina, donde el sistema pre-judicial es el procedimiento más utilizado.

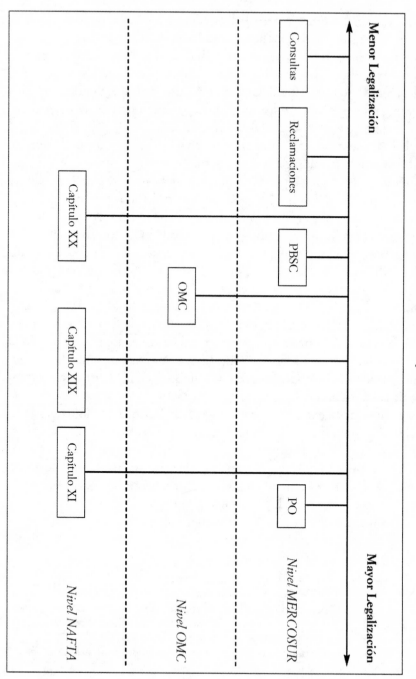

Grado de Legalización de los MSC del MERCOSUR, NAFTA y la OMC

Insistimos, por más que un mecanismo sea más legalizado que otro no significa que sea mejor. Sin embargo, la mayor o menor legalización de un MSC puede tener efectivamente diferentes consecuencias en su posterior utilización, como se verá más adelante en el desempeño práctico que han tenido los MSC del MERCOSUR y del NAFTA. Cabe destacar al mismo tiempo que en procesos de integración intergubernamentales como el MERCOSUR y el NAFTA, los MSC recaen en última instancia en la participación voluntaria de sus miembros, tanto con respecto al proceso como a su resultado; detrás de la implementación no hay otra fuerza que la del interés de los países participantes en preservar el sistema. Si esta voluntad por parte de los Estados no prevalece, la efectividad de los mecanismos para solucionar conflictos puede verse limitada no importando que tan legalizado un MSC pueda ser.

3.3. Afinidades y diferencias en el desempeño práctico de los MSC MERCOSUR-NAFTA

El rol fundamental de los mecanismos de solución de controversias es facilitar, apoyar y asegurar la cooperación entre los Estados parte, garantizando que, frente a posibles incumplimientos de los Estados firmantes, los compromisos asumidos sean cumplidos. Como se pudo extraer de los análisis realizados por Ortiz Mena, Bouzas y Soltz en los apartados anteriores, el desempeño práctico de los MSC del NAFTA y del MERCOSUR ha presentado distintos desarrollos. Distintos factores internos al procedimiento y externos en relación al funcionamiento del proceso de integración influyeron en desarrollo diferente del NAFTA y del MERCOSUR. Ortiz Mena ha utilizado una metodología para evaluar la efectividad de los mecanismos a partir de la cantidad de casos que se han presentado hasta la fecha según sus procedimientos, plazos estipulados, cumplimiento de la decisión y la conformidad o disconformidad de los involucrados con respecto al mecanismo. A continuación, se utilizará esta metodología desde una perspectiva comparativa entre los MSC del MERCOSUR y del NAFTA para verificar en qué grado éstos han cumplido con su rol de asegurar el cumplimiento de los compromisos asumidos.

3.4. Desempeño de los casos presentados

Respecto del desempeño de los MSC del NAFTA y del MERCOSUR a partir de los casos presentados, una primera diferenciación que se ha dado en la práctica de los mecanismos de ambos bloques es que en el NAFTA comenzaron a ser utilizados prácticamente desde la entrada en vigor del proceso de integración en 1994. En el MERCOSUR por el contrario, si bien el proceso de integración se originó en 1991, no fue hasta 1995 donde recién se comenzaron a utilizar los sistemas de auto-ayuda del MSC a través del sistema de consultas y reclamaciones ante la CCM (la reclamaciones recién en 1996) y las etapas pre-panel del Protocolo de Brasilia en el marco del GMC. Asimismo, mientras que en el NAFTA las controversias llegaron también desde un comienzo a los procedimientos judiciales a través de los paneles arbitrales, el MERCOSUR estableció su primer tribunal arbitral para solucionar una controversia sobre la base del derecho recién en 1999, después de ocho años de haber sido establecido el bloque.

La utilización tardía de los procedimientos arbitrales en el MERCOSUR en comparación con el NAFTA muestra la tendencia por parte de los Estados parte, por lo menos en la primera fase de la integración del MERCOSUR hasta 1998, por utilizar los mecanismos de auto-ayuda para solucionar las disputas. En esta primera fase de la integración, los Estados parte han preferido evitar llevar una controversia a la fase judicial, tratando de solucionar los conflictos a través de los procedimientos de auto-ayuda. De los tres procedimientos de auto-ayuda –consultas, reclamaciones y pre-panel del Protocolo de Brasilia–, el sistema de Consultas ante la CCM fue el más utilizado entre los Estados parte, que llegó a un número de 315 consultas realizadas entre 1995 y 1998, 469 consultas en el período 1994-2002. Cuando una controversia no podía ser solucionada a través de los procedimientos de auto-ayuda, en vez de activarse el procedimiento arbitral, las disputas se quedaron estancadas en estas etapas o trataron de ser solucionadas a través de la más alta esfera política con la diplomacia presidencial. Como sostienen Bouzas y Soltz, si bien la intervención de los jefes de Estado sirvió en momentos críticos para destrabar y limitar los conflictos o reducir la tensión, esta metodología de diplomacia presidencial expuso excesivamente a los líderes políticos máximos y deslegitimó a los procedimientos de auto-ayuda en el marco del MSC.

Casos presentados en el MERCOSUR y en el NAFTA 1994-2002

NAFTA	1994	1995	1996	1997	1998	1999	2000	2001	2002
Capítulo XIX	9	10	5	11	9	8	17	6	11
Capítulo XI	-	-	2	1	5	3	5	4	8
Capítulo XX pre-panel	-	7	1	1	2	-	1	-	-
Capítulo XX panel	-	-	1	1	2	-	1	-	-

Mercosur*	1991-94	1995	1996	1997	1998	1999	2000	2001	2002
Consultas	-	128	84	71	32	39	54	42	19
Reclamaciones	-	-	1	4	5	-	1	1	1
PBSC pre-panel	-	-	1	-	2	4	2	10	2
PBSC panel	-	-	-	-	-	2	1	2	5

1. En total se han presentado 30 casos, pero dos casos no han sido incorporados al cuadro por no haber sido publicados y no disponerse de información al respecto. Asimismo, de los 30 casos, cuatro han sido desistidos y nunca se llegó al establecimiento de un panel arbitral. 2. Un caso no figura en el Cuadro por no disponerse de información al respecto.

* En el MSC del MERCOSUR se debe tener en cuenta que las consultas, reclamaciones y controversias del PBSC pueden conformar un todo, pudiendo una consulta devenir posteriormente en una reclamación ante la Comisión de Comercio del MERCOSUR (CCM) o seguir el procedimiento del PBSC. Del mismo modo los casos del PBSC pueden haberse originado en consultas o en reclamaciones ante la CCM.

Debido a las crisis internas y shocks externos de los países del MER-COSUR y el aumento de medidas unilaterales que ellos comenzaron a tomar entre sí, los conflictos comerciales se multiplicaron a partir de 1998 y los mecanismos de auto-ayuda y la diplomacia presidencial perdieron efectividad para solucionar las disputas. Es por ello que a partir de 1998 el número de consultas y reclamaciones presentadas ante la CCM comienza a disminuir y los casos que no encontraron consenso en la fase pre-panel del Protocolo de Brasilia comienzan a llegar a la fase judicial del procedimiento a través de los paneles arbitrales. Entre los años 1999 y 2002 se presentaron 10 controversias de panel, de las cuales ocho ya han sido decididas y dos aún están activas.

En el NAFTA por el contrario, las controversias han llegado en su mayor parte a las fases arbitrales, con una cantidad de 117 establecimientos de paneles para solucionar disputas entre los años 1994 y 2002. La intensidad en la utilización de los tres mecanismos ha sido, sin embargo, distinta. Mientras que en los Capítulos XIX y XI se llegó en su mayor parte a las fases arbitrales, en el Capítulo XX más de la mitad de las controversias llegaron sólo a la fase pre-panel. El Capítulo XIX NAFTA en materia de cuotas *antidumping* y medidas compensatorias ha sido el más utilizado de los tres mecanismos, con un total de 86 casos entre los años 1994 y 2002. El Capítulo XI para controversias sobre inversiones ha presentado una cantidad de 30 casos en el mismo período, de los cuales 26 llegaron a instancia de panel. El MSC del Capítulo XX para la interpretación y aplicación del Tratado ha sido el menos utilizado con un total de 13 casos presentados, de los cuales cinco llegaron a instancias de panel y tres han obtenido una decisión arbitral.

Las diferentes preferencias metodológicas para tratar de solucionar los conflictos –procedimientos de auto-ayuda diplomáticos o procedimientos arbitrales– tiene distintas motivaciones. El mecanismo del MERCOSUR es un sistema interestatal de solución de disputas y como la experiencia del proceso de integración de la Unión Europea lo demuestra, los Estados son renuentes a denunciar incumplimientos de otros Estados[87]. Y ello no significa que no se plantean procesos por vio-

---

[87] En la Unión Europea, hasta el día de la fecha, sólo ha habido dos casos donde Estados miembro recurrieron al Tribunal de Justicia Europeo por incumplimiento de otro Estado miembro.

lación del Derecho de la integración, sino que los Estados miembros prefieren que sea la Comisión Europea –órgano autónomo e independiente de los gobiernos– quien asuma esta función como órgano de control del cumplimiento del derecho comunitario europeo. En el MERCOSUR no existe un órgano de control como la Comisión Europea que pueda recurrir al MSC porque un Estado ha incumplido con las obligaciones del acuerdo. Es por ello que los Estados han preferido tratar de solucionar las controversias en los niveles diplomáticos de auto-ayuda sin llegar a la fase arbitral. Los pocos casos presentados en el marco del Capítulo XX en el NAFTA, mecanismo igualmente estrictamente interestatal, también podrían encontrar aquí su explicación. Aquí también son mayores los casos que se quedaron en las etapas pre-panel que los que llegaron a la fase judicial. En el MERCOSUR, sin embargo, la situación conflictiva a partir de 1998 entre los Estados parte refutado en cierta medida esta teoría, ya que la utilización de los mecanismos judiciales comenzó a transformarse como la forma más eficaz o la única para tratar de solucionar conflictos que indefectiblemente no podían ser solucionados de manera diplomática entre los Estados parte.

El gran número de casos presentados en los Capítulos XIX y XI del NAFTA tiene, por el contrario, su fundamento en que son los particulares (inversores, importadores y exportadores) los principales participantes y activadores del mecanismo de solución de controversias que, a diferencia de los Estados, no se ven inhibidos en hacer valer sus derechos si su comercio o inversiones se ven perjudicados de alguna manera por la acción de algún Estado parte. Asimismo, repetimos, los procedimientos de estos dos Capítulos son en su mayor parte judiciales, dejando poco espacio para una negociación diplomática de la controversia.

En cuanto a la distribución de los casos presentados según parte reclamante y parte demandada, una característica común en los dos bloques –si se cuentan todos los casos en el MERCOSUR (sin el sistema de consultas), y todos los casos de los tres MSC del NAFTA– es que en ambos bloques, como pudiera esperarse, los países que lideran la integración, Brasil y EE.UU., han sido los que más demandas han recibido por parte de los otros Estados socios. De todos los casos presentados en el MSC del MERCOSUR, Brasil fue el Estado parte más demandado con un 36,2% del total de casos presentados. Por otra parte, la Argentina es el país que más ha reclamado contra sus otros socios, con un 53,2% de los casos presentados, la mayor parte de las cuales se dirigieron al Brasil (14 casos).

En el NAFTA, EE.UU. fue demandado en un 57,4% de todos los casos presentados (74 casos), siendo México el que más reclamos ha presentado, con un 32,6% de todos los casos presentados (39 casos). Sin embargo, cabe destacar que los porcentajes son totales. Si se separan los casos por tipo de MSC, en los mecanismos de los Capítulos XX y XIX se llega a la misma conclusión pero no en el caso del Capítulo XI, donde ha sido México el país más demandado con un 43,3% de todos los casos presentados (13 casos). Ello es entendible si se tiene en cuenta que el mecanismo fue justamente establecido por interés estadounidense para brindar igualdad jurídica a los inversores que se establezcan en México. Es por ello además explicable el hecho de que EE.UU. como país más demandado sea también al mismo tiempo el que más reclamos ha presentado con un 38% del total de los casos presentados en los tres MSC. Como ha señalado Ortiz Mena, lo interesante en el desarrollo práctico del Capítulo XI es que imprevistamente se han dado al mismo tiempo varios casos presentados entre Canadá y EE.UU. en el período entre los años 1994 y 2002. Inversores canadienses han demandado al Estado norteamericano en ocho ocasiones y lo mismo ha ocurrido de forma contraria, al presentarse ocho casos demandados por inversores estadounidenses contra el Estado canadiense.

En ambos bloques se ha desarrollado un cierto bilateralismo en los casos presentados. En el NAFTA los conflictos se han dado en su mayor parte entre Canadá y EE.UU., por un lado (61 casos), y México y EE.UU., por el otro (62 casos). Pero sólo se han dado pocos casos entre Canadá y México (6 casos). En el MERCOSUR también se denota un bilateralismo conflictivo entre la Argentina y Brasil, que son los países que más disputas han tenido entre sí. La distribución en general de los conflictos entre los Estados es, sin embargo, un poco más homogénea en el MERCOSUR, ya que también se han dado por ejemplo varios casos entre la Argentina y Uruguay. El bilateralismo en los dos bloques es comprensible si se tiene en cuenta que tanto los países menores en el NAFTA, como también en el MERCOSUR mantienen la mayor parte de su comercio con los socios grandes, EE.UU. y Brasil. EE.UU. es el socio principal de Canadá y México con una dependencia comercial de casi el 90% de las exportaciones totales de ambos, mientras que entre ellos sólo exportan un 0,2 y 0,5% respectivamente. Los flujos de inversión también tienen un carácter bilateral, de Canadá y EE.UU. entre sí y de EE.UU. hacia México. En el MERCOSUR, Brasil es también el socio comercial principal de otros tres Estados parte del MERCOSUR con una dependencia comercial de las exportaciones totales de estos del 23,7% para la Argentina, 28,1% para Paraguay y del 21,3% para Uruguay.

3.5. Desempeño de los procedimientos de los MSC

Con respecto al desempeño de los procedimientos de los MSCs en el NAFTA y en el MERCOSUR según el cumplimiento de los plazos estipulados, el cumplimiento de la decisión y conformidad o disconformidad con los mecanismos, se pueden señalar las siguientes observaciones según los análisis realizados por Ortiz Mena, Bouzas y Soltz en el apartado anterior:

a) Cumplimiento de los plazos estipulados por los procedimientos
Tanto en el MERCOSUR como en el NAFTA ha habido en algunos casos plazos excesivos de tiempo para la solución de las controversias. Ello ocurrió ya sea porque se ha incumplido con los plazos reglamentados o porque los propios procedimientos permiten la flexibilización de los plazos si las partes así lo acuerdan. El excesivo retraso para la resolución de las controversias puede deslegitimar los mecanismos de solución de controversias y generar incertidumbre en el sector privado: los principales afectados por el aplazamiento de los procedimientos. Asimismo, el aplazo excesivo puede llegar a derivar en el uso de la retorsión no autorizada por la parte afectada.

En el caso NAFTA, los tres MSC han tenido problemas con los plazos de tiempo estipulados para la resolución de las controversias. En varios casos del MSC del Capítulo XIX, el plazo de 315 días no se ha cumplido, pero los tiempos excedidos no han sido tan significativos y tampoco se han generado mayores críticas al respecto. Algunos casos del Capítulo XI también se aplazaron en exceso, como por ejemplo en los casos Metaclad, que duró tres años y Azinian donde el procedimiento llevó dos años. En la medida en que el propio procedimiento lo permite, los plazos establecidos para el MSC del Capítulo XX nunca han sido acatados, ni en las etapas pre-panel ni en la etapa de panel. El procedimiento previo de consultas entre las partes, como lo demostró el caso de transporte de cargas, permite extender los tiempos en forma excesiva. El tiempo de intervención de la Comisión de Libre Comercio del NAFTA, si bien parece ser ágil, también extiende aún más la controversia, si es que no logra encontrar un consenso. Hubo dificultad extrema en definir las listas de panelistas, que tendrían que haber estado listas en 1994, pero recién se establecieron en 2000. Algunos casos en las instancias pre-panel se han quedado atascadas en esta instancia, sin resolverse ni pasar a instancia de panel.

En el MERCOSUR también los procedimientos se han excedido en los plazos de tiempo. Como sostienen Bouzas y Soltz, el procedimiento de Consultas ante la Comisión de Comercio fue demasiado prolongado y hasta 1999 había una gran cantidad de consultas en estado pendiente. La reforma realizada a través de la Directiva 17/99 de la Comisión ha mejorado, sin embargo, la efectividad del sistema al reducirse el número de consultas pendientes de resolución. El mecanismo de reclamaciones ante la Comisión también ha sido más prolongado de lo que se esperaba. Dado que la disputa puede ser delegada al procedimiento del Protocolo de Brasilia en caso de no ser solucionada, el número de reclamaciones bajó a partir de 1998 (cuando se reglamentó el Protocolo de Brasilia), ya que utilizar este procedimiento podía significar extender más los plazos para llegar a una solución de la disputa. En las etapas pre-panel del Protocolo de Brasilia ha habido también un prolongamiento excesivo de los plazos, dado que el mismo procedimiento posibilita, si los Estados parte así lo deciden, extender el plazo obligatorio para desarrollar negociaciones bilaterales de manera indefinida, lo que ha significado en la práctica la posibilidad de postergar el acceso al procedimiento arbitral. Por el contrario, los plazos del procedimiento en la etapa arbitral se han cumplido, constituyendo, en realidad, el procedimiento más efectivo en cuanto a cumplimiento de plazos. Sin embargo, por más que la etapa de panel sea efectiva, el procedimiento total pierde en efectividad si en la etapa previa los plazos pueden ser extendidos indefinidamente. Y con mayor intensidad, si la controversia tratada en el marco del Protocolo de Brasilia ya venía de un procedimiento previo de consulta o reclamación ante la Comisión de Comercio[88].

---

[88] Cabe destacar que la utilización del sistema de consultas o reclamaciones no impide a las partes abrir paralelamente el procedimiento del Protocolo de Brasilia. La utilización de este último, sin embargo, da por cerrado los procedimientos de consultas y reclamaciones.

En este sentido, se puede encontrar un desarrollo similar entre el MSC del MERCOSUR y el MSC del Capítulo XX del NAFTA. La oportunidad que brindan ambos mecanismos de mantener una cierta flexibilidad en las etapas de auto-ayuda en los procedimientos de consulta o negociaciones directas e intervención de los órganos regionales para tratar de solucionar las disputas, si bien puede ser deseable para las partes, ha traído al mismo tiempo la posibilidad de que existan largas demoras y que los conflictos se politicen aún más, aplazando los tiempos para llegar a la fase arbitral del procedimiento. Asimismo, las intervenciones de los órganos regionales para tratar de solucionar las disputas se han caracterizado por tener menor efectividad de la esperada cuando es difícil solucionar diplomáticamente una disputa. Ello se puede ver sobre todo en el mecanismo del MERCOSUR, donde tanto los casos que se presentaron ante la Comisión Comercio como en el Grupo Mercado Común no encontraron consenso en su mayor parte. La posibilidad que brinda el Protocolo de Olivos de optar saltar la etapa de intervención del Grupo Mercado Común puede representar un avance al respecto.

b) Cumplimiento de reglas y decisiones
Salvo la problemática de los plazos señalada, las reglas de procedimiento han sido cumplidas en los mecanismos de ambos bloques. Los MSC que mejor desempeño han tenido en cuanto al cumplimiento de las reglas y de las decisiones arbitrales han sido los Capítulos XIX y XI del NAFTA, mientras que el Capítulo XX del NAFTA ha tenido problemas con el cumplimiento de las decisiones. Como lo señaló Ortiz Mena, en el caso del Capítulo XIX, las decisiones de los paneles han sido cumplidas y la utilización del Comité de Impugnación Extraordinaria en sólo una ocasión hasta mediados de 2002, sugiere que las partes están conformes con el funcionamiento del sistema de paneles. Si bien se ha presentado el problema sobre la falta de claridad de sobre el alcance de algunas disposiciones del Capítulo XI, que serán detalladas más adelante, las reglas de procedimiento del Capítulo XI y las decisiones arbitrales también han sido cumplidas y son consideradas en general adecuadas.

El MSC del Capítulo XX es el que mayores problemas ha tenido en cuanto a las decisiones arbitrales al haberse presentado importantes dificultades en lograr el acato de las recomendaciones del Informe Final de los paneles. Aquí nuevamente han transcurrido tiempos excesivos para que se cumplan las decisiones. Ello ha ocurrido en dos de los tres casos de panel decididos hasta la fecha (escobas de mijo y transporte de carga [este último aún pendiente]). Los dos problemas principales aquí radican primero, en la flexibilidad que da el Informe al no establecer una fecha perentoria para su cumplimiento, y segundo, su carácter no vinculante, lo cual aminora el grado de obligatoriedad del mecanismo, creando la consiguiente dificultad en lograr un efectivo acato de las decisiones.

En el MERCOSUR, las reglas de procedimiento y la mayor parte de las decisiones arbitrales se han cumplido. Mientras que las decisiones de los paneles del NAFTA se han concentrado en solucionar la controversia en cuestión, los laudos arbitrales del MERCOSUR han tendido también, además de decidir sobre la controversia concreta, a realizar interpretaciones o aclaraciones sobre los principios jurídicos del MERCOSUR[89] que se tomaban como huecos o vacíos no entendidos hasta ahora realmente por los Estados parte y sus particulares. El carácter *ad hoc* de los paneles ha producido, sin embargo, que en algunas ocasiones los árbitros en una controversia realicen interpretaciones jurídicas divergentes con respecto a decisiones arbitrales anteriores sobre temas similares. Asimismo, como en el Capítulo XX del NAFTA, y a pesar de que las decisiones arbitrales son obligatorias para los Estados parte, también ha habido algunos casos que han tenido problemas con el cumplimiento efectivo de los laudos arbitrales.

En un caso reciente (fitosanitarios), el tiempo estipulado por el panel arbitral para dar cumplimiento con el laudo no ha sido cumplido. Ello ha sucedido en el séptimo laudo arbitral (19 de abril de 2002) para solucionar la controversia de la Argentina contra Brasil sobre obstáculos al ingreso de productos fitosanitarios argentinos en el mercado brasileño por la no incorporación de varias resoluciones del GMC, que dio un

---

[89] Esta tendencia de aclarar los principios jurídicos del MERCOSUR es criticada por Cardenas y Tempesta (2001: 127), los cuales sostienen que «la práctica del MSC define a los paneles en el MERCOSUR como instancias judiciales extraordinarias más que la de un panel de expertos. El MERCOSUR no dispone de paneles técnicos como es el caso del NAFTA o de la OMC. [...] Los paneles del NAFTA son más técnicos y especializados en la materia a decidir u opinar. Los laudos emitidos hasta ahora se han ocupado y preocupado más por sentar los grandes principios del proyecto común, dejando de lado las cuestiones más técnicas para su resolución en las instancias correspondientes.»

plazo de cuatro meses para que Brasil incorpore tales resoluciones. Al mes de diciembre de 2002, ocho meses después, Brasil aún no había cumplido con el laudo. En otro caso (neumáticos), si bien se cumplió con el laudo en el plazo de tiempo estipulado por el panel, pocos meses después el Estado obligado volvió a incumplir con la decisión arbitral. Ello sucedió en el sexto laudo (9 de enero de 2002) para solucionar la controversia presentada por Uruguay contra Brasil sobre la prohibición de importación de neumáticos procedentes de Uruguay, que había estipulado un tiempo límite de dos meses para que Brasil levante tal prohibición. En marzo Brasil levantó la prohibición y permitió la importación de neumáticos remanufacturados, cumpliendo con el laudo. En noviembre de 2002, sólo siete meses después, Brasil vuelve, sin embargo, a imponer nuevamente la prohibición de la importación de esos productos provenientes de Uruguay, desconociendo y deslegitimando la decisión arbitral. Los Estados afectados por el incumplimiento de los laudos se han limitado hasta ahora sólo a efectuar demandas a través de los órganos del MERCOSUR. En el marco de una reunión del Grupo Mercado Común realizada en noviembre de 2002[90], la delegación uruguaya «recordó» a Brasil que debía cumplir con el laudo arbitral fallado en enero. Con respecto al séptimo laudo, en una recomendación dirigida al Consejo del Mercado Común, la Comisión Parlamentaria Conjunta (CPC) recomienda, ante la falta de acato del laudo, a los países miembro (Brasil) que cumplan con los fallos arbitrales a los que se sometieron[91]. Cabe destacar asimismo que Brasil ha desconocido la decisión del cuarto laudo arbitral al llevarla al llevarla a la OMC para que sea tratada de nuevo.

Lo interesante aquí es que en ambos bloques los que no han acatado debidamente las decisiones han sido justamente los dos países que lideran cada bloque, Brasil y EE.UU. Ante el no acatamiento de las decisiones arbitrales, ni en el MSC del MERCOSUR ni tampoco en el Capítulo XX

---

[90] XLVIII Reunión del GMC, 27 y 28 de noviembre de 2002, MERCOSUR/GMC/Acta Nr. 4/02, punto 8.2 sobre cumplimiento del laudo del Tribunal Arbitral *ad-hoc* sobre neumáticos.

[91] «La CPC recomienda a los países miembros que cumplan a la brevedad los fallos arbitrales a los que se sometieron, y que internalicen las normas MERCOSUR a sus respectivos ordenamientos jurídicos», Recomendación MERCOSUR/CPC/REC. Nr. 17/02 Obstáculos al ingreso de productos fitosanitarios, 5 de diciembre de 2002.

del NAFTA los Estado parte afectados han llegado a utilizar la retorsión autorizada, prefiriendo esperar a que los Estados obligados por el laudo cumplan con la decisión. Ello encuentra su explicación, en que la única forma que permiten ambos mecanismos ante el incumplimiento del laudo es la retorsión autorizada en forma de suspensión de concesiones y, como se ve en estos casos, la adopción de estas medidas puede tornarse especialmente desventajosa para los países de menor tamaño. Como se puede apreciar, la voluntad de que la normativa de la integración sea cumplida sólo recae en los Estados parte. Si el Estado afectado u otro no adopta ninguna medida tendiente a hacer efectivo el laudo, no hay ninguna entidad regional que se encargue de controlar que se mantenga la legalidad del proceso de integración. En este sentido se puede ver cómo las características con las que han sido dotados ambos bloques regionales pueden favorecer en última instancia a los países más poderosos.

c) Conformidad o disconformidad con los mecanismos
Como señaló Ortiz Mena, de los tres MSC del NAFTA, el Capítulo XIX es con el que más conforme se está. Sólo se han efectuado algunas quejas puntuales sobre aspectos técnicos del procedimiento. A pesar de la conformidad con el funcionamiento de este mecanismo, el interés real desde un comienzo por parte de Canadá y México ha sido suplantar la imposición de medidas de *antidumping* entre los Estados parte por una política de competencia común del bloque. La propuesta ha sido, sin embargo, siempre rechazada por parte de EE.UU. Respecto del Capítulo XI, los inversores están conformes con el desempeño del mecanismo. Se considera en general efectivo para solucionar las disputas en la materia. Al ser un mecanismo más jurídico que diplomático favorece la imparcialidad del procedimiento, que es importante para una parte débil. Sin embargo, ha generado fuertes críticas con respecto a la falta de claridad sobre el alcance de algunas disposiciones del Capítulo que han creado tensiones al interior de Canadá entre autoridades federales y sub-federales, y también con respecto al concepto de expropiación y la relación entre inversión y medio ambiente. Es criticado por ambientalistas que demandan una mayor protección de los derechos laborales y ambientales cuando se relacionan con disputas sobre inversión. Por más que la Comisión de Libre Comercio del NAFTA ha tratado de aclarar el alcance del Capítulo, la medida parece resultar insuficiente al mantenerse las críticas. Se ha criticado asimismo la

falta de transparencia al no haber ninguna publicación oficial trilateral del las disputas. Al desarrollarse en el marco del CIADI o del CNUDMI, los Secretariados del NAFTA no publican los casos del Capítulo XI. El mecanismo del Capítulo XX es con el que más disconforme se está. Las críticas se dirigen más a las características con las cuales ha sido dotado. En el proceso de negociación para el establecimiento del MSC, México insistió en una mayor legalización del mecanismo, pero finalmente cedió ante la oposición estadounidense. La crítica principal es el carácter no vinculante de las decisiones del panel, el cual sólo puede emitir determinaciones y recomendaciones; es decir, no brinda una solución efectiva de la controversia, y deja en última instancia la negociación diplomática entre gobiernos la solución de la controversia. Los plazos excesivos lo deslegitiman y pueden derivar en la retorsión no autorizada. Asimismo se ha criticado la falta de posibilidad de apelación.

En el MERCOSUR se ha estado en general disconforme con el mecanismo, en especial los países pequeños, Paraguay y Uruguay, pero también la Argentina, que más han demandado su perfeccionamiento. Pero hasta el año 2000, las propuestas de reforma siempre encontraron una oposición por parte de Brasil, que rechazaba una mayor institucionalización del mecanismo. Recién cuando la cuestión de su liderazgo se vio afectada a fines de la década de los noventa y los conflictos comerciales aumentaron en el MERCOSUR, cedió ante la crisis (aprobando la reforma del MSC a través del Protocolo de Olivos) para lograr que el proceso de integración gane en legitimidad. Las críticas principales que se le realizaron al procedimiento del Protocolo de Brasilia se traducen por consiguiente en algunas de las reformas efectuadas a través del Protocolo de Olivos. Las más importantes han sido: en primer lugar, los plazos excesivos en las etapas pre-panel. Con el sistema de Consultas ante la Comisión se está más conforme, porque ha fomentado la comunicación y el intercambio de información entre las partes. No obstante, los plazos prolongados al comienzo de su utilización le restaron efectividad al procedimiento, así como también la limitada participación de los particulares, que están sólo limitados a la presentación de la consulta ante sus representantes gubernamentales. El sistema también ha sido criticado por falta de transparencia, al no ser posible acceder públicamente a la información técnica ampliatoria sobre ellas. La intervención de la Comisión de Comercio y del Grupo Mercado Común no ha tenido la efectividad esperada al no haberse resuelto la mayoría de los casos que se le presentaron por falta de consenso. En segundo lugar, el carácter *ad-hoc* de los tribunales arbitrales, que conspira contra una interpretación uniforme de la normativa MERCOSUR y por ello la demanda por el establecimiento de un tribunal permanente que contribuya a generar una jurisprudencia y evitar la divergencia entre las decisiones arbitrales anteriores. En tercer lugar, la falta de una instancia de apelación; en cuarto lugar, la inaccesibilidad de los particulares al MSC y, por último, los problemas con el efectivo cumplimiento de los laudos arbitrales.

3.6. Observaciones adicionales al MSC del MERCOSUR: deficiencias legales de su modelo de integración

En cuanto al desempeño del MSC del MERCOSUR se deben realizar unas observaciones adicionales que han tenido una influencia negativa en la aplicación del MSC y no se refieren al mecanismo en sí, sino al modelo de integración adoptado en el MERCOSUR. En este sentido, la eficacia del mecanismo del MERCOSUR estuvo limitada también por factores colaterales a su propio funcionamiento.

a) El problema de la vigencia del Derecho del MERCOSUR
Como se mencionó en la primera sección de este análisis, los órganos en el MERCOSUR disponen de la capacidad de adoptar legislación secundaria (que los órganos en el NAFTA no disponen). Si bien las normas son obligatorias entre los Estados parte a partir de que fueron decididas por los órganos decisorios del MERCOSUR, para su entrada en vigor *en* los Estados parte, gran parte de estas normas secundarias deben ser incorporadas al derecho interno de cada uno de los países y recién cuando ello se ha realizado, la norma entra «simultáneamente» en vigencia[92]. Como lo han mencionado Bouzas y Soltz en su análisis, gran parte de estas normas aún no han sido incorporadas por los Estados y, por consiguiente no tienen vigencia en los Estados del MERCOSUR (sólo un 34% de las normas decididas de incorporación obligatoria fueron incorpora-

---

[92] No todas las normas requieren ser internalizadas. Tal es el caso de normas que regulan el funcionamiento interno de los órganos del MERCOSUR, o normas idénticas a las que se aplica internamente.

das entre 1991 y 2000). La falta de incorporación se debe a que las normas no tienen fechas perentorias de incorporación. Si bien a partir de 1998 se ha tratado de mejorar el sistema de incorporación y posteriormente se decidió incorporar fechas perentorias para determinado tipo de normas, el problema aún sigue vigente.

Ello tiene como consecuencia distintos resultados que influencian en la efectividad del MSC del MERCOSUR. Como sostienen Tussie, Labaqui y Quiliconi (2001), el primero es la falta de transparencia, inseguridad y desigualdad jurídica que crea esta metodología para todos sus participantes, ya que si una norma MERCOSUR es incorporada por un país pero no por los otros, los actores económicos quedan sujetos a reglamentaciones diferentes. El segundo resultado que se desprende del primero es la inefectividad jurídica que genera la no incorporación de las normas, en el sentido de que su no vigencia ha traído problemas para que el MSC pueda aplicarlas con eficacia. Este problema limita seriamente la efectividad que puede llegar a tener un mecanismo de solución de controversias, sin importar que tan legalizado pueda ser, ya que puede impedir su utilización. Ello quedó demostrado en algunas de las controversias presentadas en el marco de los paneles arbitrales, donde no se ejerció decisión sobre una normativa acordada regionalmente, porque aún no estaba vigente. Samtleben (2000: 75) sostiene, sin embargo, que la argumentación de no aplicar una normativa porque aún no está vigente ha sido errónea, porque en la relación *entre* los Estados parte, las actas de los órganos ya son vinculantes con anterioridad a su incorporación y, por lo tanto, aplicables por el MSC. Sin embargo, en otros paneles arbitrales se ha aclarado y producido un avance positivo con respecto al significado de lo que la obligación de incorporación implica para los Estados parte. Ello se produjo en el cuarto y séptimo tribunal *ad-hoc* establecido. En este último, el tribunal sostiene:

> la obligatoriedad de las [normas] genera como consecuencia el nacimiento de una obligación de hacer, la de incorporar al derecho interno dicha normativa, y una obligación de no hacer, la de no adoptar medidas que por su naturaleza se opongan o frustren el propósito de la norma aprobada pero aún no incorporada[93].

---

[93] Punto Nr. 7.7. de la decisión del Tribunal Arbitral *ad-hoc* del MERCOSUR constituido para decidir la controversia entre la Argentina y Brasil sobre «Obstáculos al Ingreso

A partir de esta interpretación, la efectividad de no incorporar ciertas normas para no entrar en obligatoriedad por los Estados socios, y poder imponer medidas que se opongan a ellas, queda «prohíbido» por el tribunal arbitral. La obligación de incorporación, por consiguiente, puede dar lugar a una controversia por incumplimiento y, a su vez, impide la adopción de normas nacionales que vayan en contra de la norma regional decidida pero aún no incorporada. Por más que la decisión del tribunal arbitral sólo es obligatoria para los Estados implicados en la controversia, la interpretación del cuarto laudo ha sido utilizada, como aquí se ve, también por el séptimo laudo como precedente.

La problemática de la falta de incorporación de las normas no la posee el NAFTA. Los compromisos se establecieron los más preciso posible de una sola vez y a través de un gran número de normas, se ratificaron y entraron en vigor, pudiendo ser aplicados por los MSC a partir de allí. En este sentido, se puede afirmar que la metodología empleada posibilita un marco de aplicación legal más transparente y de mayor seguridad jurídica para sus administrados.

b) El problema de la jerarquía del Derecho MERCOSUR: peligro de regresión de los compromisos asumidos y objetivos establecidos inicialmente

La segunda observación se refiere a la jerarquía de las normas en el marco del MERCOSUR. Como lo ha señalado Samtleben (2000), en el MERCOSUR no existe una división o pirámide jerárquica de las fuentes jurídicas del bloque, como es el caso de la Unión Europea, donde existe una separación entre el derecho primario y derecho secundario. En el MERCOSUR las normas tienen la misma jerarquía legal entre sí[94]. En casos conflictivos, el acto legal que prevalece en el marco del Derecho del MERCOSUR es el que se emitió por último. Ello representa un factor negativo para la credibilidad legal del proceso de integración y para

---

de Productos Fitosanitarios Argentinos en el Mercado Brasileño. No Incorporación de las Resoluciones GMC N° 48/96, 87/96, 149/96, 156/96 y 71/98 lo que Impide su entrada en Vigencia en el MERCOSUR». Véase en Internet:

http://www.mercosur.org.uy/espanol/snor/bom/laudos/laudo_fitosanitarios.htm

[94] Las argumentaciones de Samtleben en contra de una «piramide jurídica» de las fuentes de derecho del MERCOSUR véase: Samtleben (2000: 58).

la transparencia y certidumbre de sus administrados, ya que en algunas ocasiones, los órganos del MERCOSUR han tomado decisiones que van en contra de los objetivos de la integración. Ello puede presentar el peligro de que se produzca, en cierta forma, una regresión de los compromisos asumidos y objetivos establecidos por los Estados parte inicialmente. A pesar de que el MERCOSUR se pueda entender como un proceso flexible y gradual, este problema perjudica la legalidad del sistema. Si bien los árbitros de los paneles no están sujetos a los laudos decididos anteriormente, que un panel arbitral interprete una norma que el día de mañana sea reemplazada por otra que contradiga el objetivo de la inicial afecta la eficacia del mecanismo. Y como en el marco del MERCOSUR no hay ningún órgano autónomo e independiente que controle el desarrollo normativo y los particulares tampoco pueden apelar contra decisiones de los órganos a través de un recurso de nulidad: el problema sigue su curso. Y en este sentido, la credibilidad de las normas se hace débil, por su imprevisibilidad, que es un factor muy importante para que los inversores extranjeros decidan no invertir en la región. La nueva transformación de la SAM en Secretaría Técnica, cuya función entre otras será verificar y controlar la consistencia jurídica de los actos y normas emanadas de los órganos del MERCOSUR puede representar un avance para evitar este tipo de problemas.

c) Incumplimiento del objetivo de coordinación macroeconómica: intensificación de tendencias proteccionistas
Un tercer factor significativo que ha incidido en el uso del MSC del MERCOSUR ha sido la falta de una coordinación macroeconómica entre los Estados parte. La coordinación macroeconómica es constitutiva del MERCOSUR, estableciendo el Tratado de Asunción en su Artículo 1 que para la constitución del Mercado Común los Estados parte deben coordinar las políticas macroeconómicas y sectoriales. Este objetivo nunca se cumplió entre los Estados parte[95]. La inestabilidad macroeconómica creada por la devaluación del real brasilero en enero de 1999

---

[95] Si bien se declaró a partir de 1998 trabajar en pos de una armonización macroeconómica, a partir de 1999 se acordó la estandarización estadística de indicadores y a partir de 2001 se establecieron metas macroeconómicas para la inflación, déficit fiscal y deuda pública, estos objetivos quedaron en el papel y hasta ahora no se han aplicado.

y luego intensificada por la devaluación del peso argentino en diciembre de 2001 perjudicaron el proceso de integración al afectar negativamente los flujos de comercio intrarregionales, trabando el desarrollo del MERCOSUR. La inestabilidad macroeconómica por los movimientos abruptos en los tipos de cambio de las monedas de los socios grandes generó grandes desequilibrios entre los Estados parte, llevando a los países a adoptar medidas unilaterales (como, por ejemplo, cambios unilaterales en la estructura arancelaria) contrarias al proceso de integración. El incumplimiento generalizado por la proliferación de medidas unilaterales que los cuatro Estados parte comenzaron a adoptar tuvo como consecuencia que varias de estas medidas («de emergencia») fueran institucionalizadas y aceptadas provisoriamente en el marco del MERCOSUR, por más que fueran en contra de los objetivos de la integración.

La aceptación de las excepciones ha limitado seriamente la capacidad del MSC. Si bien con la finalización del régimen de convertibilidad argentino –paridad fija entre el dólar y el peso– y la introducción de un régimen de cambio flexible, los cuatro Estados parte han compatibilizado sus sistemas monetarios –los cuatro disponen ahora de regímenes de cambio flexible– y se ha abierto con ello una verdadera posibilidad de coordinación macroeconómica entre los socios, hasta ahora no se han visto avances en la materia. Sin una coordinación de las políticas macroeconómicas, los desequilibrios pueden seguir manteniéndose y el efecto persuasivo que un MSC puede tener para que los Estados no vuelvan a cometer los mismos incumplimientos que un tribunal decidió en una controversia pierde su efecto en la medida en que intensos desequilibrios pueden perjudicar gravemente a distintos sectores productivos, aumentando las tendencias proteccionistas y la presión para la adopción de medidas contrarias a la integración. Por ejemplo, por más que un tribunal arbitral del MERCOSUR clarificó que las restricciones no arancelarias están prohibidas en el MERCOSUR, varios Estados siguieron aplicándolas para proteger su sector productivo afectado por la menor competitividad producida por las modificaciones en los tipos de cambio. Al Estado parte afectado por la modificación del tipo de cambio le importó más la salvaguarda de su sector productivo que la decisión del tribunal arbitral. El impacto del fallo del tribunal arbitral como precedente, no tuvo así un verdadero efecto sobre los países, ya que las restricciones siguieron adoptándose.

4. Conclusiones

Luego de realizar un análisis comparativo de las diferentes características de los MSC del MERCOSUR y del NAFTA y de su desempeño práctico cabe efectuar distintas observaciones concluyentes. La existencia de mecanismos para solucionar los conflictos en ambos bloques, y específicamente la existencia de mecanismos jurídicos para resolverlos, es un factor positivo e importante para sus participantes, porque puede ayudar a consolidar las relaciones económicas regionales protegiendo los intereses de todas las partes. Teniendo en cuenta las asimetrías de tamaño y poder entre los Estados parte en ambos bloques, los MSC adquieren especial relevancia para los socios pequeños al brindarles seguridad jurídica frente a los socios grandes. Sin embargo, como lo ha demostrado el análisis comparativo, existen factores internos y externos a los MSC que pueden influenciar fuertemente en la efectividad de su utilización y en el cumplimiento de su función. En este sentido, las diferentes metodologías de integración utilizadas por cada bloque y las distintas variaciones en las características, con las cuales han sido dotados los MSC, han demostrado, por ejemplo, que laas diferencias han incidido efectivamente en su aplicación práctica al arrojar distintos resultados en el desarrollo de sus desempeños.

La metodología de integración utilizada por el NAFTA de firmar un amplio y preciso acuerdo «de una sola vez» sin negociaciones posteriores, como se detalló en la primera sección de este apartado, ha favorecido al bloque, porque fomentó una mejor visión de cuales eran las reglas del juego desde el comienzo de la integración para todos sus administrados. Por el contrario, la metodología del MERCOSUR como un proceso gradual y flexible en constante negociación se ha presentado como más compleja por las dificultades que con el desarrollo de la integración se presentaron para su implementación que complicaron una visión clara de las reglas del juego y al mismo tiempo disminuyeron su transparencia. La metodología de integración de ambos bloques fue aplicada también al establecimiento de los MSC. Mientras que el NAFTA creo distintos mecanismos antes de la entrada en vigor del tratado, el MERCOSUR ha ido reformando y complementando su mecanismo con posterioridad a la entrada en vigor del acuerdo.

En la segunda sección de este trabajo se describieron las diferentes características que poseen los MSC del NAFTA y del MERCOSUR, que dicen asimismo del grado de legalización que se le ha conferido a cada uno de los respectivos mecanismos. A través de la descripción se pudo apreciar que los mecanismos de los Capítulos XIX y XI del NAFTA son más legalizados que el utilizado hasta ahora por el MERCOSUR a través del Protocolo de Brasilia y sus procedimientos complementarios de consultas y reclamaciones ante la Comisión de Comercio. Este hecho puede considerarse como sorprendente si se tiene en cuenta que el MERCO-SUR se ha propuesto un objetivo de integración más elevado –la creación de un mercado común– que el NAFTA, el cual sólo se propuso establecer una zona de libre comercio. No obstante, esta situación cambiaría a partir de la entrada en vigor del Protocolo de Olivos que ha perfeccionado el MSC del MERCOSUR y ha acordado el establecimiento de un tribunal permanente. La reforma ha aumentado el grado de legalización del MSC, haciéndolo más conforme al objetivo de integración propuesto. Por otro lado, a través de la comparación se constató también que el Capítulo XX del NAFTA, el MSC más importante para la integración, es el menos legalizado en ambos bloques por el carácter no vinculante de las decisiones arbitrales.

La asimetría de poder y tamaño entre los socios en ambos bloques ha jugado un papel importante en la definición de los MSC y su grado de legalización en la medida en que los límites de legalización e institucionalización fueron establecidos por los líderes de cada bloque, Brasil y EE.UU. En forma *ex ante* a la firma del NAFTA, EE.UU. definió los límites de legalización e institucionalización de los MSC, en forma *ex post* al acuerdo, Brasil limitó el avancé para un MSC permanente y definitivo.

A través del estudio del desempeño práctico que han tenido los MSC se pudieron ver distintas tendencias y resultados. Una primera tendencia ha sido que mientras en el NAFTA se han utilizado desde un comienzo tanto los procedimientos de auto-ayuda como los arbitrales para solucionar las controversias, en el MERCOSUR prevalecieron en los primeros años del proceso de integración sólo la utilización de los procedimientos de auto-ayuda para solucionar los conflictos. Cuando no podían ser solucionados de esta manera, se recurrió en su mayor parte a la diplomacia presidencial en vez de activarse los procedimientos arbitrales. Recién a fines de la década de los noventa, cuando los conflictos comerciales comenzaron a multiplicarse y los procedimientos de auto-ayuda y la diplomacia presidencial perdieron efectividad para solucionarlos, los países del MERCOSUR comenzaron a utilizar el procedimiento arbitral. El funcionamiento más efectivo del procedimiento arbitral para solucionar controversias –que indefectiblemente han sido difíciles de solucionar diplomáticamente– ha producido una mayor tendencia por parte de los Estados parte por utilizar esta última etapa del mecanismo con más frecuencia. Por ello, se podría afirmar de que en el MERCOSUR se está cambiando de un sistema donde predominaba la solución de controversias diplomáticas basada en relaciones de poder hacia un sistema basado en reglas para solucionar los conflictos.

El estudio de las controversias presentadas hasta la fecha indicó que en ambos esquemas de integración existe un bilateralismo conflictivo de los países menores o medianos con los socios mayores, Brasil y EE.UU., que han sido asimismo los países más reclamados. La tendencia bilateral en los conflictos es comprensible dada la alta dependencia comercial que tienen los socios menores y medianos con respecto a Brasil y EE.UU.

Respecto de la efectividad en el funcionamiento de los MSC de ambos bloques, los procedimientos que mejor funcionaron han sido los Capítulos XIX y XI del NAFTA. El mayor grado de legalización de que disponen estos mecanismos tuvo al respecto una importante influencia en este positivo desempeño. A pesar de que en algunos casos se han presentado problemas con el cumplimiento del plazo para solucionar las controversias, en ambos MSC, tanto las reglas de procedimiento como las decisiones emanadas de los paneles arbitrales se han cumplido. Las características más importantes de estos dos procedimientos son principalmente el acceso de los particulares al procedimiento que fomenta una mayor activación del MSC y el carácter más jurídico que de negociación diplomática de los procedimientos que evitan la politización de los conflictos.

Por el contrario, el Capítulo XX del NAFTA y el MSC del MERCOSUR han presentado varios problemas que han limitado su buen funcionamiento. En ambos MSC ha habido plazos excesivos de tiempo en algunas (procedimientos de auto-ayuda en el MERCOSUR) o todas las etapas para solucionar las controversias en la medida en que los propios procedimientos también lo han permitido. Si bien no ha sido la regla, ambos MSC han tenido problemas con el efectivo acatamiento de las decisiones arbitrales. El principal problema en el Capítulo XX radica en el carácter no vinculante de las decisiones arbitrales. En el MERCOSUR el problema presenta una mayor dificultad en la medida en que, a pesar de que la decisión arbitral es vinculante para las partes, Brasil ha incumplido en algunas controversias con ellas. En este sentido, un factor común es que en ambos bloques los que no han acatado debidamente las decisiones arbitrales han sido los socios mayores de cada bloque, Brasil y EEUU. La retorsión autorizada en forma de suspensión de concesiones para tratar de hacer cumplir las decisiones arbitrales se ha caracterizado como inefectiva para los socios menores, que no la han utilizado en la medida en que su aplicación puede ser más desfavorable frente a los socios mayores, con los cuales mantienen una gran dependencia comercial. Además, si bien la suspensión autorizada de concesiones puede ser un medio para presionar al Estado a que cumpla, la utilización de esta medida no implica a que la norma siga siendo violada, a parte de tener en cuenta de que la suspensión de beneficios es una medida que no fomenta, sino que retrocede la integración.

Como lo señaló Ortiz Mena en su análisis, a pesar de las controversias existentes en el NAFTA, los mecanismos parecen haber brindado certeza a los actores económicos, ya que ha habido un importante crecimiento tanto del comercio como de las inversiones. En el MERCOSUR, por el contrario, si bien en el primer período de la integración el comercio y las inversiones tuvieron un gran aumento, a partir de 1999 el comercio intrarregional ha comenzado a bajar llegando en el año 2002 a los porcentajes que el bloque poseía antes que el proceso de integración se estableciera. El flujo de inversiones también ha mostrado una tendencia decreciente en los últimos años. Teniendo ello en cuenta, se podría afirmar que el MSC del MERCOSUR no ha producido el efecto esperado de brindar certeza a los actores económicos. Sin embargo, sería erróneo atribuirle la total causalidad de la disminución de los flujos comerciales a las deficiencias del mecanismo. Las causas en este caso no sólo se encuentran en el mecanismo, sino también en los factores externos a su funcionamiento descritos en la tercera sección del presente capítulo, en lo referente a las deficiencias legales e institucionales del modelo de integración y la falta de una coordinación macroeconómica entre los Estados parte que ha incidido fuertemente en la aparición de controversias producidas por los movimientos abruptos en los tipos de cambio.

El resultado del desempeño práctico de los distintos MSC del MERCOSUR y del NAFTA ha arrojado diferentes propuestas de reforma y mejoras, según el grado de efectividad o inefectividad que han tenido los mecanismos. Los diferentes modelos de integración de ambos bloques tienen aquí nuevamente también una importante influencia para que la posibilidad de concretar estas reformas se haga realidad. En este sentido, mientras que el modelo de integración flexible del MERCOSUR prevé una evolución institucional gradual con el desarrollo de la integración, establecer ajustes institucionales en el modelo del NAFTA sea hace difícil por la propia naturaleza del proceso como acuerdo de «una sola vez».

Varias de las debilidades del MSC del MERCOSUR han sido reformadas por el Protocolo de Olivos. A través de las reformas, es de esperarse que el MSC tenga un mejor funcionamiento y desempeño en los próximos años. Por ello, sería recomendable que el Protocolo entre lo más rápido posible en vigor así puede comenzar a ser utilizado. El progreso institucional para la solución de controversias en el MERCOSUR aumentaría la seguridad jurídica del proceso de integración y de sus partes integrantes, aportando una mayor la estabilidad y previsibilidad al sistema. Los cambios que representarán un avance positivo para el MSC del MERCOSUR serán:

- El **establecimiento del tribunal permanente**, que fomentará el desarrollo de una interpretación, aplicación y cumplimiento más uniforme del derecho MERCOSUR, así como la formación y el perfeccionamiento de los conceptos del Derecho mercosuriano a través de una «casi» jurisprudencia común. La posibilidad de que el tribunal pueda emitir **opiniones consultivas** constituirá, en este sentido, también un progreso para la aplicación uniforme del derecho del MERCOSUR. Aunque esta función aún no ha sido reglamentada por los Estados parte, en el caso de ser los tribunales nacionales los que puedan efectuar estas consultas, podría ser muy similar al procedimiento prejudicial utilizado en la Unión Europea y convertirse, como ha sucedido en esta última, también en el procedimiento más utilizado en el MERCOSUR.

- Las medidas adoptadas para acelerar los procedimientos de solución de controversias a través de la **creación de un mecanismo expeditivo** para resolver conflictos de tipo técnico y la **posibilidad de saltar la etapa de intervención del Grupo Mercado Común** (GMC). El mecanismo expeditivo también está pendiente de reglamentación y no se ha mencionado nada aún sobre las características que adoptará, pero su establecimiento podría llegar a suplantar a los procedimientos complementarios de Consultas y Reclamaciones ante la Comisión de Comercio. La vía más rápida para llegar a la instancia judicial, saltando la etapa de intervención del GMC, es muy posible que se convierta en una constante teniendo en cuenta la menor efectividad que han mostrado los procedimientos de auto-ayuda y la tendencia de los últimos años por parte de los Estados parte en activar con mayor frecuencia el procedimiento arbitral.

- Los nuevos procedimientos para asegurar un **mejor seguimiento y cumplimiento de las decisiones arbitrales**: A pesar de estar en debate el hecho de si este cambio, en efecto, va a mejorar este problema, los nuevos instrumentos introducidos[96] ejercerán por lo menos una mayor presión para el Estado obligado por el laudo, el cual tendrá desde un comienzo que detallar cuáles son las medidas que adoptará para el cumplimiento de la decisión.

- La nueva **posibilidad de elección del foro** para solucionar la controversia, ya sea a través del MSC del MERCOSUR, de la OMC u otro, evitará la utilización de diferentes mecanismos al mismo tiempo, como ha sucedido ya anteriormente en el MERCOSUR.

- Un factor positivo externo al funcionamiento del MSC del MERCOSUR lo constituirá también la transformación de la SAM en Secretaría Técnica en la medida en que una de las nuevas funciones que se le ha atribuido es el de controlar la consistencia jurídica de la normativa emanada de los órganos del MERCOSUR, que fomentará una mayor transparencia y coherencia de la normativa MERCOSUR. A pesar de que el Protocolo de Olivos ha significado un avance en las instituciones para solucionar conflictos en el MERCOSUR, algunos elementos importantes que hubieran mejorado más al sistema y que se encuentran aún en debate no fueron considerados, sin embargo, por el nuevo mecanismo. El primer elemento es la posibilidad de introducir la imposición de multas en caso de incumplimiento del laudo, en la medida en que la retorsión autorizada en forma de suspensión de concesiones no es efectiva en procesos de integración

---

[96] El Estado culpable debe informar al otro Estado y al Grupo Mercado Común sobre las medidas que va a adoptar para el cumplimiento del laudo.

asimétricos. El segundo elemento es la inaccesibilidad que tienen los particulares al MSC del MERCOSUR. En el caso de que la función consultiva que le ha sido atribuida al nuevo tribunal permanente no esté dirigida a los tribunales nacionales, se debería analizar la posibilidad de permitir un mayor acceso a los particulares en la medida en que son, como los Capítulos XI y XIX del NAFTA lo han mostrado, los verdaderos activadores de los MSC y no se ven inhibidos como los Estados en hacer valer sus derechos cuando se incumple con las reglas de la integración.

No obstante, se debe tener en cuenta que también el Protocolo de Olivos tiene un carácter transitorio. De su efectividad y desarrollo dependerá igualmente la voluntad de los Estados socios en realizarle nuevas modificaciones al MSC. Y como lo ha demostrado el desarrollo del modelo de integración, es muy probable que se realicen nuevas reformas.

Asimismo, como se ha señalado en la tercera sección del presente trabajo, para que el MSC del MERCOSUR funcione de mejor manera, se deben realizar algunos ajustes externos al mecanismo que han incidido en su utilización. Los Estados parte deben mostrar la voluntad en tratar de alcanzar la vigencia de las normas pactadas. A pesar de que se han realizado algunos avances en los últimos años en el sistema de incorporación de la normativa MERCOSUR, el gran porcentaje de actos legales decididos regionales y no incorporados demuestra que el problema aún no ha sido solucionado y que se deben analizar otras alternativas para lograr un mejor sistema de incorporación. Lo mismo ocurre con el problema de la jerarquía de la normativa MERCOSUR, que si bien se enmarca dentro del modelo de integración flexible del proceso, le resta credibilidad y estabilidad al proceso, que son elementos especialmente importantes para los agentes económicos e inversores. Los Estados parte deben asimismo lograr crear instrumentos de coordinación macroeconómica, para evitar distorsiones en la competitividad de los socios, toda vez que los movimientos abruptos en los tipos de cambio han incidido fuertemente en la aparición de controversias. La existencia de tipos de cambio flexible en los cuatro países socios –a partir de la finalización del sistema de convertibilidad argentino– ha abierto una real oportunidad para buscar instrumentos de coordinación, pero más allá de mostrar pretensiones, hasta ahora no se han realizado pasos concretos al respecto.

Lo positivo del modelo de integración del NAFTA como acuerdo de «una sola vez» se convierte en negativo cuando de posibilidades de reforma se habla. En este sentido, el carácter estático normativo e institucional del NAFTA dificulta un avance para algunas reformas necesarias que salieron a relucir a partir del uso práctico de los distintos MSC. Ortiz Mena ha enumerado un conjunto de elementos de los distintos MSC del NAFTA que se podrían mejorar, los cuales pueden resumirse de la siguiente manera:

Capítulo XI: Mejoras en la transparencia del Capítulo: Al respecto, se debe aclarar el alcance del Capítulo en tres niveles: 1. Cuando se relaciona con el medio ambiente para evitar que sigan existiendo conflictos y tensiones de distintos grupos ambientalistas. El autor sugiere el fortalecimiento de las instituciones nacionales encargadas de vigilar el cumplimiento de la normatividad ambiental, así como de las instancias regionales en el marco del Acuerdo de Cooperación Ambiental del NAFTA y su MSC, el cual debería fortalecerse para evitar que todas las presiones recaigan sobre el Capítulo XI. 2. Aclarar el alcance del Capítulo con respecto al concepto de expropiación en lo referente a la regulación, y qué medidas regulatorias constituyen o no una expropiación. 3. Aclarar el alcance el Capítulo en cuanto a las facultades de las entidades federales y subfederales.

La segunda propuesta de mejora para una mayor transparencia del mecanismo es que los Secretariados del NAFTA ofrezcan también información en su página de Internet sobre los casos presentados en el marco de este Capítulo, además de los casos de los Capítulos XX y XIX, por más que sean resueltos en otras instancias (CIADI y CNUDMI).

Capítulo XIX: Eliminar la imposición de medidas *antidumping* y suplantarlo por una política de competencia común entre los Estados parte. Dada la dificultad de lograr este objetivo ante el rechazo estadounidense, Ortiz Mena ha propuesto mantener el sistema sin alteración en cuanto a sus procedimientos, pero abrir la posibilidad de excluir algunos sectores donde se prohíba la imposición de las medidas *antidumping*, tratando a estos sectores exclusivamente vía política de competencia. Como en el MERCOSUR, también se ha propuesto lograr una cooperación en materia de política macroeconómica entre los Estados parte en la medida en que también aquí la aparición de controversias ha estado relacionada con movimientos en los tipos de cambio de las monedas de los tres socios.

Capítulo XX: Las propuestas de reforma son especialmente relevantes en este MSC, porque –como lo ha demostrado su desempeño práctico– es el que más problemas de funcionamiento ha tenido. Al respecto, Ortiz Mena ha propuesto:

- Mejorar la transparencia del MSC: ofrecer mayor información a través de una mejora de la página de Internet del Secretariado respecto de los casos, especialmente ofrecer información de los casos en las etapas de auto-ayuda como de los casos resueltos que no están resueltos en las distintas instancias.
- Procedimientos menos flexibles a través de plazos verdaderamente perentorios en las etapas de auto-ayuda y una mayor automaticidad en el establecimiento del panel para evitar un aplazamiento de los tiempos de solución de la controversia.
- Las decisiones de los paneles arbitrales deben ser vinculantes para los Estados parte para lograr su efectivo cumplimiento.
- Eliminación de la retorsión autorizada en forma de suspensión de concesiones en caso de incumplimiento de la decisión arbitral.
- Otorgar al MSC la posibilidad de apelación.

Para concretar varias de estas propuestas se deberían realizar cambios al tratado del NAFTA. Pero producir cambios al tratado podría ir en contra de lo que justamente se ha ganado con este modelo: brindar certidumbre a los agentes económicos. Sin embargo, el Tratado del NAFTA no es tan estático como parece, ya que ha dejado algunas salidas de auxilio que permitirían la realización de algunas reformas. Ello es el caso del Capítulo XIX que, por ejemplo, ha dejado la posibilidad de que los Estados parte realicen una revisión del mecanismo[97]. El Capítulo XI permite,

---

[97] Véase Artículo 1907, punto 1., Capítulo XIX NAFTA: «Las partes realizarán consultas anuales, o a solicitud de una de las partes, para examinar cualquier problema que resulte de la ejecución u operación de este capítulo, y para recomendar soluciones cuando corresponda.»

como ya ha ocurrido, que la Comisión de Libre Comercio del NAFTA efectúe aclaraciones o interpretaciones sobre las disposiciones del Capítulo[98]. Si bien, la última aclaración realizada por ésta se ha mostrado como insuficiente para destrabar el problema del alcance del mecanismo, ello no obsta a que se pueda volver a utilizar, si paralelamente se producen los ajustes pertinentes en los MSC de los acuerdos paralelos medioambientales y laborales.

El mayor problema para efectuar modificaciones lo representa el Capítulo XX. Las distintas propuestas –en especial, introducir el carácter vinculante a las decisiones arbitrales y la posibilidad de apelación– implicarían un verdadero cambio en las características del mecanismo. Y aquí las probabilidades disminuyen por la oposición que ha mostrado EE.UU. desde un comienzo con respecto a estas modificaciones que no serían realizables políticamente. Sin embargo, mantener las debilidades en el MSC del Capítulo XX continuará bajando su efectividad y legitimidad para solucionar las controversias. Al respecto, se debe tener en cuenta que el NAFTA aún no ha sido implementado del todo. Con la desgravación arancelaria del sector agrícola implementada, por ejemplo, empezaron tiempos difíciles, especialmente para México cuyo sector agrícola es particularmente sensible a estas reducciones arancelarias.

Teniendo en cuenta los resultados económicos hasta ahora logrados en ambos bloques regionales, se puede afirmar desde una perspectiva comparativa en general que los mecanismos de solución de controversias del NAFTA, a pesar de las debilidades del mecanismo del Capítulo XX, han desempeñado mejor el rol de asegurar el cumplimiento de los compromisos asumidos entre los Estados partes que el MSC del MERCOSUR. Los instrumentos –reglas, instituciones y MSC– con los cuales ha sido dotado el bloque norteamericano parecen estar en conformidad con el objetivo de integración perseguido, y la mayor voluntad política para hacerlos funcionar por parte de los Estados parte han tenido una importante parte en este resultado. Por el contrario, los instrumentos creados en el MERCOSUR parecen ser insuficientes para asegurar y lograr el elevado grado de integración perseguido. Ello unido a la menor voluntad

---

[98] Véase Capítulo XI NAFTA Sección B, Artículo 1131.2.: «La interpretación que formule la Comisión sobre una disposición de este Tratado, será obligatoria para un tribunal establecido de conformidad con esta sección.» Véase también Artículo 1132. 1.

política por parte de los Estados parte en hacerlos funcionar y cumplir con las reglas a las que se sometieron ha llevado a limitar el avance del proceso de integración. Recién con la reforma realizada al MSC a través del Protocolo de Olivos, el MERCOSUR dispone de un instrumento de solución de controversias más conforme con su objetivo de integración. Pero también la eficacia de este nuevo mecanismo y su procedimiento dependerán de la legitimidad política que le concedan los Estados parte.

ANEXOS
Gráfico 1

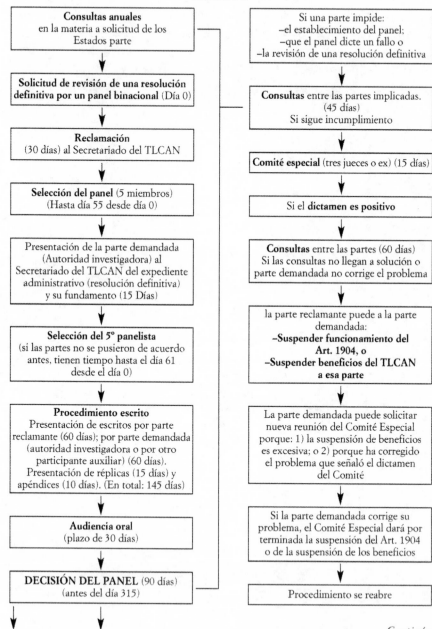

Consultas anuales
en la materia a solicitud de los
Estados parte

Solicitud de revisión de una resolución definitiva por un panel binacional (Día 0)

Reclamación
(30 días) al Secretariado del TLCAN

Selección del panel (5 miembros)
(Hasta día 55 desde día 0)

Presentación de la parte demandada
(Autoridad investigadora) al
Secretariado del TLCAN del expediente
administrativo (resolución definitiva)
y su fundamento (15 Días)

Selección del 5° panelista
(si las partes no se pusieron de acuerdo
antes, tienen tiempo hasta el día 61
desde el día 0)

Procedimiento escrito
Presentación de escritos por parte
reclamante (60 días); por parte demandada
(autoridad investigadora o por otro
participante auxiliar) (60 días).
Presentación de réplicas (15 días) y
apéndices (10 días). (En total: 145 días)

Audiencia oral
(plazo de 30 días)

DECISIÓN DEL PANEL (90 días)
(antes del día 315)

Si una parte impide:
–el establecimiento del panel;
–que el panel dicte un fallo o
–la revisión de una resolución definitiva

Consultas entre las partes implicadas.
(45 días)
Si sigue incumplimiento

Comité especial (tres jueces o ex) (15 días)

Si el **dictamen es positivo**

Consultas entre las partes (60 días)
Si las consultas no llegan a solución o
parte demandada no corrige el problema

la parte reclamante puede a la parte
demandada:
–**Suspender funcionamiento del
Art. 1904, o**
–**Suspender beneficios del TLCAN
a esa parte**

La parte demandada puede solicitar
nueva reunión del Comité Especial
porque: 1) la suspensión de beneficios
es excesiva; o 2) porque ha corregido
el problema que señaló el dictamen
del Comité

Si la parte demandada corrige su
problema, el Comité Especial dará por
terminada la suspensión del Art. 1904
o de la suspensión de los beneficios

Procedimiento se reabre

Continúa

Continuación

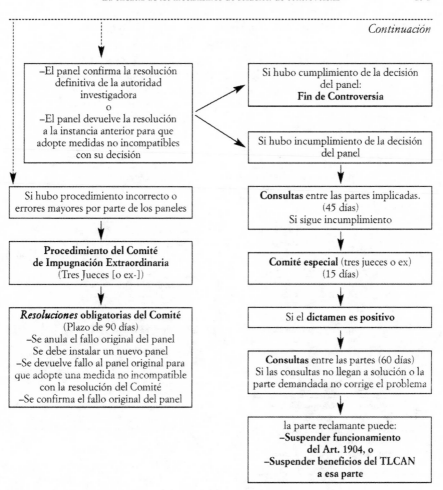

–El panel confirma la resolución
definitiva de la autoridad
investigadora
o
–El panel devuelve la resolución
a la instancia anterior para que
adopte medidas no incompatibles
con su decisión

Si hubo cumplimiento de la decisión
del panel:
Fin de Controversia

Si hubo incumplimiento de la decisión
del panel

Si hubo procedimiento incorrecto o
errores mayores por parte de los paneles

**Procedimiento del Comité
de Impugnación Extraordinaria**
(Tres Jueces [o ex-])

Resoluciones **obligatorias del Comité**
(Plazo de 90 días)
–Se anula el fallo original del panel
Se debe instalar un nuevo panel
–Se devuelve fallo al panel original para
que adopte una medida no incompatible
con la resolución del Comité
–Se confirma el fallo original del panel

Consultas entre las partes implicadas.
(45 días)
Si sigue incumplimiento

Comité especial (tres jueces o ex)
(15 días)

Si el **dictamen es positivo**

Consultas entre las partes (60 días)
Si las consultas no llegan a solución o la
parte demandada no corrige el problema

la parte reclamante puede:
–**Suspender funcionamiento
del Art. 1904, o**
–**Suspender beneficios del TLCAN
a esa parte**

Gráfico 2. Procedimiento del Capítulo 19 sobre cuotas _antidumping_
y compensatorias
Revisión de reformas internas legislativas por un
panel binacional-NAFTA (Art. 1903)

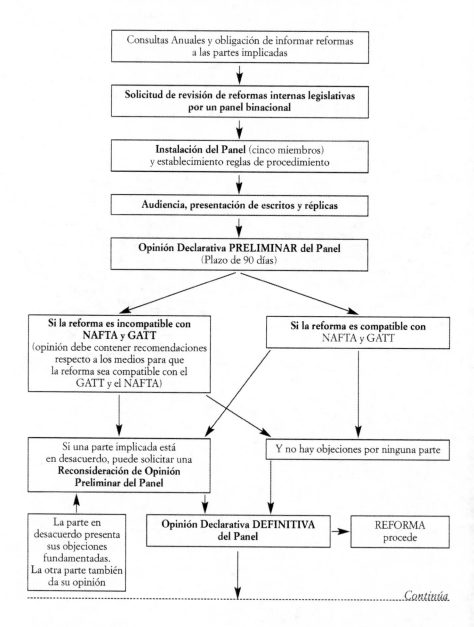

Continúa

Continuación gráfico 2

SI EL PANEL RECOMIENDA
MODIFICACIONES A LA REFORMA

CONSULTAS entre las partes para
una solución satisfactoria mutua
(Plazo 90 días)

Si REFORMA NO SE MODIFICA,
el Estado reclamante puede:
–adoptar medidas **legislativas o administrativas
equiparables, o**
–**denunciar el Tratado respecto de la parte que hace
la reforma, 60 días después de notificarlo
por escrito a la parte**

Gráfico 3. Capítulo 20 - Controversias sobre la aplicación o interpretación del NAFTA

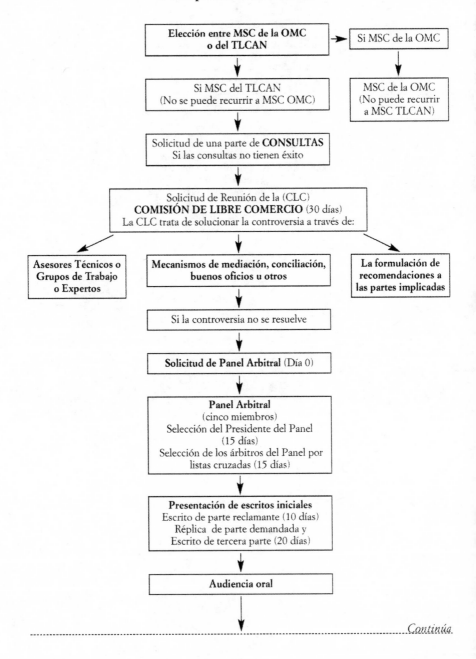

Continúa

Continuación gráfico 3

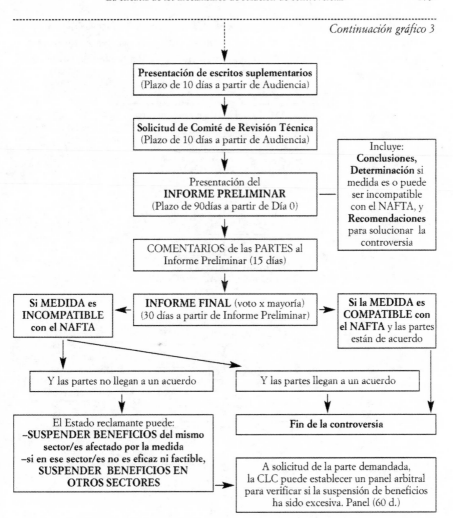

Presentación de escritos suplementarios
(Plazo de 10 días a partir de Audiencia)

Solicitud de Comité de Revisión Técnica
(Plazo de 10 días a partir de Audiencia)

Presentación del
INFORME PRELIMINAR
(Plazo de 90días a partir de Día 0)

Incluye:
**Conclusiones,
Determinación** si
medida es o puede
ser incompatible
con el NAFTA, y
Recomendaciones
para solucionar la
controversia

COMENTARIOS de las PARTES al
Informe Preliminar (15 días)

**Si MEDIDA es
INCOMPATIBLE
con el NAFTA**

INFORME FINAL (voto x mayoría)
(30 días a partir de Informe Preliminar)

**Si la MEDIDA es
COMPATIBLE con
el NAFTA** y las partes
están de acuerdo

Y las partes no llegan a un acuerdo

Y las partes llegan a un acuerdo

El Estado reclamante puede:
**–SUSPENDER BENEFICIOS del mismo
sector/es afectado por la medida
–si en ese sector/es no es eficaz ni factible,
SUSPENDER BENEFICIOS EN
OTROS SECTORES**

Fin de la controversia

A solicitud de la parte demandada,
la CLC puede establecer un panel arbitral
para verificar si la suspensión de beneficios
ha sido excesiva. Panel (60 d.)

Gráfico 4. Capítulo 11. Sección B - NAFTA: Mecanismo de solución de controversias entre un inversionista de un Estado parte y otro Estado parte, para asegurar el trato igual entre inversionistas de las partes de acuerdo

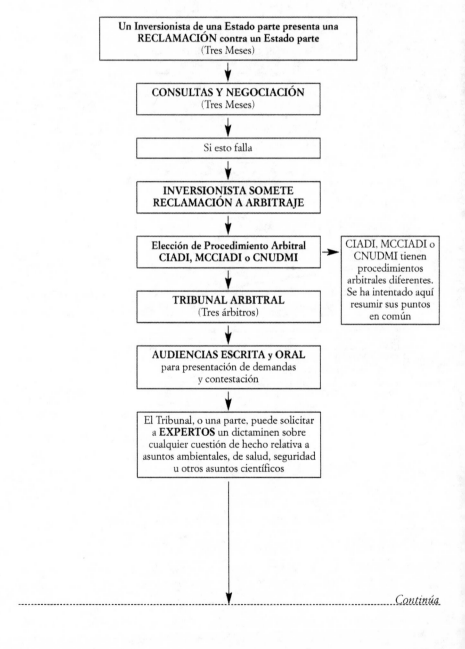

Continúa

Continuación gráfico 4

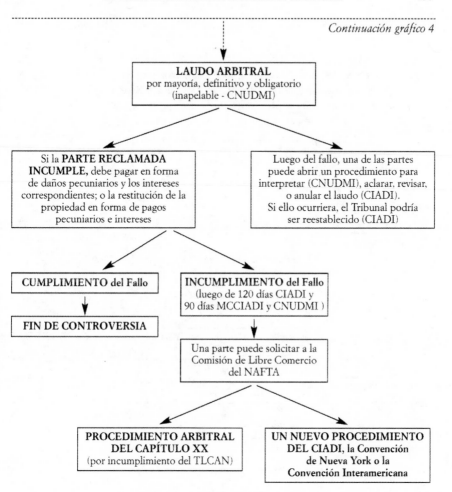

MECANISMO DE SOLUCIÓN DE CONTROVERSIAS DEL MERCOSUR

**Gráfico 5. Procedimiento del Protocolo de Brasilia
para la Solución de Controversias.
Disputas entre Estados parte para la interpretación,
aplicación e incumplimiento de la normativa MERCOSUR**

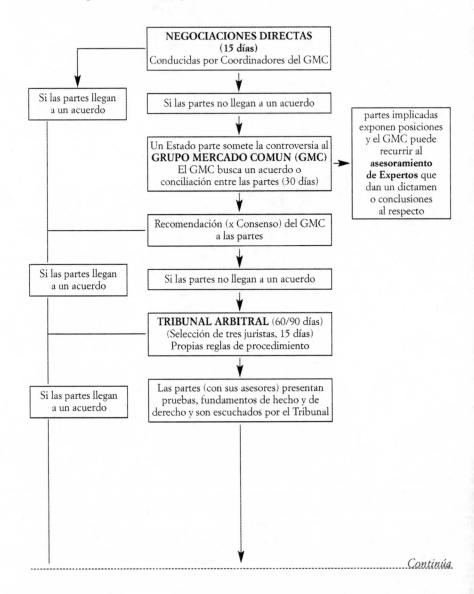

Continúa

Continuación gráfico 5

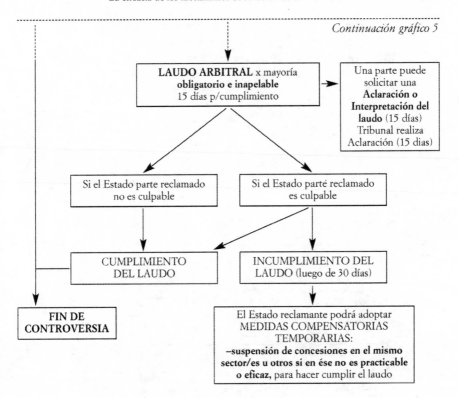

LAUDO ARBITRAL x mayoría
obligatorio e inapelable
15 días p/cumplimiento

Una parte puede
solicitar una
**Aclaración o
Interpretación del
laudo** (15 días)
Tribunal realiza
Aclaración (15 dias)

Si el Estado parte reclamado
no es culpable

Si el Estado parté reclamado
es culpable

CUMPLIMIENTO
DEL LAUDO

INCUMPLIMIENTO DEL
LAUDO (luego de 30 días)

**FIN DE
CONTROVERSIA**

El Estado reclamante podrá adoptar
MEDIDAS COMPENSATORIAS
TEMPORARIAS:
**–suspensión de concesiones en el mismo
sector/es u otros si en ése no es practicable
o eficaz,** para hacer cumplir el laudo

Gráfico 6. Procedimiento del *Protocolo de Olivos*
para la Solución de Controversias
Disputas entre Estados parte para la interpretación, aplicación
e incumplimiento de la normativa MERCOSUR
(los cuadros en gris son los nuevos elementos incorporados al MSC)

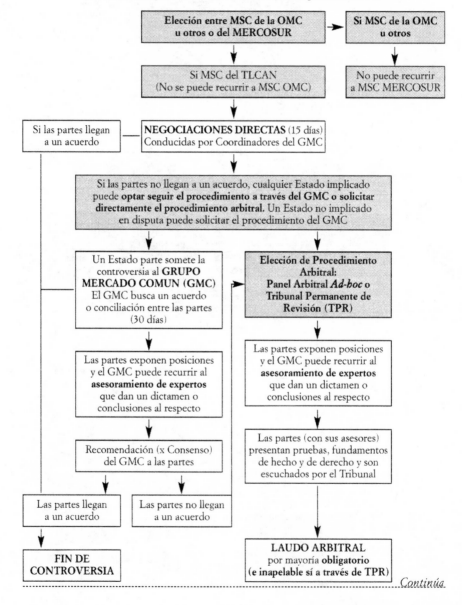

Continúa

Continuación gráfico 6

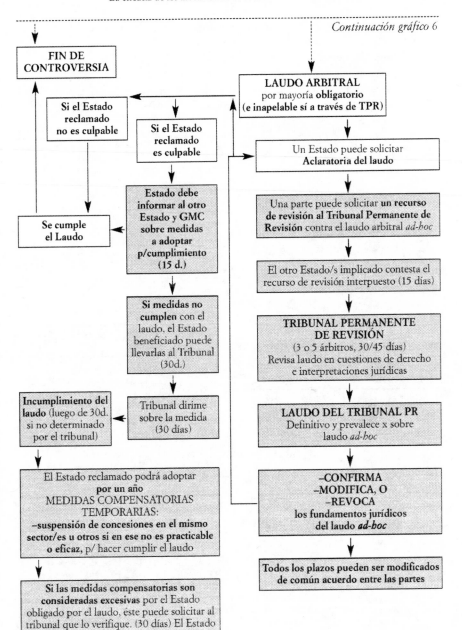

FIN DE CONTROVERSIA

Si el Estado reclamado no es culpable

Si el Estado reclamado es culpable

Se cumple el Laudo

Estado debe informar al otro Estado y GMC sobre medidas a adoptar p/cumplimiento (15 d.)

Si medidas no cumplen con el laudo, el Estado beneficiado puede llevarlas al Tribunal (30d.)

Incumplimiento del laudo (luego de 30d. si no determinado por el tribunal)

Tribunal dirime sobre la medida (30 días)

El Estado reclamado podrá adoptar **por un año** MEDIDAS COMPENSATORIAS TEMPORARIAS: **–suspensión de concesiones en el mismo sector/es u otros si en ese no es practicable o eficaz,** p/ hacer cumplir el laudo

Si las medidas compensatorias son **consideradas excesivas** por el Estado obligado por el laudo, éste puede solicitar al tribunal que lo verifique. (30 días) El Estado que tomó las medidas compensatorias debe adecuarlas a la decisión del Tribunal (10d.)

LAUDO ARBITRAL por mayoría **obligatorio** (e **inapelable sí a través de TPR**)

Un Estado puede solicitar **Aclaratoria del laudo**

Una parte puede solicitar **un recurso de revisión al Tribunal Permanente de Revisión** contra el laudo arbitral *ad-hoc*

El otro Estado/s implicado contesta el recurso de revisión interpuesto (15 días)

TRIBUNAL PERMANENTE DE REVISIÓN (3 o 5 árbitros, 30/45 días) Revisa laudo en cuestiones de derecho e interpretaciones jurídicas

LAUDO DEL TRIBUNAL PR Definitivo y prevalece x sobre laudo *ad-hoc*

–CONFIRMA –MODIFICA, O –REVOCA los fundamentos jurídicos del laudo *ad-hoc*

Todos los plazos pueden ser modificados de común acuerdo entre las partes

**Gráfico 7. Procedimiento del *Protocolo de Brasilia*
para la Solución de Controversias
Disputas entre Estados parte iniciadas por Particulares** por la sanción
o aplicación de los Estados parte de medidas legales o administrativas
de efecto restrictivo, discriminatorias o de competencia desleal
en violación del Derecho MERCOSUR

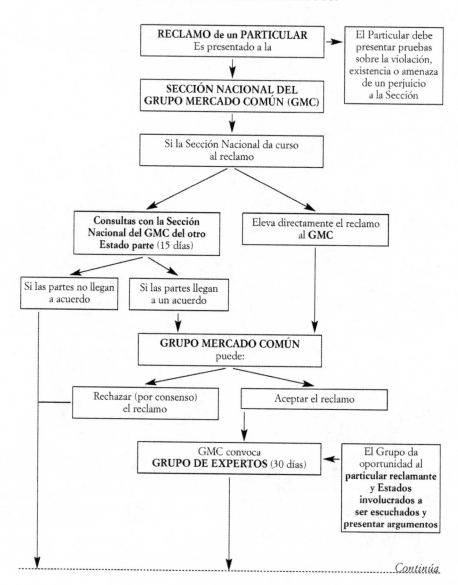

Continúa

Continuación gráfico 7

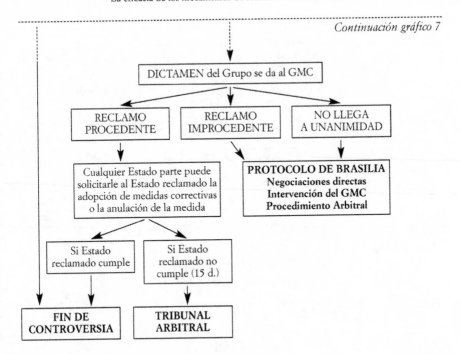

Gráfico 8. Procedimiento del *Protocolo de Olivos*
para la Solución de Controversias
Disputas entre Estados parte iniciadas por Particulares por la sanción
o aplicación de los Estados parte de medidas legales o administrativas
de efecto restrictivo, discriminatorias o de competencia desleal
en violación del Derecho MERCOSUR
(los cuadros en gris son los nuevos elementos incorporados al MSC)

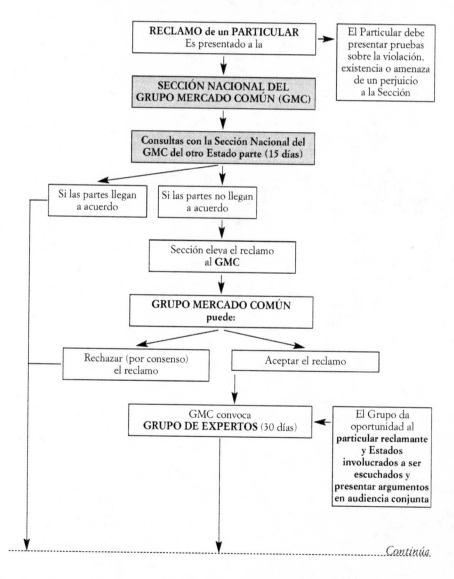

Continúa.

Continuación gráfico 8

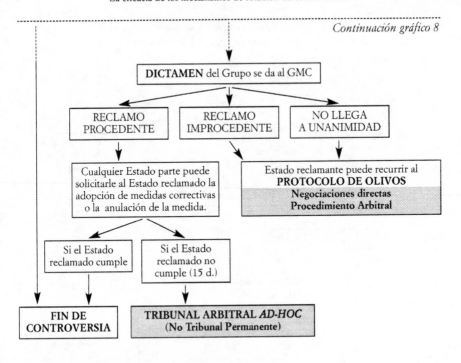

**Gráfico 9. Procedimiento de Reclamaciones ante
la Comisión de Comercio del MERCOSUR (CCM)**

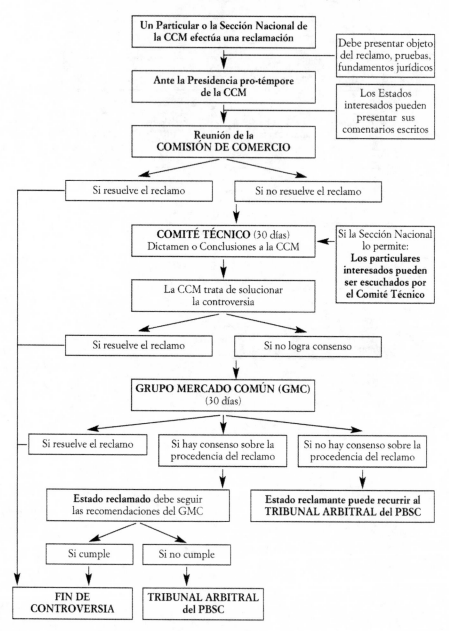

III
LAS ASIMETRÍAS DE PODER ENTRE PAÍSES PEQUEÑOS Y GRANDES: INTERESES, ALIANZAS Y CONFLICTOS

Horacio Coronado, Susanne Gratius

Tanto el MERCOSUR como el NAFTA se distinguen de la UE por las asimetrías entre sus Estados miembro: siendo los países más grandes Brasil y EE.UU. representan los actores clave en sus respectivos procesos de integración, y su comportamiento hacia los socios medianos y pequeños marca los límites y las posibilidades de una profundización de la integración. Al mismo tiempo, y a diferencia de la UE, donde la alianza entre Alemania y Francia ha prevalecido sobre la competencia y el conflicto, tanto en el MERCOSUR como en el NAFTA pueden identificarse alianzas bilaterales conflictivas. El eje bilateral más conflictivo en el NAFTA es, sin duda, la relación entre EE.UU. y México. Su mayor diferendo ha sido en torno a la inclusión del factor migración en el NAFTA. En el MERCOSUR, la simetría de intereses entre la Argentina y Brasil ha sido relativamente grande, pero a la vez prevalecieron durante la difícil segunda década de los noventa los conflictos comerciales entre los dos socios principales del MERCOSUR. En los dos procesos de integración, los socios menores han sido los que más han abogado por una mayor institucionalización y profundización de la integración, mientras que Brasil y EE.UU. han sido los mayores opositores a este proyecto.

1. LOS DESEQUILIBRIOS EN EL MERCOSUR

Como mecanismo caracterizado por un fuerte liderazgo inter-gubernamental, la supervivencia y el desarrollo del MERCOSUR dependerán del resultado de la lucha política interna en los Estados miembro sobre el tema de la integración (Carranza 2003: 92). Puesto que el MERCOSUR es un mecanismo de integración basado en un fuerte liderazgo político, las respectivas coyunturas en sus Estados miembro han sido un factor determinante para la evolución del bloque. En sus quince años de existencia, cabe distinguir tres fases políticas:

1) desde su creación hasta el final de la época de oro en 1998 había un consenso relativo entre los cuatro gobiernos en torno a una orientación más mercantilista y neoliberal de la integración;

2) en la crisis del bloque, desde 1999 a 2003, prevalecieron las controversias comerciales y el retroceso de la integración vinculado con los diferentes regímenes monetarios y una fuerte reducción del comercio intra-regional por la crisis argentina;

3) a partir de 2003, los cambios de gobierno en la Argentina, Brasil, Paraguay y Uruguay (a finales de 2004) facilitan un nuevo consenso socialdemócrata a favor de un modelo diferente de integración más centrado en aspectos institucionales y sociales.

1.1. Intereses y percepciones brasileras

Brasil es motor y, a la vez, freno de la integración. Por un lado, debido a su tamaño y *output* económico tiene un margen de maniobra más amplio para actuar por su cuenta, por el otro, asume su liderazgo en Sudamérica a través de la cooperación en el MERCOSUR. ¿Cuáles han sido sus intereses en el MERCOSUR? Cabe destacar que la defensa de la unión aduanera ha sido una constante en su política mercosureña. En este sentido, y a diferencia de EE.UU., Brasil opta por un modelo político de integración mucho más amplio que el libre comercio, definiendo el cometido principal de negociar en bloque con terceros países y evitando al mismo tiempo caminos unilaterales de sus vecinos. En cuanto a lo último, ese país siempre ha rechazado (y a veces lo ha impedido) actuaciones solitarias de los Estados miembro del MERCOSUR[1]. Desde la perspectiva de Brasil, la unión aduanera garantiza una política comercial común y negociaciones conjuntas del MERCOSUR hacia la UE y otros socios externos, fortaleciendo a la vez su posición como poder regional sudamericano. Así, ellos consideran el MERCOSUR como un instru-

---

[1] Un ejemplo para ello fue el (fracasado) intento de Uruguay en 2001 de negociar unilateralmente un acuerdo de libre comercio con EE.UU.

mento de negociación comercial, dentro y fuera del propio hemisferio, más que una opción económica.

En términos generales, el MERCOSUR no es (ni ha sido) un tema de primer plano en Brasil. Durante la crisis del bloque, la imagen del MERCOSUR en el país fue más bien negativa. Allí, la percepción del MERCOSUR es la de un proyecto con una clara limitación geográfica, ya que la integración económica (centrada principalmente en la Argentina) no llega mucho más allá de Rio Grande do Sul y, en términos políticos, concierne principalmente al Gobierno radicado en Brasilia. Así, el MERCOSUR es considerado como «un proyecto del sur del país»[2], lo cual explica su importancia relativa en la política exterior de Brasil hasta el cambio de gobierno hacia el presidente Lula. A partir de entonces, la institucionalización del bloque y su ampliación ganaron importancia. La limitación geográfica sureña del original proyecto del MERCOSUR explica, en parte, el interés de Brasil en ampliar el MERCOSUR e incluir Venezuela como quinto miembro pleno del bloque.

1.1.1. La visión oficial: los gobiernos de Cardoso y Lula

En términos de superficie, población y PIB, Brasil es la potencia regional de Sudamérica. No obstante, salvo en un corto período durante la dictadura militar en los años setenta, nunca ha asumido un papel de liderazgo, sino que fue percibido incluso como un país «cuasi insular» caracterizado por su relativo aislamiento en la región (Gratius 2004). Algunos autores opinan que Brasil había renunciado concientemente a ejercer un papel más activo en América latina: «Brazil has been reluctant to use its economic and political position to assume active regional leadership» (Mattli 1999: 160).

Según Roberto Bouzas y Hernán Soltz, los incentivos del socio mayor para proveer el «liderazgo» requerido para hacer progresar el MERCOSUR y pagar los costos consecuentes parecen haber sido muy débiles. A su juicio, la firme oposición del gobierno brasileño a la inclusión de una «válvula de escape» o un mecanismo de salvaguardias al fin del «período

---

[2] Según Janina Onuki, Investigadora Asociada del Nupri, en São Paulo, 18 de diciembre de 2002.

de transición» del MERCOSUR arguyendo que era incompatible con una unión aduanera, ilustra que los intereses nacionales prevalecieron frente a la posibilidad de realizar concesiones para sus socios. Otro ejemplo fue el rechazo del principio de supranacionalidad por parte de Brasil que prefirió «the intergovernmental model of *light institutionalism*» (Carranza 2003: 94).

Es difícil compatibilizar la defensa de estos principios e intereses nacionales con el ejercicio de un liderazgo regional constructivo, cooperativo y «benévolo». Según Bouzas y Soltz, los episodios reiterados de unilateralismo brasileño –como, por ejemplo, el establecimiento de un acuerdo de libre comercio Brasil-Comunidad Andina en los noventa o la devaluación del real en 1999– sugirieron una baja predisposición de Brasil a un liderazgo regional y una confianza, tal vez excesiva, en el «peso de la geografía», las asimetrías y los compromisos adquiridos.

Esta política negativa de integración continuó bajo el gobierno de Fernando Henrique Cardoso y, aunque el mismo presidente fue un claro defensor del MERCOSUR, cuando asumió el canciller Lampreia, prevaleció una política de abandono del MERCOSUR. Pese a las expectativas iniciales y comparado con su sucesor Lula, Cardoso no se ha destacado por una visión integracionista o un concepto integral para reforzar el proyecto del MERCOSUR. Además, durante su gobierno se mantuvo el recelo hacia un MERCOSUR supranacional con una institucionalidad más inspirada en el modelo de la UE[3].

La falta de liderazgo por parte de Brasil y sus esporádicos desvíos unilaterales contribuyeron a debilitar el proceso de integración: «In the absence of active Brazilian leadership, MERCOSUR is unlinkely to develop much beyond today´s imperfect customs union» (Mattli 1999; 161). Este comportamiento frenó todo el proceso de integración y contribuyó al estancamiento del proyecto. Pese a los tradicionales recelos en cuanto al coloso del sur, hasta en su antiguo rival, la Argentina, surgieron voces que reclamaron un liderazgo más pronunciado de Brasil en el MERCOSUR. Así, analistas como Félix Pena[4] afirman que Brasil debería asumir

---

[3] En varias ocasiones, el ex embajador Botafogo en la Argentina y su entonces homólogo en Francia se pronunciaron en contra de un «mini-Bruselas» y advirtieron ante el peligro de la burocratización del Mercosur.

[4] Según una entrevista y varios artículos publicados por diversos periódicos argentinos.

los costes de integración, perfilarse como líder del MERCOSUR y fortalecer la implementación de las decisiones tomadas, a fin de «construir un MERCOSUR serio, previsible y fiable».

A raíz de la crisis del MERCOSUR y con el cambio de gobierno y la asunción de Lula (2002-2006), la actitud integracionista de Brasil empezó a cambiar. Ante la posibilidad de convertir al MERCOSUR en el eje de un proyecto de política exterior autónomo y perfilarse como poder regional en Sudamérica, Brasil empezó a ceder en cuestión de soberanía. El presidente Lula[5] consideró al MERCOSUR y la alianza bilateral con la Argentina como la prioridad de su política exterior y Sudamérica en conjunto empezó a ocupar, al inicio de la nueva administración, un primer plano de la política exterior de Brasil y el núcleo para una mayor cooperación sur-sur en el escenario internacional. No obstante, la actuación del gobierno de Lula no confirmó los temores de que Brasil volvería al «desarrollismo» proteccionista del pasado, sino que abandonó el tradicional enfoque de una integración sometida al principio prevalecente de la soberanía nacional.

Para Brasil, y así lo ha formulado el presidente Lula, el MERCOSUR es ante todo un proyecto político y estratégico que debe cumplir con tres objetivos fundamentales: consolidar el liderazgo brasileño en la región, crear una plataforma para construir una Sudámerica unida incluyendo la Comunidad Andina y otros países y fortalecer la capacidad de negociación ante socios terceros y en foros internacionales. Puesto que la principal motivación brasileña para desarrollar el MERCOSUR no son las ganancias económicas (que son relativamente escasas al ser un mercado reducido) sino metas políticas, el gobierno tiene una mayor disponibilidad para hacer concesiones a los demás socios, sobre todo a la Argentina.

Una primera señal de un cambio de paradigma en Brasil fue la disponibilidad de institucionalizar el MERCOSUR y de compartir soberanía creando órganos con competencias supranacionales. El país no sólo ratificó el Protocolo que crea el Tribunal Permanente de Revisión del MERCOSUR en Asunción (inaugurada el 15 de agosto de 2004), sino también apoyó la transformación de la SAM en una Secretaría Técnica y promovió la Comisión de Representantes Permanentes del MERCOSUR, cuyo

---

[5] En Foreign Affairs en español, n° 1 (primavera 2003), México D.F.

primer presidente, Eduardo Duhalde, lo acompañó a Lula en varios viajes al exterior. Además, el gobierno de Brasil se ha pronunciado en varias ocasiones a favor del establecimiento de un parlamento del MERCO-SUR, directamente elegido por los ciudadanos[6]. Así, los avances del MERCOSUR hacia una institucionalidad supranacional reflejan, tímidamente, un cambio del concepto de soberanía nacional, que hasta parecía un principio inadmovible. Según la secretaria de Relaciones Internacionales del PT, Ana María Stuart, se parte de un concepto dinámico de soberanía en el cual el nacionalismo ha perdido relevancia[7].

Por otra parte, el nacionalismo ha recobrado importancia en el ámbito de los intercambios comerciales del MERCOSUR. La idea de crear las así llamadas «cadenas productivas» refleja una cierta vuelta hacia atrás, promoviendo las industrias nacionales y construyendo una política industrial común del MERCOSUR diseñada a semejanza de la –bastante protegida– industria nacional de Brasil. En cierto modo, y como indican algunos autores (Hugueney/Cardim 2002), el nuevo modelo de integración económica que busca propagar el gobierno de Lula representa un retroceso a los inicios de la integración sectorial bilateral entre la Argentina y Brasil de los años ochenta. La ventaja de fomentar una integración sectorial complementaria es la de reducir los tradicionales conflictos comerciales entre ambos países en áreas como la industria textil o del zapato, la desventaja de este enfoque es que no se fomenta una mayor competitividad de los países mercosureños en la economía internacional. Así, y aunque los motivos sean diferentes –no era un modelo proteccionista sino las crisis financieras que impidieron seguir importando– existe un cierto paralelismo al anterior modelo de integración regional cerrada y basada en la sustitución de importaciones.

En términos comerciales, el MERCOSUR tiene un peso muy limitado para Brasil. Ante el mercado pequeño que representa el bloque –prácticamente limitado Argentina– para una economía de tamaño cuasi continental como Brasil, el MERCOSUR no tiene una gran relevancia como mercado de exportación. Sin considerar las importantes inversiones de empresas brasileñas en los demás Estados miembro, «o Mercosul

---

[6] En la Cumbre del MERCOSUR, el 8 de julio de 2004 en Iguazú, la CPC presentó un anteproyecto para crear el parlamento del MERCOSUR.

[7] Según una entrevista con la autora, realizada en diciembre de 2002.

é um mau negócio para os brasileiros»[8]. Aún en sus mejores épocas, el MERCOSUR llegó a representar poco más del 12% de los intercambios comerciales de Brasil. Esta cuota se redujo drásticamente a raíz de la crisis en la Argentina, cuando el MERCOSUR llegó a representar en 2002 sólo un 7% en el comercio total de Brasil, cayendo su importancia en más en un 70% en relación a los años anteriores. Como consecuencia, en la escala de socios comerciales más relevantes, la Argentina bajó del segundo al sexto rango.

Por su alcance geográfico y comercial limitado, Brasil es el socio más interesado en ampliar el MERCOSUR incluyendo a otros socios latinoamericanos, preferentemente de cierto peso y/o estabilidad económicos, tales como el asociado Chile o Perú. Aparte de cuestiones comerciales, Brasil promueve la ampliación del bloque también por motivos de tipo estratégico, a fin de promover inversiones en infraestructura y acceso a recursos naturales, entre ellos el petróleo. Es el único país de los cuatro Estados miembro que, por sus dimensiones geográficas, tiene la visión geoestratégica futura de un MERCOSUR que abarque la totalidad de los Andes, de la Amazonia y, a largo plazo, de toda América latina.

En general e imitando la idea europea de los llamados «círculos concéntricos de la integración», en la perspectiva brasileña, el MERCOSUR de los cuatro constituirá el núcleo de integración en torno al cual se agruparán otros países con un menor compromiso de integración. Una parte integral de esta estrategia son los acuerdos de asociación con Chile, Bolivia y Perú, las negociaciones de ingreso con Venezuela, así como la celebración de Cumbres anuales entre los presidentes sudamericanos que se inauguraron en el año 2000.

Siendo el país petrolero más importante del hemisferio, Venezuela decidió, en 2006, integrarse plenamente en el MERCOSUR y abandonar la Comunidad Andina de Naciones. Las consecuencias de esta primera ampliación del MERCOSUR que se habrá producido plenamente en 2014 (cuando Venezuela participe en la unión aduanera) aún no están claras. El único país sudamericano que hasta ahora había considerado su plena participación en el MERCOSUR era Chile. Aunque existió un destacado interés brasileño en su incorporación plena, el gobierno chileno

---

[8] Veja, São Paulo, 14 de julio de 2004, p. 40.

optó finalmente por un camino solitario. La decisión fue tomada por dos motivos: por el argumento técnico de que el arancel externo de Chile es mucho más bajo que el del MERCOSUR y por el inicio paralelo de negociaciones de libre comercio con EE.UU. La renuncia chilena a ser miembro pleno del del MERCOSUR, en la Cumbre de diciembre de 2000 en Florianopolis, decepcionó a Brasil que había apoyado el ingreso de este «país modelo» en el contexto latinoamericano.

Aparte de los acuerdos de asociación (con Bolivia, Chile y Perú), Brasil fomentó la cooperación con los países andinos y, en 2000, dio inicio a las Cumbres Sudamericanas, como plataforma para una mayor integración, física, económica y política en la subregión. El proyecto de ampliación también está motivado por consideraciones políticas, tales como la lucha contra el terrorismo y el narcotráfico, la estabilidad democrática o el acceso a mayores fuentes energéticas. Estos intereses y una cierta (pero muy limitada) empatía con el populismo de izquierdas del presidente Hugo Chávez explican el apoyo de Brasil al ingreso de Venezuela en el MERCOSUR. A través de la vinculación de Venezuela, el MERCOSUR se extendería también al norte de Brasil, que (ante su escaso impacto) percibe la necesidad interna de elevar la participación de los Estados norteños del país para poder avanzar en el proyecto de integración sudamericana. Además, Venezuela es el mayor mercado de suministro de petróleo y electricidad, un dato que ante las reiteradas crisis energéticas en Brasil cobra particular importancia.

En resumen, la política del gobierno de Lula hacia el MERCOSUR consiste en cuatro elementos sustanciales: 1) la mayor institucionalización y «personificación» del bloque a través de interlocutores concretos; 2) formar una alianza política estratégica con el gobierno de Kirchner en la Argentina de cara a la propia región y el exterior; 3) crear una plataforma común para implementar una política de desarrollo más eficaz y creíble en la subregión (cadenas productivas y proyectos de infraestructura) y 4) ampliar el MERCOSUR hacia los países andinos y otros socios latinoamericanos. La política de Lula hacia el MERCOSUR refleja un cambio de paradigma basado en un liderazgo compartido (con la Argentina), la entrega de soberanía a un objetivo común y el deseo de ganar influencia regional e internacional por la vía de una reforzada cooperación sur-sur.

Cabe resaltar que durante los gobiernos de Cardoso y de Lula se percibió una cierta continuidad de políticas favorables a la integración regional.

Para Brasil y tal como lo formuló Fernando Henrique Cardoso, «el MERCOSUR no es una opción, sino un destino». El peso de la geografía, afinidades culturales y políticas, así como un interés estratégico en construir un contrapeso a la creciente expansión económica de EE.UU. en el hemisferio americano son los motivos principales para que Brasil siga apoyando el proyecto del MERCOSUR. Según el ministro de Relaciones Exteriores, Celso Amorim, Brasil tiene que ejercer una «política de geografía», centrándose sobre todo en la alianza de vecindad con la Argentina. Las condiciones para ello son más favorables que hace algunos años: por las sucesivas devaluaciones en Brasil y la Argentina se han creado regímenes monetarios similares y a raíz de las elecciones en ambos países ha surgido un nuevo fundamento político-ideológico para reactivar y reformar el MERCOSUR bajo el claro liderazgo de Brasil.

1.1.2. Actores y posiciones de la sociedad civil

El principal grupo de interés vinculado al proceso del MERCOSUR es la **comunidad empresarial** de Brasil, que dispone de sólidas instituciones, siendo su máximo exponente la Federación de Industrias (FIESP) situada en San Pablo. Desde los años setenta, la FIESP ha sido el lobby empresarial más influyente de Brasil. Con el cambio de poder a favor de Lula recobró su tradicional importancia, puesto que el fortalecimiento de la industria nacional –siguiendo, al menos en parte, el modelo de sustitución de importaciones favorecido por la devaluación de la moneda nacional (y la reducida capacidad de comprar productos en el exterior)– es un declarado objetivo de la política económica del actual gobierno. También por vínculos personales, durante el gobierno de Lula se ha fortalecido la alianza de intereses entre la industria nacional y el poder ejecutivo: su primer ministro de Desarrollo e Industria, Luis Furlan, es un ex presidente de la FIESP. También el entonces ministro de Agricultura, Roberto Rodríguez, está vinculado a la FIESP.

En términos generales, al igual que el gobierno, el FIESP es «mercosulista»: apoya el proceso de integración subregional[9] y es a la vez crítico

---

[9] Entrevista con Christian Lohbauer, gerente del Departamento de Relaciones Internacionales de la FIESP, en diciembre de 2002 en San Pablo.

con respecto al proceso del ALCA. La FIESP está a favor de un modelo económico más proteccionista, incluyendo el mantenimiento de barreras arancelarias en sectores estratéticos, siendo consciente de que la mayoría de los productos industriales brasileños no serían competitivos en el mercado internacional. Por ello, la FIESP y otras organizaciones empresariales del MERCOSUR introdujeron y fomentaron la idea más reciente de las «cadenas productivas», creando industrias regionales más competitivas, primero en los mercados regionales y luego en los internacionales.

Ante todo, el mercado argentino es interesante para las empresas de Brasil, que mantiene desde hace varios años un superávit comercial con su país vecino. Aparte de los intensos lazos comerciales (concentrados en la zona fronteriza), se han incrementado las inversiones brasileñas y la cooperación interempresarial. A modo de ejemplo, fue una empresa brasileña la que compró la segunda compañía argentina más importante de petróleo, y la fábrica argentina de cerveza «Quilmes» también fue adquirida por un consorcio de Brasil. Precisamente por su interés en el mercado regional, el sector privado critica su escasa participación en las decisiones de integración del MERCOSUR y algunos lo consideran «un proyecto de la élite política» con una muy escasa participación de la sociedad civil.

Cabe recordar que la economía brasileña es la más protegida del MERCOSUR y que Brasil cuenta con una importante industria nacional que, a diferencia de la argentina, no está muy abierta al exterior. Puesto que muchas empresas no serían competitivas a nivel internacional, seguir manteniendo ciertas barreras arancelarias y no tarifarias es un destacado interés de la comunidad empresarial de Brasil. Al disponer, frente al exterior, de la economía más protegida de los cuatro Estados miembro del MERCOSUR, la consolidación de la unión aduanera es un objetivo principal de los empresarios brasileños con respecto al MERCOSUR. Por tanto, el «precio» que Brasil le cobró a la Argentina[10] (que tenía aranceles externos más bajos) por consolidar el proyecto MERCOSUR, en los años 1994/1995, fue el compromiso de crear una unión aduanera con una política comercial común.

---

[10] Según una entrevista con el profesor Alcides Costa Vaz, Universidad de Brasilia, en diciembre de 2002.

Desde la perspectiva brasileña, una unión aduanera tenía dos ventajas clave frente a un simple acuerdo de libre comercio: primero, evitaría la entrada de importaciones del exterior a aranceles más bajos vía Argentina; y segundo, serviría para definir posiciones en bloque frente a la UE y a EE.UU., lo cual incrementaría también la capacidad de negociación por parte de los países miembro del MERCOSUR. Asimismo, el establecimiento de la unión aduanera, el 1 de enero de 1995, facilitó las negociaciones grupo a grupo con la UE, con la cual el MERCOSUR negocia desde hace más de siete años un acuerdo interregional de asociación. Desde el punto de vista del empresariado brasileño, dicho acuerdo mejorará sustancialmente el acceso al mercado (agrícola) europeo, una vez que la UE empiece a reducir las barreras no arancelarias.

Entre los actores de la sociedad civil, representados en el FCES, destacan las actividades de los sindicatos frente al proceso MERCOSUR. Paralelamente al surgimiento del MERCOSUR se creó a finales de los años ochenta la Coordinadora de Centrales Sindicales del Cono Sur (CCSCS), que representa a los intereses laborales de los cuatro Estados miembro del MERCOSUR, Chile y Bolivia. Si fueron particularmente escépticos en los primeros años desde la creación del MERCOSUR, en especial durante el gobierno de Carlos Menem (1989-1999), los sindicatos brasileños defienden en la actualidad una posición favorable al bloque y, al igual que gran parte del empresariado, muy crítico de cara al proyecto ALCA. No obstante, el MERCOSUR debería servir como una plataforma común para una lograr una mayor cohesión social, una democracia participativa y el mejoramiento de las condiciones laborales en sus cuatro Estados miembro[11]. A diferencia de la Argentina, donde la actitud de los sindicatos hacia el MERCOSUR es menos favorable, la mayoría de los sindicatos brasileños percibe el MERCOSUR como un proyecto regional propio y fomenta activamente la cooperación con los países vecinos como un instrumento para aunar fuerzas frente al gobierno y al sector empresarial.

---

[11] Véase el documento final de la Cumbre Sindical del Mercosur: *Coordinadora de Centrales Sindicales del Cono Sur (CCSCS)*, Ahora Mercosur: por una integración política, social, económica y cultural. No al Alca. V Cumbre Sindical, Montevideo, 15 de diciembre de 2003.

1.2. Intereses y expectativas argentinos

A diferencia de Brasil, que considera el MERCOSUR como un proyecto primordialmente político-estratégico, la Argentina ha utilizado el bloque ante todo como una plataforma regional para promover el flujo de comercio y (en menor grado) de inversión con su vecino mayor. El interés de este país en el MERCOSUR ha sido principalmente de índole económico. Si Brasil nunca ha llegado desarrollar más del 17% de su comercio con el MERCOSUR, aun en los tiempos de crisis, el bloque representó casi un tercio de las importaciones y exportaciones de la Argentina. Es por ello que para este último, el MERCOSUR ha causado una verdadera «Brasil-dependencia» en el ámbito comercial. Este hecho es el principal motivo para que la Argentina siga manteniendo –pese a todas las coyunturas adversas[12]– una política a favor del MERCOSUR.

Otro destacado interés de la Argentina en el contexto del MERCO-SUR –que comparte con los socios pequeños– ha sido la lucha por una mayor institucionalización (preferentemente supranacional) del MER-COSUR para garantizar así una mayor transparencia y capacidad de decisión de los socios menores frente a la posición dominante de Brasil. Ante la tradicional resistencia por parte de Brasil de «europeizar» las instituciones del MERCOSUR, creando órganos supranacionales con poder real, la Argentina aceptó una segunda vía menos formalizada: construir una alianza estratégica privilegiada con Brasil y definir compromisos bilaterales que excluían a los socios menores.

1.2.1. Un cambio de rumbo: la política mercosurista
desde Carlos Menem a Néstor Kirchner

La Argentina perseguía en el MERCOSUR sobre todo un objetivo: tener un mayor acceso al mercado de Brasil, su principal socio económico. Durante los años iniciales del bloque, hasta la devaluación del real, mantuvo un amplio superávit comercial con Brasil. Ante la disponibilidad de este último de liberalizar en el marco del MERCOSUR la mayor parte de su comercio, la Argentina aceptó finalmente la idea defendida por su

---

[12] Cabe recordar las reiteradas disputas comerciales sobre pollos, zapatos, textiles y, recientemente electrodoméstidos importados de Brasil.

vecino mayor de construir una unión aduanera a fin de proteger el bloque ante la competencia del exterior. Las concesiones ante Brasil tenían un precio elevado: la política comercial común hacia terceros países obligó a la Argentina a subir gran parte de sus aranceles, ajustándose al mayor proteccionismo por parte de Brasil.

A juicio de algunos expertos argentinos[13], la unión aduanera del MERCOSUR reflejó ante todo los intereses brasileños, mientras que para la Argentina hubiera sido más favorable limitar el MERCOSUR a una zona de libre comercio. Así, el arancel externo común del MERCOSUR con tarifas externas entre 0 y 20% está muy por encima de las anteriores barreras promedio argentinas. Teniendo en cuenta que la industria argentina, en términos generales, es menos importante y competitiva que la brasileña, esta política sirvió más que nada al empresariado nacional de Brasil. Según esta perspectiva crítica, todos los socios del MERCOSUR y sobre todo la Argentina cedieron, haciendo concesiones a Brasil en términos de política comercial. En esta época del MERCOSUR, Brasil no ofreció mucho a cambio: ni cedió en los reiterados conflictos comerciales sectoriales ni aceptó una institucionalidad supranacional del MERCOSUR.

Por otra parte, y teniendo en cuenta las enormes asimetrías comerciales y políticas entre los dos países principales del MERCOSUR, es un tanto sorprendente que, aun siendo el socio menor, la Argentina logró imponerle a Brasil su visión de la integración. Así, el MERCOSUR fue creado siguiendo las ideas del gobierno de Carlos Menem, fiel adepto de un modelo económico neoliberal que, en parte, se refleja en los objetivos del bloque fijados en el Tratado de Asunción. Crear en sólo cinco años un mercado común a la semejanza europea, tal como lo estipula el tratado original del bloque y como lo definieron Carlos Menem y su entonces homólogo Fernando Collor de Melo, ha sido una meta muy ambiciosa y un tanto ilusoria, teniendo en cuenta los entonces bajos niveles de interdependencia entre los países participantes[14]. Un mercado común incluyendo las cuatro libertades (bienes, capitales, personas y servicios) requería una sustancial apertura de la economía brasileña, siendo ella la más protegida de los cuatro países integrantes del MERCOSUR. Así, el proyecto inicial y

---

[13] Entre ellos Roberto Bouzas y Félix Pena.
[14] En 1990, el comercio interregional del MERCOSUR representó cerca del 9% del total.

ambicioso del MERCOSUR, en gran parte diseñado por el entonces gobierno de Menem, fomentó una bajada considerable de los muros arancelarios y barreras no arancelarias en Brasil, puesto que la Argentina –en el marco de una política económica basada en el consenso de Washington– ya había reducido considerablemente sus tarifas arancelarias.

Tradicionalmente, los intereses de LA Argentina frente al MERCOSUR han sido más orientados hacia una apertura al exterior, puesto que durante el mandato de Carlos Menem, el país implementó una radical política económica de índole neoliberal siguiendo las recetas del Fondo Monetario Internacional y del Banco Mundial. La Ley de Convertibilidad dólar-peso, aprobada en 1991, representó hasta su derrumbe final, diez años después, el principal eje de la política económica argentina. Bajas barreras arancelarias y precios de exportación excesivamente altos (debido a la ley de convertibilidad) contribuyeron a minar la competitividad argentina, tanto en el MERCOSUR como en los mercados internacionales. Las disparidades entre los regímenes monetarios en la Argentina y Brasil (después de la devaluación del real en 1999) provocaron constantes conflictos comerciales en distintos sectores (zapatos, textiles, aves, azúcar, algodón, etc.) y redujeron en la Argentina el entusiasmo inicial por el proyecto de integración regional.

Según el economista Jorge Schvarzer[15], por su estrategia de dolarización y sus «relaciones carnales» con EE.UU., el gobierno de Menem, en su segundo mandato, había ejercido una «política claramente anti-MERCOSUR». A su parecer, los diferentes regímenes monetarios habían provocado continuos conflictos y fuertes asimetrías monetarias entre la Argentina y Brasil. La consecuencia interna de la política económica focalizada en promover las importaciones (en vez de las exportaciones) había sido una verdadera «deindustrialización» en la Argentina. Prueba de ello fue la idea, lanzada en el segundo período del gobierno de Menem, de reducir el MERCOSUR a una zona de libre comercio, entre otros para liberar el camino hacia un acuerdo de libre comercio bilateral con EE.UU. También otros analistas argentinos[16] afirmaron que el

---

[15] En una entrevista realizada por Susanne Gratius en noviembre de 2002 en Buenos Aires.

[16] Entre ellos María Cristini, analista económica en el FIEL, Buenos Aires, según una entrevista realizada por Susanne Gratius, en noviembre de 2002.

gobierno de Menem no quería que su país se pareciera a Brasil, sino a EE.UU. y que el entonces ministro de Economía que había implementado la Ley de Convertibilidad, Domingo Cavallo, nunca había tenido confianza o fe en el proyecto del MERCOSUR.

Después de la época de Menem, la Argentina experimentó una larga fase de introversión –prácticamente desde 1999 hasta el cambio de gobierno en mayo de 2003– durante la cual el MERCOSUR estaba subordinado a la agenda de reconstrucción nacional, tanto en términos políticos como económicos y sociales. Fue recién después de la elección del presidente Néstor Kirchner que el país volvió a recolocar el tema de la integración en su agenda exterior, situando el MERCOSUR en un primer plano de su política exterior. Al mismo tiempo, se llegó a percibir una cierta continuidad desde la política integracionista de Duhalde (2002-2003) hasta la presidencia de Kirchner, reflejada en aquel entonces en la figura de Martín Redrado, que asumió su posición como Secretario de Estado durante el gobierno interino de Duhalde y siguió siendo el principal arquitecto argentino del MERCOSUR bajo el mandato inicial de Kirchner. Una idea concreta defendida y promovida por Redrado –un integracionista que sostuvo que «el MERCOSUR es una de las ideas con mayor consenso en los países de la región en las últimas décadas[17]»– es la armonización de las políticas macroeconómicas como vía para preparar una futura unión monetaria en el MERCOSUR.

La visión del actual gobierno argentino en cuanto al MERCOSUR es la de crear un proyecto de integración más allá de las cuestiones comerciales, incluyendo una mayor cooperación del bloque en el escenario hemisférico e internacional, basado en las afinidades político-ideológicas entre el dúo Kirchner-Lula. Aunque una nueva disputa comercial denominada la guerra de los electrodomésticos o «heladeras»[18] que dominó los debates en la Cumbre del MERCOSUR en Puerto de Iguazú (julio de 2004), volvió a ensombrecer la luna de miel con su vecino, esta vez, los gobiernos no llegaron a cuestionar el proyecto de integración

---

[17] Véase Redrado (2002: 1-13).
[18] Para proteger su frágil industria nacional y frenar el auge de productos desde Brasil, en julio de 2004, la Argentina quiso imponer barreras comerciales a la importación de heladeras y lavadoras de su país vecino. Finalmente, Brasil aceptó una autolimitación de algunas de sus ventas de electrodomésticos.

regional, sino que se mantuvo el consenso básico sobre su consolidación y profundización[19].

Pese a debilidades coyunturales y la permanencia de conflictos sectoriales puntuales, el Gobierno de Kirchner mantiene su compromiso con el MERCOSUR. Con ocasión de la Cumbre del MERCOSUR, celebrada en julio de 2004 en el Puerto de Iguazú, Argentina, el presidente Kirchner sostuvo que

> el MERCOSUR tiene que ser el nombre de un formidable proceso de integración política, económica, social y cultural que fortalezca a nuestras sociedades, refuerce su institucionalidad democrática, consolide el respeto por los derechos humanos y recupere niveles de dignidad social para todos los habitantes de la región[20].

1.2.2. Otras posturas hacia el MERCOSUR

En términos generales, la imagen del MERCOSUR en la Argentina es más positiva que negativa, puesto que el país mantiene desde los años noventa estrechos y buenos vínculos de vecindad con Brasil que, además, es su principal mercado de exportación. Aparte de los intensos lazos políticos y económicos, se han incrementado las relaciones culturales: en muchos colegios argentinos la enseñanza del portugués es obligatoria, Brasil es un importante destino del turismo argentino y a nivel de ciudadanía está emergiendo, por debajo de las identidades nacionales, una identidad mercosureña. No obstante, al igual que en Brasil, también en la Argentina hay diferentes posturas políticas frente al contenido y alcance de la integración en el marco del MERCOSUR.

Aunque ningún actor cuestiona seriamente la existencia del MERCOSUR, existe una cierta polarización ideológica en la Argentina. El primer grupo en torno al sector menemista o post-menemista está más orientado hacia la relación con EE.UU. y el ALCA, defendiendo un modelo económico neoliberal. Según los defensores del libre mercado, el MERCOSUR es considerado principalmente como un mercado que sirve o no de plata-

---

[19] Véase Peña (2004).

[20] Palabras del Presidente Néstor Kirchner en la ciudad de Puerto Iguazú, 8 de julio de 2004, disponible en http://www.presidencia.gov.ar.

forma a los intereses económicos argentinos. La otra vertiente está claramente a favor de un proyecto de integración regional más allá del libre comercio. A este grupo pertenecen el gobierno de Kirchner y la sección izquierdista del peronismo. Ellos defienden la consolidación del bloque aún a expensas de concesiones comerciales y promueven la construcción de un proyecto industrial, político, social y cultural común.

Mientras que el gobierno de Kirchner apoya la unión aduanera y la asociación con Brasil, otros actores argentinos y particularmente los empresarios preferirían un MERCOSUR reducido a una zona de libre comercio o algunos incluso su disolución. La oposición del sector privado argentino al MERCOSUR está vinculada con el creciente déficit comercial que está contrayendo la Argentina en sus relaciones comerciales con Brasil. Esta vez, los conflictos se concentran en el sector industrial. La importación masiva de productos industriales (principalmente electrodomésticos) desde Brasil obstaculiza la estrategia económica, iniciada por el gobierno de Eduardo Duhalde, de revalorizar la industria nacional argentina después del derrumbe financiero en diciembre de 2001. Es por ello que a diferencia de su contraparte, la FIESP en Brasil, la Unión Industrial Argentina (UIA)[21] no está a favor, sino más bien en contra de un MERCOSUR dominado por los intereses de Brasil (Carranza 2003: 79), ya las pequeñas y medianas empresas (pymes) argentinas menos competivas tienen que competir con el gigante regional Brasil. De este modo y pese a la creciente interdependencia con Brasil, en ciertos grupos argentinos se ha mantenido una actitud de recelo y competitividad con su histórico rival que se enfrenta con la facción pro-integracionista dominante en el gobierno de Néstor Kirchner.

1.3. La alianza estratégica argentino-brasileña

«Tras casi dos décadas de construcción, la alianza estratégica entre la Argentina y el Brasil aparece hoy como sólida en su esencia» (Peña 2003: 323b)[22]

---

[21] Según entrevistas llevadas a cabo con representantes de la UIA en noviembre de 2002.

[22] Félix Peña define la alianza estratégica como «un pacto voluntario entre naciones soberanas, con vocación de permanencia, construido a partir de concretos intereses nacionales» (Peña 2003 : 325).

Desde el inicio del MERCOSUR, e incluso antes de existir el bloque, la relación entre la Argentina y Brasil ha sido el motor de la integración. Aunque este eje bilateral ha despertado ciertos recelos por parte de los dos socios menores, como se desarrollará en el capítulo siguiente), no se trata de una alianza exclusiva, sino que los lazos entre la Argebbntina y Brasil constituyen el núcleo del proyecto de integración en torno al cual se agrupan otros países (tanto los Estados miembro como los asociados del MERCOSUR). Subordinado a este eje bilateral y con vistas al enfoque gubernamental del MERCOSUR, el progreso de la integración depende en gran medida de la respectiva coyuntura política en ambos países. Así, los consensos entre gobiernos con cierta afinidad ideológica –como la que se percibe actualmente entre Kirchner y Lula– es, dentro de la alianza bilateral, un segundo motor que puede acelerar el proceso de integración (véase Milward 2000).

Cabe distinguir entre diferentes períodos políticos que han determinado la relación argentino-brasilera. Particularmente negativa, en términos de una alianza estratégica bilateral y en cuanto al desarrollo del MERCOSUR, han sido los años de coincidencia (1999-2001) entre los presidentes Fernando de la Rúa en la Argentina y Fernando Henrique Cardoso en Brasil. El debate iniciado por el entonces ministro de Economía, Domingo Cavallo, sobre la de facto disolución del MERCOSUR y el posterior colapso financiero en la Argentina provocaron la más severa crisis de existencia del bloque. Pero también durante el mandato de Carlos Menem hubo ciertas dudas por parte de Brasil en cuanto a la seriedad del compromiso y al espíritu integracionista de la Argentina. Sobre todo la izquierda brasileña –particularmente el ahora gobernante Partido dos Trabalhadores, PT– observó al país vecino con recelo y, ante la «alianza carnal» con los EE.UU. propagada durante el gobierno de Menem algunos no dudaron en clasificar a la Argentina como el «agente de EE.UU.» en América latina[23].

La actual constelación Lula-Kirchner es más idónea en cuanto al grado de simetrías políticas e ideológicas entre ambos países. Los dos gobiernos de índole socialdemócrata, junto con la implementación de

---

[23] Según entrevistas con representantes de la CUT y el PT de Brasil, realizadas en diciembre de 2002.

políticas nacionales similares en ambos países, han facilitado una reactivación y un avance del proceso de integración en cuanto a la institucionalidad y la unión aduanera del MERCOSUR. Este desarrollo confirma la regla propuesta por Philipp Schmitter (2002: 19):

> The more complementary elites como to acquire similar expectations and attitudes toward the integration process, the easier it will be to form transnational asociations and to accept regional identities.

Prueba de las intensas relaciones bilaterales son dos documentos suscritos entre ambos países, que cementaron una «alianza estratégica» bilateral: el Consenso de Buenos Aires de octubre de 2003 y la Declaración de Copacabana de marzo de 2004. En ambos documentos, la Argentina y Brasil se comprometen a intensificar la cooperación bilateral y mercosureña, definiendo una series de valores y posiciones comunes frente a la propia región y el mundo. Esta alianza bilateral fortaleció el MERCOSUR, que se ha convertido en una plataforma de negociación colectiva tanto en América latina como frente al mundo[24]. Se trata de un primer intento de ejercer tanto un liderazgo individual (por parte de Brasil) como colectivo (junto con la Argentina) en el marco del MERCOSUR.

Una condición esencial para que la nueva alianza bilateral argentino-brasileña funcione en la práctica es la aceptación de un liderazgo regional «benigno» de Brasil por parte de la Argentina. A raíz del cataclismo de finales de 2001, se percibe un cambio de mentalidad argentina que conlleva una evaluación más pragmática y constructiva de su relación con Brasil. Así, el potencial adversario de Kirchner en las filas del peronismo y actual presidente de la Comisión de Representantes Permanentes del MERCOSUR, Eduardo Duhalde, afirmó que

> el principal líder que tenemos es Brasil, el presidente Lula, por su capacidad de decisión. Brasil es la mayor economía de la región y eso, sumado a la vocación de Lula, constituye un liderazgo[25].

---

[24] Un claro ejemplo para ello fue la actuación común entre la Argentina y Brasil en el Grupo de los 20, surgido en el marco de la Conferencia Ministerial de la OMC en Cancún, en septiembre de 2003.

[25] *La Nación*, Buenos Aires, 12 de julio de 2004.

No obstante, un claro obstáculo a una alianza bilateral en el marco del MERCOSUR es la escasa complementariedad económica entre la Argentina y Brasil. El hecho de que ambos países sean importantes exportadores de materia prima y de bienes agrícolas sigue siendo la esencia de sus reiterados conflictos comerciales. Aunque el intento de crear cadenas productivas complementarios en determinados sectores es una estrategia válida para superar los tradicionales diferendos, la venta de productos similares (también en cuanto a las industrias nacionales) es un problema estructural de difícil solución, que afecta prácticamente a todos los mecanismos de integración sur-sur y limita su profundización económica.

Asimismo, por su vulnerabilidad externa y su dependencia de los organismos financieros internacionales, ni la Argentina ni Brasil están en condiciones de crear economías de anclaje que sirvan a los demás miembros del MERCOSUR como garantes de estabilidad. Muestra de ello han sido las graves crisis financieras en ambos países. Al mismo tiempo, comparado con Brasil, la Argentina es un socio inestable, tanto en lo que se refiere a las cambiantes políticas económicas como en relación a la gobernabilidad y sus frágiles instituciones democráticas. Además, los intereses de ambos países frente al MERCOSUR no son idénticos: la Argentina percibe el MERCOSUR sobre todo como una plataforma comercial para conseguir un mejor acceso al mercado de su vecino y Brasil utiliza el MERCOSUR principalmente como un instrumento político para fortalecer su posición de liderazgo regional y en el exterior.

Por otra parte, independientemente de las respectivas y cambiantes coyunturas políticas en los dos países, entre la Argentina y Brasil se ha desarrollado una relación de estrecha vecindad, no sólo en la esfera política-diplomática, sino también entre las sociedades. Así, la cooperación bilateral y la creación del MERCOSUR han fomentado los lazos entre empresarios, sindicatos, ONGs, académicos, maestros, funcionarios y otros actores que determinan, fuera del mundo político, las relaciones entre ambos países. Estas redes entre las sociedades civiles, junto con las actuales afinidades políticas abren la oportunidad de crear una verdadera asociación argentino-brasileña, independientemente de los ciclos políticos:

> Una alianza estratégica sólida no se agota en una coyuntura. Se proyecta en el largo playo y se alimenta gradualmente con el genio del liderazgo político y la activa participación de las respectivas sociedades (Peña 2003b: 324).

1.4. *Los intereses de los socios menores Paraguay y Uruguay*

En un bloque regional son los pequeños países los que más pueden beneficiarse de un proceso de integración exitoso. Sin embargo, son también ellos los que pueden verse más afectados o vulnerables en un proceso de integración en crisis. Paraguay y Uruguay han pasado por ambas experiencias: por un período inicial de un «MERCOSUR-optimismo» y aumento de su comercio con la región hasta aproximadamente el año 1998, y por un creciente «MERCOSUR-escepticismo» desde entonces. Las crisis financieras y las decisiones unilaterales de políticas económicas adoptadas por los dos socios grandes han afectado fuertemente el comercio intrarregional, y sobre todo al comercio de los países pequeños hacia sus grandes vecinos, a los cuales dirigen la mayor parte de sus exportaciones. Esto ha producido un gran escepticismo tanto en Paraguay como en Uruguay.

Sin embargo, a pesar del creciente escepticismo en los dos países con respecto al desarrollo del bloque, la importancia del MERCOSUR como proceso de integración sigue manteniéndose, y la crisis fue atribuida en mayor medida más a los problemas internos de los países que al proceso de integración. El momento de crisis fue visto en ambos países también como una oportunidad para debatir ajustes, fortalecer la integración y establecer claras reglas del juego. Más que voces en contra de la integración, lo que se critica en ambos países es la falta de un desarrollo más efectivo de la integración. No obstante, este deseo de introducir cambios en el MERCOSUR tiene distintos puntos de partida en Paraguay y Uruguay.

1.4.1. El impacto del MERCOSUR para los pequeños países

Paraguay y Uruguay se caracterizan por tener poco peso económico y una alta dependencia comercial con respecto al MERCOSUR. Conjuntamente, ambos países equivalen al 5% de la población total del MERCOSUR, al 4,9% de la superficie, al 3% del PIB y de las exportaciones del MERCOSUR. Al mismo tiempo son los países con más alta dependencia comercial con respecto al MERCOSUR. Más de la mitad de las exportaciones totales de Paraguay y un 41% de las ventas de Uruguay se dirigen al MERCOSUR. Por el contrario, ninguno de los dos países constituye un mercado importante para las economías más grandes. La Argentina y Brasil exportan cerca del 2% del total a Paraguay y Uruguay. Pese a compartir estos rasgos de socios económicos menores, el impacto del MERCOSUR en ambos países ha sido sumamente diferente.

Paraguay se ha caracterizado por ser un «socio pasivo de la integración»[26]. Al mismo tiempo, fue, hasta 2005, la economía de menor crecimiento del MERCOSUR: el incremento del PIB real promedio en el período 1991-2003 fue menor al 2%, con una reducción en el crecimiento a partir de la segunda mitad de los noventa del 1,6% anual. A partir de 1998, el país entró en un período recesivo, pasando el PIB de 8,954 mil millones de dólares en dicho año a tan solo 5,384 millones de dólares en el año 2002, la peor caída del PIB en los últimos 20 años. El ingreso per capita bajó de 0% en la década de los ochenta a -0,6% en la década de los noventa.

La recesión económica tuvo un impacto directo sobre la población. Desde 1999, un 60% de los paraguayos vive por debajo de la línea de pobreza, un 30% de ellos en extrema pobreza[27]. También en términos de infraestructura y de gastos sociales del Estado, Paraguay es el socio menos desarrollado del MERCOSUR. Dispone al mismo tiempo de la limitación de ser un país mediterráneo, con poca integración de sus mercados y vías de comunicación interna, que dificultan su competitividad. A nivel comercial, si bien aumentó en la década de los noventa su participación en las exportaciones hacia el MERCOSUR, siguió vendiendo los rubros tradicionales concentrados en *commodities* con poco valor agregado y se caracteriza por una escasa diversificación de sus exportaciones.

Por todo ello, a diferencia de los demás Estados miembro, Paraguay entró en el MERCOSUR con una estructura productiva muy débil. Su modelo económico estaba basado en la exportación de unos pocos bienes agrícolas (soja, algodón, extracción forestal y ganadería); en la triangulación comercial –importar barato de la intra-zona y reexportar a la Argentina y Brasil de forma legal e ilegal–; y en una fuerte actividad financiera con altos niveles de especulación. Esta estructura era totalmente diferente al resto de los otros países que venían de un período de sustitu-

---

[26] Según una entrevista realizada por Horacio Coronado con Fernando Masi, Director del CADEP. Véase también el estudio realizado por Masi/Bittencourt (2001: 373-401).
[27] CEPAL, Panorama Social de América Latina 2006, Santiago de Chile.

ción de importaciones y de un proceso de apostar a la producción. En la década de los noventa, estos sectores de la economía paraguaya comienzan a deteriorarse, porque se consolida el MERCOSUR y el comercio de triangulación empieza a sufrir los impactos de la integración[28].

Paraguay es un país comercial antes que productor. El 70% de sus importaciones (legales y no legales) vuelve a salir del país a través del comercio de re-exportación, por lo que también el 70% de las importaciones nacionales consisten en bienes de consumo final, dando razón a un bajo grado de producción industrial y de exportación del país. Entonces, cuando se produce la apertura del MERCOSUR, Paraguay no tiene la capacidad de aprovechar ese mercado ampliado ni tampoco ha logrado cambiar su «modelo económico» que está aplicándose así hace 20 años. Recién en los últimos años, los gobernantes han comenzado a aplicar medidas para transformar la economía paraguaya.

Uruguay por el contrario, supo aprovechar el MERCOSUR. Su desempeño no sólo fue mejor que el de Paraguay sino también que el de la Argentina y Brasil. Tuvo un crecimiento sostenido del PIB, por lo menos hasta 1998, con un ingreso per capita cuatro veces superior al paraguayo. Siguió disponiendo de dos acuerdos comerciales bilaterales con la Argentina y Brasil (CAUCE y PEC), incrementó su producción agro-industrial y diversificó sus industrias no agrícolas, aumentando sus exportaciones al MERCOSUR. A pesar de que los niveles de desempleo y pobreza se incrementaron en la década del noventa, fueron menores que los del promedio del MERCOSUR.

En cuanto a infraestructura social y física, Uruguay dispone de los mejores índices del MERCOSUR, y sus gastos sociales alcanzan el 16% del PIB[29]. A través del MERCOSUR, Uruguay logró en la década del noventa diversificar más sus exportaciones, además de aumentar el

---

[28] Según Rodríguez (2001: 367), la protegida triangulación comercial paraguaya, cuyo origen es la extra-zona y cuyo destino son los grandes mercados de la intra-zona mercosureña, está comprometida con la evolución del MERCOSUR. La disminución de los altos aranceles argentinos y brasileños y la elevación de los aranceles de importación paraguayos le quitan ventajas, y el establecimiento de un AEC en el MERCOSUR desalienta el negocio legal de la triangulación. Hoy, esa triangulación sólo mantiene rentabilidad a través de la evasión fiscal.

[29] Masi/Bittencourt (2001).

monto global de las ventas externas. Las exportaciones extrarregionales mantuvieron la tendencia tradicional de base primaria (carne, lana y cueros), con cierta diversificación hacia otros alimentos y vestimentas. Es en las relaciones comerciales con la Argentina donde se denota una fuerte expansión de rubros no tradicionales (42% del total exportado entre 1991-1998), convirtiéndose en el principal mercado de destino de nuevos productos con mayor contenido industrial.

1.4.2. Percepciones y posiciones de Paraguay y Uruguay frente al MERCOSUR

El ingreso de Paraguay al MERCOSUR fue considerado como un factor de gran relevancia a nivel político para el país. El MERCOSUR ha fomentado el proceso de democratización y la estabilidad política del Paraguay. El Tratado de Asunción significaba para la Argentina y Brasil el fin de una relación de enemigos y la estabilización democrática. Paraguay también quiso ingresar al MERCOSUR para formar parte de este proceso de democratización. A nivel político, Paraguay es el socio que más se ha beneficiado del MERCOSUR, porque es el que más inestabilidad política ha mostrado. En varias ocasiones, el MERCOSUR, a través de sus Estados parte, ha intervenido de forma directa cuando ha habido problemas de gobernabilidad o probabilidad de golpe de Estado. Pero estos problemas lo hacen a Paraguay al mismo tiempo el país más políticamente inestable en el MERCOSUR.

Otro aspecto positivo en el ámbito político ha sido la mayor concertación política que se ha creado a partir del MERCOSUR, tanto a nivel de funcionarios como de miembros del ejecutivo. El MERCOSUR produjo y exigió a los gobiernos el estar al tanto en múltiples temas, generándole una mayor capacidad negociadora que, aún es limitada, ha mejorado en los últimos años.

En Paraguay, las críticas frente al MERCOSUR están dirigidas, por un lado, hacia dentro en cuanto al propio funcionamiento interno del país y su relacionamiento con el bloque. Gran parte de los expertos nacionales sostuvieron al respecto que Paraguay no hizo sus deberes y que por ello no pudo aprovechar al MERCOSUR. Por el otro lado, las críticas están dirigidas hacia los socios grandes, aludiendo que ellos han adoptado decisiones de política económica unilaterales y además, si bien han suprimido las barreras arancelarias, han aumentado al mismo tiempo las barreras no arancelarias. Por el hecho de haberse quedado atrasado en su integración al bloque, el objetivo principal de Paraguay es obtener un trato diferenciado en la integración y comenzar a adoptar a nivel interno las políticas adecuadas.

En el país existen distintas posiciones con respecto al MERCOSUR:

- Los gobiernos, en general, están a favor del MERCOSUR siendo su objetivo principal tratar de lograr un trato diferenciado para su país dado el retraso económico que tiene en relación con el resto de los países, así como también de lograr atraer mayores inversiones extranjeras hacia su país.
- En los Ministerios de Industria y Comercio, la perspectiva es un poco más escéptica y negativa con respecto al MERCOSUR o respecto a la actitud de los socios grandes en el proceso. Las críticas se dirigen en especial a la gran cantidad de barreras no arancelarias que los países mayores le han impuesto a Paraguay en los últimos años.
- Según Rodríguez (2001), la mayoría del sector privado no rechaza al MERCOSUR, pero son pocos los empresarias que ve en él oportunidades o pocos los que las están aprovechando. La pequeña parte del sector privado que ha logrado crear una nueva estructura productiva está muy a favor del avance del proceso de integración. Sin embargo, en los últimos años también se ha visto perjudicado por distintas barreras que le han impuesto sus socios. Una parte del sector empresarial ligado a la estructura económica tradicional de comercio de triangulación es el que más se opone al MERCOSUR al ver que su modelo económico no está hecho para un mercado integrado.
- El rechazo de los movimientos obreros y campesinos al MERCOSUR parece muy generalizado. Al parecer, los movimientos campesinos ven en el MERCOSUR competencia, no aumento del mercado; los trabajadores relacionan desempleo con el MERCOSUR en lugar de relacionarlo con la creación de nuevos puestos de trabajo por la ampliación del aparato productivo. No obstante, en Paraguay los movimientos populares no tienen capacidad de incidencia política. No disponen de partidos socialistas o de izquierda, la ciudadanía está enarcada en la disciplina y la cultura de los partidos tradicionales conservadores y populistas, que tienen afiliado al 71% de la población.

En Uruguay, más que un bloque económico, el MERCOSUR es visto como un hecho natural de integración de Uruguay a esta subregión. A diferencia de Paraguay, al aprovechar los instrumentos del MERCO-SUR, Uruguay se hizo aún más dependiente de sus vecinos, cuestión que le trajo amplios beneficios hasta 1998. Según el ex ministro de Relaciones Exteriores, Sergio Abreu (con Bizzozero 2000: 47),

> la nueva realidad internacional (...) y la expresión de entendimiento y cooperación entre Argentina y Brasil en un marco democrático implicaron necesariamente un cambio en las pautas de relacionamiento exterior de Uruguay a principios de la década de los noventa. El país cambia su visión geopolítica tomando como centro de aplicación la *estrategia de los círculos concéntricos* de acuerdo con la cual el relacionamiento con Argentina y Brasil constituye sólo el primer círculo –inevitable– de vinculación, siendo los demás círculos de la subregión, la región, el continente, iberoamérica, y el mundo.

La participación en el MERCOSUR es la que posibilita a Uruguay pasar del primero al segundo círculo de su política exterior en forma evolutiva; es decir, de lo estrictamente bilateral a la dimensión subregional. Por otra parte, la presencia de Paraguay le confiere al MERCOSUR una dimensión geográfica que da una proyección global al proceso de integración.

Esta percepción favorable cambió a raíz del declive del MERCOSUR a partir de 1999. Cuando los dos socios grandes entraron en crisis Uruguay comenzó a sufrir las consecuencias económicas de esta dependencia. El impacto fue muy severo y el shock comercial y económico-financiero que causó en el país la crisis en sus dos vecinos produjo un verdadero cuestionamiento y debate dentro del país sobre los pasos a seguir y la participación en el MERCOSUR. De esta forma, se delinearon dos políticas que dividieron la posición del gobierno Battle. Por un lado, se siguió jugando a favor del proyecto MERCOSUR y se apostó a su fortalecimiento institucional a través de la transformación de la Secretaría Administrativa en un Secretaría Técnica con sede en Montevideo. Por el otro lado, el entonces presidente Battle promovió un cambio de la tradicional política uruguaya pro-mercosureña por una política anti-integracionista siguiendo el interés de flexibilizar al proceso de integración en su relacionamiento con el exterior. Aunque su sucesor, Tabaré Vázquez, es un defensor del MERCOSUR, el largo conflicto con la Argentina sobre las papeleras (Malamud (2006) disminuye las perspectivas de una integración más favorable de Uruguay en el MERCOSUR.

Así, a pesar de la dependencia comercial con la subregión, la búsqueda de nuevos mercados se convirtió en el principal interés estratégico del gobierno de Batlle. Conforme a la teoría de los círculos concéntricos, cuando la esfera subregional no está dando réditos, la esfera internacional es la que prima en la política exterior de Uruguay. Un ejemplo de esta política ha sido la propuesta uruguaya de iniciar negociaciones con EE.UU. para firmar un acuerdo bilateral de libre comercio. El dilema que conlleva esta estrategia del gobierno es que las propias reglas del MERCOSUR, por las cuales Uruguay ha luchado para que las respeten especialmente los socios grandes, ahora constituyen un obstáculo para que el país realice sus negociaciones internacionales de forma independiente. Por otra parte, para Uruguay la negociación conjunta del MERCOSUR hacia terceros países y bloques conlleva la ventaja de una futura apertura de grandes mercados en principio inaccequibles para los países menores.

1.4.3. La importancia de las instituciones para los países pequeños

Las instituciones y reglamentos del MERCOSUR constituyen uno de los elementos más relevantes que disponen los países menores para defenderse de posibles acciones unilaterales de los socios mayores. Es por ello que, a pesar de las posiciones de Paraguay y Uruguay, cuando se abarca el tema jurídico-institucional del proceso de integración, los intereses de ambos países se ven en mayor medida unificados. Las demandas compartidas por ambos socios son principalmente tres:

- El perfeccionamiento y mejoramiento de las instituciones existentes, la revisión de toda la consistencia de los grupos, subgrupos y órganos.
- El mejoramiento de los procedimientos, en especial el tema de la incorporación de la normativa a las legislaciones nacionales.
- La coordinación macroeconómica a través de un instituto monetario del MERCOSUR que sirva de plataforma para evitar movimientos abruptos en los tipos de cambio que inciden fuertemente en los flujos comerciales intrarregionales.

Paraguay y Uruguay han propagado desde el inicio de la integración mercosureña priorizar el tema jurídico-institucional. Por el contrario, los socios mayores, en especial Brasil, le concedieron a este tema un carácter secundario. Las diferentes posiciones de los países, junto al reconocimiento del limitado éxito que las otras experiencias integracionistas latinoamericanas de alta institucionalización habían tenido hasta aquel entonces, impidieron el establecimiento de una estructura institucional más desarrollada y permanente al inicio del proceso de integración en 1991. Además, el proyecto de integración bilateral argentino-brasileño, ya en marcha unos años antes, no les permitió a los países menores disponer de suficiente poder de negociación como para realizar cambios que fortalezcan la estructura institucional al iniciarse el proceso cuatrilateral de negociaciones (Abreu/Bizzozero 2000: 51).

Por otra parte, dos elementos permitieron que los socios pequeños se contentaran en un principio con el modelo institucional inicialmente constituido. El primer elemento fue obtener el compromiso de que la estructura institucional del MERCOSUR se conformaría más adelante con el desarrollo de la integración, a través de lo cual los socios pequeños disponían de una base legal para reclamar en el futuro la revisión y establecimiento de un esquema institucional permanente y definitivo. La revisión de la institucionalidad del MERCOSUR, enmarcada en el Protocolo de Ouro Preto, se refería tanto al mecanismo de solución de controversias (MSC) como a la revisión de los órganos de la integración y las atribuciones que éstos deberían ejercer. Mientras que el establecimiento del MSC permanente y definitivo disponía de una fecha de concreción –antes de la culminación de la convergencia hacia el Arancel Externo Común en el año 2006–, la revisión de los órganos procedería mientras todos los Estados parte lo consideraran oportuno.

La igualdad de derechos entre los Estados miembro en la estructura jurídico-institucional implicaba, asimismo, otros beneficios, tales como la igual representación en los órganos y la rotación igualitaria de la presidencia pro-témpore del MERCOSUR, que les concedían a los socios menores un importante rol en la región y a nivel internacional. El establecimiento de la SAM, ahora Secretaría Técnica, en Montevideo como sede del MERCOSUR fue un importante antecedente para los países menores en miras a un futuro desarrollo permanente de todos los órganos. El establecimiento del Tribunal Permanente de Revisión del MERCOSUR en la ciudad de Asunción en Paraguay es otro indicio de que estos países se están convirtiendo en las sedes operativas del MERCOSUR.

El segundo elemento fue obtener, a pesar del menor peso y tamaño económico de los socios pequeños frente los grandes, la igualdad de derechos en la toma de decisiones a través del voto por consenso, con lo cual los dos países adquirían total participación, influencia y poder en el proceso decisorio al igual que los socios grandes, así como el poder de vetar cualquier proyecto de decisión con el cual no estén de acuerdo. Esto es especialmente relevante y diferente en cuanto al NAFTA y al papel que puede tener México dentro del bloque, ya que el modelo de integración del MERCOSUR permite a los órganos efectuar legislación secundaria, función que no tienen los del NAFTA. En teoría, Uruguay y Paraguay disponen, de esta forma, de un mayor peso para influenciar el proceso de integración.

A través del actual sistema de voto por consenso, los socios pequeños mantienen un mayor peso y voz en el bloque, que de ninguna manera quieren perder. Es por ello que están en contra de la introducción de un sistema proporcional de decisión determinado por el tamano del país y su número de habitantes. Como sostiene Abreu/Bizzozero (2000), el proceso de permanente negociación le permitió al Uruguay obtener concesiones u tratos diferenciados. El hecho de disponer del mismo peso en la toma de decisiones que los socios mayores y la posibilidad de vetar una decisión constituye, en este sentido, un arma de negociación del cual el país no dispondría en el caso de introducirse un sistema de voto cualificado o por tamaño de país.

Pero en la práctica, el peso del voto de los países menores ha tenido un efecto limitado. En importantes negociaciones donde Paraguay y/o Uruguay no estaban de acuerdo, la Argentina y Brasil terminaron abriendo una mesa de negociación bilateral al margen de los órganos del MERCOSUR. Paraguay y Uruguay, o terminaron aceptando e ingresando al respectivo acuerdo bilateral esperando ganar algo de esa participación, o terminaron siendo excluidos de esa decisión. Esta preferencia por el «bilateralismo de los grandes» fue particularmente visible en el caso del regimen automotriz, que fue negociado en forma bilateral entre la Argentina y Brasil y luego extendido al resto del MERCOSUR. No obstante, por más que los socios mayores en reiteradas ocasiones se han impuesto con el poder de su tamaño económico sobre los pequeños y han negociado bilateralmente, a la hora de oficializar los compromisos en el marco del MERCOSUR, la voz de los países menores ha adquirido un poder que con anterioridad al MERCOSUR nunca tuvieron.

Si bien el poder de influencia de los socios menores tiene su limitaciones, cuando éste logra ser impuesto, los Estados pequeños se convierten en los verdaderos promotores de propuestas institucionales. La creación del Tribunal Permanente de Revisión y la transformación de la SAM en una Secretaría Técnica han sido dos iniciativas constantemente demandadas por Uruguay y Paraguay, las cuales se han visto concretadas finalmente en 2003, después de varios años de solicitud y rechazo por parte de Brasil. Con la actual Secretaría Técnica en Montevideo y el establecimiento del Tribunal Permanente en Asunción, los dos países aspiran a convertirse en las sedes operativas del MERCOSUR. Uruguay ya lo es por disponer del más importante órgano permanente del MERCOSUR en Montevideo y, además, por estar situados en esa ciudad el Comité de Representantes Permanentes del MERCOSUR (presidido por Duhalde) y la representación de la Comisión Parlamentaria Conjunta.

No obstante, el entusiasmo de Paraguay y Uruguay por crear más órganos permanentes es limitado. Ambos aluden principalmente a dos motivos para rechazar una mayor institucionalidad del MERCOSUR:

1) Si bien por un lado se quiere una institucionalidad más densa y compleja que los proteja contra los países grandes, por el otro lado, ello implicaría ceder soberanía: un paso que los dos países aún no están dispuestos a hacer. Además, la supranacionalidad podría implicar la introducción de un sistema de mecanismo de decisión que refleje el tamaño y peso económico específico de cada país, por lo cual Paraguay y Uruguay perderían su poder de veto. Es por ello que tanto Uruguay y Paraguay apoyan el ingreso de otros países al MERCOSUR, a fin de lograr mayorías contra los grandes en el caso de que el sistema de voto adquiriera estas características.

2) El segundo obstáculo es la limitación presupuestaria. Mientras los socios menores mantengan su igualdad de voto en la toma de decisión, los dos países grandes, especialmente Brasil, van a seguir demandando la igualdad en el pago de los presupuestos para financiar la integración. Los retrasos en los pagos de las cuotas que cada uno de los países deben con-

tribuir para el funcionamiento de la Secretaría Técnica del MERCOSUR han demostrado las dificultades que acarrea mantener instituciones en proceso de integración entre países en desarrollo con distintos pesos económicos, y los problemas de financiamiento que significarían crear nuevas instituciones. Los problemas ya han quedado demostrados con la creación del Tribunal Permanente (integrado por cinco jueces), la transformación de la SAM en una Secretaría Técnica y la propuesta de reuniones permanentes de la Comisión de Comercio (CCM). Si bien fueron estos países los que impulsaron su creación, al mismo tiempo, fue allí donde surgieron las mayores voces en contra por los costos presupuestarios que acarrearía la creación de nuevos órganos.

Por consiguiente, para los países pequeños, la profundización institucional –por más que sea una necesidad y una demanda–, para lograr defenderse de los socios grandes, presenta serias limitaciones. Éstas son de carácter político, de capacidad económico-financiera y, además, de corte constitucional, como en el caso de Uruguay. Aunque el país proclama el derecho de la integración, al mismo tiempo no dispone (igual que Brasil) de una Constitución que avale el traspaso de soberanía a instituciones regionales al no primar los tratados internacionales sobre la legislación nacional. De esta forma, las soluciones institucionales que ambos países están buscando parecen dirigirse en su mayor parte a una profundización institucional dentro de las fronteras de lo intergubernamental.

1.4.4. Conclusión: el balance del MERCOSUR para Paraguay y Uruguay

A modo de resumen, pese a las asimetrías de poder, el MERCOSUR les ha traído a los dos socios menores más beneficios que desventaja. A continuación se destacan los factores positivos y negativos más importantes de la integración regional para Paraguay y Uruguay:
Entre los factores positivos cabe mencionar los siguientes:

A nivel económico:
- mayor acceso a los mercados mas grandes,
- mayores plazos en la desgravación arancelaria y convergencia hacia el AEC, y más productos en las listas de excepciones para la adaptación de sus economías,

- aumento de las exportaciones intra (Paraguay, Uruguay) y extrarregionales (Uruguay);
- aumento de las inversiones (IED), por el proceso de integración y la aparición de la Argentina y Brasil como mercados emergentes en la economía mundial produciendo una atracción de los inversores hacia la región. Uruguay y Paraguay se beneficiaron de una parte de este efecto (en Paraguay si bien limitadamente, para el mercado interno y para el rubro de exportación de la soja),
- diversificación de las exportaciones (para Uruguay).

A nivel político:
- mayor presencia dentro de la región,
- mayor poder de negociación internacional, especialización y profesionalización de negociadores internacionales,
- agilización de reformas internas y fortalecimiento y control democrático (Paraguay),

A nivel político-institucional:
- garantía de igualdad de derechos en los órganos e igualdad de voto en la toma de decisión a través del consenso,
- rotación igualitaria de la presencia del órgano más importante (CMC),
- mayor seguridad e igualdad jurídica a través de los Mecanismos de Solución de Controversias.

Entre los factores negativos para los dos socios menores cabe mencionar los siguientes:
- mayor dependencia de los socios grandes y la «mercosurización» de su comercio,
- aranceles extrarregionales más altos que los que tenían (especialmente en el caso de Paraguay),
- reducción de exportaciones extrarregionales también producto del aumento del AEC,
- mayor sensibilidad y vulnerabilidad en cuanto a la estabilidad o inestabilidad de los socios grandes,
- a partir de la crisis de los países grandes, medidas unilaterales de política económica y aparición de nuevas trabas no arancelarias, falta de

armonización de normas técnicas y mecanismos *antidumping*, devaluaciones competitivas de los socios grandes,
* ningún mecanismo de compensación en las asimetrías entre los Estados parte.

Como se ha señalado en los apartados anteriores, pese a compartir ciertos rasgos comunes dentro del bloque, el desempeño de Paraguay y de Uruguay con respecto al MERCOSUR ha sido muy diferente. Parecido a lo que ocurre entre Canadá y México en el NAFTA, no se definió ni se ha definido una agenda e intereses comunes entre Paraguay y Uruguay como países pequeños en el bloque. Los intereses se articulan más bien de forma bilateral entre Paraguay y Brasil, por un lado, Uruguay y Argentina, por el otro. La falta de convergencia entre los dos socios menores se debe, además de sus asimetrías de desarrollo, a dos factores principales.

Un primer factor que explica la falta de una agenda común bilateral Paraguay-Uruguay es el hecho de que los países pequeños han desarrollado una relación más intensa a nivel comercial con los socios más grandes que entre ellos: tradicionalmente, Paraguay y Uruguay exportaron entre sí menos del 4% de sus exportaciones totales. Sin embargo, en los tres últimos años Paraguay ha comenzado a exportarle más a Uruguay que a la Argentina (por la crisis financiera), aumentando el porcentaje de sus exportaciones totales a Uruguay del 2,5% en el año 1999 al 18% en 2001. Ello lo convirtió a Uruguay temporalmente en el segundo socio comercial más importante de Paraguay después de Brasil.

Un segundo factor que explica la falta de una agenda común es el hecho de que su desarrollo político, económico y social ha sido transversalmente opuesto: mientras que Paraguay recién está iniciando su proceso de integración con el MERCOSUR, Uruguay quiere recuperar lo que ganó del MERCOSUR hasta 1998.

Al menos hasta 1998, Uruguay ganó con la integración y es por ello que, a pesar de nuevas tendencias en su política exterior, sigue apostando por el MERCOSUR. El interés por parte del gobierno en flexibilizar al MERCOSUR hacia afuera –para negociar con otros países– ha cambiado también su interés por avanzar en la institucionalización hacia dentro del bloque. Uruguay se ha dado cuenta de que por más instituciones que tenga el bloque, países pequeños como el suyo siempre van a ser sensibles a lo que ocurra en sus vecinos, se respeten o no las reglas.

Si bien se comparte el interés de avanzar en algunos ámbitos, como aprovechar la Secretaría Técnica y tratar de fortalecer a la Comisión Parlamentaria Común para lograr la efectiva entrada en vigor de la normativa MERCOSUR, los objetivos centrales son avanzar en todo lo que se refiere a asegurar y facilitar los mercados establecidos y una mayor apertura hacia socios económicos. Ante ello, Uruguay está consciente de los riesgos de seguir esta dependencia del MERCOSUR, y es por ello que ha comenzando a buscar otros mercados y al mismo tiempo sigue apostando fuertemente por el MERCOSUR. Esta política, podría sostenerse, es parecida a la de Chile de «jugar a dos puntas».

En resumen, los objetivos de Uruguay frente al MERCOSUR son: dinamizar el comercio ampliando mercados, superar los inconvenientes de frontera y las barreras sanitarias, establecer cadenas productivas, crear un instituto monetario para establecer algún tipo de coordinación macroeconómica entre los países.

Uno de los principales objetivos de la política exterior de Paraguay es tratar de obtener una compensación a través de la búsqueda de un trato diferenciado en el marco del MERCOSUR. Paraguay recién ahora ha comenzado a pensar en cambiar su modelo económico, por lo que demorará mucho más en adaptar su estructura económica a la de los demás Estados miembro. Ante estos desequilibrios o asimetrías, su pedido de un trato diferenciado parece justificado. Ello implicaría posibles excepciones en el marco de la integración, que el país está solicitándo[30].

Un estudio nacional[31] detalla cuál es la política y cuáles son las perspectivas, escenarios y propuestas de reforma de Paraguay para el MERCOSUR y su relación con los socios. En el ámbito institucional se plantea:

---

[30] Fernando Masi propone, por ejemplo, que el MERCOSUR le brinde al país la posibilidad de mantener por más tiempo las recientemente inauguradas maquilas (el régimen de la maquila se inscribe dentro de los regímenes comerciales excepcionales que deberán desaparecer en casi su totalidad para el 2006).

[31] Realizado, entre otros, por el entonces Embajador Antonio Félix López Acosta: «Los procesos de integración. Mercosur y ALCA: perspectivas y proyecciones. Asunción: Ministerio de Relaciones Exteriores y Ministerio de Industria y Comercio con el apoyo del BID, 2002.

- Profundizar la armonización de políticas macroeconómicas, para evitar los efectos de la crisis, económicas y monetarias, generadas en los países miembro y con consecuencias desestabilizantes para el bloque. Lo que falta institucionalmente es un organismo coordinador de políticas macroeconómicas para monitorear los ajustes que vayan surgiendo a fin de anticipar soluciones.
- Fortaler la CCM y su establecimiento con carácter permanente, lo que permitiría velar por la aplicación de los instrumentos de política comercial común.
- Reestructurar el «derecho comunitario» a través de la armonización legislativa y el impulso protagónico que al efecto cumpla un Parlamento comunitario.
- Crear un organismo jurisdiccional con autonomía de acción que permita dar seguridad al proceso y sancionar –con poder jurisdiccional– las contravenciones al sistema.
- Establecer Fondos de Desarrollo Regional y de Infraestructura, que permitan el despegue de los países y regiones menos privilegiados dentro del bloque.

Además, se recomienda reflexionar sobre distintos temas, entre ellos: una redistribuación «equitativa» de la renta aduanera de la región, el desmantelamiento «efectivo» de las restricciones no arancelarias, la implementación de medidas de facilitación al acceso al mercado regional, mecanismos de cooperación (transferencia de tecnología, *joint-ventures*, asistencia técnica) que permitan mejorar la competitividad de productos hechos en MERCOSUR y apoyo político y financiero para las obras de infraestructura física del MERCOSUR. Finalmente, dentro de los diversos escenarios mercosureños para Paraguay, se plantean como alternativa o escenario ideal las siguientes estrategias: seguir apostando por el MERCOSUR y adaptarse, a través de una mayor seguridad jurídica al proceso de la globalización y abrirse al mundo buscando otros mercados. Estas ideas planteadas por actores institucionales y agentes económicos del país muestran que a pesar de ser la economía menos avanzada del MERCOSUR, en Paraguay se ha comenzado a estructurar una estrategia de desarrollo a medio y largo plazo.

2. Las asimetrías aplastantes en el NAFTA

Comparado con el MERCOSUR, el unilateralismo por un lado, y el bilateralismo, por el otro, son los determinantes políticos más característicos del NAFTA que está condicionado por la posición dominante de EE.UU. Al carecer de instituciones o foros permanentes entre sus tres socios, algunos han calificado al NAFTA como un «triángulo débil» e incluso como una «organización virtual»[32]. De hecho, no existe una cooperación trilateral regular, sino que siguen predominando las anteriores estructuras bilaterales, ya que los dos países menores, Canadá y México, concentran sus relaciones políticas y económicas en EE.UU.

Pese a sus desequilibrios y carencias institucionales, en términos de comercio e inversión, el NAFTA ha sido una historia de éxito. Es por ello que, en general, en los tres países prevalece una imagen positiva del NAFTA en lo que se refiere a sus beneficios económicos: en los doce años desde su creación, los intercambios de mercancías entre los Estados miembro se duplicaron y el flujo de inversión directa incluso se llegó a triplicar. Además, se han sincronizado los ciclos económicos y empresariales entre los tres países. Al representar casi el 60% del comercio total, el NAFTA ha promovido un grado de interdependencia comercial entre sus Estados miembro similar al de la UE, y por el cual se ha empezado a hablar de una integrada «economía de América del Norte» (véase, entre otros, Hargrove 2004: 35). En este sentido, el NAFTA ha cumplido plenamente con las expectativas económicas previas al acuerdo.

No obstante, de poco ha servido el NAFTA como instrumento para promover las posiciones y demandas de los dos socios menores frente a EE.UU. o para iniciar una cooperación triangular, más allá de los aspectos económicos y los intereses casi siempre unilaterales de EE.UU. Además, en vez de disminuir, después del NAFTA se han incrementado los ya existentes desniveles de desarrollo entre y dentro de sus Estados miembro, que son incomparablemente más notables que en el caso del MERCOSUR. Por distintos motivos y con variada intensidad, el NAFTA sigue despertando controversias en los tres Estados miembro y

---

[32] Según dos entrevistas realizadas con Gary Hufbauer del IIE en Washington DC y con Mitch Vlad, funcionario del Ministerio de Asuntos Exteriores de Canadá, en junio de 2002.

su imagen tiende a ser negativa. En México, las críticas se dirigen al aumento de la pobreza y la pérdida de automomía nacional, Canadá teme perder su identidad y su Estado de bienestar social, y Estados Unidos ve en peligro los empleos y sus estándares medioambientales.

2.1. EE. UU.: percepciones, intereses y controversias en torno al NAFTA

EE.UU. es el poder hegemónico del NAFTA. Su predominio ante los otros dos socios es aplastante: el país representa el 70% de la población del NAFTA, casi el 90% de su PIB, y dos tercios de las inversiones directas proceden de él. Pero diferente a la situación de Brasil en el MERCOSUR, también en EE.UU. se ha incrementado sustancialmente la interdependencia con sus dos vecinos del norte y del sur, al desarrollar el país casi un 40% de sus flujos comerciales con Canadá (su primer socio) y México (su segundo mercado de exportación)[33]. No obstante, mientras que el comercio tiene un peso por encima del 40% en el PIB mexicano y canadiense, los flujos comerciales intra-NAFTA representan tan solo un 6% del producto interior bruto de EE.UU. Desde hace muchos años, las cuentas comerciales del NAFTA son negativas para EE.UU., lo cual ha disminuido su entusiasmo por el bloque. En sus relaciones comerciales con Canadá y México, EE.UU. contrae fuertes déficit, siendo la relación entre importación y exportación aproximadamente de cuatro a cinco dólares.

2.1.1. Los motivos y expectativas de EE.UU.

La protección y una mayor seguridad jurídica para el sector privado y sus inversiones en Canadá y México han sido motivos económicos principales de EE.UU. para negociar el NAFTA. Teniendo en cuenta que el contenido del NAFTA incluye también los servicios, las compras gubernamentales y la propiedad intelectual, así como la definición de reglas de inversión, y de normas y estándares comerciales, no se trata de un simple acuerdo de libre comercio, sino casi de una «Constitución económica» para los tres Estados parte (Pastor 2004: 107).

---

[33] En 1980, Canadá y México representaron sólo un 22% del comercio de EE.UU.

Desde la perspectiva de EE.UU., los principales objetivos estructurales del NAFTA son la armonización de las políticas económicas en los tres Estados parte a favor de la desregulación estatal, por un lado; y un mayor compromiso de Canadá y México con la democracia liberal de EE.UU., por el otro. De este modo, el tratado ofrece la garantía jurídica de aplicar el modelo de EE.UU. en sus dos países vecinos con los cuales ha mantenido relaciones muy estrechas, pero también bastante conflictivas.

Estratégicamente, a través del NAFTA, EE.UU. asume un compromiso más directo en el propio hemisferio, de modo que el NAFTA tiene también un fuerte componente político y geopolítico. Desde la dimensión continental, el NAFTA fue un precursor y antecedente de los posteriores acuerdos bilaterales de libre comercio de EE.UU. con socios latinoamericanos y del (ahora estancado) proyecto ALCA iniciado en diciembre de 1994, el año de entrada en vigor del NAFTA. La idea inicial de EE.UU. (durante el gobierno de Bush senior) fue la de crear en el norte del hemisferio una zona de libre comercio que se extendería poco a poco al resto del continente americano. Siguiendo la filosofía del regionalismo abierto –un concepto promovido por América latina y Europa y en auge hasta inicios del siglo XXI–, la motivación externa más relevante para que EE.UU. firmara el NAFTA fue el Mercado Único Europeo creado en 1993.

En los años noventa, cuando las iniciativas de integración experimentaron un fuerte impulso a nivel global, la visión «interdependentista», paralela a la aún dominante vertiente del «realismo», ganó espacio en EE.UU. Este cambio de paradigma a favor de una mayor cooperación interestatal sirve para explicar la disposición de Estados Unidos de crear un tratado norte-sur llamado NAFTA[34]. En un contexto internacional de avance del regionalismo, incluso para los defensores del tradicional realismo, el NAFTA tenía tres ventajas: no suponía ningún compromiso político, no pretendía que los intereses de las tres partes converjan y no preveía que el NAFTA sea la única estrategia y menos la prioritaria en la definición de la política comercial internacional de los tres países de América del Norte.

Además, el establecimiento del NAFTA ha tenido tres claras ventajas para EE.UU.: ampliar el mercado norteamericano y disponer de reglas previsibles y favorables para las empresas transnacionales, crear lazos

---

[34] En cuanto a las teorías de la integración, véase el capítulo I.

más estrechos con su vecino del sur (México) y contribuir a reformar sus estructuras económicas y políticas a la semejanza de EE.UU., y por último, obtener una primera plataforma para extender el modelo del NAFTA en todo el continente (o sea a través del ALCA o mediante acuerdos individuales con socios latinoamericanos), fortaleciendo su posición como líder de las Américas.

2.1.2. El polémico debate interno

Pese a estos cálculos y consideraciones previos, el NAFTA creó un feroz y polémico debate entre los diversos tomadores de decisión en EE.UU. Fue el gobierno de Bush senior que firmó el NAFTA pero el proceso de aprobación ya coincidió con la presidencia de Bill Clinton, que tuvo que convencer a sus propios partidistas demócratas de aceptar el NAFTA. El principal campo de batalla fue el Congreso, donde se desarrolló una prolongada controversia política sobre la supuesta pérdida de empleo, nivel de vida y estándares medioambientales en EE.UU., versus la expectativa de altas ganancias económicas. El resultado del debate fue la creación de los dos acuerdos paralelos (laboral y medioambiental) propuestos por el gobierno de Clinton y sin los cuales el Congreso no hubiera aprobado el NAFTA.

El mismo año de entrada en vigor del NAFTA, a finales de 1994, México se vio obligado a devaluar su moneda nacional en un 40%. El gobierno de Clinton inmediatamente decidió apoyar a su nuevo socio del NAFTA con un paquete de rescate[35], una medida que fue muy criticada por el Congreso y los ciudadanos estadounidenses en general. La crisis financiera en México ensombreció aún más la percepción del NAFTA en EE.UU. y contribuyó a incrementar el escepticismo frente a cualquier acuerdo de libre comercio norte-sur.

Aunque la imagen del NAFTA en EE.UU. sigue siendo negativa, cabe destacar que el acuerdo ahora forma «parte de la maquinaria» y ya no constituye un tema de interés público. Según algunos observadores, la tenaz imagen negativa se debe, en parte, a que el gobierno de EE.UU. nunca ha lanzado una campaña pública sobre los beneficios del NAFTA,

---

[35] Inicialmente, Clinton lanzó la idea de un gran préstamo para México, que fue rechazada por el Congreso.

aludiendo a su éxito en cuanto al auge de comercio e inversión, así como la mayor seguridad jurídica, política y económica en Canadá y México. Cambiar la percepción del NAFTA en EE.UU. sería también importante con vistas a la aprobación de otros acuerdos de libre comercio en el Congreso. Mientras tanto, los defensores y opositores de libre comercio en EE.UU. siguen luchando por sus intereses, cada vez que está por aprobarse un acuerdo con un tercer país o un bloque comercial[36]. En EE.UU., cabe distinguir entre dos grupos muy heterogéneos y diametralmente opuestos (Gratius 2003a).

1) Los defensores del libre comercio: el grupo a favor del libre comercio incluye a gran parte del gobierno de George W. Bush y de los republicanos que defienden el libre albedrío del mercado y la desregulación estatal. Este grupo integra también las grandes empresas transnacionales en los sectores industrial y de servicios, que defiende las ventajas de producción a través del libre comercio (y el abaratamiento de los costes laborales por trasladar las fábricas al sur). Este lobby califica el NAFTA como un éxito pleno y presiona por extender el acuerdo a otros sectores (particularmente la energía).

2) Los opositores: la mayoría de los sindicatos estadounidenses (AFL-CIO) y el lobby medioambiental –la «alianza azúl-verde»– se los opone a acuerdos de libre comercio acon países de menor desarrollo. Gran parte de los Demócratas (vinculados con los medioambientalistas o sindicatos) y el grupo conservador de los Republicanos están también en contra, al igual que la agroindustria subvencionada y algunas pequeñas y medianas empresas que quieren mantener sus privilegios nacionales. Aunque este grupo ha llegado a aceptar el NAFTA como un hecho, sigue percibiendo –en contra de lo que ocurrió– una relación causal entre libre comercio y pérdida de empleos.

Hasta la actualidad, ninguno de estos dos grupos enfrentados ha logrado imponerse sobre el otro. El Gobierno de Bush intenta contentar

---

[36] Otro ejemplo que señala que el libre comercio sigue siendo un tema muy controvertido y politizado en EE.UU. fue el retraso de la ratificación del Cafta (EE.UU.-Centroamérica) en el Congreso.

a ambos, los defensores y los detractores del libre comercio: el *farm bill* y la subida de aranceles para la importación de acero fueron claras concesiones al lobby contra el libre comercio, con los cuales el ejecutivo logró, en 2002, comprarse el *trade promotion authority* (sucesor del *fast track*) que el Congreso[37] le había sido negado al anterior gobierno de Clinton en 1994, justo después de aprobarse el NAFTA.

En la actualidad, en EE.UU. luchan por imponerse dos tendencias adversas: la corriente de extender el libre comercio hacia otros países, que opta por una mayor apertura de las fronteras; y la vertiente de los nacionalistas obsesionados con la guerra contra el terrorismo que buscan cerrar las fronteras y aislar EE.UU. de los supuestos y reales peligros del exterior. Bajo el gobierno de Bush hijo, la balanza se inclina más a favor de los nacionalistas y detractores de libre comercio. Esta evolución tiene consecuencias negativas para el NAFTA, puesto que, según lo que afirma Robert Pastor (2004: 107), «la instauración del Departamento de Seguridad de la Patria en Estados Unidos vuelve a colocar a América del Norte en una encrucijada». La primacía de la seguridad nacional ante la liberalización comercial ha puesto en tela de juicio el futuro del NAFTA más allá del desmantelamiento de las barreras comerciales que caerán por completo en 2008.

En este contexto adverso de crecientes críticas internas a la liberalización comercial y un renovado nacionalismo, la idea de profundizar el NAFTA, creando instituciones e incluyendo nuevos sectores, independientemente de orientaciones políticas, no tiene muchos adeptos en EE.UU. Ante las asimetrías existentes con sus otros dos socios y el dominio de EE.UU. en el NAFTA, ni la creación de una unión aduanera ni el establecimiento de órganos de coordinación trilateral cuenta con el respaldo de grupos influyentes en EE.UU., lo cual constituye el mayor freno al futuro del NAFTA.

2.2. El rol especial de México en el NAFTA

«México ha sido, el *abogado solitario* de la cooperación trilateral» (Pastor 2004: 111).

---

[37] Los dos socios del NAFTA están excluidos de la subida de aranceles para el acero, pero sobre todo México sufre las consecuencias del *farm bill*.

México tiene una doble identidad como país norteamericano y latinoamericano. Pese a las distancias culturales, el NAFTA ha acentuado claramente su identificación con América del Norte o la «de-mexicaniza-
ción[38]», perfilándose el país cada vez más como puente entre las dos
Américas. Así, los intercambios de EE.UU. con México sobrepasan con
creces su comercio con todo el resto de América Latina. La relación de
México con EE.UU. se caracteriza por su dependencia y una enorme
asimetría de poder. Casi un 90% de las importaciones y exportaciones
mexicanas se desarrolla con EE.UU., cuyo *output* económico es dieciseis
veces mayor que la de México, siendo su población sólo dos veces más
grande. Cerca de la mitad del PIB mexicano (antes del NAFTA fue tan
sólo un 25%) depende del flujo comercial intra-bloque, concentrado
en EE.UU.

2.2.1. El NAFTA como instrumento para imponer
un nuevo modelo económico

Ante la tradicional interdependencia comercial con su vecino (un 70%
en esa época), ya en los años setenta se inició en México un debate sobre
la posible creación de una zona de libre comercio con EE.UU., una idea
que en aquel entonces fue rechazada por razones de soberanía nacional.
Fue bajo el gobierno de Carlos Salinas de Gortari (1988-1994), el presidente priista que promovió la apertura económica de México iniciada
con su entrada en el GATT en 1986, que se retomó el tema. No es casual
que fuese en las postrimeras de la crisis de la deuda externa en los años
ochenta cuando México optara por un modelo económico menos nacionalista y más enfocado hacia los mercados internacionales.
   Aparentemente, el primer socio al cual México intentó convencerle
de firmar un acuerdo de libre comercio no fue EE.UU. sino, en aras de
la diversificación comercial, la Unión Europea. Ante el escepticismo y la
escasa disponibilidad de los europeos, el entonces gobierno de Salinas
de Gortari[39], un buen conocedor de EE.UU., planteó en 1990 un acuer-

---

[38] Según el Director del Inter-American Dialogue en Washington, Peter Hakim.
[39] A finales de 1993, Salinas de Gortari se había reunido ocho veces con los presidentes Bush y Clinton y el Gobierno gastó unos 45 millones de dólares en la campaña a
favor del NAFTA incluyendo un numeroso equipo de negociadores.

do de libre comercio a EE.UU. Las negociaciones del NAFTA se iniciaron a finales de 1990 y concluyeron en 1992. Según algunos analistas (Fernández del Castro 2001: 51f.), el proceso fue poco transparente[40], las negociaciones fueron secretas, y el Congreso mexicano aprobó el tratado sin debate y sin conocer su contenido. El NAFTA al que se incorporó México no fue un acuerdo totalmente nuevo, sino más bien la extensión y actualización del tratado firmado en 1988 entre EE.UU. y Canadá. En gran parte, México aceptó las reglas de libre comercio definido en el acuerdo entre EE.UU. y Canadá, impuestas principalmente por su vecino del norte (Mattli 1999: 181). A nivel nacional, el NAFTA entró en vigor en un contexto nacional sumamente delicado: en el sur se levantó el movimiento zapatista y a finales de 1994, todo el país sufrió la crisis del Tequila por la devaluación de la moneda nacional.

¿Cuáles fueron los motivos de México para cambiar de estrategia y aceptar un acuerdo de libre comercio con EE.UU.? Uno de ellos fue las ventajas de exportación. Según un negociador del NAFTA, el entonces secretario de Comercio Jaime Serra Puche, antes del NAFTA, México se benefició del SPG de EE.UU. que, por las cuotas establecidas, penalizaba una subida de las exportaciones mexicanas. De hecho, desde la creación del NAFTA, EE.UU. mantiene un déficit comercial con su vecino del sur que, en términos de volumen fue un ganador del acuerdo, aunque gran parte de las exportaciones son re-exportaciones de productos de empresas estadounidenses que fabrican en México. Desde la perspectiva de los negociadores mexicanos, el NAFTA le ofreció a México la oportunidad de ajustar su ciclo económico al de EE.UU. y desvincularse de las inestables economías latinoamericanas. En cierto modo, al ingresar en el NAFTA, México eligió el camino norteamericano, optando a favor de la estabilidad política y económica garantizada por EE.UU. a costa de una mayor independencia del vecino del norte.

Otro argumento a favor fue la ventaja de regular, institucionalizar y hacer más transparentes las relaciones de México con EE.UU., lo cual, en principio, iba a disminuir las asimetrías y caminos unilaterales del

---

[40] Los críticos acusan sobre todo al jefe de la delegación negociadora, Jaime Serra Puche, de no haber actuado con mucha transparencia y no haber involucrado ni a la sociedad civil, ni a los partidos políticos en un debate sobre el NAFTA.

coloso del norte. Según el ex presidente mexicano Carlos Salinas de Gortari:

> El tratado fortaleció los conductos institucionales para las relaciones entre México y Estados Unidos (...). Las instituciones que creó el TLCAN, como los comités de resolución de controversias, las comisiones para las cuestiones laborales y del medio ambiente o las agencias fronterizas, contribuyeron a que las disputas entre los gobiernos no se solventaran con decisiones meramente unilaterales (Salinas de Gortari 2004: 5).

2.2.2. Un balance ambiguo

Más de diez años después de su entrada en vigor, el balance del NAFTA es mixto. A primera vista, el ingreso de México en el NAFTA conllevó tanto beneficios económicos como políticos. A raíz de la crisis financiera en 1994, el país necesitaba atraer más inversiones y fomentar un mayor crecimiento económico, a través de las exportaciones. La sincronización de su economía con EE.UU. ofreció una garantía de estabilidad financiera y bajó el riesgo de país. En términos políticos, el NAFTA facilitó el ingreso de México en la OCDE en el mismo año 1994, lo cual elevó su estatus en el escenario internacional, pero le descalificaba al mismo tiempo a recibir asistencia al desarrollo[41]. El NAFTA también promovió la apertura democrática en México, que culminó con las elecciones presidenciales de 2000 cuando ganó por primera vez un candidato ajeno al PRI. Por otro lado, el NAFTA no ha contribuido a disminuir la distancia de desarrollo entre México y los otros dos socios e incrementó la dependencia de EE.UU.

Aunque más de una década luego de su entrada en vigor, el NAFTA es considerado como un hecho irreversible, sigue siendo un tema altamente polémico que todavía despierta feroces debates internos. Según encuestas recientes, sólo un 29% de los mexicanos opinó que el NAFTA ha sido beneficioso para su país frente a un 33% que consideró que lo ha dañado[42]. En el centro de la controversia están los resultados del NAFTA

---

[41] Por su ingreso en la OECD, Canadá ha anulado su cooperación con México y los Estados miembro de la UE la han reducido al mínimo.

[42] Entrevista encargada a finales del 2002 por el Woodrow Wilson Center en Washington. Fuente: The Economist, London, 30/12/2003.

para México. Para algunos ha sido un éxito rotundo como plataforma para la inversión y el comercio[43], y como instrumento para elevar el estatus internacional del país al formar parte del club de países ricos de la OCDE y abrirse al mundo superando su relativo «autoaislamiento». Según los defensores del acuerdo, el NAFTA ha tenido también efectos positivos para el desarrollo del país: debido a la estabilidad de la moneda mexicana y al hecho de que en las zonas de impacto del acuerdo (principalmente en el norte) se hayan elevado los salarios.

Entre los críticos figura el ex ministro de Relaciones Exteriores, Jorge Castañeda, que afirma que el NAFTA

> fue un acuerdo entre magnates y potentados: un acuerdo para los ricos y poderosos de Estados Unidos, México y Canadá, acuerdo que excluye efectivamente a la gente común de las tres sociedad (según Faux 2004: 99).

Para los opositores del NAFTA, el acuerdo incrementó las dependencias y vulnerabilidades externas de México, destruyó la base económica nacional, condujo a una pérdida de empleos, y convirtió al país en una «gran maquiladora de EE.UU.» y en un estado rentista que depende cada vez más de las remesas enviadas por los emigrantes mexicanos. Además, a su juicio, el NAFTA está acabando con las tradicionales cultivos agrícolas y la base de subsistencia en el sur del país[44], que se ha visto particularmente dañada por el NAFTA.

El verdadero impacto del NAFTA[45] estaría entre ambas posiciones extremas. En cuanto al flujo de comercio e inversión, la modernización de las instituciones políticas y la disminución de prácticas autoritarias, el acuerdo ha tenido un impacto positivo para México. Considerando la enorme brecha entre ricos y pobres, que divide el país y que se ha

---

[43] Víctor López Villafane afirma que: «Gracias al TLCAN, México se ha convertido en uno de los países más atractivos para invertir y producir bienes. Centenares de empresas estadounidenses, canadienses, europeas y asiáticas se han instalado en México...» (2002: 114).

[44] En el contexto del NAFTA hay otro debate muy polémico en cuanto a la vinculación del sur de México a América del Norte o a Centroamérica (según una entrevista con Luis de la Calle).

[45] Salvo unos pocos análisis sectoriales de la CEPAL, no existen estudios objetivos y serios sobre el impacto de la NAFTA para México y los demás socios.

incrementado desde 1994, el NAFTA no le ha servido a México como una plataforma de desarrollo equitativo[46]. Tampoco ha logrado reducir, sino que ha contribuido a aumentar, el éxodo desde México hacia EE.UU. donde los salarios promedio son siete veces más altos.

2.2.3. La lucha de poder interno

En cuanto a las posturas e intereses de actores mexicanos frente al NAFTA, puede distinguirse entre tres grupos diferentes. Aunque hay una cierta división geográfica norte-sur entre los opositores (sur) y defensores (norte) del NAFTA, las posiciones no pueden atribuirse claramente a los tres partidos políticos dominantes. El debate interno es altamente polarizado e ideologizado en cuanto al mantenimiento o no de arraigados conceptos tradicionales de nacionalismo y soberanía, así como de la identidad propia ajena a los «gringos»:

1) «Dinosaurios» del Partido Revolucionario Institucionalizado (PRI): este grupo incluye nacionalistas y beneficiarios del antiguo sistema político controlado por el PRI. Este lobby está en contra del NAFTA –que en aquel entonces fue negociado por un representante de su propio partido, el ex presidente Carlos Salinas de Gortari– porque ha promovido una «modernización» del país a favor de la democracia liberal y al violar, a su parecer, sus principios tradicionales de la soberanía nacional y la independencia de México de EE.UU.

2) ONGs[47], sindicatos y gran parte del PRD[48]: este grupo acepta el NAFTA como un hecho irreversible, pero quiere cambiar el tratado inicial y añadir una serie de mejoras en el texto. Su principal demanda es la inclusión de una dimensión social, laboral y democrática (un «pacto de

---

[46] Según entrevistas en EE.UU. y México, entre ellos con Sidney Weintraub, del CSIS y Ernesto López Córdoba del BID en Washington.

[47] Particularmente la Red Mexicana de Acción frente al Libre Comercio (RMLC) que agrupa a unos cien ONGs.

[48] Jorge Calderón, del PRD, reconoció que su partido está todavía muy vinculado a las ideas tradicionales de la «vieja izquiera» y que apenas ha tenido lugar un ajuste de sus estructuras a las circunstancias cambiadas del siglo XXI (según una entrevista realizada en junio del 2002).

desarrollo») en el acuerdo. Solicitan, por un lado, fondos estructurales y un trato más diferenciado para las pymes mexicanas, y por el otro, la participación de representantes de la sociedad civil en el proceso de integración.

3) Empresas transnacionales, técnocratas y gran parte de la élite política (en torno al gobernante PAN): estos actores fueron los iniciadores del NAFTA y son sus mayores defensores. Esta nueva élite del país no quiere introducir cambios en el tratado y considera el NAFTA como un pleno éxito y válido instrumento de modernización para México. Son ellos los que más se han beneficiado (económica o políticamente) del NAFTA. La élite ha llegado al poder bajo el gobierno del presidente Vicente Fox y sigue dominando el debate nacional sobre el NAFTA.

Estas posiciones adversas revelan un conflicto entre «los dos Méxicos», representados por una élite política norteamericanizada y un grupo político de nacionalistas tradicionales en torno al PRI. El NAFTA es uno de los campos de batalla de la lucha de poder entre la nueva y la vieja clase política mexicana, que se decide principalmente en el Congreso mexicano.

Para conciliar estos tres grupos, el entonces gobierno de Fox intentó conseguir una ampliación del tratado actual del NAFTA, incluyendo una mayor institucionalización, fondos de desarrollo y un mercado laboral común. Inmediatamente después de haber ganado las elecciones del 2000, el Presidente viajó a Canadá y EE.UU., donde lanzó su propuesta de crear una «Comunidad Norteamericana» con un mercado común, impulsando un debate en los tres países sobre el futuro de la integración (Rozental 2002: 73). Aparte de los motivos políticos internos, cabe mencionar también una serie de intereses económicos que, desde el punto de vista mexicano, justifican buscar una integración más allá del libre comercio.

Si los tres socios no acuerdan una integración más profunda, México podría perder sus tradicionales privilegios comerciales frente a EE.UU. Así, en la medida en que suben los salarios (en el norte del país), pero no el nivel de educación, México empieza a perder competitividad frente a otros socios comerciales de EE.UU., principalmente China, que recientemente ha sustituido a México como segundo socio comercial de EE.UU.

Además, crece la competencia en la propia región: Chile firmó en diciembre de 2003 un acuerdo de libre comercio con EE.UU., Centroamérica lo hizo en mayo de 2004 y Colombia dos años después.

Es por todo ello y por el tema pendiente de regular la cuestión de la migración que México es el «abogado solitario» de la profundización del NAFTA. Curiosamente, en su intento de profundizar el NAFTA, México ni ha tenido en cuenta a Canadá, ni ha intentado construir una alianza con el segundo país menor del NAFTA. De todas maneras, las posibilidades de convencer a Canadá y después a EE.UU. a extender el NAFTA a otros ámbitos y definir nuevos objetivos no son demasiado alentadoras. Joseph Tulchin[49] pronosticó que México pasaría por un *painful period* tras el 11 de septiembre de 2001, cuando desapareció del radar de la política exterior de EE.UU. Cinco años después, parece haberse confirmado este pronóstico negativo.

2.3. El bajo perfil de Canadá

Canadá es el socio silencioso del NAFTA. Comparado con los otros dos Estados miembro, Canadá tiene la particularidad de contrar con un segundo idioma oficial y, en cuanto a su estructura política y administrativa, es el único país descentralizado con regiones autónomas como el Quebec. Por sus estrechos lazos culturales y raíces históricas comunes con EE.UU., carece de un claro perfil propio en la integración. Aunque comparte con México el estatus de socio menor y la alta dependencia de EE.UU., Canadá mantiene con su vecino poderoso una relación particularmente estrecha que se manifiesta en la definición de intereses y posiciones comunes. Así, al hablar el mismo idioma y al tener tradiciones similares, los lazos entre Canadá y EE.UU. son incomparablemente más intensos que la difícil relación EE.UU.-México. Aunque las relaciones no están libres de tensión, a diferencia del otro eje bilateral, no se trata de una vecindad conflictiva, sino de una coexistencia armónica y pacífica.

Para Canadá, EE.UU. es su principal referencia, que determina tanto su política externa como también cuestiones domésticas (la seguridad,

---

[49] Según una entrevista sostenida en junio de 2002 en el Wilson Center en Washington DC.

el narcotráfico o el medio ambiente). Por la creciente interdependencia de ambos países a partir del acuerdo de libre comercio bilateral (Cufta, por sus siglas en inglés), firmado el 2 de enero de 1988, EE.UU. se ha convertido casi en un *intermestic issue* para Canadá. La estrecha interconexión entre ambos socios del NAFTA ha impedido, al mismo tiempo, una alianza entre Canadá y México frente a EE.UU., en base a su estatus como socios menores. No obstante, en algunas ocasiones, Canadá empieza a percibir la alianza con México como una posibilidad de contrarrestar el poder de EE.UU. Así, en algunos temas de política exterior, tales como las relaciones con Cuba o la intervención en Irak, existe una convergencia de intereses entre los dos socios menores que podría servir de base para crear lazos más estrechos en el futuro.

2.3.1. El NAFTA y el matrimonio con EE.UU.

Similar al debate en México, la vecindad de Canadá con EE.UU. siempre ha sido un tema interno controvertido. De hecho, son relaciones muy asimétricas: aunque Canadá dispone de un territorio más grande, el PIB de EE.UU. es quince veces mayor que el de Canadá y el número de habitantes supera diez veces el de su vecino norteño. Fue el entonces primer ministro Pierre Trudeau que en los años setenta describió la relación de Canadá con EE.UU. con la imagen de «un ratón que comparte la cama con un elefante» (Hargrove 2004: 25).

Fue precisamente por las afinidades con EE.UU. que la identidad nacional de Canadá siempre se ha definido por los rasgos particulares del país que le diferenciaron de su vecino poderoso. A modo de ejemplo, y para que se vea reflejado su identidad dual, Canadá consiguió incluir un tercer idioma oficial en el NAFTA: el francés.

Hasta la actualidad, Canadá observa con ciertos recelos la actuación de EE.UU. y sigue temiendo la subordinación total a los intereses del vecino. Las críticas internas al NAFTA se dirigen a la enorme dependencia de EE.UU. y la pérdida de identidad nacional incluyendo el riesgo de ser «tragado» por el poderoso vecino del sur. Según encuestas recientes (Faux 2004: 103), un 40% de los canadienses piensan que es muy probable que, en unos diez años más, EE.UU. absorberá al país (aunque lo desean sólo un 15%). De hecho, la dependencia económica de Canadá frente a EE.UU. alcanza los mismos niveles que la de México: en la actualidad el país desarrolla un 87% de sus exportaciones e importaciones con EE.UU., y cerca de un 60% del PIB de Canadá depende del comercio con los socios del NAFTA, partiendo de un 30% a finales de los ochenta (Hargrove 2004: 32).

Al ser su socio más cercano y fiable, Canadá fue el primer país del mundo que estableció un acuerdo de libre comercio con EE.UU. Un importante requisito para ello fue un cambio de mentalidad por parte del empresariado canadiense y del poder ejecutivo antes comprometido con una estrategia de desarrollo de índole intervencionista, nacionalista y cuasi anti-imperialista. Muy parecido a lo que ocurrió en México algunos años después, la creciente interdependencia comercial entre Canadá y EE.UU. y un cambio de estrategia económica motivaron al Gobierno de aquella época a firmar, el 2 de enero de 1988, un acuerdo de libre comercio con EE.UU.

El CUFTA fue acordado por el presidente Ronald Reagan y su «alma gemela», el primer ministro conservador Brian Mulroney. Ambos países definieron en el CUFTA un período de liberalización comercial de diez años, iniciándose en 1989. Gracias al exitoso *lobbying* de la embajada de Canadá en Washington, las negociaciones duraron poco más de un año. Aunque el CUFTA encontró algunas resistencias en el Parlamento de Canadá, fue aprobado sin modificaciones. La posterior ampliación del NAFTA por el ingreso de México, un país con el cual apenas existían relaciones bilaterales, no contó con el respaldo inicial de Canadá, que inicialmente no quería compartir sus lazos privilegiados con otro socio. Hasta la actualidad se mantiene cierto recelo por parte de Canadá hacia México con el cual apenas comparte interereses comunes. No obstante, el NAFTA, que se creó a partir del CUFTA, ofreció la oportunidad de incluir algunas mejoras en el acuerdo, tales como el interés de Canadá en fortalecer el mecanismo de solución de controversias.

Igual que en México, el balance del NAFTA en Canadá es mixto. Aunque el sector privado está mayoritariamente a favor del NAFTA, un factor negativo es la desaparición de muchas pymes nacionales y la consecuente pérdida de empleos a raíz de la instalación de empresas transnacionales procedentes de EE.UU. en Canadá. Sectores considerados particularmente sensibles y estratégicos para el interés nacional son la salud, el agua y la educación, que Canadá quiere excluir del NAFTA, mientras que EE.UU. está presionando por liberalizarlos. El temor de ser «comprado» por EE.UU. y de importar su modelo de libre mercado sin Estado de bienestar social ha motivado la creación de grupos críticos al NAFTA[50]. Parecido a México, aunque menos influyente y organizado, ha surgido un movimiento anti-libre comercio que integra principalmente a representantes de sindicatos[51] y de ONGs[52] canadienses.

Pese a las asimetrías y temores de ser «aplastado» por su poderoso vecino, las relaciones entre Canadá y EE.UU. son fluidas e intensas. En la actualidad, su agenda bilateral está dominada por el comercio y las inversiones. Con una participación del 25% en su comercio total, Canadá es el principal socio de EE.UU. y fue el principal destino para las exportaciones de 39 de sus Estados. Ambos países han creado una densa red de lazos políticos institucionalizados. Un ejemplo para ello son las reuniones anuales del Grupo Interparlamentario EE.UU.-Canadá que tienen más peso político que los encuentros del foro bilateral semejante EE.UU.-México. Otro tema que domina la agenda bilateral – y en el cual Canadá está más cercana a la posición de EE.UU.– es la lucha contra el terrorismo y el control compartido de fronteras, reflejada en el denominado *smart border agreement* de 2001.

Aunque el interés de Canadá en una profundización de la integración es limitado y no converge con el de México[53] –puesto que Canadá rechaza una mayor institucionalización y burocratización del bloque–, el tema de una identidad común de «América del Norte» está presente en la agenda del país[54]. Canadá es el único de los tres Estados miembro, donde en el seno del Parlamento se celebraron sesiones especiales sobre

---

[50] Entrevista de Susanne Gratius con Bruce Campbell, del Canadian Center for Political Alternatives en Ottawa.

[51] Principalmente el Canadian Labour Congress.

[52] Existen tres ONGs principales críticos al libre comercio –Common Frontiers, Action Canada Networks y el Canadian Center for Policy Alternatives– que mantienen vínculos con sus contrapartes mexicanos (sobre todo RMLC).

[53] Según entrevistas independientes con Michael Hart, Universidad de Carleton/Ottawa; y Margaret Hill, de la Policy Research Initiative en Ottawa; y Stacey Wilson, de Focal, Ottawa.

[54] Por ejemplo, en la Universidad de Carleton, Ottawa, se ha creado un Departamento de Estudios Norteamericanos y el anterior Gobierno de Chrétien apoyó un proyecto de investigación que analizó el papel de Canadá en el NAFTA y las perspectivas de su profundización.

el futuro del NAFTA y de «América del Norte». A juicio de algunos observadores[55] existe una integración silenciosa que ha conducido o «una nueva realidad geopolítica» que podría desembocar, a medio plazo, en una comunidad norteamericana. Esto sería un buen punto de partida para intensificar las relaciones con México y construir una agenda común en el marco del NAFTA.

2.3.2. Canadá y México: aliados distantes

Al no compartir una frontera ni lazos culturales, las relaciones de Canadá con México son buenas, pero no muy intensas. Pese a que comparten una difícil relación con EE.UU., debido a su experiencia histórica de luchas territoriales –en el siglo XIX, EE.UU. se quedó con casi la mitad del territorio mexicano e intentó ocupar Canadá– y los temores de ser absorbidos por su poderoso vecino, Canadá y México tienden a ignorarse mutuamente en vez de construir una agenda común. Aunque tienen en común el interés de limitar el poder de EE.UU., incluir una dimensión social en el NAFTA y excluir determinados sectores del acuerdo, no han creado una alianza bilateral para profundizar la integración.

En el NAFTA, la creación de un eje bilateral de los dos países ha fracasado por el mismo motivo por el cual no ha avanzado la agenda entre Paraguay y Uruguay en el MERCOSUR: los desniveles de desarrollo, las distancias culturales y la estrecha relación de cada uno con los socios grandes son los principales obstáculos. Por su acceso privilegiado a EE.UU., los dos socios menores tienden a percibirse (similar a Paraguay y Uruguay) más como competidores que como aliados en el proceso de integración. De hecho, Canadá y México compiten en determinados sectores y, particularmente, en la industria automovilística, ya que muchas empresas estadounidenses trasladaron sus fábricas a México tras la entrada en vigor del NAFTA. Por el otro lado, fue también esta relación de competencia la que motivó a Canadá a aceptar el ingreso de México en la zona de libre comercio, a fin de imponer reglas más transparentes y comunes a las relaciones económicas entre los tres países.

---

[55] Entrevistas de Susanne Gratius con Laura Macdonald, Jefa de Departamento «Norteamérica» de la Universidad de Ottawa.

Aunque México no es un país importante para Canadá, hoy «forma parte de su agenda de política económica y exterior»[56], es su socio más importante en América latina y sirve como puente hacia la región. El NAFTA no ha causado un sustancial auge de sus relaciones económicas: los intercambios entre Canadá y México apenas se han incrementado y siguen representando menos del 4% de su respectivo comercio con EE.UU. No obstante, en el período 1994-2004, México pasó del 16° al 4° lugar como destino de las exportaciones canadienses, mientras que Canadá incrementó su posición en las ventas mexicanas incluso del quinto al segundo puesto. Cabe resaltar que, actualmente, México exporta más a Canadá que la UE y Japón juntos. Canadá es también el cuarto inversor del país, donde están situadas unas 1.200 empresas canadienses. Además, México es el segundo destino para el turismo canadiense. También el movimiento de personas se ha incrementado: 10.000 estudiantes mexicanos se han ido a Canadá, unos 50.000 ciudadanos de origen mexicano residen en el país y, a raíz del programa de trabajo temporal, creado en 1988, llegan cada año unos 12.000 mexicanos a Canadá[57].

Aunque a raíz del NAFTA las relaciones bilaterales se han intensificado, los dos socios menores aún no han sabido o no han querido concertar sus intereses frente a EE.UU. Canadá y México siguen siendo vecinos distantes con agendas diferentes. Al tener una relación privilegiada y menos conflictiva con EE.UU., Canadá se ha resistido a crear una alianza con México para contrarrestar los intereses del socio más grande. Así, Robert Pastor (2004) afirma que «La omisión de no construir instituciones multilaterales ha sido en gran parte deliberada».

Canadá está convencido de que puede obtener un mejor trato de Estados Unidos si actúa solo. Durante el gobierno del primer ministro Jean Chrétien, Canadá tuvo un perfil más bien bajo con respecto al NAFTA. Su sucesor Paul Martin, ex ministro de Hacienda, estaba más inclinado a establecer una alianza con México. El fundamento para ello sería el consenso entre Canadá y México con respecto a una comunidad norteamericana. Así, también en Canadá se reconoce el creciente sentido

---

[56] Según Tom Oomen, consejero en la embajada de Canadá en México, en una entrevista realizada en junio de 2002 en México D.F.

[57] Jim Peterson, Minister of International Trade, speech to the Canadian Chamber of Commerce NAFTA: ten years and beyond, Mexico City, 16.02.2004.

de comunidad e intereses compartidos entre los tres países en áreas como la educación, ciencia y tecnología y seguridad.

2.4. México-EEUU: una relación bilateral conflictiva

Comparado con las fluidas y armónicas relaciones entre Canadá y EE.UU., la convivencia entre México y EE.UU. siempre ha sido mucho más conflictiva. La enorme brecha de desarrollo y de productividad, históricos recelos territoriales, culturas e idiomas diferentes, así como tradiciones y valores políticos a veces incompatibles han sido los mayores obstáculos para construir una asociación bilateral que reflejara intereses mutuos. En el centro del conflicto actual se sitúa el creciente flujo de trabajadores mexicanos hacia EE.UU., que incluso ha despertado temores de representar un riesgo a la identidad del país y provocar un «choque entre culturas» dentro del territorio de EE.UU. (Huntington 2004). Otro problema permanente en el marco del NAFTA, que impide una relación más armónica entre los dos países vecinos, son las asimetrías económicas y la liberalización agrícola que tiende a afectar negativamente a México.

No cabe duda de que la interdependencia económica entre EE.UU. y México es de índole sumamente asimétrica, de modo que ha sido descrita como la relación entre un «país líder» (EE.UU.) especializado en servicios –financieros, telecomunicaciones, etc.– y bienes de alto valor agregado, y un «país cuerpo» (México) que recibe del país líder su industria manufacturera, particularmente en los sectores automotriz, computación y textiles (López Villafane 2002: 115). Más del 40% de las exportaciones o «reexportaciones» de México a EE.UU. aporta la maquiladora, una rama autónoma de la economía nacional, donde se han creado 1,5 millones de empleos[58]. A través de esta división de trabajo dependiente, «EE.UU. ha hecho de México una parte de la economía de EE.UU.» (Faux 2004: 101). De hecho, el desarrollo de la economía mexicana está directamente conectado a los respectivos ciclos económicos de EE.UU. Además, por la exportación de mano de obra barata a EE.UU. que (al ser en gran parte ilegal) ha conducido a una inmigración

---

[58] Según Andrés Penalosa de RMLC y Enrique Dussel de la UNAM.

permanente, las remesas de familiares en EE.UU. –que superan el monto de la inversión extranjera directa– están convirtiendo a México en un «Estado rentista». Esta estructura económica desigual fue acentuada por el NAFTA.

No obstante, el acuerdo también impulsó un tipo de relación diferente, pasando de una vecindad distante a una convivencia pacífica y de dependencia mutua. A raíz del NAFTA, se han fortalecido la coordinación política, el intercambio académico[59], los lazos culturales y familiares entre ambos países. Así, el impacto del NAFTA en los vínculos EE.UU.-México fue mucho más allá de los aspectos económicos. Según el analista mexicano Fernández de Castro (2001):

> El TLCAN es un acuerdo de comercio e inversión, pero fue tal la trascendencia de su negociación y su posterior instrumentación que constituye un parteaguas en la relación bilateral entre México y Estados Unidos. El tratado facilitó que los gobiernos federales, estatales y locales, empresarios, académicos, líderes sociales y hasta los grupos delictivos se percataran de lo que los mercados ya habían reconocido años atrás: la interdependencia de ambos países. De la tradicional condena mutua se pasó a ver en la vecindad una oportunidad compartida.

La luna de miel duró hasta el 11 de septiembre de 2001. Desde entonces, las relaciones están estancadas e incluso tienden a retroceder hacia el anterior estatus de una vecindad distante. El gobierno de Vicente Fox, que contó con el apoyo inicial de EE.UU., se sintió abandonado e incluso traicionado por su vecino del norte, puesto que México desapareció de la agenda de EE.UU. y la cooperación se frenó en dos ámbitos clave para sus intereses nacionales: el tema de la migración y las concesiones comerciales o de otro tipo para México como socio menos desarrollado. Un problema adicional que sufre México es el traslado de la maquiladora y producción industrial estadounidense de México a Centroamérica y a China.

Desde la perspectiva de EE.UU., los temas más conflictivos en su agenda bilateral con México son: el control de fronteras, tanto en cuanto a la inmigración ilegal, como en cuanto al intercambio de mercancías

---

[59] Cada año llegan cerca de 1,5 millones de mexicanos a EE.UU. para estudiar.

y a la lucha contra el narcotráfico; el lavado de dinero y el terrorismo internacional. Sin embargo, en todos estos ámbitos no se revelan intereses divergentes, sino objetivos comunes, de modo que se trata más bien de conflictos de índole técnico-administrativos que tienen su raíz en problemas estructurales internos en México y/o EE.UU.

Actualmente, México tiene dos quejas fundamentales que han reducido el entusiasmo inicial de la élite política hacia el NAFTA: el fracaso de un acuerdo migratorio o la creación de un «acuerdo NAFTA plus»; y la liberalización del sector agrícola sin ningún tipo de compensación por parte de EE.UU. que sigue subvencionando su *agrobusiness*. El fracaso de conseguir un acuerdo con EE.UU. en estas dos áreas ha contribuido a restar popularidad y apoyo político al ahora aislado gobierno de Fox. En estos dos ámbitos, los objetivos de EE.UU. y México son diametralmente opuestos: EE.UU. persigue cada vez más una política nacionalista y proteccionista, mientras que México busca una coordinación más estrecha y una mayor apertura de las fronteras.

2.4.1. El conflicto migratorio

El tratado del NAFTA no prevé la creación de un mercado laboral común, sino que sólo introduce un visado especial para expertos y empresarios relacionados con el NAFTA: un máximo anual de 6.000 mexicanos y 30.000 canadienses pueden usarlo[60]. Teniendo en cuenta que Canadá tiene 30 millones de habitantes y México 100 millones, este arreglo implica de por sí un trato discriminatorio, máxime cuando ni Canadá ni México piden visados para ciudadanos procedentes de EE.UU. De hecho, en 2001, entraron unos 92.000 profesionales canadienses a EE.UU., pero sólo 2.571 mexicanos (Audley/Papademetriou 2003: 43).

No cabe ninguna duda de que las expectativas previas a 1994, que consideraban al NAFTA como un instrumento para disminuir el flujo migratorio de trabajadores mexicanos a EE.UU. no se han cumplido. El argumento de frenar la inmigración a través del supuesto auge económi-

---

[60] En general, y a diferencia de los mexicanos, los canadienses no necesitan un visado para viajar a EE.UU.

co que produciría el NAFTA en México fue utilizado incluso por parte del gobierno mexicano para convencer EE.UU. a firmar el acuerdo[61]. Los negociadores se equivocaron: en vez de disminuir, se incrementó considerablemente el flujo de inmigración mexicana hacia EE.UU. México exportó a su vecino casi más trabajadores que mercancías: casi una cuarta parte de los habitantes del país viven actualmente en EE.UU.

Desde hace años que la «invasión mexicana» a EE.UU., causada por los desniveles de desarollo entre ambos países y la presión demográfica –el crecimiento poblacional en México es el doble que el de los demás países NAFTA–, ha ensombrecido las relaciones bilaterales. México y EE.UU. comparten una frontera de casi 3.000 km, muy difícil de controlar. Por su vecindad, la inmigración de mexicanos a EE.UU. no es ningún fenómeno nuevo. Ya en los años sesenta, cuando EE.UU. creó (en 1964) el «Programa Bracero» para trabajadores agrícolas mexicanos, medio millón de mexicanos migraron cada año por un tiempo limitado a EE.UU.[62]. Al tener la posibilidad de entrar y salir libremente a EE.UU., en 1960, los mexicanos representaron sólo un 6% de los extranjeros en EE.UU., mientras que en la actualidad son más del 20%.

En 1965, se modificó la legislación migratoria en EE.UU., definiéndose cuotas máximas de entrada para 20.000 personas de todos los países del mundo. Ya en aquel entonces, el número de inmigrantes mexicanos fue seis veces mayor que aquella cifra (Fernández del Castro 2001: 53). Tampoco la siguiente reforma de la ley migratoria aprobada en 1986 modificó las cuotas, sino incrementó las medidas de control en la frontera para limitar la inmigración ilegal, proveniente principalmente de México. Una tercera reforma de 1996 siguió fortaleciendo el control de la inmigración ilegal. Todas estas medidas represivas no sirvieron para frenar el constante flujo de mexicanos hacia EE.UU.: actualmente viven unos 23 millones de mexicanos en EE.UU. (un 70% de los habitantes de Canadá), unos cinco millones de ellos de forma ilegal.

---

[61] En 1990, en pleno proceso de negociación del NAFTA, el ex presidente Salinas de Gortari trató de convencer a una audiencia en EE.UU. de que por los beneficios de una futura zona de libre los trabajadores mexicanos se quedarían en México (según Faux 2004: 96).

[62] En aquella época, sólo unos 45.000 mexicanos optaron por la inmigración permanente.

Hasta la actualidad, EE.UU. sigue controlando el éxodo de mexicanos construyendo un verdadero «muro de Berlín»[63]: 7.000 agentes de
EE.UU. controlan la «frontera de tortilla» con México, frente a 700 funcionarios a cargo de vigilar la frontera de unos 7.000 km con Canadá. En
2001 fueron capturados 1,3 millones de mexicanos por agentes estadounidenses cuando intentaron llegar ilegalmente a EE.UU. (Audrey/Papa-
demetriou 2003: 48). Pese a la militarización de la frontera, cada año llegan unos 650.000 mexicanos por vías no legales a EE.UU., alimentando
las redes de tráfico humano por parte de los denominados «coyotes». Se
trata de una política poco eficaz y un tanto hipócrita, puesto que a determinados sectores empresariales les conviene la migración ilegal mexicana. Así, EE.UU. practica conscientemente el *dumping social* a fin de bajar
los costes salariales en el *agrobusiness* y mantener la competitividad internacional de EE.UU. en ese sector.

Aparentemente, el estricto control de la frontera sur de EE.UU. no
soluciona el problema de la inmigración ilegal, sino que provoca graves
violaciones de derechos humanos causando cada año la muerte de numerosos mexicanos. Al promover la inmigración ilegal por no definir una
cuota especial más elevada para trabajadores mexicanos, el Gobierno de
EE.UU. contribuye a que la migración se convierta en permanente, ya
que los que llegan a territorio estadounidense sin ser deportados no asumen el riesgo de poder salir y entrar de nuevo a EE.UU. La mayoría de
los inmigrantes son trabajadores y campesinos desempleados[64] o empo-
brecidos por la crisis agrícola en México, que a su vez radica en la liberalización de este sector en el marco del NAFTA. Así, la inmigración ilegal
es en gran parte causada por el mismo tratado: debido a la crisis que sufre
el campo mexicano por la masiva importación de productos agrícolas
subsidiados de EE.UU., muchos agricultores ven su única salida en la
emigración (Faux 2004: 97s.). Por eso, la mayoría de los trabajadores en
las grandes empresas agrícolas en EE.UU. son de origen mexicano.

Por todo ello, el tema más conflictivo y difícil de la agenda bilateral es
la negociación de un acuerdo migratorio, solicitado desde 2001 por parte

---

[63] Entrevista con Héctor Almendrade, mexicano y autor de *Cápsulas*, editado en
Ottawa, Canadá.

[64] De 1993 al 2001 se perdieron 1,3 millones de empleos en el campo mexicano
(Audley/Papademetriou 2003: 52).

del Gobierno mexicano. Al tratarse de un problema específico entre EE.UU. y México –Canadá ha creado un programa de *guest workers* con México–, ambos países firmarían un acuerdo bilateral. Las posibilidades de crear un mercado laboral común en el marco del NAFTA[65] se han desvanecido por la prerogativa del tema de seguridad en EE.UU. después del 11 de septiembre. Sólo unos pocos días antes del ataque terrorista en EE.UU., el presidente Fox visitó a EE.UU. y acercó posiciones con su homólogo George W. Bush en cuanto a un futuro acuerdo para regular el flujo de trabajadores mexicanos. Desde entonces, la agenda de migración está estancada.

Para compensar a México, EE.UU. desarrolló un plan alternativo sin afrontar el problema de fondo. Para manifestar que México no había desaparecido de la agenda de la política exterior de EE.UU., ambos países acordaron en marzo de 2002, en Monterrey, un *Public-Private-Partnership for Prosperity* (PPP). El programa está dotado de recursos financieros modestos de unos 30 millones de dólares, previstos para financiar proyectos de desarrollo (vivienda, infraestrutura básica) en México y tomar medidas para abaratar los costes de las remesas[66]. No obstante, al contar con limitados fondos, cuyo origen, además, no está definido, el valor de esta iniciativa es más bien simbólica (Pastor 2002a: 115).

México sigue insistiendo en un acuerdo de migración. Desde su punto de vista, un acuerdo migratorio bilateral tendría que regular la situación de todos los mexicanos residentes en EE.UU., definir un programa para trabajadores temporales, incluir la participación de los sindicatos de ambos países y crear –tal como lo propuso el ex presidente Carlos Salinas de Gortari (2004: 8)–, un ombudsman para los inmigrantes mexicanos. Un paso previo a un acuerdo migratorio, de difícil consenso en EE.UU., sería modificar las condiciones del visado especial definidas en el marco del NAFTA abriéndolo a los trabajadores de campo y del sector de construcción.

---

[65] Según el mexicano Luis de la Calle, que formó parte del equipo negociador, podría durar diez años hasta que ambos países firmaran un acuerdo de migración en el marco del NAFTA, pero confía en que, ante la decreciente tasa de nacimientos, EE.UU. seguirá necesitando a los trabajadores mexicanos para garantizar la seguridad social.

[66] Como los inmigrantes ilegales no tienen cuentas bancarias, las transferencias privadas de dinero a familiares cuenta con intereses de hasta un 40% por operación.

El Gobierno de México tiene varios argumentos y estrategias a favor:
1) podría ejercer presión en el marco de la Comisión de Cooperación
Laboral denunciando las condiciones laborales de los inmigrantes mexicanos ilegales en EE.UU.; 2) podría crear una alianza de intereses con los
sindicatos de EE.UU. en contra de esta forma de *dumping social*, que
luchan desde hace años por un programa bilateral de migración y la legalización de trabajadores mexicanos; 3) podría impulsar una negociación
con EE.UU. para abrir su sector energético (incluido el petróleo) a los
socios del NAFTA recibiendo un acuerdo migratorio a cambio; 4) similar
a lo que hizo Fidel Castro en Cuba en 1994, podría desmantelar todos los
controles fronterizos incrementando la presión migratoria; o 5) podría
insistir en crear fondos de cohesión para elevar el nivel de vida en México y reducir de este modo el flujo migratorio hacia EE.UU. Este último
punto presentaría una estrategia alternativa a un acuerdo migratorio bilateral que se enfrenta a la enérgica (y un tanto irracional) resistencia por
parte de Washington.

2.4.2. La controversia en el sector agrícola

Otro tema conflictivo en la agenda bilateral son las consecuencias negativas del NAFTA para el sector agrícola mexicano que, en gran parte,
fue liberalizado a partir de enero de 2003. En este sector, México mantiene un déficit comercial con EE.UU. que se incrementó sustancialmente tras el aumento de subsidios agrícolas en EE.UU., a raíz del *farm
bill* aprobado en marzo del 2002[67]. Sólo para algunos productos particularmente sensibles, México consiguió plazos más largos o un trato diferencial en el NAFTA, entre ellos para sus dos cultivos más tradicionales,
el maíz y los frijoles, que serán liberalizados en 2008.

   EE.UU. se ha convertido en el mayor exportador de maíz del mundo,
lo cual abarca un gran potencial de conflicto sectorial, puesto que México tendrá que competir, sin compensaciones, con su poderoso vecino del
norte. Cabe recordar que el maíz (junto a los frijoles) es la base alimenti-
cia del país y que el cultivo de esta planta forma parte de la tradición

---

   [67] El estadounidense Sidney Weintraub del CSIS consideró que las subvenciones del
farm bill son «casi tan graves como la Política Agrícola Común» (entrevista en Washington en junio de 2002).

ancestral de la población indígena[68]. La libre entrada de maíz (transgénico y más barato) procedente de EE.UU. a México acabaría con gran parte de la producción nacional y con la subsistencia de muchas comunidades campesinas[69]. Otros productos agrícolas sensibles, de los cuales la mayoría fue liberalizada el 1 de enero de 2003, y causó una serie de protestas internas en México, son el avocado, el atún, naranjas y tomates. Otro conflicto existe en el sector azucarero, donde EE.UU. aplica una cuota de unas 150.000 toneladas anuales que México quiere elevar a 600.000 toneladas[70].

La paulatina destrucción de la agricultura e industria nacional mexicana es la consecuencia más nefasta y perversa del NAFTA que, a su vez, incrementa el problema de la emigración de mexicanos a EE.UU. Es una paradoja que son precisamente los campesinos mexicanos los que contribuyen a mantener la competitividad del *agrobusiness* americano, lo cual a su vez perjudica a los productores en su país de origen. Así, el modelo de libre comercio definido en el marco del NAFTA ha creado un círculo vicioso difícil de romper. Lo que ha demostrado el ejemplo de México en el NAFTA es que la producción nacional de pequeñas comunidades de campesinos y de PYMEs no puede competir con las grandes empresas transnacionales provenientes de EE.UU.

3. Integración, hegemonía y bilateralismo: el liderazgo de Brasil y EE.UU. versus los *TANDEMS*

Esta comparación ha señalado que la integración tiene una imagen muy distinta en los dos procesos de integración analizados: si en el caso del MERCOSUR, el consenso inter y intra estatal a favor de la integración está bastante consolidado y hay pocos actores que interfieren en contra del bloque, la integración en el marco del NAFTA se enfrenta a mucho más adversarios en sus tres países parte y todavía no se ha llegado a definir

---

[68] Las comunidades indígenas representan un 10% de la población mexicana.

[69] Nadal (2000).

[70] Aparentemente, los entonces negociadores del NAFTA, Carla Hill y Jaime Serra Puche, acordaron un régimen azucarero mucho más beneficioso para México que, sin embargo, fue sólo un arreglo informal fuera del NAFTA.

un consenso sobre lo que sería una identidad común de «América del Norte». Por tanto, el MERCOSUR es una iniciativa subregional que, pese a su bajo nivel de comercio intrarregional, cuenta con un amplio respaldo político y cultural en sus Estados miembro. Aunque NAFTA ha producido un alto grado de interdependencia económica, a nivel político siguen dominando intereses divergentes y posiciones nacionales que impiden una integración más profunda: «Las tres naciones de América del Norte están ligadas por la migración, el comercio y la geografía, y separadas por su perspectiva histórica así como por sus sistemas políticos y económicos divergentes» (Fernández/Pastor 2001: 14).

Tanto en el NAFTA como en el MERCOSUR han sido las afinidades políticas entre los países lo que motivó la integración. Al comparar los inicios de la integración en el NAFTA y en el MERCOSUR, llama la atención que las semejanzas político-ideológicas intergubernamentales, presentes en aquel momento, fueran el principal motivo para lanzar los procesos de integración. Otro incentivo para la integración han sido los fuertes ejes bilaterales. En el MERCOSUR, se definió, a finales de los ochenta, un consenso político entre los gobiernos de turno en la Argentina y Brasil en cuanto a la democracia y la superación de la rivalidad militar. En el NAFTA, se produjo una cierta afinidad en cuanto a las políticas y objetivos económicas que perseguían EE.UU. y México, por un lado, EE.UU. y Canadá, por el otro. También existía una cierta (y curiosa) afinidad personal entre los gobiernos de Carlos Salinas de Gortari, Brian Mulroney y Ronald Reagan[71]. El esquema de coyunturas políticas similares y favorables a la integración se ha repetido en el MERCOSUR, cuando Lula llegó al poder en Brasil y Kirchner en la Argentina. Estos momentos políticos favorables pueden producir un avances del proceso de integración mucho más sustancial que años de cooperación entre gobiernos divergentes.

En procesos de integración hay tres maneras de enfrentar las asimetrías entre los Estados parte: en primer lugar, introducir un sistema de decisión proporcional que refleje la posición de los respectivos países (siguiendo el ejemplo de la UE); en segundo lugar, ejercer un liderazgo

---

[71] Según un analista canadiense, el CUFTA fue el producto de la relación personal entre Murloney y Reagan, que no hubiera sido posible sin la confianza entre ambos líderes (Beatty 2002: 37).

bilateral compartido que sirva de motor de la integración y sea un instrumento para equilibrar la posición dominante del país más poderoso (Alemania-Francia) y, en tercer lugar, aceptar el liderazgo y/o la hegemonía del respectivo país más fuerte que determina la velocidad y los límites de la integración (caso del NAFTA).

Ambos bloques parecen haber descartado la primera opción de crear un sistema proporcional. El NAFTA se caracteriza por la tercera opción, puesto que tanto Canadá como México aceptan la posición hegemónica de EE.UU. que les debilita por un lado, pero por el otro les ofrece una garantía de estabilidad y niveles de crecimiento económico sólidos. Aunque el NAFTA tiene una estructura bilateral dual, no ha creado una alianza entre los países que comparten el liderazgo de la integración y disminuyan las asimetrías de poder. Por el peso aplastante de EE.UU. y ante la falta de un consenso entre los dos países menores del NAFTA, los ejes bilaterales no han sido un motor, sino al considerar las relaciones EE.UU.-México, más bien un freno a una integración más profunda. En el caso del NAFTA, un primer paso para reducir las asimetrías de poder sería trilateralizar las relaciones creando canales de comunicación entre Canadá, México y EE.UU. Otra posibilidad sería crear un eje bilateral Canadá-México, aunque esta opción parece poco realista, ya que ambos países tienden a ignorarse mutuamente. Mientras que México y Canadá siguen compitiendo por «el afecto» de EE.UU. en vez de aunar fuerzas, el NAFTA sigue siendo un modelo de integración norte-sur asimétrico y hegemónico. Ambos mecanismos –trilateralizar el NAFTA y crear una alianza Canadá-México– servirían para incrementar las reglas de integración en vez de la imposición de poder por parte de EE.UU..

Por sus propias vulnerabilidades internas y externas, tradicionalmente Brasil ha ejercido un liderazgo débil en el MERCOSUR (Gratius 2004). A partir del gobierno de Lula, Brasil volvió a optar por un liderazgo compartido con la Argentina, reanudando el modelo inicial de la integración bilateral a finales de los años ochenta. La evolución de la UE y, hasta cierto punto, del MERCOSUR indican que un fuerte eje bilateral –Alemania/Francia y Argentina/Brasil– puede ser una fórmula alternativa al predominio de un poder hegemónico y servir como locomotora de la integración. Lo que sí podría deducirse de la evolución del MERCOSUR es que «motores bilaterales» de integración funcionan de una manera mucho más gradual, lento y menos eficaz que el liderazgo de un fuerte líder hegemónico como EE.UU. en el NAFTA. Un indicador para ello es la implementación de las reglas del NAFTA por todos los socios, mientras que el MERCOSUR ha definido reglas (decisiones) mucho más ambiciosas, pero no ha aplicado ni siquiera la mitad de ellas. Aunque la alianza Brasil-Argentina ha creado un cierto equilibrio de poder entre los dos países centrales, ha perjudicado la posición de los dos socios menores que, igual que en el NAFTA, no han unido sus fuerzas contrarrestando a los dos grandes.

En el MERCOSUR y en el NAFTA, la relación de poder se basa en dos mecanismos: la cooperación bilateral y el liderazgo del país más fuerte. Ni en el MERCOSUR ni en el NAFTA ha funcionado demasiado bien la adopción de posiciones comunes entre todos los Estados miembro. Si México es el socio más débil del NAFTA, en el MERCOSUR lo son Paraguay y Uruguay. Al no formar alianzas, son los perdedores en el juego de poder por el liderazgo del proceso de integración. El caso del NAFTA confirma la tesis de los neorrealistas de que el liderazgo del país más fuerte sea una condición para el éxito de la integración (Mattli 1999). Para el MERCOSUR, se podría discutir la tesis inversa, o sea que la falta de un país líder reconocido por los demás Estados miembro ha disminuido el éxito de la integración.

No obstante, en todos los procesos de integración y sobre todo en la UE, el bilateralismo juega un papel al menos tan importante como un poder hegemónico. La asociación entre Alemania y Francia, que se inició por el Tratado de Elysée de 1963, ha sido y sigue siendo el motor de la integración europea. Al margen de la UE, estos dos países clave han consolidado estrechos vínculos bilaterales en todos los ámbitos de la cooperación[72] y, en el marco de Cumbres bilaterales semestrales (bienales), Alemania y Francia coordinan sus políticas regionales e internacionales. La UE es el único ejemplo de un proceso de integración anti-hegemónico liderado en gran parte por la alianza basada en una soberanía compartida entre Alemania y Francia.

Actualmente, MERCOSUR está siguiendo este camino, puesto que Brasil se está transformando en un poder regional cooperativo que com-

---

[72] A nivel diplomático se ha creado un intercambio regular entre funcionarios que se integran en los ministerios de la respectiva contraparte. Asimismo, ambos países han nominado un responsable para la cooperación alemana-francesa.

parte el liderazgo con la Argentina (Gratius 2004). Ejemplo para ello no es sólo la actuación conjunta de la Argentina y Brasil en el contexto del MERCOSUR, sino también la adopción de posiciones comunes frente al ALCA, la UE, la OMC y, en menor medida, ante los organismos financieros internacionales (véase la Declaración de Copacabana). Como ilustra el caso del NAFTA, dominado por EE.UU., la desventaja de procesos de integración asimétricos y hegemónicos es su limitación política ante la negativa del país dominante de compartir su liderazgo.

Pese a estas diferencias, tanto en el MERCOSUR como en el NAFTA, los ejes bilaterales son un motor importante de la integración: si la Argentina y Brasil mantienen consultas bilaterales regulares y con frecuencia las decisiones del MERCOSUR son tomadas por los presidentes de los dos países; Canadá y México han establecido sus respectivos canales bilaterales de cooperación con EE.UU. que funcionan independientemente del NAFTA pero son, al mismo tiempo, un efecto secundario de una integración que va mucho más allá del libre comercio. A modo de conclusión, cabe resaltar que los *tandems* bilaterales –moviéndose los dos países en la misma dirección– son un mecanismo más eficaz para superar las asimetrías, pero un fuerte país líder parece un mejor garante para el respeto de las reglas y el aumento de las interdependencias.

IV

LAS ASIMETRÍAS SOCIOECONÓMICAS:
DEBATE Y PERPECTIVAS DE REFORMA

Susanne Gratius

Nivelar las brechas socioeconómicas en el MERCOSUR y el NAFTA significaría fomentar una «doble integración», tanto entre los Estados miembro como dentro de ellos. Aparte de las asimetrías de peso político entre los socios mayores y menores, el MERCOSUR y el NAFTA se caracterizan por tener enormes diferencias socioeconómicas que a su vez determinan la relación de poder dentro de cada uno de los bloques. Al mismo tiempo, el NAFTA es un ejemplo que el éxito de procesos de integración entre Estados democráticos no puede medirse exclusivamente en términos de datos macroeconómicos, evaluando sólo los flujos de comercio e inversión intra-bloque y las cifras de crecimiento macroeconómico (Domínguez Reyes 2002: 295), sino que también tiene que traer ganancias en términos de un mayor desarrollo de los países.

Tomando como ejemplo el modelo europeo, el MERCOSUR y el NAFTA se están planteando la cuestión de la distribución de los beneficios, así como la relación entre los respectivos ganadores y los perdedores de la integración. El dilema social en el MERCOSUR y en el NAFTA se presenta de una manera diferente: para el NAFTA, la cuestión que más se discute es si la integración fortaleció las diferencias norte-sur y cómo afrontar el problema de la pobreza vinculada con la inmigración en el caso de México; para el MERCOSUR, la cuestión clave es cómo superar la desigualdad y la pobreza, así como las sucesivas crisis económicas y financieras de los Estados miembro.

Tanto en el MERCOSUR como en el NAFTA existen enormes diferencias de desarrollo dentro y entre los países integrados. Algunas regiones están prácticamente excluidas del proceso de integración, como es el caso del sur de México o del nordeste de Brasil. Pese a las brechas existentes, ni el MERCOSUR ni el NAFTA han incorporado una dimensión de desarrollo en la integración. Ninguno de los proyectos previó un tipo de equilibrio o compensación para afrontar el problema de las asimetrías existentes. Al mismo tiempo, no se han introducido mecanismos eficaces para equilibrar la relación entre países grandes y socios pequeños que tienden a ser los perdedores de la integración.

1. LOS DIFERENTES TIPOS DE ASIMETRÍAS

En el MERCOSUR y el NAFTA pueden identificarse cinco tipos de asimetrías principales:

1.1. Las diferencias de tamaño y de peso económico

Comparado con la UE, donde ningún país miembro representa más del 25% ni de la población ni del PIB de la comunidad, tanto el MERCO-SUR como el NAFTA se caracterizan por enormes diferencias entre sus Estados parte, entre los cuales hay una nación dominante.

En el MERCOSUR, Brasil tiene una dimensión continental: su territorio es siete veces máyor que el de la Argentina y su población llega a quintuplicar el número de habitantes de su país vecino. En total, 78% de los ciudadanos del MERCOSUR son brasileños. No obstante, al tratarse de un mecanismo sur-sur, las diferencias económicas dentro del MERCOSUR son menos acentuadas que en el NAFTA: Brasil representa cerca de un 63%, la Argentina un 34%, Uruguay el 2% y Paraguay el 1% del PIB total. Aunque el mercado brasileño tiene un potencial enorme (al ser la décima economía más importante del mundo), el PIB brasileño sólo llega a representar el doble que el argentino. Paraguay y Uruguay tienen un peso muy reducido en el MERCOSUR: ambos países equivalen al 5% de la población total (3% y 2% respectivamente), al 4,9% de la superficie (3,4% y 1,5%) y al 3% del PIB del MERCOSUR.

En el caso del NAFTA, las asimetrías de tamaño son menos marcadas que en el MERCOSUR: aunque EE.UU. tiene el mayor número de habitantes (que representan un 69% de la población del NAFTA) y está nueve veces más poblado que Canadá, su territorio es menor que el de su vecino del norte. Por sus características de acuerdo norte-sur, es mucho más evidente el poder de EE.UU. en cuanto al tamaño de su economía: el PIB de Los Angeles es parecido al de la economía nacional de México. También el *output* económico de Canadá es incomparablemente mayor

que el mexicano. EE.UU. aporta el 89% del PIB del NAFTA, Canadá el
6% y México sólo el 5% (Sangmeister/Melchor del Río 2004: 66).

| Gráfico 1 | Gráfico2 |

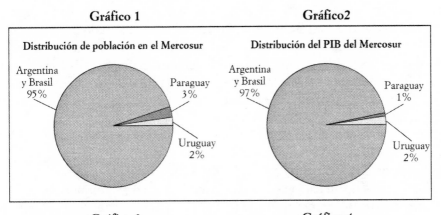

Distribución de población en el Mercosur — Argentina y Brasil 95%, Paraguay 3%, Uruguay 2%

Distribución del PIB del Mercosur — Argentina y Brasil 97%, Paraguay 1%, Uruguay 2%

| Gráfico 3 | Gráfico 4 |

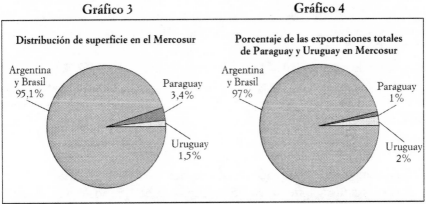

Distribución de superficie en el Mercosur — Argentina y Brasil 95,1%, Paraguay 3,4%, Uruguay 1,5%

Porcentaje de las exportaciones totales de Paraguay y Uruguay en Mercosur — Argentina y Brasil 97%, Paraguay 1%, Uruguay 2%

| Gráfico 5 | Gráfico 6 |

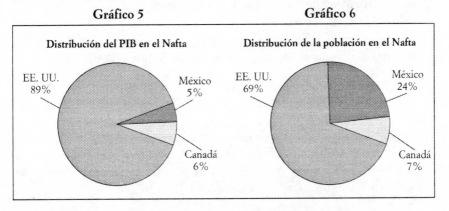

Distribución del PIB en el Nafta — EE. UU. 89%, México 5%, Canadá 6%

Distribución de la población en el Nafta — EE. UU. 69%, México 24%, Canadá 7%

1.2. Desequilibrios sectoriales y de interdependencia comercial

El balance sectorial del NAFTA y del MERCOSUR es ambiguo: en algunos ámbitos se ha creado un verdadero mercado común, mientras que en otros la integración ha sido perjudicial o ha resultado indiferente. Tanto en el NAFTA como en el MERCOSUR, en sectores con dominio de empresas transnacionales ha tenido lugar una integración al máximo nivel, creándose mercados comunes similares a los existentes en la UE. Un claro ejemplo para ello es el sector automotriz, que está plenamente transnacionalizado y dominado por empresas multinacionales. Casi el 40% del comercio intra-NAFTA corresponde a la industria automotriz y en el MERCOSUR representa niveles similares.

Otros sectores del NAFTA, donde se ha producido un alto nivel de integración de mercado es el sector banquero y, en menor medida, en la industria textil, química y manufactura. En México, por el NAFTA se ha elevado la concentración de empresas con poder exportador: de 150.000 empresas mexicanas exportan sólo unas 15.000 (López Villafane 2002: 107). El sector de la maquiladora –que aporta el 40% de las exportaciones del país y por la cual México es el séptimo exportador del mundo– se extendió de la frontera norte al resto del país. La maquiladora se ha convertido en el «sector más dinámico del TLCAN» donde, al mismo tiempo, se pagan los salarios más bajos (López Villafane 2002: 108). En sectores con predominio de pequeñas y medianas empresas de índole nacional, la integración ha sido mucho más difícil, y en algunas áreas ha surgido una fuerte competencia dentro del NAFTA y del MERCOSUR (zapatos, textiles, agricultura, etc.). Ello se debe al modelo mismo de la integración enfocado hacia la apertura unilateral hacia el exterior y el fomento de las importaciones.

A nivel sectorial, los beneficios de la integración están distribuidos de una manera sumamente desiguales. Según Schirm (2003: 33-34):

> Si algunas áreas se benefician del NAFTA, la existencia de otras está amenazada por la reforzada competencia de empresas estadounidenses, ante todo las pyme y comunidades agrícolas en el sur de México. En esa región se puede esperar un aumento del desempleo y de la conflictividad social. Con el trasfondo del conflicto en Chiapas, esta situación es particularmente preocupante. Además, el incremento del desempleo aumentará también la presión migratoria hacia EE.UU.

Tanto en el MERCOSUR como en el NAFTA, el sector más conflictivo ha sido la agricultura, donde existe en ambos casos una fuerte competencia intra-bloque. Cabe recordar el conflicto México-EE.UU. por la liberalización de productos como los cereales, el tomate, el aguacate o el maíz. En el MERCOSUR, han sido los pollos, los productos lácteos, los cereales y la carne los que han provocado constantes disputas comerciales entre los socios. Tanto en el NAFTA como en el MERCOSUR se considera el azúcar como un sector particularmente sensible para el cual se han definido regímenes especiales con cuotas (NAFTA) o plazos más largos (MERCOSUR) para su liberalización.

Los conflictos sectoriales ganan en importancia en la medida en que los diferentes Estados miembro dependen del comercio intra-bloque. Así, los niveles de interdependencia comercial son sumamente diferentes: para Brasil, el MERCOSUR representó aún en su mejor momento sólo el 10% de su comercio total, una cifra que cayó a raíz de la crisis al 6%; en la Argentina representa el 30% de los intercambios; y en Paraguay y Uruguay incluso cerca del 50%. En el marco del NAFTA, EE.UU. desarrolla más del 37% de su comercio con Canadá y México, pero los dos socios menores intercambian más del 90% de sus mercancías dentro del bloque.

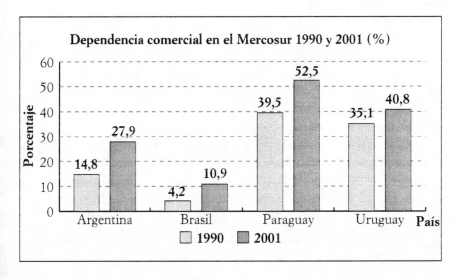

Dependencia comercial en el Mercosur 1990 y 2001 (%)

Los distintos niveles de comercio intra-bloque determinan también la posición de los respectivos países en ambos procesos de integración. Así, EE.UU. y Brasil son los Estados menos dependientes de los intercambios con sus vecinos, por lo cual pueden permitirse actuar fuera de los respectivos bloques y frenar una profundización de la integración. En el MERCOSUR, ninguno de los dos socios menores constituye un mercado importante para las economías más grandes, la Argentina y Brasil[1]. Aunque el NAFTA representa sólo un 6% en el PIB de EE.UU., Canadá y México juntos representan casi el 40% de los flujos comerciales de EE.UU., de modo que también existe una dependencia relativa de los socios menores, lo cual ha incrementado la integración económica entre los tres Estados parte.

Los países más pequeños son los que tienen la mayor dependencia comercial con respecto al MERCOSUR y al NAFTA. Un 53% de las exportaciones totales de Paraguay y un 41% de las ventas de Uruguay se dirigen al MERCOSUR; Canadá y México desarrollan casi un 90% de sus intercambios con EE.UU. Esta dependencia disminuye su capacidad de negociación y debilita la posición de los socios menores en el proceso de integración. La mayor dependencia comercial de estos países implica al mismo tiempo una mayor vulnerabilidad y sensibilidad a los cambios en las políticas comerciales entre los socios.

1.3. Las disparidades regionales

Comparado con la UE, tanto en el MERCOSUR como en el NAFTA, la brecha entre regiones ganadoras y perdedoras de la integración es mucho más grande. En ambos bloques, las desigualdades de desarrollo se perciben tanto entre los países, como dentro de los respectivos Estados miembro. Un buen ejemplo para lo segundo es Brasil donde, al igual que en México, existe una enorme división norte-sur: el nordeste del país cuenta con niveles de pobreza parecidos a Bolivia, el sur de Brasil alcanza un nivel de vida similar al de Portugal.

---

[1] En el año 2001 Brasil exportó sólo el 1,2% a Paraguay y el 1,1% a Uruguay de sus exportaciones totales, y la Argentina sólo un 1,9% a Paraguay y un 2,9% a Uruguay de sus exportaciones totales.

En los dos países más grandes, EE.UU. y Brasil, tanto el alcance geográfico del NAFTA y del MERCOSUR como el desarrollo del debate interno sobre la integración tienen características muy distintas. Para Brasil, el MERCOSUR es sobre todo un proyecto con un impacto en el sur del país que termina en Rio Grande do Sul, pero prácticamente no llega a las regiones del norte. Conforme a ello, el MERCOSUR es un tema muy parcial en Brasil: en el Nordeste nadie habla del MERCOSUR, que es considerado como un asunto de competencia casi exclusiva de la región sur y prácticamente ignorado por el resto de la nación. Teniendo en cuenta el alcance geográfico limitado del MERCOSUR y siendo Brasil un país con dimensiones continentales de diez fronteras externas, éste favorece la integración de otros países en su frontera norte –tales como Venezuela– al MERCOSUR. Sólo la ampliación de la integración garantizará la inclusión del nordeste brasileño en el proceso de integración.

Al ser el «país sandwich» (como Uruguay en el MERCOSUR), la situación en EE.UU. es diferente a la de Brasil: el NAFTA llega a su frontera norte con Canadá y a la frontera sur con México. Aunque el debate sobre el NAFTA apenas está presente en el centro del país, no existe un claro límite geográfico de la integración, por lo cual la cuestión regional no tiene mucha relevancia. Sin embargo, también en el caso del NAFTA, se trata de una integración fronteriza que no llega a todas las regiones partes. Así, la integración se limita al norte de México y al sur de EE.UU., así como al norte de EE.UU. y al sur de Canadá, mientras que en el MERCOSUR, antes de la incorporación de Venezuela, la integración se concentra en el triángulo Buenos Aires, Montevideo y Rio Grande do Sul (principalmente San Pablo).

La situación de desarrollo en México es similar a la de Brasil, pero a la inversa: por sus características y niveles de vida, el norte del país tiende a pertenecer a América del Norte y el sur se parece más bien a América Central[2]. También en el caso de México, el alcance del NAFTA está limitado geográficamente al norte-centro del país y termina en la capital. La distribución desigual de los beneficios de la integración ha fomentado en México un polémico y polarizado debate interno sobre los resultados del

---

[2] Jorge Calderón, representante del PRD mexicano, advirtió que sin crear un equilibrio regional existe el peligro de una división norte-sur del país.

NAFTA. Los desequilibrios regionales en México son muy llamativos. Sólo un 5% de las empresas estadounidenses radicadas en México tiene su sede en las provincias sur; un 45% están situadas en el norte y un 37% en la capital. Un 70% de las exportaciones mexicanas al NAFTA proceden del norte del país (Chihuahua, Baja California, Tamaulipas y Nuevo León) y del Distrito Federal (López Villafane 2002: 105). Aún más desigual es la distribución del flujo de inversión directa procedente del NAFTA, puesto que el sur de México recibió sólo el 0,5% de la IED de origen estadounidense, concentrándose un 90% de la inversión en cuatro Estados mexicanos, tres de ellos en el norte (Pastor 2004: 113).

Desde la entrada en vigor del NAFTA, el norte del país ha crecido diez veces más que la parte sur de México (Pastor 2002a: 111). A juicio de Robert Pastor y otros[3], la disparidad del ingreso empeoró en aquellas regiones que no se han beneficiado del NAFTA. Mientras que el ingreso de las regiones al norte del Distrito Federal aumentó, el sur de México mantuvo los mismos niveles de subdesarrollo que antes. En esta zona, incluso se elevaron las desigualdades y los niveles de pobreza, puesto que fueron ante todo las comunidades del sur las que más sufrieron las enormes pérdidas en el sector agrícola mexicano a raíz de la liberalización comercial en el marco del NAFTA. Para desarrollar el sur de México sería necesario un fondo de inversión dotado de 200.000 millones de dólares.

Pese a que ninguno de los dos bloques ha creado una dimensión regional de la integración, en el caso del MERCOSUR se han tomado algunas iniciativas parciales y se ha iniciado un debate sobre el tema. Un ejemplo para ello es la creación de la red de Mercociudades (la cooperación entre diversas ciudades del MERCOSUR) que está definiendo actividades y proyectos de infraestructura comunes. A nivel académico, el Centro de Estudios de Cultura Contemporánea CEDEC de San Pablo está coordinando un proyecto de integración subnacional en el MERCOSUR[4]. La dimensión regional de la integración es, al mismo tiempo, un tema incluido

---

[3] Conforme a una conversación de la autora con Carlos Alba, investigador en el Colegio de México, realizada en junio de 2002.

[4] Según una entrevista de la autora con Tullo Vigevani, investigador del Centro de Estudios de Cultura Contemporánea (CEDEC) de San Pablo, realizada en diciembre de 2002.

en el actual debate sobre la rearticulación del MERCOSUR incluyendo la dimensión social.

Con vistas a la «integración de la riqueza» –la concentración del MERCOSUR en las subregiones más desarrolladas del MERCOSUR–, la secretaria de Relaciones Internacionales del PT de Brasil, Ana María Stuart, advirtió hace unos años que se «torna necesario abordar el tema de las disparidades subregionales en el MERCOSUR» (2002: 282). Propuso asignar recursos a las regiones menos desarrolladas del MERCO-SUR. Esta propuesta ha sido retomada por el gobierno de Lula al crear, en 2005, el Fondo para la Convergencia Estructural (FOCEM).

1.4. Las brechas de desarrollo y de ingreso

Al ser un tratado norte-sur, las asimetrías de ingreso son mucho más visibles en el caso del NAFTA que en el MERCOSUR. Siendo un mecanismo de integración sur-sur entre países con niveles de desarrollo más similares, en el MERCOSUR no existe una brecha de desarrollo entre el país grande y los socios pequeños, tal como se puede observar entre EE.UU. y México en el NAFTA. Tradicionalmente, la Argentina y Uruguay han sido los Estados miembro más desarrollados del MERCOSUR: comparando el nivel de vida entre los países antes de la crisis de 2001, un ciudadano argentino disponía de un ingreso per capita promedio que duplicaba el de un brasileño, y también Uruguay alcanzó niveles de ingreso per capita más altos que Brasil.

En el Informe de Desarrollo Humano de 2006, la gama entre los países del MERCOSUR se extiende desde las posición 36 (la Argentina) y 43 (Uruguay) en la categoría «desarrollo alto» al rango de Paraguay (91) que pertenece al grupo de países con un «desarrollo bajo». Aunque el ingreso per capita en la Argentina sigue siendo más del doble que el de un ciudadano paraguayo, a raíz de la crisis financiera se ha reducido la distancia de la Argentina con Brasil en cerca de un tercio. No obstante, Brasil sigue siendo uno de los países más desiguales de América latina y ocupa, entre los Estados parte del MERCOSUR, el penúltimo lugar en el índice de desarrollo humano de Naciones Unidas, alcanzando la posición 69, situándose en la categoría de «desarrollo medio».

La injusticia social es más un problema de Brasil que un tema que divide a los países miembros del MERCOSUR o que fácilmente pueda resolverse en el marco de la integración. En Brasil, las desigualdades regionales son consideradas un problema de distribución interna sin ser relacionadas con la integración en el MERCOSUR. En el recién creado FOCEM, dotado de 100 millones de dólares, será ante todo Brasil quien tendrá que asignar recursos al desarrollo propio y al de sus vecinos, lo cual puede causar problemas de legitimación interna. Aparte de Brasil, deberían contribuir también la Argentina y Uruguay, al ser los dos países relativamente más avanzados en términos de desarrollo. Paraguay sería, por tanto, el único receptor neto de los fondos del FOCEM.

En el NAFTA, los desniveles entre sus Estados miembro son más notables que en el MERCOSUR: el ingreso per capita en EE.UU. es cuatro veces más alto que el de un ciudadano mexicano y algo más elevado que el de un canadiense. Midiendo los niveles de vida según los indicadores del Informe de Desarrollo Humano de 2006, Canadá fue el país más avanzado ocupando el séptimo lugar, seguido por EE.UU. en el octavo rango. Siendo miembro de la OCDE, México consiguió el último puesto (53) en la categoría de países de «desarrollo alto». La pobreza extendida en México y las diferencias norte-sur no corresponden a su calidad de país miembro de la OCDE. Un tercio de los ciudadanos mexicanos vive en condiciones de pobreza, y cerca de la mitad de los empleados no dispone de ningún tipo de seguridad social. Al representar un 16,9% del ingreso per capita de EE.UU. en 2002, comparado con el 16,4% en 1993, los niveles de vida en México se mantuvieron igual antes y después de la entrada en vigor del NAFTA (Sangmeister/Melchor del Río 2004: 70). Entre 1994 y 1997, en la primera fase del NAFTA, los salarios reales en México experimentaron incluso una caída cercana al 60% de la cual no se han recuperado aún (López Villafane 2002: 122).

El caso de México refleja el dilema de la integración entre socios desiguales: los países más avanzados presionan al socio menos desarrollado a mantener sus bajos salarios, aludiendo a la creciente competencia de otros mercados de bajo nivel salarial o a competidores mucho más poderosos como China. El caso de México también comprueba que el crecimiento económico no es la fórmula mágica para cerrar la brecha de desarrollo. Incluso con un incremento del PIB del 3% anual, México tardaría más de veinte años para conseguir la mitad del PIB per capita de Canadá y otros diez para llegar al nivel de ingreso de EE.UU. (Hakim/Litan 2002: 23). Cabe constatar que el deseado y esperado *trickle-down-effect* del NAFTA para México no se ha producido[5], sino que un mayor desarrollo del país requiere de una intervención directa por parte de EE.UU. y de Canadá. Según muchos autores y algunos análisis más exhaustivos, el NAFTA ha contribuido a profundizar las asimetrías de desarrollo en México. A su parecer, la trampa del subdesarrollo está estrechamente ligada a la liberalización comercial que tiende a profundizar las brechas existentes. Otros, en cambio, opinan que el aumento de la pobreza y de los desequilibrios sociales son la consecuencia de políticas nacionales poco enfocadas hacia la distribución de ingresos[6]. Algunos creen incluso que el NAFTA ha tenido efectos socioeconómicos positivos para México. Así, el Banco Mundial estima que si México no hubiera ingresado en el NAFTA, su ingreso per capita sería aún cerca de un 5% menor, las exportaciones serían un 25% menos y la IED sería incluso un 40% menor que las cifras actuales (Sangmeister/Melchor del Río 2004: 69). En general, la liberalización comercial de por sí no causa desigualdad, sino crea perdedores y ganadores de la integración, y le corresponde al Estado (o al Gobierno mexicano) garantizar una mejor distribución interna de las ganancias. No obstante, la liberalización comercial entre países con distintos niveles de desarrollo tiende a reforzar la dependencia del socio más débil y a profundizar las brechas sociales ya existentes con anterioridad (véase entre otros a Schirm 2003).

Según Robert Pastor (2004: 112), «el subdesarrollo de México es una amenaza para su estabilidad, para sus vecinos y para el futuro de la integración». Desde el punto de vista de Canadá y EE.UU., la pobreza en México constituye un riesgo de seguridad: primero, por los millones de mexicanos indocumentados que huyen de su país para vivir en EE.UU. y, segundo, por el fuerte aumento de las tasas de delincuencia y las redes del narcotráfico como efecto secundario del subdesarrollo. La brecha social en México también afecta negativamente a otros dos temas de interés para el NAFTA y particularmente para EE.UU.: la lucha contra

---

[5] Según una entrevista realizada por la autora con Jorge Máttar de la oficina regional de la CEPAL en México, realizada en junio de 2002.

[6] Así, la mayoría de los interlocutores en Canadá y México opinó que el subdesarrollo es la responsabilidad exclusiva de México y que el problema se resolvería a largo plazo por la fuerza regulatoria del mercado. A su parecer, la fórmula mágica sería abrir aún más la economía mexicana y extender el libre comercio a otras áreas.

el terrorismo y la protección del medio ambiente. Incluso desde la lógica mercantilista del NAFTA –teniendo en cuenta que el mercado mexicano tiene un enorme potencial de 100 millones de consumidores–, más que en el MERCOSUR, la reducción de las brechas abismales entre sus economías debería ser un interés compartido por los tres socios.

1.5. Asimetrías de intereses y poder

De estas asimetrías socioeconómicas se desprenden diferentes intereses de los respectivos Estados miembro en el proceso de integración. Las desigualdades socioeconómicas también determinan la relación de poder político en los respectivos bloques comerciales. Así, los países de menor desarrollo socioeconómico tienden a ser los perdedores de la integración (el caso de México y Paraguay), teniendo por esta misma condición muy poco margen de maniobra para imponer sus intereses en la integración. De este modo, existen escasas posibilidades de que países como México en el NAFTA y Paraguay en el MERCOSUR tengan exito con su demanda de introducir mecanismos de equilibrio para superar las brechas socioeconómicas existentes. Aun siendo en el propio interés de los países grandes (por cuestiones de estabilidad y seguridad), es muy dudoso que estén dispuestos a pagar por ello.

En el MERCOSUR y en el NAFTA, los intereses de sus respectivos Estados miembro divergen tanto como su posición en el proceso de integración. En el MERCOSUR, la Argentina quiere fortalecer el MERCOSUR económico, Brasil está más interesado en crear un MERCOSUR político, Paraguay lucha por un MERCOSUR como estrategia de desarrollo y Uruguay presiona para conseguir un MERCOSUR más institucionalizado. Consensuar estos diferentes intereses siempre es un compromiso en el cual tiende a imponerse más el país con el mayor peso económico, en este caso Brasil.

En el NAFTA, los intereses también divergen: México quiere un grado de integración mayor con fondos sociales, un mercado laboral común e instituciones propias; Canadá quiere profundizar una economía integrada de América del Norte (eventualmente con una unión aduanera); y EE.UU. busca mantener todo tal como está. Ante estas diferencias fundamentales, no es fácil definir soluciones al dilema de desarrollo que sean aceptables para todos.

2. INICIATIVAS Y PROPUESTAS EN DISCUSIÓN: LÍMITES Y POSIBILIDADES

Mientras que, a través del FOCEM, el MERCOSUR optó por seguir el camino de la UE de crear fondos regionales y de cohesión, esta no es la única solución para afrontar la cuestión de como superar las brechas socioeconómicas en el marco de la integración. Ofrecer un trato diferenciado a los socios menos desarrollados es una fórmula casi habitual que se introduce en muchos tratados de libre comercio entre países desiguales y que podría ser incluida en el NAFTA. Otra idea, más probable en el caso del NAFTA que cuenta con el Nadbank, es la creación de bancos de desarrollo que ofrecen créditos a condiciones preferenciales para proyectos regionales y de infraestructura. En el caso del NAFTA es más probable que se impongan estos dos mecanismos para impulsar una mayor igualdad entre y dentro de los Estados miembro que el establecimiento de fondos de cohesión, puesto que serían ante todo los dos países más desarrollados, Canadá y EE.UU., que tendrían que asumir los costes y México el único beneficiario.

2.1. Un trato diferenciado para los socios menos avanzados
(Horacio Coronado)

La relación entre los Estados parte del MERCOSUR y del NAFTA se basa en el principio de reciprocidad, es decir en la igualdad de derechos y obligaciones entre las Partes. Un ejemplo para ello es la toma de decisión por consenso entre todos los países, independientemente de su tamaño. Sin embargo, en ambos acuerdos, los socios mayores le han concedido a los pequeños un trato diferenciado en cuanto a mayores plazos para la liberalización de determinados sectores[7], así como también un número más elevado de productos en la listas de excepciones para los períodos de desgravación arancelaria. No obstante, ni el MERCOSUR ni el NAFTA han ampliado posteriormente las concesiones a los países menores para compensar los desequilibrios existentes.

Conceder, posterior al acuerdo inicial, un trato diferenciado más amplio a determinados países es más fácil en el marco del MERCOSUR

---

[7] En el NAFTA, por ejemplo, existen plazos más prolongados para México en cuanto a maíz, frijoles y azúcar.

que en el NAFTA. El modelo de negociación permanente a través de legislación secundaria que caracteriza al MERCOSUR, les ofrece a los socios menores la oportunidad de negociar ex post con los países grandes tratos diferentes. Esta posibilidad es muy remota en el caso del NAFTA, puesto que el actual tratado no permite negociaciones posteriores y habría que introducir una reforma al texto original. Si los dos países pequeños pueden negociar un trato diferenciado en el marco del MERCOSUR, México sólo tiene la opción de lograr fondos de compensación a nivel bilateral, negociando con EE.UU. y haciendo *lobbying* político ante el Gobierno en Washington.

En el MERCOSUR, el trato diferenciado se ha concedido tanto para los socios menores como para las economías grandes –la Argentina y Brasil– que también han gozado de preferencias comerciales. Ello ocurrió, por ejemplo, con el AEC cuando Paraguay y Uruguay debieron elevar sus aranceles para bienes de capital, telecomunicaciones e informática a fin de brindar una protección mayor a las economías más grandes, especialmente Brasil. En 1997 además, para paliar los problemas fiscales y de déficit comercial, Brasil y la Argentina solicitaron incrementar el promedio del AEC a un 3% por un período de tres años. Asimismo, se le otorgó a la Argentina un *waiver temporal* para reactivar su economía, por el cual redujo su importación de bienes de capital y aumentó sus aranceles para productos sensibles. Éstas han sido, entonces, medidas equivalentes a un trato diferencial no para los socios pequeños, sino en favor de las economías mayores del MERCOSUR.

El tema de las desigualdades entre los socios pequeños y grandes del MERCOSUR ha estado en constante debate desde el comienzo de la integración. Sin embargo, hasta 2003 el MERCOSUR se inscribía dentro de los principios de reciprocidad en las relaciones comerciales internacionales, según los cuales no era necesario un tratamiento especial y diferenciado para los países de menor desarrollo[8]. La inestabilidad eco-

---

[8] El Tratado de Asunción sólo hizo referencia a que la integración se constituía como «...una condición fundamental para acelerar sus procesos de desarrollo económico con justicia social» y que dicho objetivo debía alcanzarse a través de instrumentos que se basaran en «...los principios de gradualidad, flexibilidad y equilibrio». Salvo mayores plazos para la desgravación arancelaria y mayores excepciones en las listas de productos, al comienzo de la integración las asimetrías económicas entre los Estados parte no

nómico-financiera de la región a partir de las crisis de Brasil en enero 1999 y de la Argentina en diciembre de 2001, las consecuentes devaluaciones monetarias y su repercusión regional negativa, junto al incremento de las desigualdades económicas entre los socios han puesto nuevamente de manifiesto la influencia de las asimetrías entre los Estados parte. Ante ello, en las reuniones de los órganos del MERCOSUR (CMC y GMC), en junio de 2003, se ha incluido por primera vez en la agenda el tratamiento de las asimetrías entre los socios[9].

2.2. Bancos de desarrollo

El MERCOSUR y el NAFTA parecen inclinarse a crear y/o a fomentar bancos de desarrollo en vez de establecer fondos de cohesión siguiendo el ejemplo de la UE. Para evitar la creación de instituciones nuevas, ambos bloques se sirven de organismos ya existentes. Como precursores o marco institucional están, por un lado el Nadbank, creado entre EE.UU. y México, y por el otro, el BNDES brasileño y el Fonplata en el caso del MERCOSUR.

En el marco del NAFTA, un banco de desarrollo podría surgir del *North American Development Bank* (Nadbank), una institución bilateral creada al margen del NAFTA para fomentar proyectos de medio ambiente en las regiones más desfavorecidas de los seis Estados fronterizos de México y los cuatro de EE.UU. El banco es financiado en partes iguales por EE.UU. y México. El Nadbank fue establecido en 1994, durante y por la iniciativa del gobierno de Bill Clinton en EE.UU. Cabe recordar que, en pleno debate del Congreso de EE.UU. sobre la ratificación del NAFTA en 1993, se lanzó la idea de crear un Banco Norteamericano de Desarrollo con funciones similares a los fondos regionales de

---

fueron tenidas en cuenta en el MERCOSUR. Recién el Protocolo de Ouro Preto 1994 menciona la necesidad de considerar a las regiones más atrasadas del bloque, pero no se avanzó más allá de considerarlas.

[9] MERCOSUR/CMC/Acta N° 01/03, XXIV reunión del Consejo del Mercado Común, 17 y 18 de junio de 2003, Punto 3.3. «Asimetrías en el MERCOSUR: Las Delegaciones se refirieron al documento circulado por la Delegación de Paraguay a principios del semestre que consta en el ANEXO V.»

la UE (Fernández de Castro 2001: 52), pero la idea finalmente no prosperó ante las resistencias por parte del Congreso de EE.UU.

Al no contar con un respaldo mayoritario, finalmente se creó –en el marco del acuerdo paralelo de medio ambiente– el Nadbank con sede en San Antonio, Texas, a cargo de financiar proyectos ambientales en la frontera entre EE.UU. y México. Desde entonces, el banco ha concedido líneas de crédito por un monto total de 643 millones de dólares con el cual se financiaron 76 proyectos de infraestructura a ambos lados de la frontera. No obstante, las (escasas) operaciones del Nadbank están limitadas al medio ambiente, y no se financian proyectos de desarrollo ni de índole social. Además, el banco no dispone de mecanismos propios para identificar y evaluar los proyectos, sino que otra institución situada en Ciudad Juárez, México, se encarga de estas tareas: la Comisión de Cooperación Medioambiental Fronteriza (*Boarder Environment Cooperation Comission*, BECC). A juicio de algunos, no tiene mucho sentido haber creado una institución propia reducida a estas dos funciones, sino que sería mejor integrar los dos órganos o por lo menos situar las dos instituciones en el mismo lugar.

Por sus operaciones limitadas y sus créditos poco preferenciales[10], el Nadbank recibió en México el apodo de «Nadabank», un banco que no hace nada. Otros expertos mexicanos[11] hablaron del fracaso absoluto de la idea de un banco de desarrollo. La mayoría de los entrevistados en EE.UU. y México opinó que el Nadbank requiere de una reforma sustancial en cuanto al alcance de los proyectos y el posible ingreso de Canadá en el banco para que éste forme parte del NAFTA y sea un organismo triangular. Una reforma tendría que abarcar los siguientes aspectos:

1) el ingreso de Canadá para incrementar los recursos y ampliar el margen geográfico,

2) la extensión de sus operaciones a otros ámbitos más allá del medio ambiente (infraestructura, salud, educación, etc.),

3) la definición de otras condiciones de crédito más favorables,

---

[10] Los intereses del banco estatal son iguales y hasta más altos que los intereses en bancos privados.

[11] Entre ellos, Enrique Dussel, economista y profesor en la UNAM.

4) la distribución proporcional de los aportes financieros: Hufbauer y Schott (2004: 18) recomiendan una distribución 75 (EE.UU.): 25 (México).

5) la integración del BECC en el banco y una reforma institucional del NadBank.

Algunas de estas propuestas han sido incluidas en la modesta reforma del Nadbank y del BECC aprobada a finales de marzo de 2004 por el Congreso de EE.UU. Se prevé, entre otros, un reajuste institucional del Nadbank, créditos a condiciones más favorables y la ampliación de proyectos de purificación del agua.

En resumen, el NadBank ha significado un compromiso ante las resistencias internas en EE.UU. de crear un verdadero banco de desarrollo con cobertura de todo el área geográfica del NAFTA y formando parte de su estructura institucional. A medio plazo, habría que convertir el Nadbank en un banco que financia programas de desarrollo para regiones y sectores menos favorecidos en los tres Estados del NAFTA (Rozental 2002: 82s.). Una alternativa, planteada por Robert Pastor (2002a: 111s.) es la creación de un Fondo de Desarrollo Norteamericano para financiar proyectos de infraestructura y desarrollo en México, que podría ser administrado por el Banco Mundial y el BID. Según su propuesta, que se orienta en el modelo de la UE, los Estados parte lo financiarían de forma proporcional, teniendo en cuenta su PIB[12].

En el MERCOSUR se discute desde hace tiempo la creación de una iniciativa similar y en enero de 2007, los presidentes decidieron crear, en el futuro, el Banco del Sur. Existen dos antecedentes para un banco de desarrollo: El Fondo Financiero para el Desarrollo de la Cuenca del Plata (Fonplata) y el Banco Nacional de Desenvolvimento Económico e Social (BNDES) de Brasil. El BNDES es el Banco de Desarrollo nacional más importante de América Latina, que dispone de un amplio capital anual de 30.000 millones de dólares. El BNDES ha abierto una línea de crédito para proyectos en el marco del MERCOSUR y está llevando a cabo un debate interno sobre su transformación y/o actuación como un

---

[12] Según Robert Pastor, EE.UU. podría aportar unos 400.000 millones a dicho fondo.

banco de desarrollo del MERCOSUR[13]. Además, en 2003, al inicio del gobierno de Lula, el banco aprobó un crédito de un millón de dólares para la Argentina.

Existe otra iniciativa para crear un organismo que financie proyectos de desarrollo entre los países del MERCOSUR. En 1996, el MERCOSUR acordó transformar el Fonplata, creado a finales de los años sesenta por Bolivia y los cuatro países del MERCOSUR para fomentar el desarrollo económico y la infraestructura física en la subregión, en un banco de integración regional. No obstante, esta idea no prosperó, y actualmente se está considerando la posible fusión entre el Fonplata (que dispone de un capital modesto de unos 300 millones de dólares) con sede en Santa Cruz de la Sierra, Bolivia, y la Corporación Andina de Fomento (CAF) con sede en Caracas, Venezuela (que dispone de un capital de 7.5000 millones de dólares). Ambos organismos están coordinando, junto con el BID, la Iniciativa para la Integración de la Infraestructura Regional Suramericana (IIRSA)[14], creada durante la Cumbre Sudamericana de Brasilia en 2000.

Si la carencia del NadBank es su limitado alcance geográfico y de contenido, los déficit en el MERCOSUR son de naturaleza estructural. Sus Estados miembro aún no han definido un consenso en torno a cuál sería la mejor fómula para afrontar las desigualdades regionales e disparidades de desarrollo entre los países. Existen varias iniciativas paralelas, pero ninguna de ellas asume las funciones de un verdadero banco de desarrollo del MERCOSUR. Este debate todavía queda pendiente en el MERCOSUR, mientras que los socios del NAFTA deberían modificar las características del Nadbank transformándolo en un banco de desarrollo del NAFTA.

2.3. Fondos de compensación e iniciativas sociales comunes

Una condición previa para crear fondos regionales y/o de desarrollo en el marco de la integración sería la decisión de instalar órganos suprana-

---

[13] Según información obtenida durante un seminario sobre las relaciones UE-MERCOSUR, co-organizado por el Chair MERCOSUR en Paris y el BNDES, el 29 y 30 de abril de 2004 en Río de Janeiro.

[14] El IIRSA abarca 12 ejes de integración y desarrollo e incluye los 12 países sudamericanos.

cionales para administrarlos, lo cual todavía es un tema de debate en el MERCOSUR y aún no se ha planteado seriamente en el marco del NAFTA. En la UE –el único ejemplo de un proceso de integración con una dimensión regional y de desarrollo– es la Comisión Europea la que administra los fondos estructurales y de cohesión en beneficio de países de menor desarrollo y regiones desfavorecidas[15]. Por tanto, los gobiernos entregan parte de su soberanía (la competencia de implementar políticas estructurales nacionales) a un organismo supranacional.

Aunque los Estados miembro de la UE contribuyen proporcionalmente a sus ingresos a un fondo común, no pueden influir ni en la distribución de los recursos, ni en la selección de las regiones. Han aceptado dejar las políticas regionales y de cohesión en manos de un organismo ajeno a los tradicionales intereses nacionales de fomentar o no determinadas zonas de su país. Además, los países receptores de este tipo de recursos tienen que someterse a determinados criterios económicos y sociales impuestos por la Comisión Europea. Cabe preguntarse si incluso los países más inclinados a instaurar fondos regionales o de desarrollo –México en el NAFTA y Paraguay en el MERCOSUR– estarían dispuestos a dar este paso sin aludir al argumento de la intromisión en asuntos internos. Cabe resaltar que en los bancos de desarrollo financiados con recursos oficiales son los Estados los que deciden, por lo cual el NAFTA prefiere esta opción.

Otro problema que plantea un fondo de desarrollo común es la proporcionalidad. Así, no será factible ni deseable que todos los Estados involucrados paguen por partes equitativas (como en el caso del Nadbank), sino que –siguiendo el ejemplo de la UE– habría que definir un mecanismo proporcional, tanto para la capitalización de los fondos como para su administración. Definir reglas y criterios comunes para futuros fondos de desarrollo en el marco del MERCOSUR y del NAFTA no será una tarea fácil, precisamente por la enorme asimetría entre sus países y los consecuentes desequilibrios que ella representaría en cuanto a la financiación y la administración de fondos comunes.

En la UE, la Comisión Europea define e implementa la política estructural y de cohesión. Para hacer funcionar un fondo de desarrollo

---

[15] Éstos representan cerca de un 35% del presupuesto total de la UE.

común, los Estados miembro del MERCOSUR y del NAFTA deberían tomar decisiones similares, entre ellas la de crear un órgano multilateral independiente que administra los fondos, definir los criterios de financiamiento y de selección de las respectivas regiones y/o países, así como acordar una estrategia de desarrollo común a más largo plazo. Todos estos pasos tendrían una serie de consecuencias internas, tanto para los países receptores de los fondos como para los donantes:

• Los países receptores perderían soberanía nacional al transferir las competencias de definición e implementación de sus políticas estructurales a un organismo independiente ajeno a cuestiones nacionales. Por otra parte, desde el punto de vista de los beneficiarios (los ciudadanos) podría ser más conveniente que se implemente una política de desarrollo desde fuera que desde dentro, ya que no estarían involucrados intereses particulares de favorecer determinadas regiones y, además, no se produciría un enfrentamiento entre el Gobierno central y los respectivos gobernadores regionales.
• En los países donantes podría surgir un problema de legitimidad, puesto que serían muy pocos los Estados que contribuirían a tales fondos y, al mismo tiempo, podrían ser Gobiernos (como en la Argentina y Brasil) que no han logrado implementar políticas de desarrollo eficaces a nivel nacional. Mientras que sigan las enormes desigualdades internas en los dos países grandes del MERCOSUR, sería muy difícil justificar la financiación de un fondo de cohesión del MERCOSUR. En ambos mecanismos de integración, un fondo de desarrollo serviría principalmente a fomentar el desarrollo de un solo país: Paraguay en el caso del MERCOSUR y México en el caso del NAFTA.

En general, la creación de un fondo común tiene la ventaja (frente a un banco de desarrollo) de reforzar la identidad de los ciudadanos con el proceso de integración y de introducir criterios políticos más «objetivos» para la selección de proyectos de desarrollo y de regiones desfavorecidas. Además, tal como demuestra la experiencia más bien negativa del Nadbank comparada con la política estructural y de cohesión de la UE, un fondo de desarrollo siempre tendrá un impacto mucho mayor como instrumento para equilibrar las brechas sociales entre los Estados miembro que proyectos de desarrollo ad hoc financiados con créditos.

No obstante, ni en el MERCOSUR ni en el NAFTA se percibe un consenso interestatal a favor de fondos de desarrollo comunes. Aunque en el caso del MERCOSUR, determinados sectores –el gobierno paraguayo algunos sindicatos y ONGs– favorecen la creación de un fondo de desarrollo para financiar proyectos en regiones o países menos desarrollados, también existe una cierta resistencia por parte de los sindicatos brasileños a favorecer (con dinero brasileño) proyectos fuera del país sin haber resuelto las desigualdades en el propio territorio. Aún así, el FOCEM y otras medidas (Mercociudades) reflejan que, ante el enorme territorio que abarca el MERCOSUR y en aras de incluir más regiones en el proceso de integración, existe una clara disponibilidad de los Estados miembro a definir políticas regionales comunes, crear un fondo compartido e incrementar la participación de las entidades subnacionales en la integración. No obstante, un primer paso para introducir una dimensión regional-desarrollista en la integración sería la creación de un presupuesto común más elevado del MERCOSUR, con contribuciones de todos los países miembro[16].

En el NAFTA, hubo dos intentos serios de promover el tema: en pleno debate sobre el tratado, en 1991, el ex presidente Jimmy Carter y Robert Pastor reclamaron una dimensión social en el futuro acuerdo: un modelo de desarrollo financiado por créditos orientado en la experiencia de la UE que permitiera financiar créditos favorables para áreas subdesarrolladas[17]. Diez años después, los presidentes Bush y Fox retomaron el tema en su primera Cumbre bilateral –en febrero del 2001 en Guanajuato–, pronunciándose a favor de una «comunidad económica norteamericana» que beneficiara a las zonas menos desarrolladas y los grupos más desfavorecidos. Aunque esta declaración no es una invitación a crear fondos estructurales, al menos reconoce las disparidades de desarrollo y propone una visión menos mercantilista de la integración. No obstante, las afirmaciones a favor de una integración más equilibrada nunca llegaron a concretarse.

En el NAFTA, todos los socios reconocen la necesidad de reducir las brechas de desarrollo con México y que la zona de libre comercio no ha servido como una plataforma de distribución de riquezas. No obstante,

---

[16] La Secretaría Técnica del MERCOSUR es principalmente financiada por Brasil.
[17] The Atlanta Journal, 19.5.1991.

sólo México, el país con menos capacidad de negociación en el NAFTA, ha solicitado la creación de fondos de desarrollo. Tanto EE.UU. como Canadá mantienen actitudes muy escépticas con respecto a esta iniciativa que sería, además, financiada por ellos. El mayor obstáculo a crear fondos de desarrollo sería el Congreso estadounidense que tendría que aprobar una iniciativa de esta índole. Tampoco Canadá favorece la idea[18] ya que está en contra de crear más instituciones en el marco del NAFTA, alude a que México es un país OCDE[19] y teme el riesgo de una elevada corrupción relacionada con fondos de desarrollo administrados conjuntamente con México.

Tanto en el MERCOSUR como en el NAFTA, los fondos de desarrollo son una demanda de los países y socios más débiles. Ni Paraguay en el MERCOSUR ni México en el NAFTA cuentan con aliados fuertes para promover fondos de compensación siguiendo el modelo de la UE. Para convencer a los demás socios, tendría más éxito la propuesta de introducir un mecanismo de equilibrio regional en ambos procesos de integración. En vez de aceptar un fondo de desarrollo para financiar a los socios menores, sería más fácil consensuar la creación de fondos regionales con los cuales se financiarían proyectos en todos los Estados miembro del MERCOSUR y del NAFTA. En el marco de fondos regionales se podrían definir criterios que permitieran que se beneficiaran de los recursos también determinadas zonas de la Argentina o Brasil y en el NAFTA de Canadá y de EE.UU.

No obstante, desde la óptica de ambos bloques, la creación de fondos de desarrollo o regionales siempre implicaría plantearse las siguientes cuestiones previas:

1) ¿quién los administra (institución, transparencia, control, supranacionalidad)?
2) ¿con qué criterios se eligen los proyectos?
3) ¿en qué país están situados?
4) ¿quién los financia y está dispuesto a hacerlo?

---

[18] Conforme a entrevistas realizadas en junio de 2002 en la Carleton University en Ottawa y en el Ministerio de Relaciones Exteriores.

[19] Por ser miembro de la OCDE, Canadá considera a México como un país desarrollado y no concede AOD a ese país.

5) ¿se crea una institución equitativa o por sistema proporcional?

6) ¿resuelven los fondos regionales los problemas nacionales de distribución?

7) ¿con qué argumento se puede legitimar la entrega de soberanía nacional?

8) ¿cómo podría legitimarse algo que no se ha logrado a nivel nacional y que ahora se procura en el marco de la integración?

Ante tantas preguntas abiertas, la creación de fondos regionales o de desarrollo sería una estrategia a largo plazo. Mientras tanto, en el marco del NAFTA y del MERCOSUR se han lanzado modestas iniciativas bilaterales en el ámbito social.

En el MERCOSUR surgió un nuevo consenso político a partir de los gobiernos de Lula y de Kirchner, puesto que ambos están comprometidos con una política social más eficaz y equitativa. En su primer comunicado conjunto de enero de 2003, Eduardo Duhalde y Lula enfatizaron que la «inclusión social es un objetivo central de sus gobiernos, la lucha contra el hambre y la pobreza una prioridad». La alianza actual entre los gobiernos «socialdemócratas» en la Argentina y Brasil hace que sea más factible un modelo de integración con un cierto equilibrio social, cuyo primer resultado concreto y visible es el FOCEM.

Al margen del NAFTA, EE.UU. y México acordaron en marzo de 2002 el *Partnership for Prosperity*. El programa bilateral fue dotado de 40 millones de dólares, lo cual es una suma modesta, pero nada desdeñable teniendo en cuenta que la UE gasta 10 millones menos en su nuevo programa de cohesión social con toda América latina[20]. Además, EE.UU. está contribuyendo al Plan Puebla-Panamá creado por México para desarrollar su zona sur y los países centroamericanos. Pese a las buenas intenciones, ambos planes de desarrollo no han tenido demasiado éxito: por un lado, «el Plan Puebla Panamá languidece en una oscura oficina de un subsecretario de Relaciones Exteriores, Miguel Hakim, sin aliento, en la apatía, sin recursos» (El Proceso, México D.F., 7.1.2003); y, por el otro, el *Partnership for Prosperity* financia algunos proyectos pequeños sin mayor relevancia para el desarrollo de México.

---

[20] Véase Gratius (2004b).

3. LAS PERSPECTIVAS PARA NIVELAR LAS BRECHAS SOCIOECONÓMICAS

Aunque han creado algunas iniciativas puntuales para superar las brechas socioeconómicas dentro de sus respectivos bloques, ni el MERCOSUR ni el NAFTA han incluido la perspectiva de desarrollo en sus procesos de integración. ¿Cuáles han sido las razones para exluir la dimensión social y regional?: 1) el modelo mismo de integración orientado hacia el exterior y sirviendo de plataforma comercial de inserción en la economía internacional; 2) la percepción ideológica de EE.UU. a favor del libre comercio sin equilibrio y la fe inquebrado en las fuerzas regulativas de mercado, 3) la falta de recursos económicos y de capacidad organizativa en el caso del MERCOSUR, 4) la poca disponibilidad de los socios grandes a financiar el desarrollo del vecino pobre (además, ni EE.UU. ni Brasil logran satisfacer sus demandas sociales nacionales); 5) el temor a entregar soberanía nacional y a transferir la competencias gubernamentales en cuanto al ejercicio de políticas estructurales y sociales a un organismo independiente.

Como ejemplo para un proceso de integración norte-sur, las asimetrías de desarrollo han sido y siguen siendo mucho más marcadas en el NAFTA que en el MERCOSUR. Si para un proceso de integración sursur como el MERCOSUR es difícil distinguir entre los contribuyentes y los receptores de asistencia al desarrollo y por tanto conseguir la capitalización de políticas de desarrollo comunes, el problema del NAFTA es otro. Al tratarse de un acuerdo entre dos países industrializados y uno en vías de desarrollo, los contribuyentes serían claramente identificables. No obstante, ni Canadá ni EE.UU. están dispuestos a ayudar a su socio menor a superar la brecha de desarrollo. Más que en la falta de recursos –como en el caso del MERCOSUR– el problema radica en la falta de voluntad política para incluir pagos de compensación en el NAFTA. Siguiendo la tradición de la soberanía nacional, tanto Canadá como EE.UU. consideran el subdesarrollo de México como un problema interno del país que no es efecto del NAFTA, sino que la situación sería aún más grave sin la liberalización comercial. Pese a que las expectativas desarrollistas no se han cumplido, ambos países siguen creyendo en la fórmula mágica «libre comercio + mercado = desarrollo».

La evolución de las brechas socioeconómicas en México a partir del NAFTA permite extraerr algunas conclusiones generales: 1) el NAFTA no ha creado ningún *trickle-down-effect*, y el libre comercio no ha resultado ser la fórmula mágica para promover el desarrollo; 2) los bloques norte-sur sin compensación tienden a profundizar los desniveles de desarrollo entre y dentro de los países, 3) la integración entre países desiguales sin mecanismos de equilibrio incentiva la migración a zonas y países más prósperos, 4) los bloques norte-sur pueden provocar en los países de menor desarrollo un proceso de deindustrialización y multinacionalización de la estructura empresarial, 5) el socio más pobre corre el peligro de convertirse en una «economía transnacionalizada y rentista» (por la maquila y las remesas).

Conforme a las tesis de los economistas y en contra de las expectativas (irracionales) en EE.UU.[21], el libre comercio no es un instrumento adecuado para la distribución de ingresos o la creación de empleos, sino sólo para estimular el flujo de comercio e inversión. Por lo contrario, una liberalización comercial entre distintos países puede incrementar la brecha de desarrollo existente. Por lo menos en el caso de México, puede afirmarse que el NAFTA ha acentuado aún más las desigualdades regionales. A juicio de Stefan Schirm (2003: 34):

> Por la concentración de impulsos de crecimiento en el norte de México es de suponer que el NAFTA ha reforzado la división de desarrollo ya existente dentro del país en una zona norte relativamente moderna e industrializada y en una región sur que, en comparación, es económicamente subdesarrollada y en la cual, más que en otras partes de México, se mantienen hasta la actualidad estructuras de poder y propiedad semifeudales.

En términos generales, se puede constatar que el libre comercio (por los crecientes niveles de interdependencia) fomenta los movimientos emigratorios hacia los respectivos países más prosperos de procesos de integración: «...the absence of a strategy has meant that NAFTA has been encouraging illegal migration, not reducing it» (Pastor 2002a: 5). Independientemente de la inclusión o no del factor laboral en el acuerdo de integración, las interconexiones económicas y culturales que surgen

---

[21] En el contexto del debate sobre la *Trade Promotion Authority*, el presidente George W. Bush prometió la creación de puestos de trabajo y más prosperidad por el libre comercio.

a raíz de la integración conducen casi en forma automática a un traslado de la mano de obra hacia el país que ofrece salarios más altos. Es una paradoja que las ventajas comparativas del país menos desarrollado en una zona de libre comercio sean precisamente los bajos costes salariales, que a su vez fomentan la migración. Mientras que no se llega a equilibrar el nivel salarial entre México y EE.UU., seguirá el flujo migratorio. De momento, la migración sigue siendo la única vía para crear un cierto equilibrio entre ambos países, puesto que México se beneficia de las remesas de familiares en EE.UU. Por todo ello, la presión hacia reformas sociales en México, cofinanciadas con el apoyo de sus dos socios del NAFTA, se está incrementando.

En el MERCOSUR, la práctica ausencia de la dimensión de desarrollo tiene otras explicaciones bien distintas. La falta de recursos, las brechas de desarrollo dentro de Brasil, la precaried institucional y jurídica, el peso de los gobernadores regionales y las dificultades de legitimación interna para fondos de desarrollo en países vecinos han impedido un MERCOSUR social. Sin embargo, a diferencia del NAFTA, no se descarta de antemano la creación de políticas conjuntas de desarrollo para afrontar el problema de la pobreza y de la distribución desigual de ingresos que afecta a todos los Estados miembro. No obstante, como en el caso del NAFTA, tampoco los países del MERCOSUR están dispuestos a entregar soberanía nacional a una entidad independiente que, además, correría el riesgo de ser infiltrada con el virus de la corrupción y la endémica debilidad institucional presente en el MERCOSUR y sus Estados miembro.

Por todas estas razones, tanto para el MERCOSUR como para el NAFTA, la mejor solución para nivelar las brechas socioeconómicas no sería la creación de fondos de cohesión, sino más bien el fomento de bancos de desarrollo. Aparte de las contribuciones de los Estados miembro (como en el caso del Nadbank), estos organismos podrían contar con el apoyo de otros bancos de desarrollo más potentes, como el BID o el Banco Mundial. De esta manera, se evitaría un debate en torno al delicado asunto de la supranacionalidad y la entrega de soberanía a entidades independietes de intereses nacionales. Si la idea de convertir el Nadbank en un banco de desarrollo del NAFTA gana adeptos en los tres países, en el caso del MERCOSUR, la dimensión regional podría insertarse en la agenda de integración. En el bloque sur-sur, la creciente integración interestatal ha servido también de incentivo para promover una mayor distribución y participación, no sólo a través de los gobiernos centrales, sino de manera horizontal, entre regiones y ciudades de diferentes países. Este tipo de integración subnacional fortalecería la cooperación en el MERCOSUR y podría considerarse, a medio plazo, también en el marco del NAFTA.

V
POSIBILIDADES Y LÍMITES PARA PROFUNDIZAR LA INTEGRACIÓN

Susanne Gratius

El ejemplo de la UE ha señalado que la profundización de procesos de integración requiere de visiones y utopías. En el MERCOSUR, existen ideas a largo plazo: tan solo el nombre Mercado Común del Sur implica, por un lado, objetivos de integración más allá de la liberalización comercial y, por el otro, la inclusión de otros países sudamericanos al proyecto. Además, en la actualidad, los actores del MERCOSUR se plantean la definición de una unión económica con una moneda común, la creación de un Parlamento transnacional y políticas de cohesión. También en el caso del NAFTA se están perfilando ideas sobre el futuro del triángulo: el término «América del Norte», que incluye Canadá, EE.UU. y México, ya indica una cierta identidad compartida y, en 2001, los máximos líderes políticos acordaron crear una «Comunidad Norteamericana». Que estas iniciativas, ubicadas en la línea del «constructivismo», lleguen a concretarse depende de las condiciones económicas necesarias (que están garantizadas en el NAFTA y menos ciertas en el MERCOSUR), y de su imposición ante el realismo pragmático dominado por intereses unilaterales de EE.UU. y los tradicionales recelos de Brasil.

1. LA PROFUNDIZACIÓN *(SPILLOVER)* SECTORIAL Y FUNCIONAL

La profundización sectorial o funcional del NAFTA y del MERCOSUR depende, en gran parte, del comportamiento del país líder de la integración, pero también de la capacidad de los socios menores de formar alianzas de intereses (por ejemplo, la Argentina y Uruguay o Canadá y México). Los dos países más importantes, EE.UU. y Brasil, tienden a oscilar entre ampliar o profundizar la integración. Tanto el papel de Brasil en el MERCOSUR como el de EE.UU. en el NAFTA han evidenciado el interés del socio más grande por ampliar la integración, abriendo nuevos mercados incrementando los beneficios por la extensión comercial. Otro ejemplo fuera del contexto de las Américas es el caso de Alemania en la UE y su interés en la ampliación de la UE hacia el Este. Por otra parte, Alemania en la UE y Brasil en el MERCOSUR también han sido importantes motores de la profundización sectorial e institucional de sus respectivos procesos de integración, mientras que EE.UU. ha sido un freno para el avance del NAFTA.

1.1. El caso del NAFTA

Más de diez años después de su entrada en vigor y previo a la conclusión de su objetivo final –la creación de una zona de libre comercio entre Canadá, EE.UU. y México–, en los tres países se ha iniciado un debate sobre el futuro del NAFTA. Aunque cabe constatar que no hay progreso a nivel intergubernamental, en los últimos años se han lanzado y promovido ideas e iniciativas nuevas para intensificar la cooperación en América del Norte (Faux 2004: 102). En esta área de investigación prospectiva destacan sobre todo las publicaciones de Roberto Pastor (2002a, 2004) orientadas a seguir un camino más europeo de la integración que son contrariadas por el enfoque más modesto y gradual que proponen autores como Hufbauer y Schott (2004).

El mayor freno al avance de la integración es la falta de voluntad política en EE.UU., a raíz de otras prioridades y la prerrogativa de la seguridad después del 11 de septiembre de 2001. Todavía unos meses antes, las posibilidades de crear un «NAFTA plus» contando con el apoyo de EE.UU. habían sido muy altas. Conscientes de los lazos cada vez más estrechos a nivel empresarial y de ciudadanos, los tres jefes de Estado y de Gobierno firmaron, durante el *Summit of the Americas* en Quebec, el 22 de abril de 2001, el *North American Leader's Statement*. Allí se menciona por primera vez la visión de crear una «Comunidad Norteamericana», inicialmente planteada (el año anterior) por el gobierno de Vicente Fox. Se trata de la primera declaración política, suscrita casi diez años después de la creación del NAFTA. Avanzar en la cooperación trilateral y fortalecer «la asociación norteamericana» fueron sus principales objetivos políticos. Además, los tres socios se comprometieron a profundizar el sentido de la comunidad, a promover los intereses económicos comunes y a extender los beneficios del NAFTA a las regiones y sectores sociales menos desarrollados. Una iniciativa concreta –que correspondía más a los intereses estadounidenses– fue el establecimiento del Grupo de Trabajo de Energía Norteamericana con vistas a un mercado energético común. Otro asunto mencionado fue el tema de la migración, donde los tres líderes se comprometieron a respetar los derechos humanos, a garantizar protección legal y a fomentar los mecanismos de cooperación trilaterales en este ámbito[1].

En reuniones posteriores a la Cumbre de Quebec se identificaron tres sectores donde se pretende fortalecer la cooperación trilateral: energía, migración y asuntos fronterizos. Sin embargo, precisamente estos ámbitos son conflictivos: el ejecutivo mexicano no ha logrado conseguir la autorización del Congreso de desregular el mercado eléctrico y la industria petroquímica; hay intereses adversos entre EE.UU. y México en cuanto a la cuestión migratoria; y la cooperación fronteriza funciona entre Canadá y EE.UU., pero no entre EE.UU. y México. El reflejo más reciente de ello es la iniciativa del Congreso de EE.UU. de ampliar el muro entre su país y México. Es por ello que, seis años después de la Declaración de Quebec, los resultados conseguidos en estos tres sectores son prácticamente nulos. Ello se debe también al cambio de prioridades externas en EE.UU. después del 11 de septiembre, que desplazó al NAFTA de la política exterior estadounidense.

A partir de esta fecha, se ha desacelerando aún más el proceso de profundización de la cooperación en el marco del NAFTA, debido a la primacía de la seguridad y los controles fronterizos ante la apertura hacia el exterior en EE.UU. En su análisis prospectivo del NAFTA, Gary Hufbauer y Jeffrey Schott señalan que, después del 11 de septiembre, la agenda de integración fue sustituida por la de seguridad: «in the United States, however, the issues of deeper economic integration have been subordinated, at least temporarily, to the inmmediate demands of national security» (2004: 2). Además, en cuanto a su política comercial, EE.UU. está ahora más interesado en ampliar la red de acuerdos bilaterales de libre comercio en el hemisferio (con Chile, Centroamérica y los países andinos) que en profundizar el NAFTA. A diferencia del MERCOSUR, el mayor obstáculo para avanzar en el proceso de integración

---

[1] *North American Leader's Statement*, Quebec, Canadá, 22 de abril de 2001.

triangular del NAFTA es la ausencia de un liderazgo constructivo por parte del país líder:

> El progreso sólo puede darse con verdadero liderazgo, nuevas instituciones de cooperación y una nueva definición de seguridad, que coloque a EE.UU., México y Canadá dentro de un perímetro continental, en el que colaboren como socios (Pastor 2004: 108).

Ninguna de estas condiciones están dadas en la actualidad.

Estos déficit políticos contrastan con el *spillover* sectorial y funcional de la integración por las crecientes interdependencias entre los tres países (aunque limitadas a las zonas fronterizas): «...para bien o para mal, ya hemos tomado la decisión de crear una economía integrada para América del Norte» (Faux 2004: 105). Aunque formalmente, el acuerdo se limita a la liberalización comercial, el NAFTA ha tenido un «efecto dominó» en varios sectores:

> Día con día, se crean más conexiones intracontinentales, firmemente establecidas, en finanzas, mercadeo, producción y otras redes de negocios para consolidar el mercado de América del Norte (Faux 2004: 100).

También en el ámbito laboral se percibe una creciente interdependencia entre los tres socios y, de hecho, se ha producido una fusión de los mercados de trabajo. Pese a las restricciones oficiales y, ante una frontera porosa, muchos Estados y ciudades de EE.UU. aceptan a los nuevos ciudadanos mexicanos sin demasiadas trabas burocráticas y formalismos (Faux 2004: 100).

Más allá de las fronteras nacionales, tanto entre los ciudadanos como entre las empresas se está perfilando una identidad verdaderamente norteamericana. No obstante, este *spillover* funcional desde abajo no ha tenido ningún impacto oficial, porque los respectivos gobiernos no han autorizado una integración más allá del libre comercio y lo estipulado en el tratado del NAFTA. Aunque no es probable que a medio plazo se definan nuevos objetivos de integración, tales como una unión aduanera o una moneda común en el marco del NAFTA, cabe resaltar algunos sectores donde está avanzando la integración o en los cuales existen intereses por parte de los gobiernos para establecer una cooperación más profunda. Se trata de los siguientes temas: medio ambiente y cooperación laboral, energía, seguridad y lucha contra el terrorismo.

1.1.1. Medio ambiente y cooperación laboral

El balance de los dos acuerdos paralelos y otros mecanismos (los proyectos del Nadbank) creados para proteger el medio ambiente y cumplir con los estándares laborales es mixto. En general, el efecto que han tenido los dos acuerdos paralelos es positivo o neutral (véase capítulo II), aunque muy diferente a lo que pronosticaron sus autores espirituales. Las expectativas iniciales de que a raíz del NAFTA se perderían miles de empleos en EE.UU. y de que México se beneficiaría económicamente de las bajas normas medioambientales no se cumplieron, sino que ocurrió todo lo contrario: la mayoría de las quejas laborales administradas (en parte) por la Comisión de Cooperación Laboral se dirigen contra EE.UU. (en vez de México) y los niveles de contaminación en México disminuyeron. Así, el balance del acuerdo medioambiental es más visible y positivo que el del acuerdo de cooperación laboral, porque, tal como se había esperado antes, las normas y estándares medioambientales mejoraron sobre todo en México, mientras que los efectos en Canadá y EE.UU. han sido menores (Pastor 2004: 108).

No obstante, los dos acuerdos han sido menos impactantes y efectivos que lo inicialmente planteado. Particularmente pobres son los resultados del acuerdo laboral. A juicio de Gary Hufbauer y Jeffrey Schott (2004: 17): «The labour side agreement is little more than a toothless list of hopes». En general, opinan que el diseño de los dos acuerdos ha sido muy débil, porque ni Canadá ni México hubieran permitido tratados «con dientes» con mecanismos de sanción. Además, tampoco EE.UU. como autor principal de los dos acuerdos hubiera aceptado sentencias vinculantes en el ámbito laboral y medioambiental que contrariarían su concepto de soberanía nacional. Así que, tal como lo ponen Hufbauer y Schott (2004: 17): The real purpose of the agreements was to provide political cover for Democratic members of Congresss to support NAFTA». Para incrementar el respeto de normas laborales y medioambientales tendrían que crearse tribunales con competencia para sancionar a los respectivos países o empresas que violaran los principios acordados. Sin embargo, una decisión de esta envergadura carece de un consenso entre los tres socios del NAFTA. Tanto el medio ambiente como temas laborales seguirán formando parte de la agenda de cooperación, pero no es de esperar que en estos ámbitos surjan políticas sectoriales comunes en el marco del NAFTA.

1.1.2. El sector energético

La liberalización del sector energético y su inclusión en el NAFTA es una demanda de Canadá y EE.UU. Como demostraron los recortes eléctricos ocurridos en verano del 2003 en el nordeste del país, crear un mercado energético norteamericano es sobre todo un interés destacado de EE.UU., muy dependiente de importaciones energéticas. En 2000, un 36% de los recursos energéticos externos de EE.UU. provino de sus dos mayores socios comerciales Canadá y México (Pastor 2004: 109). También Canadá sufrió recortes eléctricos en verano del 2003 y está interesado en incluir este sector en la zona de libre comercio, sobre todo para tener acceso a los amplios recursos de México. La cooperación entre EE.UU. y Canadá en este sector ya es bastante estrecha: mucho antes del CUFTA, en 1981, ambos países establecieron un mecanismo de consulta en cuestiones energéticas (Hufbauer/Schott 2004: 11).

El obstáculo principal es México. A solicitud de ese país, el sector energético está excluido del NAFTA. En el anexo III del acuerdo[2], México se reserva el derecho exclusivo de negarse a autorizar inversiones en las siguientes ramas energéticas: petróleo, otros hidrocarburos, petroquímica básica, electricidad y energía nuclear. La prohibición tiene su origen en la Constitución mexicana que estipula en sus artículos 25, 27 y 28 que los recursos naturales del país (agua, petróleo, gas, etc.) pertenecen al Estado. Particularmente el sector energético es una prerrogativa del sector público: «tratándose del petróleo y de los carburos de hidrógeno sólidos (...) la nación llevará a cabo la explotación de esos productos»[3].

Los sectores algo menos conflictivos que se ofrecen para una mayor cooperación entre los tres socios del NAFTA serían la electricidad y el gas. En comparación, la liberalización del petróleo en México (naciona-

---

[2] Anexo III (capítulo 11) del Tratado de Libre Comercio de América del Norte.
[3] Artículo 27 de la Constitución mexicana de 1917, reformada en 2001,

lizado en 1938) es un tema mucho más sensible. Aún así, por la parte mexicana, esta demanda se enfrenta a enormes resistencias domésticas. Como productor y exportador de petróleo, el sector energético en México es un bien común del Estado y, por tanto, excluido de la privatización. Por ello, también la apertura de los sectores electricidad y gas natural a la inversión extranjera requeriría una reforma de la Constitución mexicana y, además, una modificación del anexo III del NAFTA.

En verano de 2002, el gobierno de Vicente Fox presentó al Congreso una propuesta legislativa para modificar los artículos 27 y 28 de la Constitución a fin de abrir los sector eléctrico, gas e industria petroquímica a la competencia del exterior y atraer inversiones[4]. Salvo algunas modificaciones puntuales en el sector energético, la iniciativa todavía no ha sido aprobada, y desató un polémico debate sobre la privatización y/o participación extranjera en la exploración de los recursos energéticos del país. En este momento, y teniendo en cuenta que la oposición (PRI y PRD) tiene la mayoría en el Congreso mexicano, no es muy probable que en un futuro inmediato prospere una apertura sustancial del sector energético (Hufbauer/Schott 2004: 13). No obstante, la situación podría cambiar si EE.UU. propone concesiones en otros ámbitos, como en la cuestión migratoria o en cuanto a la solicitud mexicana de crear fondos de desarrollo en el marco del NAFTA.

1.1.3. Seguridad y lucha contra el terrorismo

También en este ámbito dominan los intereses de EE.UU. y, en menor medida, los de Canadá, mientras que México no comparte las mismas preocupaciones de seguridad que sus socios del NAFTA. Después del 11 de septiembre, la agenda de seguridad domina la política exterior de EE.UU. Este cambio de paradigma ha afectado a los dos socios del NAFTA por los reforzados controles fronterizos, lo cual afectó tanto el intercambio de mercancías como de personas. Sobre todo ciudadanos mexicanos tienen que someterse a esmeros controles en la frontera norte y hasta los estudiantes requieren visados especiales para entrar en EE.UU.

---

[4] El Banco Mundial estima que el sector energético en México necesitaría inversiones del orden de 100.000 millones de dólares en los próximos seis años (2004-2010). Fuente: Liberación, Oslo, 14/11/2003.

En vez de incluir el tema seguridad y la lucha contra el terrorismo en la agenda del NAFTA, definiéndose medidas adecuadas entre los tres socios, EE.UU. optó nuevamente por un enfoque bilateral. En diciembre de 2001 y en marzo de 2002, Canadá y México firmaron por separado dos convenios fronterizos con EE.UU., la *Smart Border Declaration* Canadá-EE.UU. y el Acuerdo de Asociación Fronteriza EE.UU.-México, para facilitar los trámites en sus respectivas fronteras, incrementando, al mismo tiempo, la cooperación en el marco de la lucha contra el terrorismo y el narcotráfico. Un paso más allá para reforzar la cooperación en materia de seguridad de las fronteras –sobre todo en cuanto al intercambio de información– sería trilateralizar el diálogo ya existente entre EE.UU., Canadá y México incorporando el tema en la agenda del NAFTA.

1.2. El caso del MERCOSUR

Al contrario del NAFTA, por sus características como unión aduanera (imperfecta) y un continuo proceso de negociación intergubernamental, la coordinación de las políticas exteriores y comerciales entre los Estados miembro del MERCOSUR es un área muy avanzada de la integración. Sirviéndose de Brasil como portavoz, el MERCOSUR adopta posiciones comunes en foros multilaterales como las Naciones Unidas o la OMC, hay una estrecha cooperación entre las respectivas embajadas y consulados, y el MERCOSUR negocia como bloque unido con terceros socios, siendo los más importantes la UE y EE.UU. (en el contexto del ALCA).

En la actualidad, el MERCOSUR está inmerso en un proceso de ampliación a varios frentes. Además de negociar acuerdos comerciales con la UE, en el marco del ALCA, con la India y Sudáfrica, entre 2003 y 2004 se han asociado o están a punto de hacerlo tres nuevos países al MERCOSUR: Perú ya es miembro asociado, Venezuela fue aceptado como tal y con México se está negociando un acuerdo de asociación. De este modo, en torno al «MERCOSUR núcleo» de los cuatro miembros originales se agrupan otros cinco países asociados, incluyendo a Bolivia y Chile.

Aunque todavía no se puede hablar de una política exterior y de seguridad común del bloque –una «PESC del MERCOSUR»–, la definición de consensos internos previo a la negociación comercial con socios externos dentro y fuera de la región es un proceso muy avanzado en el MERCOSUR y que está completamente ausente en el caso del NAFTA. En este sentido, el MERCOSUR es un proyecto primordialmente político-estratégico con una ambiciosa agenda externa que, sin embargo, contrasta con enormes déficit internos que son menos prominentes en el caso del NAFTA.

1.2.1. La agenda más inmediata: unión aduanera y cumplimiento de normas

El principal desafío que enfrenta el MERCOSUR es el de volver a construir un proceso de integración vinculante basado en la confianza y la credibilidad. El primer paso para ello será el establecimiento de la unión aduanera, inicialmente prevista para 1995 y desde hace más de diez años en construcción. Al contrario de lo que ocurre en el NAFTA, la mayor debilidad del MERCOSUR no es la cooperación política, sino la profundización de la integración económica. El relativo estancamiento de la agenda económica del MERCOSUR a raíz de las sucesivas crisis financieras sólo puede ser superado a través de una serie de mejoras estructurales en varios ámbitos, entre ellos el institucional y la participación de los países pequeños.

A diferencia del NAFTA, cuyas estipulaciones y objetivos concluirán en 2008, el MERCOSUR es un proceso de integración flexible y en constante evolución, de modo que no se ha impuesto de antemano un freno a su profundización, sino que, a largo plazo, se prevé la creación de un «Mercado Común del Sur». En 2006, venció el plazo inicialmente previsto para haber perfeccionado la unión aduanera, incluyendo a todos los sectores y productos importados en el régimen del Arancel Externo Común (entre 0-20%). El funcionamiento de la unión aduanera «imperfecta» (véase entre otros Rozemberg 2002) es el tema a tratar más urgente en la agenda pendiente del MERCOSUR. Sólo a partir de allí, podría plantearse la realización de otras metas más ambiciosas y la ampliación hacia Venezuela y otros países.

Si el NAFTA se caracteriza más bien por la ausencia de visiones a nivel gubernamental, el problema del MERCOSUR es que se lanzan demasiadas ideas y utopías que finalmente no se llegan a concretar. En vez de definir nuevos proyectos de difícil realización, tales como la creación de una moneda común o la inauguración de un Parlamento transnacional, un importante paso previo sería implementar las más de 250 decisiones tomadas en el marco del MERCOSUR, de las cuales menos del 50% ha sido incorporadas en las respectivas legislaciones nacionales (véase Bouzas/Soltz en el capítulo II). Un grupo de trabajo estuvo analizando el estado de aprobación de actos legislativos en los respectivos países miembro y se ha propuesto crear un *fast track* (una vía rápida) para acelerar el período entre la toma de decisiones y la fase de implementación. El retraso de implementación se produce particularmente en Brasil y Uruguay, donde los tratados internacionales no prevalecen ante la legislación nacional.

1.2.2. Una ambiciosa agenda futura

Por todas las normas y decisiones acordadas en distintos ámbitos de la integración, los desafíos internos del MERCOSUR son incomparablemente mayores que los del NAFTA, que se caracteriza por la falta de una agenda interna común más allá de lo estipulado en el tratado original. Temas pendientes en el marco del MERCOSUR, en los cuales ya se han tomado decisiones parciales son: la seguridad[5], la educación y la salud, la lucha contra la droga, el medio ambiente, la cultura, el turismo y los mercados laborales. Así, también en el caso del MERCOSUR, la integración ha provocado un considerable *spillover* sectorial que –a diferencia del NAFTA– forma parte de la agenda de integración. Por ello, entre los cuatro Estados miembro del MERCOSUR está surgiendo una cierta identidad común, en el sentido de un «proceso de construcción comunitaria» (Hirst 2002: 147).

No obstante, este proceso de integración multidimensional complica la implementación de las reglas creadas a nivel gubernamental, ya que no son incorporadas a nivel técnico por las respectivas administraciones nacionales. Es por ello que en los próximos años, el MERCOSUR tendría que realizar numerosas tareas que se desprenden de su compleja agenda interna:

---

[5] Por ejemplo, la definición del MERCOSUR como una zona de paz y una serie de maniobras militares conjuntas.

- Capítulo Comercial: definir un cronograma vinculante para completar la unión aduanera imperfecta definiendo un arancel común para todos los productos de importación hasta ahora excluidos (azúcar, informática, bienes de capital, etc.). También sería necesario seguir definiendo políticas comunes para el sector servicios[6] y las compras gubernamentales[7] que, a diferencia del NAFTA, aún no han sido incluidos en el programa de liberalización del MERCOSUR, pese a que éste se ha constituido como una unión aduanera (imperfecta).

- Capítulo institucional: es necesario crear un presupuesto común más elevado al cual contribuyen todos los Estados miembro para fortalecer la Secretaría Técnica, el Tribunal en Asunción y la Comisión de Representantes Permanentes. Además, habría que reducir el número de reuniones del Grupo Mercado Común y de la Comisión de Comercio.

- Cápítulo jurídico: existe un «*vacuum* jurídico» en el MERCOSUR, puesto que más de la mitad de las reglas acordadas no se aplican ni hay un mecanismo de control. Habría que revisar toda la normativa del MERCOSUR y plantearse su integración en un nuevo y más amplio tratado único (un «*Maastricht* del MERCOSUR»), así como la incorporación del «derecho del MERCOSUR» en las legislaciones nacionales. Para ello debería constituirse un Grupo de Reflexión de alto nivel, comprobando la utilidad de todas las decisiones tomadas y su aplicación en los Estados miembro. Además, Brasil y Uruguay tendrían que modificar sus constituciones para que prevalezca la ley internacional sobre normas nacionales.

- Capítulo fronteras: sobre todo en la triple frontera entre la Argentina, Brasil y Paraguay sería necesario reforzar la cooperación entre los agentes para facilitar el intenso intercambio de personas y mercancías, mejorar los controles de seguridad, así como crear –tomando como ejemplo la relación EE.UU.-México– programas conjuntos para desarrollar las zonas fronterizas mejorando las condiciones de vida de los ciudadanos.

---

[6] En diciembre de 1997, los Estados parte del MERCOSUR firmaron en Montevideo el Protocolo de Servicios que estipula la liberalización del sector en un período de diez años. Pero el Protocolo ni ha sido ratificado ni concretado.

[7] Está en negociación un Acuerdo de Compras Gubernamentales.

- Capítulo industrial: a fin de crear una política industrial común, habría que promover y extender a más sectores las denominadas «cadenas productivas». Una estructura industrial conjunta requiere, en una primera fase, la definición de nichos de mercado y la reducción de la competencia dentro del bloque a través de cadenas complementarias de producción. Esto significaría volver a la idea original de la integración sectorial de los años ochenta y replantearse el modelo MERCOSUR (Hungueney/Henrique 2002).
- Capítulo social: sobre todo el presidente Lula busca incluir la integración social en el proceso del MERCOSUR. Aparte de la futura creación de un Instituto Social Argentino-Brasileño, en el MERCOSUR se han tomado primeras medidas en este ámbito: la Declaración Sociolaboral de 1998 define reglas comunes para los trabajadores mercosureños; y se creó en 2005 un «Fondo Estructural del MERCOSUR» (dotado de 100 millones de dólares y con financiamiento del BID) para promover proyectos de desarrollo e infraestructura en las zonas de menor desarrollo (sobre todo en Paraguay y Uruguay).

Estos son los desafíos más inmediatos. A medio y largo plazo, la agenda del MERCOSUR debería abarcar otros temas de profundización que requieren de una preparación más prolongada y detallada. Un primer tema sería la idea de crear una unión económica y monetaria del MERCOSUR, un proyecto que de momento fue desplazado hasta después de la realización de la unión aduanera, en 2006. Otro tema, iniciado a finales de 2002 por un acuerdo a nivel de ministros del Interior[8], sería el libre movimiento de personas. También en el sector energético hay intereses compartidos. Particularmente Brasil –que al igual que EE.UU. es un importador de energía– quiere promover un mercado energético común y la exploración conjunta de recursos naturales. A diferencia de México en el NAFTA, en el MERCOSUR no existen tantas restricciones nacionales en el ámbito energético, pero tampoco hay un claro proveedor de energía.

---

[8] «Acuerdo sobre regularización migratoria interna de ciudadanos del Mercosur», Brasilia, 5/12/2002.

2. Desafíos comunes del MERCOSUR y del NAFTA

2.1. Objetivos económicos más ambiciosos: unión aduanera y moneda común

Al comparar ambos mecanismos de integración, es una paradoja que el MERCOSUR se haya propuesto una unión aduanera sin disponer de un fundamento económico sólido, y que el NAFTA haya creado las condiciones económicas necesarias (un alto nivel de interdependencia), para lograr una unión aduanera pero se niegue a realizarlo. Esta contradicción tiene que ver con un cálculo coste-beneficio en el NAFTA: aunque una unión aduanera tendría la ventaja de eliminar las complicadas reglas de origen (presentes en todas las zonas de libre comercio), sus desventajas serían la pérdida de soberanía nacional en materia de política comercial, puesto que los tres socios ya no podrían negociar acuerdos de libre comercio individuales con terceros países. Si en el caso del NAFTA, la unión aduanera fracasa por consideraciones políticas, en el MERCOSUR no llega a funcionar por las carencias económicas mencionadas.

Puesto que el NAFTA no prevé una unión aduanera ni tampoco una política comercial común, la coordinación monetaria o, en este caso, la dolarización, es un debate más bien teórico. No obstante, es una cuestión práctica inminente, debido a los intensos intercambios comerciales y el flujo de IED. Para México y Canadá, la cesión de soberanía por la dolarización constituye el principal obstáculo. Por la misma razón, EE.UU. no aceptaría una estrategia alternativa a la dolarización que sería más fácil para los dos socios menores: la creación de una moneda común denominado «Amero» (según una propuesta de Herbert Grubel 1999). Aunque ninguno de los dos temas ha sido planteado a nivel gubernamental, cabe recordar que el NAFTA es un proceso dirigido «desde abajo», donde las propuestas se plantean fuera de los marcos oficiales para ser posteriormente aprobados o no. Por su enorme dependencia comercial de EE.UU., tanto en Canadá como en México se ha iniciado un debate sobre la profundización de la integración económica a través de una unión aduanera (Canadá) y una unión monetaria (México).

En el MERCOSUR, la unión aduanera ocupa un lugar prioritario en la agenda común mientras que la creación de una moneda común es un tema a muy largo plazo. Cabe recordar que el Tratado de Asunción menciona la coordinación macroeconómica como un elemento central para el futuro Mercado Común del Sur. Aunque la propuesta de crear una moneda común se lanzó en 1997, recién en la Cumbre de Florianópolis, en diciembre de 2000, se acordó definir, en un futuro, un *Mini-Maastricht*. Dos años después, en diciembre de 2002 en Brasilia, después del colapso financiero en la Argentina, el MERCOSUR abandonó el objetivo de definir criterios macroeconómicos (déficit presupuestario, inflación, deuda pública, etc.) inicialmente previsto hasta el año 2006. Aunque las condiciones técnicas son buenas –los actuales regímenes cambiarios de la Argentina y Brasil son similares–, una moneda común requiere primero estadísticas compatibles y una mínima coordinación de las políticas macroeconómicas en el MERCOSUR incluyendo, en el futuro, a Venezuela, un país con una estructura y política económica muy diferente al resto de los Estados miembro.

2.2. La regulación de la migración

El tema de la libre circulación de trabajadores es otro desafío compartido por el MERCOSUR y el NAFTA. En el caso del MERCOSUR, el libre movimiento de personas y/o trabajadores forma parte de la agenda futura de integración y no causa demasiadas controversias. Al no existir un imán de prosperidad como EE.UU. en el NAFTA, tampoco se producen grandes olas migratorias en el espacio del MERCOSUR. Por ello, en diciembre de 2002, los ministros de Justicia y del Interior firmaron el «Acuerdo sobre regularización migratoria interna de ciudadanos del MERCOSUR» que facilita los trámites para trabajadores, regula la residencia y estipula algunas normas laborales comunes. Conforme a sus ambiciosos objetivos, este acuerdo podría crear a medio plazo un mercado de trabajo en los cuatro países y, eventualmente, incluir a los países asociados (Bolivia, Chile, Perú y Venezuela). No obstante, como tantas otras ideas e iniciativas, el acuerdo no está incorporado en las legislaciones nacionales y no llegará a realizarse, a no ser que se definan instrumentos concretos para permitir la libre circulación de trabajadores en el espacio MERCOSUR (permisos de trabajo y residencia especiales, sistemas de seguridad social comunes, etc.).

La situación en el NAFTA es mucho más conflictiva, puesto que los intereses entre los tres socios no convergen: México es un exportador de trabajadores, Canadá y EE.UU. son importadores de mano de obra.

Después del 11 de septiembre de 2001 la política migratoria relativamente liberal de EE.UU. cambió imponiendo mayores restricciones: se incrementaron los controles de personas y de mercancías en las fronteras, aumentaron las violaciones a los derechos humanos y no se vislumbra un acuerdo migratorio para regular la situación de los trabajadores mexicanos ilegales en EE.UU. No obstante, la presión demográfica –cerca de 22 millones de mexicanos viven (legal e ilegalmente) en EE.UU.– y la creciente influencia política de los residentes mexicanos en EE.UU., que han creado diversas organizaciones y foros, podrían obligarle a EE.UU. a encontrar soluciones comunes en el futuro.

Por otra parte, la emigración de mexicanos a EE.UU. es el resultado de la brecha salarial y la injusticia social en México. Según una encuesta reciente, 70% de mexicanos (dos tercios de los habitantes del país) manifestó que inmigrarían de forma legal a EE.UU. para elevar sus ganancias. Un paso previo a la creación de un mercado laboral común sería invertir en el desarrollo de México. Sería una estrategia menos costosa –en términos políticos, culturales y económicos– que seguir fomentando la emigración por altos niveles de pobreza y bajos salarios en México. En la medida en que México siga siendo una economía subdesarrollada con altos niveles de pobreza seguirá aumentando el flujo de migración hacia EE.UU. Si se crearan fondos de desarrollo que beneficiaran las zonas y grupos más vulnerables de México, se reduciría el número de mexicanos en busca de un mejor destino en EE.UU. No obstante, a diferencia de la UE, esta lógica aún no forma parte de la visión mercantilista de EE.UU.

2.3. El desafío de la institucionalización

La institucionalización es otro de los desafíos al que se enfrentan el MERCOSUR y el NAFTA. En el MERCOSUR, la reforma institucional y la implementación de la normativa común son los dos grandes déficit, que perjudican el resultado y la credibilidad de la integración: «La resultante es la de un proyecto de integración de baja calidad institucional, con muchas reglas de juego que no se cumplen y otras que, aunque formalmente vigentes, no han logrado penetrar en la realidad» (Peña 2003a: 18). Una determinante política para consolidar el MERCOSUR sería el reordenamiento y la revisión de todos los foros técnicos de coordinación (los grupos de trabajo, las reuniones y grupos ad-hoc), así como el fortalecimiento de las instituciones creadas. Porque el mayor déficit del MERCOSUR es la falta de lo que Mattli llama *commitment institutions* (Mattli 1999: 43).

Adicional a la reforma de los órganos existentes, sería deseable crear una modesta estructura supranacional del MERCOSUR. El gobierno de Lula en Brasil parece menos reacio que sus antecesores frente a la idea de crear órganos del MERCOSUR con cierta independencia de los gobiernos, de institucionalizar la integración y de controlar la implementación del derecho del MERCOSUR, incluyendo la posibilidad de un cambio constitucional en Brasil para hacer prevalecer el derecho internacional. El Tribunal de segunda instancia en Asunción y la Secretaría Técnica en Montevideo podrían constituir los dos gérmenes para una futura estructura supranacional y permanente del MERCOSUR. Sin embargo, la premisa de que ambas instituciones integren un número muy reducido de funcionarios, la difícil cuestión de su financiación y el hecho de que estén situados en dos ciudades diferentes despiertan dudas sobre su impacto en la integración. La futura agenda de reforma institucional incluye, un parlamento regional del MERCOSUR (inaugurado en 2006), elegido directamente por los ciudadanos en 2010, y una Comisión ejecutiva con competencias semi-supranacionales (que podría surgir de la Comisión de Representantes Permanentes).

Pese a diferentes matices, en el MERCOSUR existe un consenso básico en torno a la afirmación de la secretaria de Relaciones Internacionales del PT, Ana María Stuart: «La arquitectura institucional del MERCO-SUR, consagrada en el Protocolo de Ouro Preto, precisa ser revisada» (2002: 281). A diferencia del NAFTA, donde predomina una percepción negativa de instituciones comunes, la mayoría de los interlocutores del MERCOSUR apoya una mayor institucionalización del MERCOSUR y casi todos favorecen una reforma de los órganos existentes del bloque. Entre estas dos posiciones (conservar o ampliar la estructura) se mueve el debate en el MERCOSUR:

- Los defensores de nuevas instituciones aluden a la experiencia positiva de la UE y a la necesidad de contar con órganos eficaces que sirvan de motor para la integración y que funcionen independientemente de los intereses nacionales. Las ventajas de órganos supranacionales serían un mayor equilibrio entre los Estados involucrados en la integración y la participación de hecho de los dos socios menores, el surgimiento de un espíritu común en vez de la prerrogativa de intereses nacionales y la posibilidad de lanzar, dentro del marco de realismo, nuevas propuestas e ideas de integración.

- Por su parte, los opositores a una mayor institucionalidad afirman que la estructura institucional del MERCOSUR corresponde al grado real de integración del bloque. Además, advierten que una estructura supranacional del MERCOSUR conlleva el riesgo de aumentar de los niveles de corrupción y clientelismo. Opinan que, antes de crear nuevos órganos comunes, primero habría que mejorar la calidad de las instituciones nacionales. Además, sería necesario incrementar la concientización o «mercosurización» de las élites políticas en los cuatro Estados miembro[9] y dinamizar la cooperación entre los funcionarios técnicos (que no siempre tienen instrucciones políticas concretas por sus gobiernos nacionales).

A pesar de sus ventajas –impulso de integración, interlocutores directos, menos costes de viaje, mayor coordinación y control de la integración–, una «supranacionalización» del MERCOSUR implica también riesgos. Teniendo en cuenta la experiencia negativa de la Comunidad Andina y la baja calidad de las instituciones en prácticamente toda América latina, órganos supranacionales no garantizan necesariamente una mayor eficacia y capacidad de maniobra, sino incluyen también el riesgo de corrupción, decisiones poco transparentes y una mayor burocracia. Ante el peso de Brasil en el MERCOSUR y su estructura federal, la creación de órganos supranacionales podría replantear también la cuestión de la proporcionalidad.

Al carecer de órganos comunes, el debate en el marco del NAFTA gira en torno a la institucionalización del proceso de integración mediante la creación de foros trilaterales hasta ahora inexistentes (salvo en los dos acuerdos paralelos). México, apoyado por algunos expertos académicos, promueve la creación de instituciones del NAFTA para obtener una mayor seguridad jurídica y normativa y mejorar el sistema de solución de controversias. Sin embargo, al ser el socio más débil, es

---

[9] Según una entrevista de la autora con Ricardo Rozemberg, realizada en noviembre de 2002 en Buenos Aires.

poco probable que México logre imponer su visión de integración sin contar con el apoyo de Canadá (escéptico ante la cuestión institucional). Aunque se han formulado propuestas de reforma para crear una estructura institucional inspirada en el modelo de la UE, su implementación en el NAFTA es altamente improbable por la resistencia y el poder de veto de EE.UU. A nivel oficial quedan muchos obstáculos por eliminar. El mayor freno son las enormes asimetrías de intereses y de niveles de desarrollo entre los tres socios del NAFTA. Otro obstáculo a la profundización es el concepto tradicional de soberanía nacional que prevalece en todos sus Estados miembro y que es el mayor impedimento a una mayor institucionalización del NAFTA.

Comparado con el MERCOSUR, tampoco hay que subestimar los factores culturales, puesto que México apenas comparte raíces y tradiciones con los otros dos países. En la medida en que ciudadanos mexicanos sigan emigrando a EE.UU., surge una identidad dual mexicano-estadounidense, la cual es considerada por algunos autores como una amenaza para la cultura protestante y anglosajona de EE.UU. (Huntington 2004). Otro factor que distancia los tres Estados parte es el funcionamiento de las instituciones y del sistema político que reflejan prácticas muy distintas y no necesariamente compatibles (Fernández de Castro/Pastor 2001).

Pese a las remotas posibilidades de éxito, a nivel académico se ha desarrollado un debate sobre el futuro institucional del NAFTA. Las propuestas más realistas y modestas se dirigen a crear un «Secretariado de América del Norte» (Fernández de Castro/Pastor 2001: 222 s.) que sirva de catalizador para una mayor integración y triangularización del proceso. Además, a nivel nacional, se sugiere crear entidades «norteamericanas» en los respectivos ministerios y otras agencias administrativas del Estado vinculadas al NAFTA (nombrando, por ejemplo, un subsecretario a cargo de Norteamérica en EE.UU.). Una tercera idea, dentro de la estructura institucional existente, es la de convocar reuniones interparlamentarias trilaterales en vez de continuar, por separado, con las reuniones bilaterales EE.UU.-Canadá y EE.UU.-México. Todas estas iniciativas serían fáciles de realizar, ya que no entran en conflicto con la soberanía nacional y constituirían un primer paso hacia la coordinación triangular. Más atrevidas y controvertidas son las ideas de Robert Pastor (2002a) que ha formulado una serie de propuestas para inaugurar una estructura institucional de la «Comunidad Norteamericana»:

- Crear una «Comisión Norteamericana» para preparar las reuniones presidenciales, controlar la implementación de las normas y elaborar estudios sobre temas de integración;
- Crear un «Grupo Parlamentario Norteamericano» unificando las dos comisiones interparlamentarias bilaterales México-EE.UU., Canadá- EEUU, siendo un paso previo el establecimiento de una comisión interparlamentaria Canadá-México;
- Crear un «Tribunal Permanente de Comercio e Inversión» para evitar paneles *ad hoc* con expertos individuales que pueden actuar de forma parcial;
- Crear un «Fondo de Desarrollo Norteamericano» para las zonas menos favorecidas;
- Crear centros de «estudios norteamericanos» en los tres países del NAFTA.

Los ciudadanos del NAFTA son muy abiertos hacia estas ideas: un 69% de los estadounidenses y un 58% de los canadienses sienten un «fuerte apego» hacia América del Norte y un 34% de los mexicanos incluso se «sienten norteamericanos» (Pastor 2004: 117). Una mayoría de la población de los tres países está a favor de crear en los próximos años una comunidad económica y opta por una integración más profunda. Mientras que los gobiernos se aferran al concepto de la soberanía nacional y la autonomía política, los ciudadanos estarían dispuestos a aceptar una integración más allá del libre comercio, en aras de construir una identidad común norteamericana (Pastor 2004: 118).

2.4. Reforma del proceso de toma de decisiones

Ante el papel preponderante de EE.UU. y Brasil en sus respectivos procesos de integración, es poco probable que se modifique el procedimiento de decisiones por consenso, ya que sería altamente desfavorable para los socios menores. Ni siquiera los países grandes proponen cambiar el sistema actual: Brasil porque no aspira a la hegemonía del MERCOSUR y prefiere usar el consenso ante la política de poder, y EE.UU. porque no tiene ninguna necesidad de tomar decisiones, ya que el NAFTA no es un proceso de integración negociado sino jurídico. Difícilmente EE.UU. aceptaría, como es el caso de Brasil en el MERCOSUR,

un mecanismo de toma de decisiones por consenso, siguiendo la regla
«un país, un voto».

Un sistema proporcional de decisión, similar al voto calificado de la
UE –en vez del principio de la unanimidad–, sólo entraría en el debate,
si el MERCOSUR y el NAFTA decidieran integrar a más países. Otro
motivo para crear mecanismos proporcionales de decisión sería el establecimiento de órganos supranacionales en el MERCOSUR, puesto que
en una estructura institucional con más competencias es improbable
que Brasil acepte tener el mismo numero de funcionarios que Paraguay
y Uruguay.

No obstante, una reforma parcial del sistema de toma de decisiones
podría consistir en ceder más poder a los funcionarios gubernamentales que tratan temas específicos de la agenda del MERCOSUR y del
NAFTA. En la medida en que crecen los ámbitos de la integración, las
agendas se tornan más complejas y la toma de decisiones por parte de la
más alta instancia política retrasa muchas veces el proceso de cooperación o conduce a acuerdos de difícil implementación. Puesto que los
gobiernos deciden sobre la base de la información facilitada por funcionarios y técnicos expertos en la materia, sería razonable asignarles más
competencias y capacidad de decisión y no dejar la última palabra a los
presidentes de los países más grandes.

3. EL DESARROLLO FUTURO DE MERCOSUR Y NAFTA: LÍMITES Y POSIBILIDADES

3.1. Los factores ajenos: ALCA, UE, OMC

Las negociaciones en el marco del ALCA, en la OMC y con la UE son
los tres factores externos más importantes que influyen en el futuro
desarrollo del MERCOSUR y, en menor grado, también del NAFTA. Su
manera de impactar en la evolución del MERCOSUR es más positiva
que negativa:

• La negociación del MERCOSUR con la UE sobre un acuerdo de asociación interregional es un factor positivo para su proceso de integración. El diálogo con la UE ofrece un importante estímulo para la

creación de un consenso interno en el MERCOSUR y constituye un claro *push-factor* para el proyecto, teniendo en cuenta que la Comisión Europea tiene un mandato para negociar con el conjunto del MERCOSUR, siendo el objetivo final de la negociación la relación entre dos mercados integrados. De esta manera, la UE obliga a los Estados miembro del MERCOSUR a concertar posiciones y a definir una política comercial conjunta incluyendo áreas sensibles como las compras gubernamentales, las inversiones y los servicios. Sin embargo, ante posiciones aparentemente irreconciliables en el capítulo comercial (productos agrícolas, por un lado, servicios y compras gubernamentales, por el otro) y ante la dificultad adicional que supone la próxima entrada de Venezuela al MERCOSUR, ambas partes no han logrado firmar un acuerdo de asociación que, aparte de la liberalización comercial, abarque también un intenso diálogo político, cooperación al desarrollo e intercambio en materia de integración[10].

- Tampoco el fallido o al menos estancado proceso del ALCA ha fortalecido al MERCOSUR. Así, los cuatro Estados miembro negocian el acuerdo de libre comercio hemisférico en bloque, a través de su portavoz Brasil que decide, conjuntamente con EE.UU., el desenlace de las negociaciones en torno al ALCA[11]. La participación del MERCOSUR en el proceso del ALCA ha sido positivo: ganó en capacidad de negociación y fortaleció la construcción de consensos internos. No obstante, la realización del proyecto ALCA podría perjudicar los avances de integración regional, puesto que el MERCOSUR no ha alcanzado una integración mucho más avanzada que la liberalización comercial (Rozemberg 2002). Siendo el ancla de estabilidad EE.UU. y no Brasil, el MERCOSUR podría perder ímpetu y autonomía integrándose en una futura zona de libre comercio de las Américas.

- Los efectos de la ronda de desarrollo de Doha en el marco de la OMC, cuyo desenlace sigue siendo incierto, no impactan directamente en la evolución del MERCOSUR, sino que influyen en sus

---

[10] En cuanto a las negociaciones UE-MERCOSUR, véase Valladao/Peña/Messerlin 2004.

[11] El proyecto del ALCA acelera el proceso de profundización: «...if its member states are incapable of deepening the agreement, the creation of the FTAA represents, in practice, the death of Mercosur» (Giambiagi 1999: 62, cit. por Carranza 2003: 91.

negociaciones con terceros socios. Según los resultados de las negociaciones en la OMC –ante todo en el sector agrícola y el sensible
tema de las subvenciones por parte de EE.UU. y la UE–, es un factor
que estimula o desincentiva la negociación en curso entre el MER-
COSUR y la UE, por un lado, y el proceso del ALCA, por el otro.
Una exitosa conclusión de los tres procesos paralelos de negociación comercial representaría un importante estímulo económico
para el MERCOSUR, lo cual –a su vez– influiría de forma positiva en
su agenda interna de la integración. Un fracaso de la ronda de desarrollo de la OMC perjudicaría los objetivos internos y externos del
bloque.

Teniendo en cuenta los diferentes intereses de sus Estados miembro
y la falta de una política comercial común, el panorama para el NAFTA
es bien distinto. Los tres factores influyen menos y tienden a ser negativos para la evolución interna del proyecto. La UE no es un actor importante para el desarrollo del NAFTA: México firmó en 2000 un acuerdo
bilateral de libre comercio con los europeos para contrarrestar su dependencia de EE.UU., pero ni Canadá ni EE.UU. se están planteando seriamente liberalizar su comercio con la UE. La ronda de la OMC, a su vez,
podría aliviar el conflicto agrícola en el NAFTA. Así, la eliminación de
los subsidios agrícolas por parte de EE.UU. y Canadá tendría un impacto positivo para la agricultura mexicana al incrementar su competitividad dentro del bloque y disminuir el nivel de conflictividad doméstica.
    Lo más perjudicial para el futuro del proyecto de integración en el
marco del NAFTA hubiera sido la realización del ALCA. Lo es también
la firma de acuerdos bilaterales de EE.UU. con socios latinoamericanos.
Aunque EE.UU. y Canadá esperan amplias ganancias por el libre acceso
al mercado latinoamericano del cual, en parte, también se beneficiará
México, el socio menor del NAFTA sería al mismo tiempo el claro per-
dedor del proyecto. ¿Qué beneficios sacaría México en una futura zona
de libre comercio hemisférica, donde todos los países del continente
(incluyendo su rival Brasil) tendrían libre acceso al mercado de EE.UU.?
Aunque la retórica del gobierno en torno al ALCA es favorable, México
intentará desacelerar el proceso para que, en el período de tiempo ganado, logre hacer avanzar el proceso de integración entre los socios del
NAFTA.

En este sentido, y aunque por motivos distintos, México comparte los mismos intereses de Brasil en cuanto al ALCA y los acuerdos bilaterales de EE.UU. con determinados países latinoamericanos: retrasar la agenda para profundizar la integración y cooperación subregional. En este sentido, y por motivos distintos –México por sus ventajas comerciales en el NAFTA y Brasil por su proyecto sudamericano–, se percibe una alianza de intereses entre Brasil y México ya que ambos buscan retrasar la agenda, mientras que los demás socios del NAFTA y del MERCOSUR tienden más bien a acelerar el proceso de liberalización comercial con EE.UU. Esto es el caso de Uruguay que, desde hace tiempo busca firmar un acuerdo con Washington. No deja de ser significativo que, antes del viaje del presidente Bush a Montevideo, en marzo de 2007, el presidente Lula realizó una visita a Uruguay para aclarar su pertenencia exclusiva al MERCOSUR (que impide la firma de acuerdos bilaterales de libre comercio).

El MERCOSUR y el NAFTA son los dos pilares para el futuro ALCA. No obstante, una fusión de ambos proyectos en una gran zona de libre comercio continental sigue siendo una ficción. Es bastante probable que tanto el NAFTA como el MERCOSUR sobrevivirán como procesos de integración independientes y más avanzados que un posible ALCA. Teniendo en cuenta que el ALCA sería un acuerdo entre 34 países con intereses y tamaños distintos, no es realista que un acuerdo de libre comercio tan comprensivo tenga el mismo alcance que el MERCOSUR y el NAFTA que ya son procesos de integración consolidados. Así, es de esperar que el futuro tratado del ALCA sea poco más que el «papel de regalo» para envolver una red hemisférica de acuerdos de libre comercio (difícilmente compatibles entre sí).

Cabe recordar, además, que los dos líderes del proyecto ALCA, EE.UU. y Brasil, son competidores en América latina, tanto en cuanto al mercado regional como a su influencia política en la región. En este momento, se perfila una cierta división entre zonas de intereses: EE.UU. es el ancla de estabilidad en una América del Norte comprendiendo México, Centroamérica y el Gran Caribe; mientras que Brasil se está imponiendo como poder regional sudamericano, intentando de unir el proyecto MERCOSUR con la Comunidad Andina. Los países andinos y Chile están situados entre ambas zonas de influencia, ya que han entrado en procesos de liberalización tanto con EE.UU. como con Brasil (en el marco del MERCOSUR).

Esta constelación y la fuerte oposición en EE.UU. a realizar un proyecto asimétrico con países tan inestables como las 33 naciones que componen el Caribe y América latina hace que sea muy poco probable que el ALCA se realice a corto o medio plazo (Gratius 2004a). Es por ello que a medio plazo, el ALCA no constituye un factor de gran importancia para el futuro desarrollo del MERCOSUR y del NAFTA. Pero independientemente de su conclusión o no, el ALCA incrementa la presión sobre el MERCOSUR y el NAFTA de profundizarse o ser integrados a una futura zona de libre comercio en las Américas.

Ni el ALCA ni tampoco la ronda de desarrollo en el marco de la OMC concluirán a corto plazo, de modo que no impactará próximamente en las agendas internas inmediatas del MERCOSUR y del NAFTA. Más realista parece, a corto o mediano plazo, la firma de un acuerdo de asociación entre la UE y el MERCOSUR que tienda a profundizar el proceso de integración mercosureño. Para el NAFTA, aparte de servir como un posible modelo de integración, en materia comercial, la UE no tiene mucha importancia.

3.2. Posibles escenarios del MERCOSUR y del NAFTA

3.2.1. MERCOSUR

La lección de la crisis reciente del bloque permite concluir que el MERCOSUR ya se ha establecido como «la marca» más conocida de integración en América latina. Una prueba para ello fue la asociación de Perú y la solicitud de ingreso de Venezuela al MERCOSUR. También fuera de la región, por su capaciad de negociacióin colectiva, la imagen del MERCOSUR es mejor que la percepción al interior del bloque. Sin embargo, todavía no están dadas las condiciones para una integración profunda siguiendo el ejemplo de la UE. La carencia más destacable del MERCOSUR son las escasas ganancias económicas para sus Estados miembro:

- en Brasil, los beneficios son mínimos, debido al tamaño limitado del mercado y a la crisis en la Argentina;
- para la Argentina, las ganancias son relativas al compartir una estructura productiva similar a la de Brasil y al tener que competir económicamente con un mercado mucho más importante;

- Paraguay y Uruguay han sufrido las consecuencias de las sucesivas crisis financieras en los dos países grandes sin participar en los procesos de decisión preeminentemente bilateral entre la Argentina y Brasil.

Resolver la compleja agenda económica del MERCOSUR –creando una unión aduanera que funcione– depende no sólo de factores internos, sino también de condicionantes externos tales como el nivel de la deuda externa, así como la necesidad de atraer y competir por el flujo de IED. Todos estos aspectos hacen que sea difícil, pero no imposible, construir una agenda macroeconómica común definiendo criterios que puedan ser cumplidos por todos los Estados miembro (orientándose en el ejemplo de la UE).

Aparte de los desafíos económicos, el futuro del MERCOSUR depende de dos condiciones políticas: del mantenimiento de la alianza argentino-brasileña y de un liderazgo benévolo y cooperativo de Brasil (Mattli 1999: 42). El «factor Lula» ha sido positivo para la reciente revitalización del MERCOSUR y la reconstrucción de la relación de buena vecindad con la Argentina (Gratius 2003b). Asimismo, bajo su mandato, la institucionalización del MERCOSUR ha avanzado más que durante los ocho años de gobierno de Fernando Henrique Cardoso. No obstante, teniendo en cuenta los bajos niveles de intercambio económico, la mayor institucionalidad del MERCOSUR representa también «una disculpa por otras carencias»[12]. Así, hay una disociación entre la agenda comercial e institucional del MERCOSUR. Analizando los límites y posibilidades para que avance la integración, cabe presentar cuatro posibles escenarios futuros del MERCOSUR (Rozemberg 2002: 10ss.):

Profundización:

Existen dos posibles caminos hacia la profundización de la integración: el primero sería una mayor institucionalización del bloque sobre la base de un consenso político previo entre los cuatro países y la consiguiente transformación del bloque en un proyecto político-institucional con una base económica relativamente débil. El eje principal del MERCOSUR

---

[12] Entrevista de la autora con Guilhon de Albuquerque en San Panlo, realizada en diciembre de 2002.

sería la coordinación de la política internacional, particularmente el manejo común de negociaciones externas. Para ello habría que compartir soberanía y crear instituciones con más autonomía para no sobrecargar la diplomacia presidencial. El MERCOSUR seguiría siendo una unión aduanera, pero coordinaría mejor sus políticas a través de instituciones sólidas. Esta vía requiere de un fuerte liderazgo político y de visiones a más largo plazo. De allí podría surgir también una mayor demanda de integración de hecho.

El segundo camino sería un *spillover* funcional a través de la ampliación de la cooperación sectorial –por ejemplo la definición de una política industrial común y la creación de «cadenas productivas» en muchos ámbitos. Siguiendo el ejemplo del NAFTA, sería una integración reclamada «desde abajo» como producto de una mayor interdependencia entre los países. Siguiendo las tesis del (neo)funcionalismo de que la expansión sectorial crea la necesidad de una mayor institucionalidad de la integración, un segundo paso sería el surgimiento de una mayor demanda de instituciones coordinadoras. Una necesaria condición previa para ello sería una mayor relación de vecindad a nivel de ciudadanos y el fortalecimiento de la «agenda paralela de integración» promovida por la sociedad civil. A diferencia del NAFTA, el primer camino de la «integración desde arriba» parece más probable en el caso del MERCOSUR.

Status quo:

El MERCOSUR sobrevive como bloque de países, pero no evoluciona. Sería, por tanto, un proyecto estancado con un éxito relativo, siguiendo el ejemplo de otros procesos de integración estancados, tales como el Mercado Común Centroamericano (que nunca ha sido un mercado común). Según este escenario, la integración intra-bloque sería sólo una opción entre varias, y el MERCOSUR ya no sería la prioridad (real o declarada) en la política exterior de sus Estados miembro. El MERCO-SUR seguiría siendo un proyecto de integración precario, tanto en cuanto a su institucionalidad y base jurídica como en relación a los niveles de interdependencia económica. El riesgo de estancamiento implicaría un débil e inseguro liderazgo por parte de Brasil, el retorno a las continuas disputas comerciales y rivalidades con la Argentina y el predominio de intereses nacionales ante una política de consenso regional. En este escenario, no se produciría una recuperación económica duradera en el bloque, sino continuaría la fragilidad económica y financiera. A nivel institucional se percibiría el denominado (por Haas/Schmitter) *spillaround* –la expansión sectorial sin coordinación–, debido a la proliferación de órganos intergubernamentales especializados con cierta autonomía, pero sin conexión entre sí ni estrategia común.

Spill back, retroceso:

El MERCOSUR podría seguir también el camino de otros proyectos de integración latinoamericana y perder relevancia. Un destacado antecedente para ello es la Comunidad Andina, que formalmente sigue funcionando pero de hecho la integración está en vías de retroceso. La ausencia de una nación que promueva la integración sería un de los motivos principales para un *spillback* de la integración. Las causas estructurales serían la cooperación entre economías de desarrollo poco complementarias y con bajos niveles de interdependencia, rivalidades e intereses divergentes entre sus Estados miembro y la falta de un estímulo exterior para avanzar en la agenda común (actualmente, el proceso del ALCA cumple esta función para el MERCOSUR). Aunque el MERCOSUR siga existiendo, el bloque apenas figuraría en las agendas políticas de sus Estados parte. Importantes medidas para evitar un *spillback* del MERCOSUR serían la construcción de la unión aduanera, la definición de políticas comerciales comunes, la implementación y/o el reordenamiento de la legislación del MERCOSUR y la creación de instituciones comunes eficaces y competentes. No obstante, el factor más importante para continuar con el proyecto MERCOSUR es la voluntad política de sus gobiernos y la trasmisión de su compromiso integracionista a los niveles técnicos y al conjunto de los ciudadanos.

Ampliación, extensión:

Este escenario es complementario a los otros tres. Sin embargo, podría resultar un obstáculo para una integración más profunda, puesto que –tal y como demuestra el ejemplo de la UE– es muy difícil promover las dos agendas, la ampliación y la profundización, máxime cuando no haya instituciones consolidadas para apoyar ambos procesos. De momento, la ampliación del MERCOSUR avanza más rápido que la construcción de la agenda interna. El riesgo que implica este método de integración es el de sobrecargar la agenda sin poder cumplir con todos los compromisos asumidos. Esto le resta credibilidad y fiabilidad al MERCOSUR. Tampoco está claro qué ventaja tiene la asociación de nuevos miembros al MERCOSUR ni qué beneficios tendría una convergencia entre CAN y MERCOSUR dentro o fuera del marco de la Comunidad Sudamericana de Naciones creada en 2004. En su actual constelación de «cuarteto» (antes de 2014, Venezuela no será miembro pleno), el MERCOSUR es una entidad relativamente estable con países miembro no tan frágiles como los del área andina. La ampliación del bloque hacia el norte de Sudamérica, empezando por Venezuela, podría implicar un «núcleo del MERCOSUR» en torno al cual se agrupan otros países, pero podría significar también un *spillback* de la unión aduanera entre los cuatro Estados originales y la reducción del bloque a una zona de libre comercio con algún tipo de coordinación política. El próximo ingreso de Venezuela aumentará la inestabilidad del bloque y puede suponer un retroceso de la integración, puesto que el presidente Chávez persigue otros objetivos que sus homólogos mercosureños.

3.2.2. NAFTA

«El modelo norteamericano tiene un estado dominante y siempre se ha regido más por el mercado, ha sido más resistente a la burocracia y más inclinado a la autonomía nacional que el europeo» (Pastor 2004: 111).

Hasta ahora, la idea de formalizar una Comunidad de América del Norte como resultado del NAFTA tiene más adversarios que defensores. El gobierno mexicano, apoyado por algunos empresarios, académicos, los sindicatos mexicanos y algunas ONGs, no es un motor demasiado poderoso y no tiene capacidad de servir de locomotora de la integración. Los que buscan frenar una profundización de la integración triangular constituyen una mayoría: algunos empresarios, los gobiernos de EE.UU. y Canadá, los sindicatos de EE.UU., así como los que defienden la prerrogativa de la seguridad nacional o difunden tesis culturales poco favorables a las ideas de la integración interestatal (Huntington 2004).

El mayor obstáculo para el avance de la integración en el NAFTA es EE.UU.:

one factor impeding integration in this hemisphere is the sheer predominance of the United States. Integration requires a degree of equality among its participantes, otherwise it can become a euphemism of hegemony (Talbott, en: Hakim/Litan2002: viii).

Las asimetrías entre los socios del NAFTA y la falta de una agenda común Canadá-México tienden a impedir una profundización de la integración en el marco del NAFTA. Igual que en el caso del MERCOSUR, pueden señalarse cuatro posibles escenarios en cuanto al futuro del NAFTA:

Finalización:

A diferencia del MERCOSUR, que ya ha definido objetivos de integración a más largo plazo, no existe una agenda futura para un «NAFTA plus». Si no avanza la cooperación entre los tres Estados implicados, las metas definidas en el tratado del NAFTA se cumplirán en menos de un año. A partir de allí, bienes, servicios y capitales circularían libremente en el espacio entre Canadá, EE.UU. y México. Las relaciones seguirían siendo exclusivamente bilaterales y no surgirían instancias trilaterales ni tampoco se extendería la cooperación (oficial) a otras áreas. La finalización del NAFTA sería ante todo el resultado de la falta de interés por parte de EE.UU. de continuar con la integración, por los motivos ya mencionados, y de la incapacidad de los dos socios menores y más débiles de articular y/o imponer sus intereses.

Spill over automático:

La profundización sectorial de la integración es un escenario bastante realista del NAFTA. Siguiendo las teorías de la integración (Mitrany 1966; Haas 1958, 1964 y 1986; Mattli 1999), la interdependencia y coordinación política en algunos ámbitos tienden a extenderse a otros sectores «funcionales». Esta integración de hecho (no formalizada) ha tenido lugar sobre todo a nivel bilateral, entre Canadá y México con EE.UU. No obstante, apenas se ha producido un *spillover* automático entre los países no vecinos Canadá y México. Pero en la medida en la que avanza la interdependencia entre los tres países crecen también las posibilidades para definir un «NAFTA plus». De esta manera, se articularía una demanda de integración «desde abajo» que, a medio o largo plazo, llegaría a ser institucionalizada y formalizada *ex post* por los tres gobiernos. Según algunos analistas, en el triángulo del NAFTA ya se han creado sociedades transnacionales, como resultado de las interconexiones comerciales, personales (inmigración) y laborales (Faux 2004: 102.). El problema de transformar el *spillover* automático en una integración más avanzada radica en la resistencia por parte del ejecutivo y legislativo en EE.UU.

Profundización:

Menos probable que en el caso del MERCOSUR es una profundización de la integración de América del Norte como resultado de una decisión política y un consenso entre los gobiernos de los tres países. Los mayores impedimentos son la asimetría entre los socios y el predominio del bilateralismo ante el trilateralismo. No obstante, sería un posible escenario, en el caso de que Canadá y México se pongan de acuerdo sobre nuevas iniciativas que también sean de interés para EE.UU., tales como una mayor cooperación triangular en el tema de la migración, la seguridad, la lucha contra la droga o incluso una unión aduanera. Según Hufbauer y Schott (2004: 20):

> it makes sense for the Prime Minister of Canada and the President of Mexico to try to reach agreement on their own major agenda items and then make a joint démarche to Washington [e] initiatives still have to come from Canada and Mexico.

Ante la conclusión del NAFTA en 2008, apenas queda tiempo para que ambos países acerquen sus posiciones y definan estrategias comunes para seguir construyendo lo que a ambos les interesa: una Comunidad Norteamericana.

Ampliación:

Aunque este escenario no es demasiado probable, es posible que EE.UU. retome la idea de usar el NAFTA como plataforma para incluir a otros países en la zona de libre comercio, siempre y cuando fracase el ALCA. Si por las razones mencionadas no se realizara el proyecto de crear un Área de Libre Comercio de las Américas, es de esperar que EE.UU. seguirá suscribiendo acuerdos bilaterales con determinados socios latinoamericanos. Aunque esto es un proceso que ocurriría fuera del NAFTA, no puede descartarse que –siguiendo el ejemplo de México– estos acuerdos bilaterales sean posteriormente incorporados en el NAFTA ampliando su número de Estados parte. De momento, EE.UU. ha firmado acuerdos de libre comercio con Chile, Centroamérica, Colombia y Perú. También Canadá y México han firmado, por separado, acuerdos con algunos de estos países. Sería sólo un paso más incorporar a estas naciones en un ampliado tratado del NAFTA. Para México, este escenario tendría la ventaja de que sería más fácil concertar agendas comunes con este grupo de países latinoamericanos que con un socio económica y culturalmente lejano como es Canadá. Sin embargo, la creación de un mini-ALCA a través de un gran acuerdo de libre comercio entre los 12 países no forma parte de la agenda interamericana.

3.2.3. Teoría y realidad de la integración

En procesos de integración, la demanda institucional podría surgir por tres factores[13]: la interdependencia entre los socios (un *spillover* funcional requiere más coordinación), el grado de simetrías entre los socios (cuanto más simetría, más demanda de instituciones) y una base jurídica escasa y poco detallada (menos reglas de integración requieren una mayor institucionalización del proceso). Según estas condiciones de demanda, el NAFTA cumple con el primer factor (la interdependencia), el MERCOSUR con el tercero (la falta de reglas), y la UE sería un ejemplo para el segundo (simetría).

Los posibles escenarios del MERCOSUR y del NAFTA confirman la lógica de las ideas del *spillover* funcional (según Mitrany) y del *spillover* político-institucional (según el neofuncionalismo de Haas): si el NAFTA tiende a comprobar el *spillover* funcional, el MERCOSUR es más bien un ejemplo para un *spillover* político-institucional. En el primer caso, la integración se produce en una esfera técnica y/o a nivel de sociedad civil, en el segundo tiene lugar en las instituciones y/o a nivel intergubernamental.

El desarrollo del NAFTA comprueba que la cooperación interestatal produce un *spillover* sectorial. Así, se han incorporados temas más allá del libre comercio, tales como la energía, la infraestructura, el desarrollo

---

[13] Véase también los tres factores que menciona Félix Peña (2003a: 9) que hace una evaluación algo distinta a lo que está expuesto aquí.

regional o la seguridad en la agenda trilateral. También se ha producido una profundización de la cooperación, ya que debido al NAFTA se intensificaron las relaciones entre Canadá y México. Este *spillover* podría conducir a medio o largo plazo a una mayor coordinación intergubernamental y, más adelante, podría promover incluso la creación de instituciones conjuntas. No obstante, el modelo de integración en el NAFTA se diferencia del modelo europeo por su rechazo a la «institucionalización» de la integración de hecho. Ello se debe principalmente al unilateralismo de EE.UU., pero también al miedo de perder soberanía nacional por parte de Canadá y México.

También en el MERCOSUR se ha producido, al margen de la integración inter-gubernamental, un cierto *spillover* a otros sectores y actores. En cuanto a los sectores, existe una amplia gama de áreas de cooperación, tales como la educación, el medio ambiente, la justica, la seguridad o la cultura. Además, han surgido numerosas plataformas comunes y/o redes entre sindicatos, empresarios, universidades y ONGs entre los cuatro países miembro del MERCOSUR. No obstante, se trata de una «integración paralela» a la agenda intergubernamental que aún carece de coordinación (*spillover* sin institucionalización). Puesto que el FCES no funciona y no asume un papel aglutinador de los intereses y proyectos de la sociedad civil, se realizan numerosas reuniones en el marco del MERCOSUR sin ningún tipo de conexión entre sí. Por tanto, existe un «MERCOSUR oficial» y documentado y un «MERCOSUR informal» entre actores de la sociedad civil que reclaman una mayor participación en el proceso de decisión. Fusionar estos dos procesos de «integración paralela» creando foros comunes es otra tarea pendiente del MERCOSUR.

Lo que no está claro es si la creciente unión económica del NAFTA conducirá automáticamente a una mayor unión política y a más instituciones. A primera vista, los dos acuerdos paralelos del NAFTA y la cooperación en materia laboral y ambiental sí comprueban que una demanda de integración desde abajo (o una cooperación sectorial funcional) conduce a un *spillover* político e institucional (en este caso en EE.UU.). Pero a diferencia de la UE, ceder soberanía por parte de EE.UU. y también por parte de los demás Estados miembro del NAFTA sería un proceso que, si es que se produce, tardaría décadas. El caso del MERCOSUR, donde las instituciones (intergubernamentales) son más importantes que en el NAFTA, no prueba que una mayor integración política conduce a un *spillover* funcional (teniendo en cuenta el bajo nivel de interdependencia económica real).

Además, tanto el funcionalismo como el neofuncionalismo han descuidado la relación de poder y las demás asimetrías existentes entre los Estados parte de la integración. Sobre todo el caso del NAFTA (y en menor medida también el MERCOSUR) señalan que la institucionalización de la integración no es la continuación automática de un *spillover* funcional o de una mayor demanda de foros de coordinación (como lo sugiere Mattli). Influyen también los factores mencionados y el temor de perder soberanía, que no sólo están presentes en los países más grandes, sino también en los socios menores que no quieren ser aplastados por los mayores (por ejemplo, en instituciones colectivas con un sistema proporcional). En cierta manera, se produce un círculo vicioso: sin órganos supranacionales no hay motor de integración, pero la creación de dichos órganos se enfrenta al obstáculo de la soberanía nacional. El resultado puede ser un estancamiento o *spillaround* de procesos de integración.

4. CONCLUSIONES COMPARATIVAS

4.1. MERCOSUR y NAFTA: prevalecen las diferencias

A modo de conclusión, cabe constatar las semejanzas y diferencias entre ambos bloques, así como las lecciones generales que ofrecen en el ámbito del debate sobre la integración. En primer lugar, cabe destacar un conjunto de afinidades entre el MERCOSUR y el NAFTA, entre ellas las enormes diferencias de tamaño y desarrollo entre y dentro de sus Estados miembro, sus resultados limitados a poco más del libre comercio, una débil estructura institucional intergubernamental, así como el dilema de «profundización versus ampliación» al que se enfrentan ambos bloques. Sin embargo, existen también importantes diferencias entre ellos. Mientras que el MERCOSUR definió como meta final el establecimiento de un Mercado Común, el NAFTA es poco más que una zona de libre comercio y no se ha planteado objetivos más allá de las tres libertades económicas (bienes, capitales, servicios). Al tratarse de un mecanismo de integración sur-sur entre países similares, las diferencias culturales en el

MERCOSUR son mínimas, lo cual facilita el consenso entre los países, pero limita, al mismo tiempo, la interdependencia económica. Todo lo contrario ocurre en el NAFTA: la interdependencia económica es enorme y las diferencias culturales son considerables, lo cual representa un serio obstáculo a la hora de definir consensos entre los socios.

También en cuanto al método de integración, prevalecen las diferencias: el MERCOSUR es principalmente un proceso político, conducido por los gobiernos y basado en negociaciones permanentes. Conforme a ello, similar a lo que ocurre en la UE, se ha creado una amplia legislación secundaria del MERCOSUR. El NAFTA está fuertemente orientado a reglas y es dirigido en gran parte por el sector privado como fuerza principal y dominante. Se puede afirmar que el NAFTA es un acuerdo económicamente fuerte, pero política e institucionalmente débil. La tendencia del MERCOSUR es al revés: hay un fortalecimiento en lo político-institucional y un debilitamiento en lo económico. Comparando ambas entidades, Roberto Bouzas afirmó que «el MERCOSUR es mucho menos profundo que el NAFTA, ya que en el MERCOSUR existe una brecha entre realidad y virtualidad» (en: Hugueney/Cardim 2002: 55).

De hecho, el MERCOSUR está mucho más avanzado en términos políticos que en términos económicos. Lo contrario pasa en el NAFTA: aunque no existe una dimensión política-formal, las economías están cada vez más interconectadas e integradas. Su éxito económico radica en la estructura misma del acuerdo: el NAFTA es un proceso de integración norte-sur dependiente de una fuerte economía de anclaje: EE.UU. Por el contrario, la escasa interdependencia comercial en el MERCOSUR –comparado con más del 50% de los flujos totales intra-bloque en el NAFTA–, se debe a que se trata de un proceso de integración sur-sur asimétrico sin una fuerte economía de anclaje. Pese a tener un enorme potencial económico, por sus disparidades internas y su estatus como país en vías de desarrollo, Brasil aún no parece estar en condiciones de asumir este papel.

4.2. Los elementos comunes de ambos bloques

Al tratarse de mecanismos de integración que surgieron con posterioridad a la Guerra Fría y diferentes a la UE, se pueden destacar una seria de factores y temas que comparten el MERCOSUR y el NAFTA:

- *Nuevos modelos de integración.* MERCOSUR y NAFTA surgieron en el contexto del «nuevo regionalismo abierto» y de la globalización en los años noventa. Ambos son procesos de integración de «segunda generación» orientados, en sus inicios, hacia la inserción competitiva en la economía internacional en el contexto de un modelo económico «neoliberal». Su esquema de integración implica un bajo grado de institucionalización y una mínima coordinación política entre los gobiernos, comparado con la UE. La creación de órganos supranacionales o de soberanía compartida es rechazada por ambos bloques debido al nacionalismo prevaleciente, el riesgo de crear burocracias incontrolables e ineficaces, así como el «derecho» a veto de los países grandes (Brasil y EE.UU.).

- *Asimetrías y liderazgo.* MERCOSUR y NAFTA son procesos de integración sumamente asimétricos (a nivel político, social y económico), liderados por los dos «pesos pesados» en las Américas: Brasil y EE.UU., que determinan la velocidad y la dirección de la integración. Su calidad de liderazgo no es comparable. EE.UU. no sólo ejerce su liderazgo, sino su poder hegemónico es reconocido por Canadá y México. Aunque Brasil es una potencia regional, no ha asumido un claro liderazgo en el MERCOSUR ni tampoco en Sudamérica. ¿Por qué es un líder relativo? Hay diversas razones para ello: la falta de estabilidad económica, la escasa capacidad de decisión al autodefinirse como *soft power* o poder benigno, el respeto de la soberanía de otros países y motivos culturales (el idioma supuso un cierto aislamiento en América latina). Aunque ambos quieren liderar en sus respectivos bloques, utilizan instrumentos diferentes: Brasil ejerce poder de «consenso por convicción», mientras que en muchas ocasiones Estados Unidos prefiere el lenguaje más directo del unilateralismo y una política por presión y fuerza.

- *Escasa participación de socios pequeños.* Tanto en el MERCOSUR como en el NAFTA, las decisiones son tomadas por consenso (un país, un voto). Aunque aparentemente es un procedimiento equitativo, en la práctica, Brasil y EE.UU. tienden hacia el unilateralismo o dan preferencia al bilateralismo. Ante el riesgo de ser «atropellados» por los socios grandes, los países más débiles –México en el NAFTA, Paraguay y Uruguay en el MERCOSUR– promueven el multilateralismo y la institucionalización del proceso de integración. Si los socios pequeños apenas participan en los procesos de decisión en el MERCOSUR que se toman entre la Argentina y Brasil, en el caso del NAFTA, las demandas de México se enfrentan al poder de veto de EE.UU. sin tampoco contar con el apoyo por parte de Canadá. Asimismo, ni en el MERCOSUR ni en el NAFTA se han creado alianzas entre los socios más débiles. Ello se debe a las diferencias norte-sur entre México y Canadá, por un lado; y Paraguay y Uruguay, por el otro.

- *Dominio de relaciones bilaterales.* En el MERCOSUR y en el NAFTA prevalece el «bilateralismo» centrado en las relaciones de sus respectivos socios con Brasil y EE.UU. El NAFTA es la suma de las relaciones bilaterales desiguales de Canadá y México con EE. UU. La triangulación es todavía una ficción. Ello se debe al dominio de Washington, al abismo norte-sur, al modelo mismo de integración limitada, así como a la distancia geográfica y cultural entre Canadá y México. El MERCOSUR se caracteriza por y tiene su origen en el eje bilateral la Argentina-Brasil, en torno al cual se agrupa Paraguay por sus vínculos con Brasil, y Uruguay por su estrecha relación con la Argentina.

- *Ejes bilaterales de conflicto.* De la desigual *liason a tres* en el NAFTA y del tradicional «cuarteto» (quinteto con el ingreso de Venezuela) en el caso del MERCOSUR surgen dos relaciones potencialmente conflictivas: el eje la Argentina-Brasil, por un lado, la relación México-EE.UU., por el otro. El conflicto entre la Argentina y Brasil es de origen militar traducido en la actualidad al campo económico: se debe a la potencial competencia entre ambos países, relacionada con las fluctuaciones monetarias y sus consecuencias para la exportación y el comercio intra-regional. Los conflictos entre EE.UU. y México son más bien de origen político y social: giran en torno al tema de la migración, el reclamo mexicano de libre circulación de personas en el NAFTA y a las asimetrías socioeconómicas entre ambos países con vistas a un posible fondo de compensación para las regiones más pobres de México.

- *Desintegración social y regional.* Ambos mecanismos de integración carecen de una dimensión social y regional. Por lo tanto, existen grandes diferencias intra-bloque en cuanto al nivel de desarrollo entre y dentro de los países, a la vez que algunas regiones (el Sur de México o el Norte de Brasil) están prácticamente excluidos del proceso de integración. En ambos casos se trata de modelos de integración excluyentes, sin que se hayan perfilado mecanismos de compensación (cabe esperar el desarrollo del FOCEM en el caso del MERCOSUR). Siguiendo el lema *trade not aid*, la falta de una dimensión social en el caso del NAFTA se debe a la percepción ideológica de EE.UU.; en el MERCOSUR es más bien un problema de falta de recursos y de capacidad organizativa.

- *Déficit democrático.* También en términos políticos, el NAFTA y el MERCOSUR son procesos de integración excluyentes al no haber creado mecanismos de control democrático. No existe un parlamento subregional o algún tipo de órgano de control fuera de la supervisión de los gobiernos nacionales. No obstante, con la reciente decisión de «libre elección de residencia», la existencia de un pasaporte común y el futuro parlamento transnacional, en el MERCOSUR se empieza a perfilar una dimensión ciudadana de la integración *à la europea* de la cual carece por completo el NAFTA. Por otro lado, en el NAFTA se percibe una mayor participación del sector empresarial (transnacionales) en el proceso, pero al igual que en el MERCOSUR, la inserción de la sociedad civil en la integración es escasa.

- *Ampliación de integración.* Tanto EE.UU. como Brasil persiguen activamente la ampliación de la integración bajo su respectivo liderazgo. Para EE.UU., el ALCA sería la pieza clave para imponer el «modelo NAFTA» a todos los países de la región. Como alternativa a las estancadas negociaciones multilaterales, el Gobierno ha optado por concluir acuerdos bilaterales con determinados socios en el hemisferio. Un proceso de integración en Sudamérica[14] bajo el liderazgo de Brasil es el principal proyecto del Itamaraty y de la nueva política exterior de Lula[15]. Importantes pasos para la convergencia entre la (debilitada) Comunidad Andina y el MERCOSUR fue el acuerdo de libre comercio firmado en marzo de 2004, la asociación de Perú y el ingreso de Venezuela al MERCOSUR. Ambos proyectos, una Sudamérica integrada y un ALCA, podrían implicar en el futuro el abandono del NAFTA y del MERCOSUR por parte de Brasil y de EE.UU.

---

[14] En diciembre de 2004, los doce países de la subregión crearon la Comunidad Sudamericana de Naciones.

[15] Susanne Gratius, La política exterior de Lula: más cambio que continuidad, en: Iberoamericana 13 (2004), Berlín, p. 175-181.

4.3. Las diferencias entre MERCOSUR y NAFTA

El MERCOSUR es un híbrido entre el modelo de integración europeo y la integración a la americana. Su estructura institucional es más compleja y densa que la del NAFTA, sus objetivos de integración son más ambiciosos, su enfoque abierto y flexible. El MERCOSUR es un proceso multidimensional que abarca una amplia gama de temas de coordinación política desde lo comercial a asuntos culturales o medioambientales. Al negociar de manera conjunta con terceros países, también existe un germen para una futura política exterior común. Este proceso multidimensional ha desarrollado una autodinámica entre los cuatro países, conduciendo a una incipiente identidad «mercosureña» o al menos a una verdadera «comunidad de vecinos».

A diferencia del NAFTA, el MERCOSUR incluye una dimensión política, ciudadana y, recientemente, también social de la integración. A nivel político se han creado diversos foros para adoptar posiciones comunes y coordinar las políticas a nivel internacional. Asimismo, los cuatro países miembro han definido una zona de paz, y el ingreso al MERCOSUR está condicionado a una cláusula democrática. Incluso en materia de seguridad se han definido estrategias y acciones conjuntas[16]. Asimismo, con el pasaporte MERCOSUR y el compromiso de autorizar la libre elección de residencia se ha introducido una dimensión ciudadana de la cual carece el NAFTA[17]. Este enfoque polifacético de la integración compensa en cierta manera los bajos niveles de intercambio económico en el MERCOSUR. A diferencia del NAFTA, y más allá de sus deficiencias económicas, en el MERCOSUR existe un equilibrio entre «el comercio y los valores»[18].

El NAFTA es una zona de libre comercio de segunda generación que incluye los nuevos temas, como reglas de inversión, compras gubernamentales, el sector financiero y los servicios. No existe una política comercial común ni tampoco una coordinación trilateral en foros inter-

---

[16] Véase, entre otras, Flemes (2005).

[17] La única diferencia de matiz es la concesión de una pequeña cuota de visados NAFTA para empresarios y funcionarios de los tres países.

[18] Entrevista con el Profesor Guilhon de Albuquerque, USP, Nupri, San Pablo, 17.12.2002.

nacionales o hacia otros países. El NAFTA es el primer ejemplo para una «integración» norte-sur en las Américas y fue la referencia clave para el acuerdo bilateral de libre comercio con Chile, Centroamérica y otros socios latinoamericanos (Colombia, Perú). Su característica dominante es el eje norte-sur sin ningún tipo de equilibrio social. Aunque también en el NAFTA se ha producido un *spillover* sectorial, por las diferencias culturales, los escasos vínculos intergubernamentales y los diferentes niveles de desarrollo, todavía no se puede hablar de una «Comunidad Norteamericana». Por otra parte, a diferencia del MERCOSUR, se han transnacionalizado grandes sectores de la economía de los tres países. Esto es particularmente visible en el sector automotriz, pero también en otros ámbitos industriales. Los intercambios son mucho más intensos y, por consiguiente, se han creado lazos muy estrechos entre el sector privado de los tres países.

Así, los actores clave de la integración varían. En el caso del MERCOSUR, planteado como proyecto negociado, son sin duda los gobiernos los que determinan el contenido y la velocidad de la integración. Otros actores, como los sindicatos, empresarios, universidades, ONGs y otras organizaciones de la sociedad civil, apenas participan en el proceso de toma de decisiones ni tampoco asumen un rol protagónico en su implementación. En el NAFTA, en cambio, los empresarios son el motor de la integración comercial, mientras que sindicatos y grupos ecológicos en EE.UU. han sido los actores claves para conseguir el *spill over* del libre comercio a la cooperación medioambiental y laboral incluidos en el NAFTA. El papel de los gobiernos se limita a formalizar la integración real existente a nivel político. No obstante, a diferencia del MERCOSUR, ellos no empujan hacia una profundización de la integración.

El método de integración y los instrumentos para su realización varían: el NAFTA sigue el modelo del «paquete único», es decir, que se negoció una sola vez un amplio y sumamente detallado tratado de más de 1.000 páginas. En este caso prevalece el derecho primario. A diferencia del NAFTA, el MERCOSUR se inició con una base jurídica-contractual muy débil: al tener sólo 20 páginas, el Tratado de Asunción no es más que un acuerdo marco de integración. Fue Walter Mattli quien afirmó: *The signing of such a treaty does not establish integration. True integration is achieved through the implementation of this promise* (1999: 12). Con posterioridad al Tratado original, se añadieron numerosos Protocolos y

Declaraciones, de dudosa vinculación jurídica para los Estados miembro. Al igual que la UE, el MERCOSUR se basa en la creación de un derecho secundario con dificultades en cuanto a su incorporación en la legislación interna de los Estados parte.

También en el ámbito de solución de controversias, el NAFTA se basa en reglas más vinculantes que el MERCOSUR. Ambos bloques han creado mecanismos de solución de controversias (MSC) que se extienden desde procedimientos de auto-ayuda –consultas, negociaciones directas, mediación, intervención de órganos NAFTA y MERCOSUR– hasta procedimientos ante paneles arbitrales. No obstante, el sistema del NAFTA es más complejo, al prever tres mecanismos principales, uno para la interpretación general del Tratado (Capítulo XX) y dos específicos (inversiones y *antidumping*, Capítulos XI y XIX). Teniendo en cuenta el objetivo de integración propuesto por cada uno de los bloques, y el grado de legalización de los MSCs establecidos por cada uno, el NAFTA posee MSCs con mayor nivel de legalización que el MERCOSUR que, por sus objetivos, debería disponer de un mecanismo más institucionalizado y legalizado. Consciente de este déficit, el MERCOSUR ha reformado su MSC al firmar el Protocolo de Olivos en febrero de 2002, y estableció un Tribunal Permanente de Revisión con sede en Asunción.

Estos diferentes métodos condicionan el resultado de la integración: la mayor parte de lo establecido en el tratado del NAFTA se ha cumplido en los plazos previstos, mientras que el MERCOSUR se caracteriza por una brecha entre las decisiones y su aplicación a nivel nacional (denominado «integración-ficción» por Félix Peña): se estima que un 46% de las reglas y normas del MERCOSUR todavía no se han implementado en los cuatro países. Así, el NAFTA se basa en reglas estables pero inamovibles, mientras que el MERCOSUR se basa en negociaciones continuas flexibles, pero de difícil implementación. Sostiene Roberto Bouzas que el MERCOSUR se caracteriza por una «inflación normativa» con baja implementación.

Otra diferencia entre ambos bloques es la posición de los países menores dentro de cada bloque. En el NAFTA, dentro del bloque México juega un papel de socio menor con una alta dependencia del mercado estadounidense. Por otras parte, su rol no es tan irrelevante, si se tiene en cuenta que es el tercer socio comercial más importante de EE.UU. Además, dentro del contexto latinoamericano, México se ubica en primer lugar a nivel comercial y al PIB, siendo, además, el primer país latinoamericano que firmó acuerdos de libre comercio con Estados Unidos y con la UE. Por el contrario, los dos países pequeños del MERCOSUR, Paraguay y Uruguay, han tenido una alta dependencia comercial con respecto a la Argentina y Brasil (en la década de los noventa han «mercosurizado» su comercio) y han disminuido su comercio extrarregional, pero no constituyen mercados importantes para los socios grandes. En el NAFTA existe, por consiguiente, una mayor interdependencia comercial entre socios menores y mayores, mientras que en el MERCOSUR hay una mayor dependencia de los países pequeños con respecto a los mayores.

También el nivel de interdependencia económica dentro de ambos bloques diverge considerablemente: Si el NAFTA desarrolló en 2002 más del 57% del comercio dentro del bloque, el MERCOSUR alcanzó apenas un porcentaje del 11%, una cifra parecida al intercambio en la Comunidad Andina y equivalente al período pre-MERCOSUR. En 2005, los flujos comerciales intra-bloque se recuperaron llegando al 13%, pero están aún muy por debajo del 25% alcanzado en 1995. Por sus características como proceso de integración norte-sur y los vínculos históricos de Canadá y México con EE.UU., existe una complementariedad (aunque asimétrica) en el NAFTA. Estructuras productivas semejantes, una gama de bienes y un nivel de desarrollo parecido, escasos vínculos históricos, así como una gran vulnerabilidad ante las fluctuaciones en los mercados internacionales y el sistema financiero impidieron un mayor nivel de intercambio comercial en el MERCOSUR. Por razones estructurales, el MERCOSUR nunca llegará al mismo nivel de interdependencia económica que el NAFTA, lo cual limita sus posibilidades de éxitos como proyecto económico.

El respectivo peso económico de EE.UU. y Brasil en sus bloques regionales es muy diferente: EE.UU. desarrolla el 37% de su comercio con Canadá y México que son sus socios económicos más importantes; las exportaciones de Brasil a la Argentina representaron en 2002 apenas el 5,5% de su comercio total (un nivel inferior al del año 1982), comparado con el 17% en 1997. En sus quince años de existencia, para Brasil el MERCOSUR no ha llegado a tener una importancia estratégica y todavía representa un mercado demasiado limitado.

Otra diferencia entre ambos bloques es el nivel arancelario: con un promedio del 13%, el MERCOSUR sigue teniendo tarifas relativamente elevadas, mientras que en el caso del NAFTA los aranceles han sido reducidos prácticamente a cero. No obstante, el MERCOSUR aplica pocas barreras arancelarias, mientras que EE.UU. y, en menor medida Canadá, las impone en forma indirecta, a través de leyes *antidumping*, subvenciones agrícolas, normas y estándares (fitosanitarios, laborales y medioambientales).

Sin embargo, el peso comercial del NAFTA y del MERCOSUR es proporcionalmente inverso a los objetivos declarados de Brasil y de EE.UU. en la integración: aunque el NAFTA tiene una importancia estratégica real para Estados Unidos, Washington se niega a profundizar la integración. Esta posición de EE.UU. tiene su fundamento en su posición de superpotencia, lo cual implica que rechaza compartir su soberanía y ser controlado por otros países. A diferencia de EE.UU., Brasil considera el MERCOSUR como una prioridad en su política exterior, aunque el bloque no tiene un peso económico relevante para el país. La importancia del MERCOSUR para Brasil radica en su carácter estratégico político, siendo un instrumento de cohesión en la región frente al liderazgo estadounidense y en las negociaciones con otros socios externos, así como en los foros internacionales. Su calidad de poder regional (o subregional) implica que Brasil coopera con otros países y actúa en el marco multilateral.

4.4. Lecciones finales

Finalmente, la comparación entre el MERCOSUR y el NAFTA permite presentar algunas lecciones generales para la dinámica y los resultados de procesos de integración que están divididas en tres bloques temáticos:

Requisitos para una integración exitosa:
- Acuerdos como el NAFTA, que se basan en reglas y en el derecho primario, tienden a funcionar mejor (en cuanto al cumplimiento de las normas) que procesos de integración como el MERCOSUR, basados en permanentes negociaciones intergubernamentales y en la creación de derecho secundario.
- El liderazgo de un país estable que sea reconocido por los demás socios es un importante requisito para un proceso de integración exitoso, pero constituye, al mismo tiempo, un serio obstáculo para su profundización.

- Un liderazgo compartido, como por ejemplo entre la Argentina y Brasil en el MERCOSUR, puede servir de equivalente a un país líder o hegemónico en un proceso de integración, siempre cuando se haya creado una alianza sólida y reconocida por los demás socios.
- Un alto nivel de interdependencia económica entre los Estados parte antes de formalizar acuerdos multilaterales, como en el caso del NAFTA, fomenta la integración y garantizan la estabilidad y el éxito relativo del proyecto.
- Tanto el MERCOSUR como el NAFTA comprueban que en procesos de integración asimétricos sin dimensión social ni equilibrio entre los socios no es posible alcanzar objetivos mucho más allá de la liberalización comercial.
- Es más probable que fracase un proceso de integración político, dirigido por los respectivos gobiernos, como en el caso del MERCOSUR, que un acuerdo impulsado «desde abajo» por el sector privado, como el NAFTA.

Institucionalización y soberanía:

- Instituciones supranacionales no son una garantía para que la integración sea exitosa, pero resultan imprescindibles en procesos basados en el derecho secundario para lograr más estabilidad y coordinación e implementar las decisiones tomadas por los gobiernos.
- Pactos de integración, basados en reglas detalladas y tratados complejos pueden sustituir instituciones supranacionales, siempre cuando sus objetivos sean limitados y no vayan mucho más allá de la liberalización comercial.
- Sólo la creación de instituciones supranacionales (siendo una condición previa la voluntad política de los países de compartir soberanía) y mecanismos de decisión proporcionales pueden crear un equilibrio de poder entre los diferentes socios y conducir a un proceso de integración más allá del libre comercio.
- Renunciar a una parte de la soberanía nacional en favor de órganos comunes independientes de integración es una opción más realista en Brasil como «poder cooperativo benigno» y altamente improbable en el caso de EE.UU., por sus características de poder hegemónico global.

Profundización y perspectivas:

* En procesos de integración asimétricos, la profundización sectorial e institucional es sobre todo una demanda de los socios pequeños o más débiles, mientras que tiende a ser rechazada por los países más grandes por la transferencia de soberanía nacional y el deseo de mantener su posición de poder en el proceso de integración incluyendo la opción de caminos unilaterales.

* Aunque sus objetivos son más ambiciosos, por su debilidad estructural y la falta de un ancla de estabilidad, existe un alto riesgo de estancamiento o incluso de un *spillback* de la integración en el caso del MERCOSUR. Pese a no prever ningún tipo de profundización, entre los socios del NAFTA se ha producido un *spillover* sectorial y una fuerte interdependencia que han contribuido a consolidado el proceso.

* El NAFTA es estable y exitoso en sus objetivos iniciales (de promover el comercio y la inversión), pero es también una iniciativa estática y sumamente asimétrica, lo cual reduce considerablemente las posibilidades de su institucionalización y/o una profundización triangular de la cooperación.

* El MERCOSUR es más inestable y expuesto a crisis sucesivas, pero es también un proceso de integración en evolución y menos asimétrico en cuanto al poder político y socioeconómico de sus Estados miembro, lo cual hace que sea más probable su profundización política e institucional. No obstante, al ser una iniciativa sur-sur, la interdependencia económica nunca alcanzará los niveles de la UE o del NAFTA.

Midiendo los flujos de comercio e inversión en ambos bloques, así como la implementación de los objetivos propuestos, se llega a la conclusión de que el balance del NAFTA es mejor que el del MERCOSUR. Ello se debe a varios factores:

En principio, los procesos de integración como el NAFTA, basados en reglas, relaciones contractuales detalladas y un alto nivel histórico de interdependencia económica, parecen más duraderos y exitosos que los mecanismos como el MERCOSUR enfocados en negociaciones intergubernamentales permanentes con una frágil base jurídica y económica.

Todo indica que la participación de un «ancla de estabilidad» político y económico como EE.UU. ofrece una cierta garantía de éxito para realizar los objetivos de integración propuestos.

Ello permite la conclusión de que procesos de integración norte-sur funcionan mejor que mecanismos sur-sur. Sin embargo, en los primeros, al carecer de una dimensión social, los beneficios de la integración son distribuidos de una forma sumamente desigual.

Según Walter Mattli, en el NAFTA existen tanto las condiciones de oferta como de demanda de la integración. Asimismo, cumple con un requisito imprescindible para procesos de integración exitosos: la presencia de EE.UU. como líder del proceso. El desarrollo de la integración ha traído beneficios económicos visibles para sus integrantes, incrementando las demandas de coordinación (a través de foros institucionales). Según Mattli, las *commitment institutions* se han creado a través de los tres secretariados nacionales que reflejan un eficaz sistema de solución de controversias y el respeto de las reglas establecidas en el Tratado (Mattli 1999: 179).

A diferencia del NAFTA, el MERCOSUR está lejos de cumplir con los objetivos inicialmente propuestos en el Tratado de Asunción. Ello se debe en parte a la metodología aplicada: el MERCOSUR carece de instituciones propias, de un tratado detallado o de un derecho secundario vinculante cuya aplicación sea controlada por instancias nacionales o supranacionales. Lo más grave es el fuerte déficit de implementación, por el cual no existe ninguna seguridad jurídica para actores internos y externos. Por otra parte, hay causas estructurales que explican su fracaso relativo como proyecto comercial, tales como la necesidad de importar tecnología y bienes de capital, igual que la depencia de inversiones del exterior. Comparte estas debilidades con la mayoría de las iniciativas de integración sur-sur.

El MERCOSUR es ante todo un proyecto político-cultural creado por los gobiernos, pero ha fracasado como unión aduanera que, de hecho, está en gran parte suspendida. El funcionamiento del bloque requiere de una amplia reforma de los objetivos de integración, del derecho del MERCOSUR y de su institucionalidad. Al ser un ente promovido por los gobiernos, a nivel interno, depende de la voluntad política de sus Estados miembro, de un mayor liderazgo de Brasil y de una mayor estabilidad económica de la Argentina. A diferencia del NAFTA, por su fuerte liderazgo político, el MERCOSUR se caracteriza por un *spilla-round* de ideas e iniciativas. Es así que, su interdependencia política –y esto es muy positivo– es mucho más alta que en el NAFTA que, a su vez, se caracteriza por sus elevados niveles de interdependencia económica.

En principio, en su calidad de acuerdo de libre comercio, el NAFTA no necesita crear instituciones propias, pero este déficit también limita el alcance de la integración. A diferencia del MERCOSUR, el NAFTA carece de una estructura trilateral a nivel intergubernamental y apenas ha servido para promover una integración trilateral: The result has been to neglect the North American perspective while favoring domestic or bilateral visions that do not necessarily promote the larger objective of integration (Rozental 2002: 79). Un primer paso para crear un espírtu comunitario (que existe más en el MERCOSUR) sería consensuar una «agenda norteamericana» y crear mecanismo trinacionales para lanzar y discutir ideas y nuevas iniciativas de cooperación.

La comparación entre el MERCOSUR y el NAFTA permite señalar que, en un grado relativamente bajo de integración, los tratados (derecho primario) pueden ser un «equivalente» a instituciones supranacionales. Sin embargo, lo ideal sería una combinación entre ambos métodos, o sea una mezcla entre el NAFTA y el MERCOSUR:

> Una estructura institucional adecuada es un importante requisito para que procesos de integración sean exitosos. No obstante, el complemento necesario es un alto grado de seguridad jurídica y la capacidad de implementar normas regionales (Pohl 2003: 139).

Si los procesos de integración superan la fase de libre comercio y se prevé una unión aduanera, es imprescindible avanzar en la estructura institucional, creando órganos con independencia de intereses nacionales para impulsar y controlar el cumplimiento de la integración. En este caso, la renuncia a intereses nacionales a favor de una soberanía compartida parece imprescindible. Esta decisión es factible en el MERCOSUR y altamente improbable en procesos de integración asimétricos con el predominio de un socio con un peso mayor como es el caso del NAFTA.

Un factor clave en procesos de integración asimétricos es la actuación del país líder. Tanto el NAFTA como el MERCOSUR han sufrido crisis financieras. En el caso del NAFTA, el comportamiento y el liderazgo de EE.UU. en la crisis financiera de México en 1994 contribuyó decisivamente a evitar un derrumbe económico prolongado y, en cierta manera, salvó también el proyecto del NAFTA. La «crisis del Tequila» demostró que EE.UU. es un factor de estabilidad en el bloque y que asume un liderazgo «responsable» en casos de emergencia. Pero aunque EE.UU. sea el imán de la integración en el NAFTA constituye, al mismo tiempo, el principal poder de veto ante una profundización de la integración más allá del libre comercio.

Por el contrario, el manejo de las sucesivas devaluaciones en el MER-COSUR indicó que Brasil no es un ancla de estabilidad económica y no está en condiciones (o carece de la voluntad política) de asumir un liderazgo fuerte en situaciones de crisis. Por tanto, el MERCOSUR se caracteriza por una alto grado de vulnerabilidad ante fluctuaciones en la economía global y en los mercados financieros internacionales. Sin embargo, Brasil intenta perfilarse como motor de una mayor integración política en el marco del MERCOSUR y fomenta la creación de instituciones (entre ellas el Parlamento del MERCOSUR). Ante las dificultades económicas, es más probable que el bloque se institucionalice (sin mucho *spillover* funcional), incrementando su perfil como interlocutor político en negociaciones internacionales, particularmente en el marco de la OMC y frente a EE.UU. y la UE. Los primeros pasos que indican la «vía institucional» del MERCOSUR fueron la creación del Tribunal Permanente de Revisión en Asunción, la Secretaría Técnica en Montevideo, la Comisión de Representantes Permanentes y el Parlamento del MERCOSUR.

En cuanto a los pronósticos futuros, es altamente probable que el MERCOSUR se mantenga como bloque, pero el bajo nivel de interdependencia entre sus Estados miembro y su escaso compromiso de implementar las decisiones mercosureñas son factores en contra de una «integración seria». Para compensar sus límites económicos e instrumentalizar el MERCOSUR como interlocutor de cara al exterior, Brasil promoverá una mayor institucionalización del MERCOSUR y lo fortalecerá como una plataforma política-cultural de vecindad. De este modo, el MERCOSUR será reforzado como iniciativa política, pero a la vez debilitado como vía de inserción en la economía internacional. Asimismo, cabe recordad la debilidad de las instituciones del MERCOSUR frente a crisis o conflictos (entre ellos el de las papeleras entre la Argentina y Uruguay). Incluso una agenda creíble de profundización (instituciones serias y un derecho vinculante del MERCOSUR) no podría compensar el débil nivel de interconexión económica real entre los países parte del proyecto. Pese a los esfuerzos por recuperar el camino de la integración, las posibilidades de volver a la «época de oro» del MERCOSUR en el período

1991-1998 –cuando representó un 25% del comercio de sus Estados miembro (aún menos de la mitad que en el NAFTA)– son escasas.

Por los crecientes lazos entre los tres países y las interdependencias económicas, aun cuando se haya complementado la agenda de liberalización comercial, el NAFTA sobrevivirá como esquema de cooperación trilateral. Pese a las considerables resistencias por parte de EE.UU., se producirá una profundización de la integración en el sentido de un *spillover* sectorial «desde abajo», promovido por el sector privado (estadounidense), la presión demográfica de la migración y la interconexión entre las sociedades civiles de los tres países. Sería una integración de hecho que puede o no ser legitimada *ex post* por los gobernantes. Salvo la posible creación de fondos de compensación para determinadas regiones (ampliando el Nadbank), no se perfila un debate serio sobre un «NAFTA plus». La brecha social es, al mismo tiempo, uno de los mayores déficit del NAFTA comprendido como esquema de cooperación trilateral más allá del comercio.

Una profundización del NAFTA se enfrenta a dos obstáculos fundamentales: por un lado, las fuertes asimetrías de poder en cuanto a fuerza militar, económica, social, poblacional e influencia global entre EE.UU. y los otros dos socios, y, por el otro, la prerrogativa de la soberanía nacional[19], un concepto anclado en las tradiciones culturales de los tres Estados miembro del NAFTA. Por ello, un «NAFTA plus» sólo podría ser un tema en la agenda si es el resultado de una iniciativa común entre México y Canadá. Como país industrializado y principal socio económico de EE.UU., la capacidad de negociación de Canadá es indudablemente mayor que la de México. No obstante, hasta ahora no se ha articulado un reclamo de profundización sectorial y/o institucional desde el país norteño solidarizándose con las demandas de México.

A modo de conclusión, cabe resaltar que no hay ninguna receta mágica para garantizar el éxito de un proceso de integración, que depende de un sinnúmero de condicionantes nacionales, regionales e internacionales. Hay por lo menos cuatro métodos diferentes de integración que pueden o incluso deberían ser combinados: el liderazgo de un país hegemónico,

---

[19] Véase "North America: Security fears spur cooperation", Oxford Analítica, 9.2.2004.

un eje bilateral de coordinación, la creación de instituciones o la definición de reglas vinculantes. ¿Cuál de ellos es más eficaz? Si funciona o no un proceso de integración voluntario entre países democráticos depende del contexto en el que se crea la integración, de la motivación inicial, del número de miembros, de la relación de poder entre sus Estados miembro, así como del tipo de integración y de su alcance final. Sólo el futuro dirá si el MERCOSUR, pese a sus déficit mencionados, será un proyecto viable y serio, o si el NAFTA se transformará en la plataforma para una integración triangular norteamericana.

Bibliografía

Abbott, Frederick M. (2000): «NAFTA and the legalization of world politics. A case study», en: *International Organization* 54:3 (Summer), Special Issue: Legalization and World Politics, 519-547.

Abbot, Kenneth W./Snidal, Duncan (2000): «Hard and Soft Law in International Governance», en: *International Organization* 54:3, 421-456.

Abbot, Kenneth W./Keohane, Robert O./Moravcsik, Andrew/Slaughter, Anne-Marie, Snidal, Duncan (2002): «The Concept of Legalization», en: *International Organization*, 54:3, 401- 420.

Abreu, Sergio/Bizzozero, Lincoln (2000): *Los países pequeños: su rol en los procesos de integración*. Buenos Aires: BID/INTAL.

Abreu, Marcelo de Paiva (1997): «Integración financiera en los países del Mercosur», en: *INTAL Integración y Comercio* 1:1 (enero-abril), 85-102.

Alba, Carlos (2003): «México después del TLCAN. El impacto económico y sus consecuencias políticas y sociales», en: *Foro International* 171 (enero-marzo), 141-192.

Alba, Francisco (2001): «Comercio, migración y esquemas de integración económica: los casos de la CEE y el TLCAN», en: *Foro Internacional* 164 (abril-junio), 299-308.

Alcaraz Ortiz, Eduardo/Alcaraz Prous, Gabriela (2001): «TLCAN, sector agropecuario mexicano y comercio desleal», en: *Comercio Exterior* 51:6 (junio), 506-513.

Almeida, Paulo Roberto de (1998): «Brasil y el futuro del Mercosur: dilemas y opciones», en: *INTAL Integración y Comercio* 2:6 (septiembre-octubre), 65-81.

Almeida, Paulo Roberto de/Barbosa, Rubens Antonio (orgs.) (2005): *Relações Brasil-Estados Unidos: assimetrias e convergências*. São Paulo: Saraiva.

Appendini, Kirsten de/Bislev, Sven (eds.) (1999): *Economic Integration in Nafta and the EU: Deficient Institutionality.* London: Macmillan Press.

Arroyo Alejandre, Jesus (2000): «Integration economique et migration des travailleurs mexicains aux Etats-Unis: une perspective regionale», en: *Cahiers des Ameriques Latines* 34, 101-117.

Audley, John J./Papademetriou, Demetrios G. et al. (2003): *NAFTA's Promise and Reality: Lessons from Mexico for the Hemisphere.* Washington DC: Carnegie Endowment for International Peace.

Avery, William P./Friman, H. Richard (1999): «Who Got What and Why: Constructing North American Free Trade», en: Thomas, Kenneth P./Tétreault, Mary Ann (eds.): *Racing to Regionalize: Democracy, Capitalism and Regional Political Economy.* Boulder: Lynne Rienner, 87-112.

Baldwin, David A. (ed.) (1993): *Neorealism and Neoliberalism. The Contemporary Debate.* New York: Colombia University Press.

Baldwin, Robert E. (2000): *Congressional Trade Votes: From NAFTA Approval to Fast-Track Defeat.* Washington DC: Institute for International Economics.

Balze, Felipe de la (2001): «Ebenbürtige Partner: Der Mercosur, die Europäische Union und die USA», en: *Internationale Politik* 9, 9-30.

Balze, Felipe de la (comp.) (2000): *El futuro del MERCOSUR: entre la retórica y el realismo.* Buenos Aires: Consejo Argentino para las Relaciones Internacionales (CARI).

Baptista, L.O. (1998): *El Mercosur, sus instituciones y su ordenamiento jurídico.* San Pablo: Editorial LTR.

Barrios, Harald (1999): «Regieren im MERCOSUR – eine strategische Antwort auf die Wettbewerbsfähigkeitskrise», en: Petra Bendel/Thomas Fischer: *Wie erfolgreich ist der MERCOSUR? Das südamerikanische Bündnis aus interdisziplinärer Sicht.* Saarbrücken: Verlag für Entwicklungspolitik, 33-51.

Barrios, Harald (1998): «Mercosur: Ein Versuch koordinierten Regierens als Antwort auf externe Herausforderungen», en: *Ibero-Amerikanisches Archiv* 1/2, 165-187.

Basedow, Jürgen/Samtleben, Jürgen (eds.) (2001): *Wirtschaftsrecht des Mercosur – Horizont 2000,* Tagung im Max-Planck-Institut für ausländisches und internationales Privatrecht am 21-22. Januar 2000, vol. 4. Baden-Baden: Nomos.

— (2000): «Max-Planck-Institut für ausländisches und internationales Privatrecht, Rechtsquellen des Mercosur», *Wirtschaftsrecht des Mercosur 2, vol. II: Handel und Verkehr.* Baden-Baden: Nomos.

Bean, Frank D./Cushing, Robert G. (1998): *The Relationship between Mexican Economic Crisis and Illegal Migration to the US.* University of Texas at Austin: Institut of Latin American Studies.

Beatty, Perrin (2002): «Canada in North America: Isolation or Integration?», en: Peter Hakim/Roberto E. Litan: *The Future of North American Integration: Beyond Nafta.* Washington DC: Brookings Institution Press, 31-73.

Behar, Jaime/Giacalone, Rita, Mellado, Noemi B. (eds.), (2001): *Integración regional de America Latina: Procesos y actores.* Stockholm: Instituto de Estudios Latinoamericanos.

Bendel, Petra/Fischer, Thomas (eds.) (1999): *Wie erfolgreich ist der MERCOSUR? Das südamerikanische Bündnis aus interdisziplinärer Sicht.* Saarbrücken: Verlag für Entwicklungspolitik.

Benecke, Dieter W./Loschky, Alexander (2001): *Mercosur: desafío político.* Buenos Aires: CIEDLA/KAS.

Beyer, Andrea (1999): «Die USA, die NAFTA und der ´Neue Regionalismus´, en: *WeltTrends* 24, 131-149.

Bienefeld, Manfred (2000): «North American Regionalism from a Canadian Perspective», en: Hettne, Björn/Inotai, András/Sunkel, Osvaldo (eds.): *National Perspectives on the New Regionalism in the North, vol. 2: International Political Economy Series: New Regionalism Series*, 195-210.

Bizzozero, Lincoln J. (1999): «La mundializacion de la cuestión laboral y el comercio. Respuestas de articulación de los nuevos regionalismos en América del Norte, Europa y el Cono Sur de América Latina», en: *Estudios Internacionales* 32:127/128, 3-35.

Bizzozero, Lincoln/Abreu, Sergio (2000): *Los países pequeños: su rol en procesos de integración.* Buenos Aires: INTAL.

Bodemer, Klaus (2000a): «Der MERCOSUR: von der Wirtschaftsgemeinschaft zur regionalen Sicherheitsgemeinschaft?», en: Kurtenbach, Sabine/Bodemer, Klaus/Nolte, Detlef (eds.): *Sicherheitspolitik in Lateinamerika. Vom Konflikt zur Kooperation?.* Opladen: Leske & Budrich, 39-45.

— **(2000b):** «Von der Wirtschaftsgemeinschaft zur subregionalen Sicherheitsgemeinschaft? – Eine Zwischenbilanz des MERCOSUR», en: *Die Friedens-Warte. Journal of International Peace and Organization* 75:3-4, 331-347.

— (2000c): «Der amerikanische Kontinent wächst zusammen» (con Detelf Nolte), en: Kurtenbach, Sabine/Bodemer, Klaus/Nolte, Detlef (eds.): *Sicherheitspolitik in Lateinamerika: vom Konflikt zur Kooperation?*. Opladen: Leske & Budrich, 16-32.

— (2000d): «Vom alten zum neuen Regionalismus – neue Impulse für die lateinamerikanische Integration» (con Detlef Nolte), en: Kurtenbach, Sabine/Bodemer, Klaus/Nolte, Detlef (eds.): *Sicherheitspolitik in Lateinamerika. Vom Konflikt zur Kooperation?*. Opladen: Leske & Budrich, 35-38.

— (1999): «El MERCOSUR hacia una inserción activa en la economía mundial», en: Potthast, Barbara/Kohut, Karl/Kohlhepp, Gerd (eds.): *El Espacio interior de América del Sur. Geografía, historia, política, cultura*. Madrid/Frankfurt: Iberoamericana/Vervuert, 183-202.

Borba Casella, Paulo (1998): «Legal Features and Institutional Perspectives for the Mercosur: The Common Market of South America after the End of the Transition Period», en: *Verfasssung und Recht in Übersee, Law and Politics in Africa, Asia, and Latin America* 31:4, 523-537.

Botafogo Goncalves/Carvalho Lyrio, Mauricio (2003): *Alianca estratégica entre Brasil e Argentina: Antecedentes, Estado Atual e perspectivas*. Rio de Janeiro: CEBRI.

Bouzas, Roberto/Da Motta Veiga, Pedro/ Torrent, Ramón (2003): *In Depth Analysis of MERCOSUR Integration, its Perspectivas and the Effects thereof on the Market Access of EU Goods and Investments*, en: http://www.mkaccdb.eu.int/study/studies/32.doc.

Bulmer-Thomas, Victor (ed.) (2001): *Regional Integration in Latin America and the Caribbean: The Political Economy of Open Regionalism*. London: ILAS.

Caetano, Gerardo/Perina, Rubén (eds). (2003): *La encrucijada política del Mercosur: Parlamentos y nueva institucionalidad*. Montevideo: CLAEH.

Calcagnotto, Gilberto/Nolte, Detlef (2000): «Das Treffen der südamerikanischen Präsidenten in Brasília: Markstein der Integration oder Show-Veranstaltung einer aufkommenden Regionalmacht?», en: *Brennpunkt Lateinamerika* 17.

— (1997): «Brasilien und der Mercosul: Zwischen Regionalmachtan-spruch und bilateralen Konflikten mit Argentinien», en: *Lateiname-rika. Analysen-Daten-Dokumentation* 34/35. Sechs Jahre Mercosur – Zwischenbilanz und Zukunft, 29-38.

Cameron, Maxwell A./Tomlin, Brian W. (2000): *The Making of NAFTA: How the Deal was Done.* Ithaca/London: Cornell University Press.

Campbell, Jorge (ed.) (1999): *MERCOSUR. Entre la realidad y la uto-pía.* Buenos Aires: Centro de Economía Internacional (CEI)/Nuevo-hacer.

Cárdenas, Emilio / Tempesta, Guillermo (2001): «El laudo sobre *dum-ping* intrazona en el MERCOSUR», en: *Revista Derecho del MERCO-SUR y de la Integración* 6 (diciembre).

Cardero, María Elena (1999): «Trade Agreements between Unequal Partners: Does NAFTA Deal with these Inequalities?», en: Appendi-ni, Kirsten/ Bislev, Sven (eds.): *Economic Integration in Nafta and the EU. Deficient Institutionality.* London: Macmillan Press, 161-177.

Carmona, A. (1999): *Etapas necesarias. Camino hacia la profundización del Mercosur. Serie Documentos de Trabajo* 32. Buenos Aires: Institu-to del Servicio Exterior de la Nación (ISEN).

Carrera, Jorge/Sturzenegger, Federico (comp.) (2000): *Coordinación de políticas macroeconómicas en el Mercosur.* Buenos Aires: Fondo de Cultura Económica.

Carranza, Mario Esteban (2003) : «Can Mercosur Survive? Domestic and International Constraints on Mercosur», en: *Latin American Politics and Society* 45:2, 67-99.

Carranza, Mario Esteban (2000): *South American Free Trade Area or Free Trade Area of the Americas? Open Regionalism and the future of Regional Economic Integration in South America.* Aldershot: Ashga-te/Vermont.

Case, Brendan M. (1999): «Expanding horizons. With NAFTA mar-king its fifth year anniversary, the editors of Latin Trade take an in-depth look at this most historic trade agreement», en: *Latin Trade* 7:1, 36-47.

Cason, Jeffrey (2000): «On the Road to Southern Cone Economic Inte-gration», en: *Journal of Interamerican Studies and World Affairs* 42:1, 23-39.

Chudnovsky, Daniel/López, Daniel/Melitsko, Silvana (2000): «¿Ha contribuido el Mercosur al desarrollo económico argentino?», en: *INTAL* 10:4 (enero-abril), 35-68.

Cienfuegos, Manuel Mateo (2001): «La recepción y aplicación de los acuerdos internacionales del Mercosur», en: *Revista Electrónica de Estudios Internacionales* 3.

Coronado, Horacio/Gratius, Susanne (2001): «Zehn Jahre Mercosur: Der Anfang vom Ende einer Erfolgsgeschichte», en: *Brennpunkt Lateinamerika* 4, 41-52.

Costa Vaz, Alcides (2002): *Cooperacao, Integracao e processo negociador: A construccao do Mercosul.* Brasilia: Instituto Brasileiro de Relacoes Internacionais.

Cremona, M. (2001): «Regional Integration and the rule of law», en: Devlin, Robert/Estevadeordal, Antoni: *Trade and regional integration in the development agenda.* Washington DC: Inter-American Development Bank.

Czempiel, Ernst-Otto,(2000): *Kluge Macht. Außenpolitik für das 21. Jahrhundert.* München.

Darby, Joseph (1995): *Legal and Economics Apects of the NAFTA.* Vorträge: Universität des Saarlandes, Reden und Berichte aus dem Europa Institut – Sektion Rechtswissenschaft- Nr. 323.

De la Balze, Felipe (2000): *El Futuro del Mercosur.Entre la retórica y el realismo.* Buenos Aires: CARI.

Devlin, Robert/Estevadeordal, Antoni/Giordano, Paolo/Monteagudo, Josefina/Saez, Raúl (2001): «Estabilidad macroeconómica, comercio e integración», en: *Comercio & Integración* 5:13 (enero-abril), 39-101.

Dixit, Avinash/Skeath, Susan (1999): *Games of Strategy.* New York: W.W. Norton.

Dobson, Wendy (2002): *Shaping the Future of the North American Economic Space.* The Border Papers. Toronto: C.D. Howe Institute.

Domínguez Reyes, Edmé (2002): «El Tratado de Libre Comercio de América del Norte: ¿nuevo o viejo regionalismo?», en: Maggi, Claudio/Messner, Dirk (eds.): *Gobernanza global: una mirada desde América Latina.* Caracas: Nueva Sociedad, 295-323.

Domínguez Reyes, Edmé (1999): «Regionalism: 'The case of North America', en: Appendini, Kirsten/Bislev, Sven (eds.): *Economic*

Integration in Nafta and the EU. Deficient Institutionality. London: Macmillan Press, 161-177.

Echeverri-Caroll, Elsie (ed.) (1995): *NAFTA and Trade Liberalization in the Americas.* Austin: University of Texas.

Etzioni, Amitai (1965): *Political Unification: A Comparative Study of Leaders and Forces.* New York: Holt, Rinehart, Winston.

Executive Office of the President of the United States (1993): *Study on the Operation and Effect of the North American Free Trade Agreement (Nafta).* Washington DC.

Faux, Jeff (2004): «Economía y democracia en la 'constitución' del TLCAN», en: *Foreign Affairs* en español 4:1 (enero-marzo), 91-106.

Fernández de Castro, Rafael/Pastor, Robert (coords.) (2001): *El actor controvertido: el Congreso de Estados Unidos y América del Norte.* México D.F.: Instituto Tecnológico Autónomo de México (ITAM).

Fitzgerald, E.V.K. (1999): «Trade, Investment and NAFTA: The Economics of Neighbourhood», en: Bulmer, Victor Thomas/Dunkerley, James: *The United States and Latin America: The New Agenda.* London: Institute of Latin American Studies (ILAS), 99-123.

Flemes, Daniel (2005): *Brazil's cooperative Leadership in Southern Latin America's Security Policies.* Hamburg: Institut für Iberoamerika-Kunde (IIK).

Franco Hijuelos, Claudia (2001): «Normas laborales en el comercio internacional: el ACLAN», en: *Foro Internacional* 41:164 (abril-junio), 309-323.

Frankel, Jeffrey A. (1997): *Regional Trading Blocs in the World Economic System.* Washington DC: Institute for International Economics.

Freund, Caroline L/McLaren, John (1999): *On the dynamics of trade diversion: evidence from four trade blocs.* Washington DC: Board of Governors of the Federal Reserve System, International Finance Discussion Papers 637.

Gagné, Gilbert (2000): «North American Free Trade, Canada, and U.S. Trade Remedies: An Analysis After Ten Years», en: *The World Economy* 23:1, 77-91.

Garces-Díaz, Daniel (2001): *Was NAFTA behind the Mexican Export Boom (1994-2000)?.* México D.F.: Banco de México.

Gerber, Jim (1999): «Perspectivas de la maquiladora después del 2001», en: *Comercio Exterior* 49:9 (septiembre), 788-794.

Giering, Claus (1997): *Europa zwischen Zweckverband und Superstaat. Die Entwicklung der politikwissenschaftlichen Integrationstheorie im Prozess der europäischen Integration.* Bonn: Europa Union.

Girault, Christian (2004): «Del TLCAN al Área de Libre Comercio de las Américas: perspectivas geopolíticas de la integración», en: *Foro Internacional* 175 (enero-marzo), 103-126.

Graham, Lawrence S./Mendez, José Luis (1999): «Los regimenes aduanales en la frontera Mexico-Estados Unidos. Efectos nacionales y transnacionales», en: *Foro Internacional* 4:158 (octubre-diciembre), 545-587.

Grandi, Jorge (1998): «Déficit democrático y social en los procesos de integración», en: *Integración & Comercio* 2:6 (septiembre-diciembre), 107-108.

Grandi, Jorge/Bizzozero, Lincoln (1997): «Actores y sociedad civil en el Mercosur», en: *Estudios Internacionales* 118 (abril-junio), 141-169.

Gratius, Susanne (2004a): *Die Außenpolitik der Regierung Lula: Brasiliens Aufstieg von einer passiven Regional- zu einer kooperativen Führungsmacht.* SWP-Studie 7. Berlin: Stiftung Wissenschaft und Politik (SWP).

— **(2003a):** *Is the FTAA at an impasse? The Key Players US and Brazil.* SWP Comments 13. Berlin.

— **(2003b):** «Neue Impulse für den Mercosur: der Faktor 'Lula'», en: *Brennpunkt Lateinamerika* 4, 33-39.

— **(2000):** «Las perspectivas de un acuerdo de libre comercio UE-MERCOSUR», en: *Capítulos del SELA* 58.

— **(1999):** «Una tregua. La controversia agraria en las relaciones UE-Mercosur», en: *Desarrollo & Cooperación (D+C)* 5, 18-20.

Gratius, Susanne/Nolte, Detlef (2004a): «Parlamento transnacional e integraçao», en: *Plenarium* 1, 78-97.

Grinspun, Ricardo/Kreklewich, Robert (1999): «Institutions Power Relations and Unequal Integration in the Americas: Nafta as Deficient Institutionality», en: Appendini, Kirsten/ Bislev, Sven (eds.): *Economic Integration in Nafta and the EU. Deficient Institutionality.* London: Macmillan Press, 161-177.

Grubel, Herbert G. (1999): *The Case for the Amero: The Economics and Politics of a North American Monetary Union.* Vancouver: Simon Fraser Institute.

Guillén Romo, Arturo (2001): «Flujos comerciales en el marco del libre comercio de América del Norte», en: *Comercio Exterior* 51:6 (junio), 467-479.

Haas, Ernst B. (1986): *The Obsolence of Regional Integration Theory*. Berkeley: University of California.

— (1964): *Beyond the Nation-State: Functionalism and International Organization*. Stanford: Stanford University Press.

— (1958): *The Uniting of Europe. Political, Social and Economic Forces 1950-1957*. Stanford: Stanford University Press.

Hakim, Peter/Litan, Robert E. (eds.) (2002): *The Future of North American Integration. Beyond NAFTA*. Washington DC: Brookings Institution Press.

Hansen-Kuhn, Karen (2000): «Bush's Trade Policy: The Nafta Express», en: *Foreign Policy in Focus* (http://www.foreignpolicy-infocus.org/).

Hargrove, Basel (2004): «Evaluación de una década (del TLCAN): efectos y posibles direcciones», en: *Foreign Affairs en español* 4: 1 (enero-marzo), 25-39.

Hart, Michael (ed.) (1997): *Finding Middle Ground: Reforming the Antidumping Laws in North America*. Ottawa: Centre for Trade Policy Research.

Healy, Teresa (2000): «Collective memory and the NAFTA debate», en: *Canadian Journal of Latin American and Caribbean Studies* 25:49, 97-100.

Henkin, Louis A. (1979): *How Nations Behave: Law and Foreign Policy*. New York: Columbia University Press.

Hinojosa-Ojeda, Raúl/Lewis, Jeffrey D./Robinson, Sherman (1997): «¿Simón Bolívar vuelve a cabalgar? Hacia una integración entre el TLCAN, el Mercosur y la Región Andina», en: *Integración & Comercio* 1:1 (enero-abril), 103-132.

Hirst, Mónica (2002): «Mercosul Politics: Between Fragmentation and Integration», en: Rozemberg, Ricardo/Tizado, Javier O./Costa Vaz, Alcides et al.: *Paths to regional integration: the case of MERCOSUR*. Washington DC: Woodrow Wilson Center Reports, 135-155.

Hoffmann, Stanley (1966): «Obstinate or Obsolete? The Fate of the Nation State and the Case of Western Europe», en: *Daedalus*, 3.

Huenemann, Jon E. (2001): *The U.S. Trade Relationship with Mexico: Where it has been and where it should go*. Policy Papers on the

Americas. Washington DC: Center for Strategic and International Studies (CSIS).

Hufbauer, Gary et al. (2000): *NAFTA and the Environment: Seven Years later.* Washington DC: Institute for International Economics.

Hufbauer, Gary/Schott, Jeffrey (2004): *The Prospects for Deeper North American Economic Integration: A U.S. Perspective.* The Border Papers 195, Toronto: C.D. Howe Institute.

Hufbauer, Gary Clyde/Schott, Jeffrey J. (1993): *NAFTA: An Assessment (Revised Edition).* Washington DC: Institute for International Economics.

Hugueney Filho, Clodoaldo/Henrique Cardim, Carlos (comps.) (2002): *Grupo de Reflexao sobre o Mercosul.* Brasilia: Ministério de Relacoes Exteriores.

Huntington, Samuel (2004): «The Hispanic Challenge» en: *Foreign Policy* 30-45 (marzo).

Hurrell, Andrew (2000): *The Politics of Regional Integration in Mercosur: What do we men by politics and where do they fit in.* Oxford: unpublished.

Instituto Internacional para el Desarrollo Sustentable-Fondo Mundial para la Naturaleza (2001): *Derechos Privados, Problemas Públicos: Una Guía Sobre el Controvertido Capítulo del TLCAN Referente a los Derechos de los Inversionistas.* Winnipeg: International Institute for Sustainable Development.

Jackson, J. (1997): *The World Trading System.* Cambridge (Mass.): The MIT Press.

Jaguaribe, Helio (2001): «Mercosur: faktische und institutionelle Probleme», en: *KAS/Auslandsinformationen* 3, 29-48.

Jenkins, Barbara (1999): «Assessing the 'New' Integration: The Mercosur Trade Agreement», en: Thomas, Kenneth P./Tétreault, Mary Ann (eds.): *Racing to Regionalize: Democracy, Capitalism and Regional Political Economy.* Boulder: Lynne Rienner, 33-56.

Khaler, M. (1995): *International institutions and the political economy of integration.* Washington DC: The Brookings Institution.

Kaiser, Robert (1999): *Von der regionalen zur kontinentalen Integration: EG und NAFTA im Vergleich.* Beitrag zur Vortragsreihe «Zukunft der europäischen Integration». Bremen: Universität Bremen.

Keohane, Robert O./Moravcsik, Andrew/Slaughter, Anne-Marie (2002): «Legalized Dispute Resolution: Interstate and Transnational», en: *International Organization* 54:3, 421-456.

Keohane, Robert O./Nye, Joseph S. (1989): *Power and Interdependence – World Politics in Transition.* Boston: Little, Brown and Company.

Krell, Gerd (2000): *Weltbilder und Weltordnung, Einführung in die Theorie der internationalen Beziehungen.* Baden-Baden: Nomos.

Lange, Joachim (1998): *Die politische Ökonomie des Nordamerikanischen Freihandelsabkommens NAFTA.* Frankfurt: Verlag für Interkulturelle Kommunikation.

Lange, Joachim (1998): *Die politische Ökonomie des Nordamerikanischen Freihandelsabkommens NAFTA. Erwartete wirtschaftliche Auswirkungen, Interessengruppen und der handelspolitische Entscheidungsprozess.* Frankfurt: Verlag für Interkulturelle Kommunikation.

Lavagna, Roberto (1997): «Integración, economía e instituciones», en: *Temas del Mercosur 3.* Buenos Aires: Instituto de Economía y Organización – Fundación Andina.

Leycegui, Beatriz/Fernández de Castro, Rafael (2000): ¿*Socios Naturales? Cinco Años del Tratado de Libre Comercio de América del Norte.* México D.F.: ITAM, Miguel Ángel Porrúa.

Lerman Alperstein, Aída (1999): «Mercosur, Estados Unidos y el ALCA», en: *Comercio Exterior* 49:11 (noviembre), 970-976.

Lipovetzky, Jaime César/Lipovetzky, Daniel Andrés (1994): *Mercosur Estratégias para a integração mercado comum ou zona de livre comércio? Análises e perspectivas do Tratado de Asunção.* São Paulo.

López Villafane, Víctor (2002): «El TLCAN y las lecciones de una integración», en: López Villafane, Víctor/di Masi, Jorge Rafael (coords.): *Del TLC al MERCOSUR: Integración y diversidades en América Latin.* Buenos Aires: Siglo XXI, 97-127.

López Villafane, Víctor/di Masi, Jorge Rafael (coords.) (2002): *Del TLC al MERCOSUR: Integración y diversidades en América Latina.* Buenos Aires: Siglo XXI.

Loth, Wilfried/Wessels, Wolfgang (Hrsg.) (2001): *Theorien europäischer Integration.* Opladen: Leske & Budrich.

Malamud, Carlos (2006): *La celulosa divide al Río de la Plata.* ARI 33. Madrid: Real Instituto Elcano.

Masi, Fernando/Bittencourt, Gustavo (2001): «Las economías pequeñas en el Mercosur: evolución y perspectivas de desarrollo», en: Chudnovski, Daniel/Fanelli, José María: *El desafío de integrarse para crecer. Balance y perspectivas del Mercosur en su primera década.* Buenos Aires: Serie Red Mercosur, 373-401.

Mattli, Walter (1999): *The Logic of Regional Integration. Europe and Beyond.* Cambridge: Cambridge University Press.

Martínez, Leonardo/Ben Ross Schneider (2001): «Gatekeeper of influence: the Mexican state and agro-industry in the NAFTA negotiations», en: *Canadian Journal of Latin American and Caribbean Studies* 26:51, 83-119.

Mattar, Jorge (2002): *VI. México en el TLCAN: avances, retrocesos y disputas, 2000-2002.* México D.F: CEPAL.

Mayer, Frederick W. (1998): *Interpreting NAFTA. The Science and Art of Political Analysis.* Columbia: Columbia University Press.

McKinnley, Joseph A. (2000): *Created from NAFTA: The Structure, Function, and Significance of the Treaty´s Relöated Institutions.* New York/London: M.E. Sharpe.

Mercado, Alfonso/Cueva Luna, Teresa Elizabeth (1999a): «El TLCAN y la maquila: su efecto en el sector de servicios profesionales en Mexico», en: *Comercio Exterior* 49:9 (septiembre), 836-844.

Millward, Alan (2000): *The European Rescue of the Nation States.* London: Routledge.

Minushkin, Susan/Ortiz Mena, Antonio (2001): *The Institutional Structure of Financial and Monetary Integration in the Americas.* Documento de Trabajo CIDE.

Mitrany, David (1966): *A Working Peace System.* Chicago: Quadrangle Press.

Mittelman, James H./Falk, Richard (2000): «Sustaining American Hegemony: The Relevance of Regionalism?», en: Hettne, Björn/Inotai, András/Sunkel, Osvaldo (eds.): *National Perspectives on the New Regionalism in the North* 2, 173-194.

Moravcsik, Andrew (1993): «Preferences and Power in the European Community: A Liberal Intergovernmentalist Approach», en: *Journal for Common Market Studies* 31:4, 473-524.

Moravcsik, Andrew (1991): «Negotiating the Single European Act: National Interests and Conventional Statecraft in the European Community», en: *International Organization* 45, 19-56.

Motamen-Samadian/Ortiz Cruz, Etelberto (1999): «Successful Integration and Economic Distress: The New Dual Economy – the Case of Mexico in NAFTA», en: Appendini, Kirsten/Bislev, Sven (eds.): *Economic Integration in Nafta and the EU. Deficient Institutionality*. London: Macmillan Press, 161-177.

Müller-Brandeck-Bocquet, Gisela (1999): «Der Mercosur: Partner für die Europäische Union», en: *Zeitschrift für Politikwissenschaft* 1, 27-47.

Nadal, Alejandro (2000): «El caso del maíz mexicano en el NAFTA: variabilidad genética y liberalización comercial», en: *biodiversidad*. México D.F.

Nofal, Beatriz (1998): «Obstáculos institucionales y económicos para la consolidación y profundización del Mercosur: propuestas», en: *Boletín Informativo Techint* 294 (abril-junio).

Nolte, Detlef (2001): *Bye-bye Brasil, hello Uncle Sam? Südamerika zwischen Mercosur und ALCA*. Brennpunkt Lateinamerika Kurzinfo 7, Hamburg: Institut für Iberoamerika-Kunde.

— **(2000a):** «Der amerikanische Kontinent wächst zusammen» (con Klaus Bodemer), en: Kurtenbach, Sabine/Bodemer, Klaus/Nolte, Detlef (eds.): *Sicherheitspolitik in Lateinamerika. Vom Konflikt zur Kooperation?*. Opladen: Leske & Budrich, 6-32.

— **(2000b):** «Vom alten zum neuen Regionalismus – neue Impulse für die lateinamerikanische Integration» (con Klaus Bodemer), en: Kurtenbach, Sabine/Bodemer, Klaus/Nolte, Detlef (eds.): *Sicherheitspolitik in Lateinamerika. Vom Konflikt zur Kooperation?*. Opladen: Leske & Budrich, 35-38.

— **(2000c):** «Lateinamerika in Zeiten der Globalisierung: Wirtschaftlicher Umbruch und Regionalisierung», en: Tetzlaff, Rainer (ed.): *Weltkulturen unter Globalisierungsdruck: Erfahrungen und Antworten aus den Kontinenten*. Bonn, 296-331.

Ougaard, Morten (1999): «Nafta, the EU and Deficient Global Institutionality», en: Appendini, Kirsten/Bislev, Sven (eds.): *Economic Integration in Nafta and the EU. Deficient Institutionality*. London: Macmillan Press, 161-177.

Oyarzun de la Iglesia, Javier (2000): «México en el TLCAN, España en la Unión Europea. Balance de la integración», en: *Comercio Exterior* 50:8 (agosto), 698-710.

Ortiz Mena, Antonio (2002): «Dispute Settlement Under NAFTA: The Challenges Ahead», en: Chambers, Edward J./Smith, Peter H. (eds.): *NAFTA in the New Millennium.* Alberta/La Jolla: University of Alberta Press/Center for U.S.-Mexican Studies, CA.

Ortiz Mena, Antonio (2001): *The Politics of Institutional Choice: International Trade and Dispute Settlement.* La Jolla: SD PhD Dissertation.

Page, Sheila (ed.) (2000): *Regions and Development: Politics, Security and Economics.* London: Frank Cass.

Pastor, Robert A. (2004): «La segunda década de América del Norte», en: *Foreign Affairs en español* 4:1, 106-120.

— **(2002a):** «NAFTA is not enough: Steps toward a North American Community», en: Hakim, Peter/Litan, Robert E. (eds): *The Future of North American Integration: Beyond Nafta.* Washington DC: Brookings Institution Press, 87-119.

— **(2002b):** *Invited Testimony of Robert Pastor before the standing Committee on Foreign Affairs and International Trade.* Ottawa: House of Commons, Government of Canada.

— **(2001):** *Toward a North American Community: Lessons from the Old World for the New.* Washington DC: Institute for International Economics.

Pastor, Robert A./Fernández de Castro, Rafael (eds.) (1998): *The Controversial Pivot : The U.S. Congress and North America.* Washington DC: The Brookings Institution.

Peña, Félix (2004): «Qué es loque anda mal en el Mercosur», en: *El Cronista,* Buenos Aires, 16 de julio.

Peña, Félix (2003a): *Concertación de intereses, efectividad de las reglas de juego y calidad institucional en el MERCOSUR.* Informe elaborado para la Fundación Konrad Adenauer.

— **(2003b),** *Momentos y perspectivas: La Argentina en el mundo y en América Latina.* Buenos Aires: Eduntref (Universidad Nacional de Tres de Febrero).

— **(2001a):** «Der Mercosur : Rückblick auf ein Jahrzehnt. Ausblick auf die Zukunft», en: *KAS-Auslandsinformationen* 6, 46-74.

— (1999): *Contribución al análisis de la experiencia institucional del Mercosur*. Informe para el Instituto de Relaciones Europeo-Latinoamericanas (IRELA).

Perales, José Raúl (1998): «La cooperación institucionalizada y los retos de la crisis estructural en América Latina», en: *Estudios Internacionales* 121-122 (enero-junio), 88-111.

Pérez Antón, R. (2001): «Proceso de toma de decisiones en el Mercosur», en: Benecke, Dieter/Loschky, A. (eds.): *Mercosur: desafío político*. Buenos Aires: CIEDLA/KAS, 151-234.

Perotti, Alejandro Daniel (2001): «Proyecto de Reformas al Protocolo de Brasilia: ¿una nueva oportunidad perdida?», en: *Revista de Derecho del Mercosur* 5:2, 135-147.

Philips, Nicola (2001): «Regionalist governance in the new political economy of development: 'relaunching' the Mercosur», en: *Third World Quarterly* 22: 4, 565-583.

Pierson, Paul (1996): «The Path to European Integration: A Historical Institutionalist Analysis», en: *Comparative Political Studies* 29:2, 123-163.

Pohl, Thomas (2003): *10 Jahre MERCOSUR, eine Bilanz. Kosten und Nutzen regionaler Integration*. Beiträge zur Lateinamerikaforschung 11. Hamburg: Institut für Iberoamerika-Kunde.

Poitras, Guy (2001): *Inventing North America: Canada, Mexico and the United States*. Boulder/London: Lynne Rienner.

Preusse, Heinz Gert (2000a): *Entwicklungen in der US-amerikanischen Außenhandelspolitik seit der Gründung der Nordamerikanischen Freihandelszone (NAFTA)*. Tübinger Diskussionsbeitrag 182. Tübingen: Eberrhard Karls-Universität Tübingen.

Preusse, Heinz Gert (2000b): «Sechs Jahre Nordamerikanisches Freihandelsabkommen (NAFTA). Eine Bestandsaufnahme», en: *Aussenwirtschaft*, 333-370.

— (1998): «MERCOSUR and the Formation of a Common Market: Some Lessons from the European Experience», en: *Cuaderno de Negocios Internacionales e Integración*. Montevideo: Universidad Católica del Uruguay, 12-22.

Puchala, Donald J. (1972): «Of Blind Men, Elephants and International Integration», en: *Journal of Common Market Studies*, 10, n° 3.

Redrado, Martín (2002): «La cooperación macroeconómica como requisito de la integración», en: Hugueney Filho, Clodoaldo/Henrique

366   Susanne Gratius

Cardim, Carlos (eds.): *Grupo de Reflexao sobre o Mercosul.* Brasilia: Ministério de Relacoes Exteriores, 1-13.

Redrado, Martín (2000): «De la institucionalidad a la convergencia», en: De la Balze, Felipe (comp.): *El futuro del Mercosur. Entre la retórica y el realismo.* Buenos Aires: CARI.

Reif, Linda (2002): «NAFTA, the WTO and the FTAA: Choice of Forum in Dispute Resolution», en: Chambers, Edward J./Smith, Peter H. (eds.): *NAFTA in the New Millennium.* Alberta y La Jolla: University of Alberta Press y Center for U.S.-Mexican Studies, CA.

Robert, Maryse/Wetter, Theresa (1999): «Toward an Investment Regime in the Americas: Building on the Existing Consensus», en: Rodríguez Mendoza, Miguel/Low, Patrick/Kotschwar, Barbara (eds.): *Trade Rules in the Making: Challenges in Regional and Multilateral Negotiations.* Washington DC: Brookings Institution.

Robles, A. J. (2002): «Balance y perspectivas de los organismos sociolaborales del MERCOSUR», presentado en el Taller de Formación y Debate 'El Futuro del MERCOSUR'. Buenos Aires: Ministerio de Trabajo, Empleo y Seguridad Social.

Rodríguez, José C. (2001): «Una ecuación irresuelta: Paraguay-Mercosur», en: de Sierra, Gerónimo (comp.): *Los rostros del Mercosur. El difícil camino de lo comercial a lo societal.* Colección Grupos de Trabajo de CLACSO, Mercosur e Integración.

Roett, Riordan (ed.) (1999): *MERCOSUR: Regional Integration, World Markets.* Boulder/London: Lynne Rienner.

Rogers, John H./Smith, Hayden P. (2001): *Border Effects within the Nafta Countries.* Washington DC.: Board of Governors of the Federal Reserve System, International Finance Discussion Papers 698.

Roloff, Ralf (2001): *Europa, Amerika und Asien zwischen Globalisierung und Regionalisierung. Das interregionale Konzert und die ökonomische Dimension internationaler Politik.* Paderborn: Schöningh.

Rozemberg, Ricardo/Tizado, Javier O./Costa Vaz, Alcides et al. (2002): *Paths to regional integration: the case of MERCOSUR.* Reports on the Americas 5. Washington DC: Woodrow Wilson Center.

Rozental, Andrés (2002): «Integrating North America: A Mexican Perspective», en: Hakim, Peter/Litan, Robert E. (eds.): *The Future of North American Integration: Beyond Nafta.* Washington DC: Brookings Institution Press, 73-86.

Rozo, Carlos A. (1997): «Activismo jurídico e integración regional: enseñanzas de la Corte Europea de Justicia», en: *Integración & Comercio* 1:2 (mayo-agosto), 35-54.

Ruiz Díaz Labrano, R. (1996): «Mecanismos de solución de controversias: enfoques alternativos», Seminario-Taller Estrategias de Articulación y reforzamiento de las capacidades de gestión de una unión aduanera: opciones para el Mercosur. Montevideo: CEFIR.

Sabsay, Daniel (1999): «Integración y supranacionalidad sin considerar los desarrollos europeos recientes. Bases constitucionales y límites. La experiencia del Mercosur», Simposio «Process of European and Global Constitutionalization», Berlin.

Salazar-Xirinachs, José M./Maryse, Roberts (eds.) (2000): *Towards Free Trade in the Americas.* Washington DC: Organization of American States, Brookings Institution.

Salinas de Gortari, Carlos (2004): «Diez años del TLCAN y el fracaso de Cancún», en: *Foreign Affairs en español* 4:1 (enero-marzo), 2-7.

Samtleben, Jürgen (2000): «Der Mercosur als Rechtssystem», en: Basedow, Jürgen/Samtleben, Jürgen (eds.): *Wirtschaftsrecht des Mercosur. Horizont 2000.* Tagung im Max-Planck-Institut für ausländisches und internationales Privatrecht am 21-22. Januar 2000, Band 4, Baden-Baden: Nomos, 51-94.

Sangmeister, Hartmut/ Melchor del Río, Almaranta (2004): «México und die NAFTA: Zehn Jahre Erfahrungen», en: *Brennpunkt Lateinamerika* 6, 65-76.

Sangmeister, Hartmut (2001a): *Zehn Jahre MERCOSUR: Eine Zwischenbilanz.* Ibero-Analysen 9. Berlin: Iberoamerikanisches Institut Preussischer Kulturbesitz (IAI-PK).

— (2001b): «Der Mercosur als Wirtschaftsraum», en: Basedow, Jürgen/Samtleben, Jürgen (eds.): *Wirtschaftsrecht des Mercosur – Horizont 2000.* Tagung im Max-Planck-Institut für ausländisches und internationales Privatrecht am 21-22. Band 4. Baden-Banden: Nomos, 95-120.

— (1999a): «Der Mercosul – eine Zwischenstufe der Globalisierung?», en: *Lateinamerika. Analysen, Daten, Dokumentation* 40, Hamburg, 78-93.

— (1999b): *Der MERCOSUR in der Krise? Das Integrationsprojekt in Südamerika steht vor schwierigen Herausforderungen.* Brennpunkt Lateinamerika 9, Hamburg: Institut für Iberoamerika-Kunde.

Schirm, Stefan A. (2003): «Wem nutzt die NAFTA? Motive, Entwicklung und Perspektiven der ökonomischen Integration Mexikos in die USA», en: Bodemer, Klaus/Gratius, Susanne (eds.): *Lateinamerika im internationalen System. Zwischen Regionalismus und Globalisierung.* Opladen: Leske & Budrich, 25-49.

Schirm, Stefan A. (1999a): *Globale Märkte, nationale Politik und regionale Kooperation in Europa und den Amerikas.* Baden-Baden: Nomos.

— (1999b): «Chancen und Risiken ökonomischer Nord-Süd-Kooperation: Eine Zwischenbilanz der NAFTA», en: *Lateinamerika: Analysen, Daten, Dokumentation 39.* Hamburg: Institut für Iberoamerika-Kunde, 1-13.

— (1997): *Kooperation in den Amerikas: NAFTA, MERCOSUR und die neue regionale Dynamik.* Baden-Baden: Nomos-Verlag, Baden-Baden.

Schmitter, Philippe (2002): *Neo-Neo-Functionalism: déja vu, all over again?.* Florence: European University Institute.

— (1970): «A Revised Theory of Regional Integration», en: *International Organization 4,* 705-737.

Schott, Jeffey J. (2001): *Prospects for Free Trade in the Americas.* Washington DC: Institute for International Economics).

Schulz, Michael/Söderbaum, Frederik/Öjendal, Joakim (eds.) (2001): *Regionalization in a Globalizing World: A Comparative Perspective on Forms, Actors and Processes.* London/New York: Zed Books.

Schwentesius Rinderman, Rita/Gómez Cruz, Manuel Ángel (2001): «El TLCAN y el sector agroalimentario de México», en: *Comercio Exterior* 51:6 (junio), 545-554.

Sección Mexicana del Secretariado de los Tratados de Libre Comercio (2002): *Informe Sobre los Casos de Solución de Controversias de los Capítulos XIX y XX del Tratado de Libre Comercio de América del Norte.* México D.F.

Smith, James McCall (2000): «The Politics of Dispute Settlement Design», en: *International Organization* 54:1, 137-180.

Stern, Robert M. (1997): «Constituent Interest Group Influences on U.S. Trade Policies since the Advent of the WTO», en: *Workshop on Trade Policy and Public Interest.* Michigan: University of Michigan.

Stuart, Ana M. (2002): «Una nueva institucionalidad para el Mercosur», en: Maggi, Claudio/Messner, Dirk (eds.): *Gobernanza global: una mirada desde América Latina.* Caracas: Nueva Sociedad, 281-295.

Thacker, Strom C. (1999): «NAFTA coalitions and the political viability of neoliberalism in Mexico», en: *Journal of Interamerican Studies and World Affairs* 41:2 (Summer), 57-89.

Torrent, Ramón (2000): «Três idéias sobre a institucionalizaçao do Mercosul», en: *Revista Brasileira deComércio Exterior* 65 (octubre-diciembre), 45-48.

— (1997): «La Unión Europea: naturaleza institucional, dilemas actuales y perspectivas», en: Bouzas, Roberto (comp.): *Regionalización e integración económica: Instituciones y procesos comparados.* Buenos Aires: Nuevohacer-GEL.

Tussie, Diana/Labaqui, I./Quiliconi, C. (2001): «Disputas comerciales e insuficiencias institucionales: ¿de la experiencia a la esperanza?», en: Chudnovsky, Daniel/Fanelli, J. M. (comps.): *El desafío de integrarse para crecer. Balance y perspectivas del Mercosur en su primera década.* Madrid: Siglo XXI, BID.

Vaillant, M. (2001): «Profundización del proceso de integración económica de bienes», en: Chudnovsky, Daniel/Fanelli, J. M. (comp.): *El desafío de integrarse para crecer. Balance y perspectivas del Mercosur en su primera década.* Madrid: Siglo XXI, BID.

Vega Cánovas, Gustavo (1999): «Liberación del comercio y regulación supranacional del *antidumping*. El capítulo XIX del TLCAN», en: *Foro Internacional* 4:158 (octubre-diciembre), 527-544.

Valladao, Alfredo/Peña,Félix/Messerlin, Patrick (2004): *Concluding the EU-MERCOSUR Agreement: Feasible Scenarios.* Paris: Chair MERCOSUR de Sciences Po, 2004.

— (2001): «Resolución de Controversias en Materia de Prácticas Desleales de Comercio en el TLCAN: La Experiencia del Capítulo XIX», en: López Ayllón, Sergio/Vega Cánovas, Gustavo (eds): *Las Prácticas Desleales de Comercio en el Proceso de Integración Comercial en el Continente Americano: la Experiencia de América del Norte y Chile.* Serie Doctrina Jurídica No. 52. México D.F.: SECOFI-UNAM.

— (2002): «The Role of NAFTA and the WTO Dispute Settlement Mechanisms in the Management of Canada, Mexico and the United States Trade and Investment Relations», en: *Competing Regionalisms in the Americas*, seminario, 14 y 15 de marzo, México D.F.

Van den Bossche, P. (1996): «En la búsqueda de medidas correctivas contra el incumplimiento. La experiencia de la Comunidad Europea y otras», en: *Seminario-Taller Estrategias de Articulación y reforza-miento de las capacidades de gestión de una unión aduanera: opciones para el Mercosur.* Montevideo: CEFIR.

Von Bulow, M.C./Da Fonseca, C. (2000): «Los desafíos de la participación de la sociedad en procesos de integración regional: el caso del Mercosur», en: *Seminario Internacional «La Globalización y las Nuevas Corrientes Integracionistas».* Cartagena de Indias: Ministerio de Relaciones Exteriores de Colombia.

Wall, Howard J. (2000): *Nafta and the Geography of North American Trade.* Working Paper 2000-o17B. Federal Reserve Bank of St. Louis: Research Division.

Wehner, Ulrich (1999): *Der Mercosur. Rechtsfragen und Funktionsfähigkeit eines neuartigen Integrationsprojekts und die Erfolgsaussichten der interregionalen Kooperation mit der Europäischen Union.* Baden-Baden: Nomos.

Weidenfeld, Werner/Wessels, Wolfgang (comps.) (2000): *Europa von A bis Z. Taschenbuch der Europäischen Integration.* Baden-Baden: Nomos.

Weiler, J.H.H. (2001): «The EU, the WTO and the NAFTA: towards a Common Law of International Trade», en: *The American Journal of International Law* 95:4, 981-984.

Weintraub, Sidney (1997): «Evaluación del TLCAN», en: *Integración & Comercio* 2 (mayo-agosto), 30-34.

Wessels, Wolfgang/Picht, Robert (eds.) (1990): *Deutsch-französischer Bilateralismus und europäische Integration.* Bonn: Europa Union Verlag.

Weston, Ann (1996): «Los tratados de libre comercio de América del Norte: una perspectiva», en: *Integración & Comercio* 1:0 (enero-abril), 89-115.

Wilson-Forsberg, Stacey (2002): *Canada and Mexico: Searching for Common Ground on the North American Continent.* Policy Paper. Ottawa: Fundación Canadiense por las Américas (FOCAL).

Yarbrough B./Yarbrough, R. (1997): «Dispute settlement in international trade: regionalism and procedural coordination», en: Mansfield, E./Milner, H.: *The political economy of regionalism.* New York: Columbia University Press.

Zalduendo, S. (2001): «Cuarto laudo arbitral del Mercosur: ¿se afianza la juridicidad?», en: *El Derecho* 10.238.

— **(1998)**: «Las instituciones, las normas y la solución de controversias en los procesos de integración regional. Las instituciones de la integración: Mercosur», *processed*, 2do. Congreso de Economía organizado por el Consejo Profesional de Ciencias Económicas de la Capital Federal, 21 al 23 de abril.

— **(1997)**: «El procedimiento de reclamaciones y el mecanismo de consultas ante la Comisión de Comercio del Mercosur», en: *Temas del Mercosur* 3, Instituto de Economía y Organización. Fundación Andina, Buenos Aires.

Zoellick, Robert B. (2001): *National Foreign Trade Council.* Washington DC.

Documentos oficiales:

— Comunicado Conjunto de Imprensa dos Presidentes da República Federativa do Brasil, Luiz Inácio Lula da Silva, e da República Argentina, Eduardo Duhalde, Brasília, 14 de enero de 2003.

— NAFTA: A decade of Strengthening a Dynamic Relationship, 2004.

— North American Leader´s Statement, Québec, April 2001.

— Protocolo de Olivos para la solución de controversias en el MERCOSUR. Olivos/Argentina, 18.02.2002.

— Tratado de Asunción. Asunción/Paraguay, 26.03.1991

— Tratado de Libre Comercio de América del Norte. Texto Oficial. 2 Bände. México D.F.: Miguel Ángel Porrúa 2001(2).